Falladas Frühwerk

Band 2

Falladas Frühwerk in zwei Bänden
Band 2

Herausgegeben von Günter Caspar

HANS FALLADA

Die Kuh, der Schuh, dann du
Eine Novelle

Die große Liebe
Eine Erzählung

Der Apparat der Liebe
Eine Erzählung

Im Blinzeln der Großen Katze
Ein Roman

Aufbau-Verlag

Mit einer Studie des Herausgebers
„Zu Falladas Frühwerk“

Die Kuh, der Schuh, dann du

1

Damals, als ich noch Kuh war ...

2

Ich bemerke übrigens gleich sofort, daß für den Leser keinerlei Grund zur Überhebung besteht. (Wer weiß, als was für eine Bakterie er einst herumkroch. Sein „Weibchen“ in einer Hautfalte bei sich. Uaha! Du Spießer ...!)

Ich habe mein ganz gewöhnliches, herrlich seltsames und sehr gottserbärmliches Menschendasein wie die andern alle gehabt, bekommen. Reingeschoben. Keiner hat was vor mir voraus. Gegenteil, Liebste! Da wir von Voraushaben reden, so bin ich ...

Kraft der bürgerlichen Matrikel, Attestate und Bescheinigungen bin ich als Sohn eines *höhern* Staatsbeamten geboren, als Filius eines *hohen* verlebte ich meine spätere Jugend –: das sind allbereits einige Punkte, Aufhebens unwert, hier nur erwähnt wegen jener ... Überheblichkeit. Grundlos, stänkernd, gemein ist solches Überheben sicherlich, denn alles ging mal so, mal sorum –: immer aber recht (wie schlecht): menschlich.

Mißverstandener Saftjunge natürlich; die Ältern gehaßte, sicher und unangreifbar kurvende Planeten; vor die manchmal weich winselnd hinzustürzen Brunst lockte (daß sie näher wären!). So, wenn die Mama zu Ball ging. Ein Straußenfächer, eine nackte Brust, eine gepuderte Schulter natürlich und ein Winseln: „Bitte, Muttilieb, bleib hier!" Während sie sagte: „Zerdrücke mein Kleid nicht! – Hugo, wir müssen gehen!" So!

Onanist natürlich –. Aber die Onanisterei entdeckte ich selbst, über einem „Jugend"-Bild, das dann später, was zu rosig im Fleischton geraten, auf die Brust geklebt wurde, die vier Ecken mit Kleister auf das erschauernd geperlte Fleisch; – bis sich dann diese elend jammervolle Leberei zuspitzte und mich mang die Mauern hier riß, deren gelbe Tünche mit kleinen und unregelmäßig geformten roten nebst grünen Flecken bespritzt ist, die bei weitem Anschauen in ein übles Gelb zergehen.

Fleisch jedennoch: wenn man traurig ist, wenn man, ins Bett gesteckt, nicht „aus" darf, kann man endlose sonnige Dampferreisen auf dem gelben Grund um die Buchten und Busen der roten, die Hörner, Klippen und Getürmtheiten der grünen Eilande machen; indes man leise was Wehmütiges singt, vor sich hin nur in die Kissen etwas . . ., damit die Pfleger nicht schelten.

Und – schlägt das Herz freieren Takt: schaut man zum Fenster, den Kopf um einen Viertelkreis wandab gewendet. Dieses Fenster ist groß, sicher drei Meter hoch und zwei ganze breit. Achtundzwanzig Scheiben hat es und – kann ich auch die Wolken und die Züge der Dohlen auf dem Himmel hinter dem Glas nicht erkennen, der übermaßvoll grau scheint (weil man mir die Brille fortgenommen hat), so freu ich mich doch an den schlanken Rechtecken der blanken Scheiben, sinniere ein Weilchen, wie man zum Dreikant käme, der den rechten oder linken Flügel mir öffnet, und denke mit froher Gewißheit, wie stark das Glas ist (1 cm), kaum mit dem Eisenbettbein zu zerschlagen, ganz davon zu schweigen, daß die Hand es sprenge . . .

Denn hier in diesem Haus sind sehr Bedauernswerte, Irre, die plötzlich in Wut, das Gesicht sehr blaß, die

Augen starr und ein Zittern von Glied zu Glied, in die Scheiben schlagen ... wenn die dünn wären, splittriges Glas: dies Zerschneiden, dieses Blut ... wenn die ...

Doch ich schau auf das graue Gehimmel, singe leise und spüre es süß, wie mein Herz rascher schlägt und rasch, Hitze die Backen sengt, Körper zittern lernt, Beben der Knie, im Rhythmus jener Schreie und Schläge, die ich erhorche, so leise, fernab, anschwellend, bis es nebenan brüllt, schlägt, brüllt, schlägt - und auch ich draußen bin, aus dem Bett, heiß; Herz stürmend und auf den Scheiben den Rhythmus schlage, jenen wilden, Denken zerfresserischen Rhythmus, viele Stunden hindurch; - Stunden, und schreie, schlank in den Hüften schwankend, rechts, links, blicklos ... Und schreie ...

Aber jeder Vernunftvolle wird verstehen, daß das Belanglosigkeiten sind, sehr seltene Vorkommnisse übrigens, an denen ich nur zu meiner Belustigung teilnehme, - Gott! eine Ablenkung einmal, die hier nur erwähnt wird, festzustellen, Überheblichkeit sei sinnlos, da auch ich ebenso wie alle andern mein hübsches und elendes gerüttelt und geschüttelt Maß Menschenleben gehabt hab.

3

Ich erinnere mich noch jener wundermärchenhaften Süße, da ich in Muhtsche lag. Wir waren noch ein und nicht zwei; aber doch trieben in meinem kleinen Hirn mit dem Auf- und Abwellen des Blutlaufs winzige Glänzer, rispiges, lila schimmerndes Traumtuch, und ich schwamm in Ma immerzu auf und ab, von Wellen großer Dünung gewiegt.

Da ich da „wir" war und heute die Namen kenne und Mensch bin, ist zu schreiben, daß Muhtsche auf einer Weide ging, einem steinbrockigen Hang gegen Süden, der ihrem nun so prallen Leib nicht leicht war. Einem von Sonne so begrellten Hang, daß das Gras schilfig war und am Maul schnitt, auch dazu dürr, gelb, selten, zu zäh im Zupfen –; aber doch war Muhtsche so wunderleicht, denn an den heißen Seiten der Steine standen ob diesem Hang welche Kräuter; zwei oder drei Arten, vorwüchsiges Gewächs, das das Blut noch singender angehen ließ, als Sonne es so schön kochte, daß ich strömte, mich tühnte und dühnte, in Wiegung mich hob und verzog, im Mutterleib noch, wir, Muhtsche und Muh – wie ich später hieß –.

Oh, und unterm Rohrdach, dann lag Muhtsche im Schatten, auf der Seite schon, denn das Euter quoll und schwoll und straffte für mich kommenden Muh. Und die Fliegen, oh – ach du lieber Gott, wir ließen sie sein; sechsundfünfzigkäuerisch macht bedachtsamer als Menschen-Hastegekau –; die Fliegen mochten immer eins fressen vom fettigen Vließ, nur das Euter –

Und ich weiß so gut noch, wie ich lag im Leibe, so: die Beine eingeschlagen unter dem Leib, der dreinlastete in den Beutel ihres Bauchs; Schnauze nach vorn auf ein Fremdes zu, Ausweg, auf eine – geträumte – Helligkeit hin, geahnte, und die Zunge oben am Gaumen, spitz, so gefühlt im dünnsten Kontakt Lebensstroms Auf und Ab, da zwischen Lid und Auge immer neu kleine Muster blühten ...

Wie ich erinnere! Dieses Liegen im Schatten, wo Welt Wärme dampft; dieses Käuen aller herben, strähnigen Süße und das dumpfe wogende Bumsen vom großen Herz und das spitze Titschen der Schwanzquaste auf der Haut über mir, plötzlich, lässig lieblerisch nach Fliegen ...

... Da plötzlich Boden dröhnt, langsam: trapp, trapp; und der Bauer kömmt, stinkig, Worte malmend: „Hurreheiheh! Wiste, du Dicke!“

Und Muhtsche hoch muß, die er nicht kraut, sondern tritt, ans Bein freilich nur, aber denkt: nach *der* Süße –! Und nun hebt er gar 's Joch, bis zu mir klingelt ins Gesträu das Gekettel; Arbeit machen soll sie, Pflugfurche ziehn in lehmig gebackenem Boden, – sie? was! wir zwei Eins, dickwamsigen Leibes, Muhtsche und kommender Muh; Arbeit im sonnenzerscherbelten Glast.

„Jäh, schtähste; du Dicke! Nimmste das Joch!"

Muhtsche schüttelt den Nacken träg: denn das kann doch nur Scherz sein! Läßt Halswamme wackeln.

„Näh, so ein Dert. Bös wird das noch vorm Kalben!"

Da der Titscherlein ernst machen will, mit dem Lederzeug drängelt: Arbeit *muß* sein, meckert die Muhtsch wie eine Ziege – mir schweppert vor Wollust der Bauch –; und nimmt sich – uns – mich – hoch – einfach hoch . . . in das glastende Himmelsblau – Bäh schtäht der Paur!

Glänzend erstrahlt noch ihr Leib und weg sind wir beide! Weg!

Segeln im Blau. Mang den Wolken.

4

Natürlich denke ich nicht daran, dieses Hin- und Her-Geschreibe den wohllöblichen Herren Ärzten vorzuzeigen. Allein zu eigener Vergnügung und Lust wird es von mir unternommen. Jene trockenen Schleicher, die mit odysseischen Listen und Ränken jeden Satz zur Falle für mich machen würden, die die Himmelfahrt unserer zwei zynisch beglotzen, krakeelen: „Schwachsinn! Gedankenflucht! Gestrichener Ausgang! Beruhigungsspritze! *Bettruhe!*"

Aber während ich dann die Nagelspitze um die grünroten Inseln laufen ließe, wehmütig weinend, kämen die Gedanken wieder an jenes Berlin, Café, Marmortischplatte und den Fuß dieser, der stramm in weitporig hellen Lederschaft geschnürt, auf dem Tischbeine wippt, wippt, wippt . . . (Am hohen Hacken sah mein prüfendes Auge die Schichtung aus hellerem, braunerem Lederstückwerk . . .) Aber der weiche Schaft . . .

Nein, lieber dieses Papier, lieber dies stundenlange Gemal sorglich geformter Zeichen, indes immer Ohr mit Kinn auf der rechten Schulter sieht, horchend zum Gang, daß niemand dies Schreiben erfahre . . . ob niemand käme . . .

Lieber - jaja! - Wandern in frühestem Kindtiertum, und zu meiner Muhtschenmama . . .

Freilich, auch jene war schön. Der hochgeschnürte Schuhschaft, zwei Finger breit Florstrumpf, und ein leisbewegter Rock, grün, und das Wippen –

Die Ältern waren tot. Die wir Marsala nannten, das liebe Dicksche war in der Ehe fett geworden und geizig. Am Begräbnis zum letzten Mal ihre laukühle Hand.

Sagt sie: „Und die Fliegen im Sargzimmer?! Auf den Totengesichtern saßen sie feist. Alle voll Ansteckung Diphterie!!“

Und jagt sie schon - klatsch! - breit, schmiert auf Tapete gelbschwarzen Brei.

Nein, Marsala, nie wieder! Dich nie wieder!

Aber so gut und schlank stand Schwester Eins im Gang. Helder, ihr Trauter, hielt ihre Hand um die Mitte der Finger gefaßt, daß die Spitzen weiß und rosig glänzten wie kaum gebärtes Weißes Gemäus.

Sag ich zur Schwester: „Du Itzenplitz! Marsala klatscht Fliegen breit!“

Macht sie nur: „Ja?“ - und lauscht, ein bißchen nach vorn.

Ich: „Breitgeklatscht! Fliegenmus! All die zarten Beinerchen!“

„Ja?“

„– und sie wissen doch nicht, warum! Daß sie auf Ältern saßen, hohen Beamten des Staates ...“

„Ja Pippe?!“

„– auf mir laß ich sie. – Horchst du –? Da: klatsch – klitsch – klatsch –. Aber ich bin nur auf einer Bank, Itzenplitz, Kontokorrent. Staat ganz fern: Reichsbankgirokonto höchstens. Per. An. Also? Ich lasse sie sitzen. Sie *wissen* doch nicht ...?“

Ihre Hand regt sich, und der Traute meint leis: „Und du willst –?“

„– nie wieder: Marsala!“

„Aber das geht doch nicht!“

„... geht nich ...“

„... Familie ...“

Ihre Hand flappst, zuckflüglich; streicht über die Brust, eine flache, ob sie schon ein Kind hat; – und schweigt, die Hand, wenn sie auch träuft –: Entschluß!

(Ah – Oh!)

„... Itzenplitz! weißt du! ... als Kinder? Laß uns – ja? Nie wieder Marsala!“

Klitsch – klatsch.

Schweigen.

Stille.

Sti –

Und da ich schon weiß und zurückgeh und den Türgriff umfaß und fühle: gleich ist die Straße da und alles Fremde, aber auch alles – nichts wird geschenkt! (: erlassen; leicht gemacht) –, sehe ich sie, wie milde horchend zu mir, in mich; oben das zartrosige Ohr, das wie ein Maulwurfspfötchen scheint; – über dem zärtlichen Ohr einzelne Haare. Wie horchend in mich; ja – und wählend! Und ihr Trauter, Truter, Truthahn – Plusterhals – nun, der ist ganz einfach leider Gottlob ein Mann und wartet auf Ent*schei* – dung ...!

Da die Klinke schon sinkt, unter Last meiner Hand,

frage ich doch – klitsche – klatsche – klatscheklitsch! –: „Marsala oder Itzenplitz?"

Und ihr Blick geht auf mit dem schmalen Mund und es heißt – Klänge, sofort weggeschluckte; Malsteine doch, wie an Feldrainen –: Heißt: heißt: „Kein Pippe. Keine Marsala, keine Itzenplitz mehr . . ."

(Da, zuletzt, war die Familie zusamt, im Namen.)

Sagt's so.

Wiederholt's der Pippe so: „Nein . . . Itzenplitz – auch nicht."

Sehen. Augenstrecken. Letztes Leuchtgefunkel der Liebe, die man jätet, jetzt für den Kompost: Familie.

Macht Mund ganz leicht nach: „Auch keine Itzenplitz . . ." (Elisabeth heißt sie einglich.)

– Klitschepitscheklatsch! –

„. . . die zarten Beinerchen . . .?"

Ändert nichts.

„– kein Wissen . . .?"

Nichts.

„. . . keine . . ."

Und die Straße und die zehntausend fremden Geschicke und das – Café . . . später . . .

Ja . . .

. . . nun . . . ganz . . . all-ein!!

Marsala must feiste Fliegen.

Und Itzenplitz hat den Trauten und ein Kind (ohne starke Brust).

Straße. Wehwind. Kältewind. Gesicht-zerschneide-Gepust. Gasglasgeklapper. Und die Stöße an den Leib, fährt der Wind um die Ecken.

„Oh liebste Marsala!!!"

Seid still, ganz still!

Sti. . .

(Eine Hand gewaltsam auf dem Mund: im Gang schleicht der Pfleger.)

5

Ich habe vergessen zu erwähnen, daß ich jene schlanken blanken achtundzwanzig Scheiben nicht immer habe. Nein. Kaum dämmert es, kommt der filzige Schlurfeschritt - sonst nur lauscherisch, späherisch an der Tür -, kommt nun herein, an meinem Bett vorbei, und der Vorhang sinkt, breit deckend über die Fensterrahmen weg; - schwarzer Vorhang aus verstärktem Kaliko, unten beschwert durch einen rundlichen Stab weißen Holzes; Deckevorhang, der angeschlossen wird, rechts wie links mit Vierkant, kaum daß es dämmert.

Oft seh ich lange auf ihn, viele Stunden; der Reflex der Birne ermüdet mich leicht und macht die Augen blinken; dann wende ich endlich den Kopf zur Seite, die Inseln sind wieder da, ein Weilchen erfreu ich mich ihrer bekannten Form; dann wird das Dämmern florig; suche den Weg meiner Gedanken, den ich kam: finde ihn nicht; bin weg . . .

Zu anderen Zeiten aber steh ich leis auf, senke das Haupt zum Gang, lausche -: und schon nehm ich aus Dielenritze verborgensten Glassplitter - einst! einst!! - aus zerbrochener Brille vor täppischem Arztzugriff gerettet; rauhe das Loch wieder auf, im Kaliko, lege das Auge an - und -

siehe mein Mensch!

- der Mond!!!

Sein Gesicht ist voll und geht gleich ganz in mein Hirn. Er blinzelt nicht. Ich besehe ihn lange, an den Sirius denke ich und die Venus; Waage, Krebs und Skorpion sind Wörter wie Kaleidoskop in meinem Kopf -: aber ich sehe nur ihn.

Er schwebt. Etwas Wehmütiges ist in dem milchig verschleierten Rand, den er um sich aufklappt. Ich trete zurück. Immer mein Auge am Loch, das so klein ist, daß kein Pfleger je es sah, trete zurück, lege mich in mein Bett und SEIN Strahl ging mit mir, um den kleinen Kalikokrater glänzt es funkelnd ... Nun rühre ich die Lippen, ich singe leise, etwas Italienisches: „Cogli occhi voglio far d'amore ...", und da ist Sie da, die furchtbare Blaue, die große Babel der Bibel –:

„Eli! Eli! lama ... –"

Ich bin weg ...

Als ich erwache, beugt sich der Arzt über mein Gesicht. Mein Bart ist zwei Tage alt.

6

Muhtsche und Muh sind heimgekommen, aus dem Blau, das erst rot wurde, dann grauer. Solche Lust zu segeln in der Durchsamtheit, weiche wattige Wolkengeister umschnoberten uns, zergingen! Der Abendstern war auf, ein paar Strati, wo die Sonne sank; Windalleen, die eilende Luft, heimgehend, lang, spitz, schwank, blies ...

Dann die Sterne alle, die lieben kleinen alle –; nein, sie sind zu hoch für uns; treiben wir schon, treiben wir doch auch nur!

Und nun die Nacht. Nach Gedämmer – Verströmen, Verfließen ... glitten wir über Pappeln, Espen, Rüstern und Eschen. Nacht goß Blutrauschen, goß zergehenden Rausch in uns ...

Nein, Muh – a – Muhtsch sind die Sterne zu hoch – noch (ein kleines Leben, dieses; aber auch jenes andere – auch jenem anderen werden sie zu hoch sein).

Und die Rückenwirbel der Muhtsche seht! Umgeworfen hott ich mich, lag nun, mit Äuglein schielend, Rücken, wo früher der Bauch, in den Beutel von Ma gewiegt ... und unter dem großen Weltengekreis und Gekreise tanzten mir die Wirbelchen der Kreißerin (bald; noch in der Nacht!) wie ein sinnigster Kosmos – du!

Denn meine Augen im Bauch sind – auf!

Tiefer segeln wir. Strohdächer; überquer Drachengeköpf, die trübe Frische aus Brunnen, ein letztes Schekkern noch aus Narrheit; daß Bauer Titscherlein wunderhaft genarrt ...

... und im fetten Gras geht die Olle; nimmt mißmutig muhend ein halbes Maul; am Gatter hängt Wäsche; nun blinkt hinter Scheiben Licht; jenseits ein Haus; stärker brüllt Muhtsche, daß mich selbst es noch schüttert; Türen gehen in schnellerem Dämmern; fast nur noch Schatten; Gespäh, Gefrage, Gewisper, Geschrei, Gelauf –: „Eine Kuh in der Pferdekoppel –?"

„Näh, du mein liebes Gottchen, so was. Noch äben ..."

„Aber mähre nich, Albin, hol 'nen Zaum."

„... se geheert doch nich meene!"

... und am Gatter drängt Kopf an Kopf, Blondes wie Weißes; ein Grieser zögert, talkt, erläutert, versteht nicht; indes Muhtsche sich längst gemütlich hinlegte und sechsundfünfzigmal kaute ... Blaue Blicke bloß („hab Zeit") ins Gedräng ...

„Süh einer dies Euter!"

„Am Kalben is se auch noch!"

„Ein Händler werd se verlorn hamm!"

„Dahier in de Pärkoppel!"

– bis wir traurig-sahnig in knick-krach „frischer Roggenstreu" stehn, feine Kutschpferde-Boxe –: Muhtsche sieht die andern nicht, hört aber Gekäu, Geleg, Gekettel, Geklack; eine kleine Rosige schüttet noch Leintrank, dann Heukraut zwischen den Hörnern; auf den Gangfliesen klappert ihr Schuh; klick: dunkel, Dämmer dann ... Muhtsche lacht häch dahl und schlääft ...

Und Gewiege, Gewoge; seligste Blutdünnung saust noch einmal neu; auf, ab. Und das Dämmern, das schon heller wird. Und die kleinen Sterne, zwischen Auge und Lid.

Fließende Form geahnten Lichts ... Traum ...

(... gestaltlos: fließende Form geahnten Lichts ...)

7

Denk jetzt ...

(Oh, Marsala.)

Ja, ich weiß, ich bin zurückgegangen. Itzenplitz war nichts mehr. Über den Vorplatz, nun leer. Das Gas summt. Und, beim Aufgehn der Tür, seh ich sie liegen im Sessel, Marsala, breite, zerflossene:

„Nimm sie", mach ich ein Zeichen zu den Wänden, „nimm alle Fliegen. Liebe nur ... mich ... all-einen ..."

Und bin doch draußen, Verstoßener. Über die Leere des Kleidraums mein Blick: ein Spiegel lügt mich um; Röcke, Mäntel, Gepelz, und in Vogelgefiederhüten lange Nadeln ... „Diese gehört Marsala ... eine grausilberne, lange, nehme ich sie?"

Höre ihren Schritt drinnen. Ein Vers summt:

„Marsala, die du hangest ...
Königstochter, die du gangest ..."

Ich nehme sie. Stecke sie in die Tasche.

Draußen bin ich. Ein ganz Verworfener. Kein Pippe mehr. Pippe Pinthus, in der Diskonto-Gesellschaft am Kontokorrent.

(Endgültig ver-lassen.

Nun ...)

Denk jetzt an die grausame Blaue, die große Hure, die Babel der Bibel. Wie sie ihr Fleisch wälzt, ihr Gesäß schwenkt und mit den Blicken die Mauer bespinnt und bespeit ...

Nein! Oh! Nein!! Verzeih mir doch, Liebe! Seht, dort sitzt sie, mir gegenüber, am Marmortisch des Cafés, an jenem Abend, da Marsala mich verstieß ... mit Itzenplitz; seht, da sitzt sie; das Profil gesenkt, wie ein dünnster Schneeschatten rechts der Nase schwächster bläulicher Hauch; die Wimper tanzt; ruhig, fernem Zug riesiger Segler gleich, zieht ihr Atem den Riß in den Mund, indes die Ketten klirren, Ringe klappern auf dem Marmor, und über alles Glänzen der Steine der Schein ihrer Augen gesetzt ist, da sie den Blick einmal aus dem Winkel mir schickt und - fallen läßt - weg! fort! gemein!

Und ich sitze und sinne und schiebe mein Etui und prahle (in mir, nur in mir!): „Dürfte ich gnädigem Fräulein eine Zigarette offerieren?"

Ich weiß! Ich weiß!! Dann höbe sie von dem Tischrand den Blick über den Bauch zu meinen Augen auf; ließe ihn stehn drin, in meinem Hirn - und löschte ihn aus!

(Denn Marsala-Itzenplitz ließen mich fallen, heute; Ältern - verscharrt; und sonst - Kontokorrent, rote Finger; Schmutz wohl am Nagel -? Ja, Schmutz; und bald Fünfzig; gebeulte Knie!)

Löschte ihren geträumten Blick in meinem Hirn aus! Nein, keine Offerte! Da Atem sägender jagt, Fuß wie verrückt schwingt in der Nähe ihres Schuhs, der wippt. Der wippt ...

Gent tritt ein. Bandscherbe fällt, steigt neu ihm ins Auge, und er beglotzt mich; immer herauf bis unter die Haare an der Stirn, wo Schuppen sitzen, geht sein Blick, während ich die Hände unter den Tisch nehme ...

Fragt er: „Neue Bekanntschaft? Häh? Von dir?"

Und sie ist bei ihm; SIE bei ihm und macht: „Puh!"

„Obährr!"

Der glotzt; aber ihr Fuß wippt schneller; da er zahlt, *sie* gehn wolln, kumuliert sich für mich mein Leben, alles

Gehörte, Erlauschte, Schiller: „Einzige Chance! Glück deines Lebens - nicht verscherzen! Pathos!"

- und ich zahle wie sie; neben ihrem Rascheln; hinterdrein dann, nur Gent trennt uns; über dem Schuhrand schwippt Rock; wie mein Herz bellt, rudert mein Arm kaum ins Mantelloch.

Freie. Luft. Trübwind Kurfürstendamm abwärts. Ich ihnen nach; trotz Geglotz . . .

Und mein Hirn platzt, da mein Mund schleimt: „Fräulein, Ihr Schuhband ist auf. Darf ich . . .?"

(Diesmal spreche ich wirklich.)

Bücke mich schon; eine süße Sekunde streift meine Fingerkuppe ihren Schuh. Wie das Leder mir schwillt! Einwärts in jede Pore mir wächst!! Duft!! Duft!! Und das braune Band, das *zu* war; *nie auf! nie* auf!! (Und hab's doch gesagt; sag's heut neu, noch einmal!)

Kniee so auf dem Damm im rinnenden Schmutz. Autos schreien wie Katzen, die sterben. Aber über mir dehnt sich geahnt für mich die sternenhafte Erhelltheit ihres geneigten Gesichts, das wirr fragt: „Aber wie denn? Schuhband? Gustel, - wie denn?"

Als ein Achselstoß mich hinschmeißt, auf den schmierigen Damm; flammend steht Gent; Scherbe blitzt . . . „Unqualifizierbare Frechheit . . ."

Und dann weg zwischen Autos, Wagen, Geschrei, Menschen, Geblick -: SIE weg, indes ich die Schläfe an der regenrinnenden Rinde eines Baumes mir kühle; unachtsam all jener; und trällere . . .

denn ich *liebe* nun!

. . . einfach trällere . . .

8

O Gott, Kinder! Denkt an den Garten, den alten Garten! Durch das Gitter an der Straße griffen die Jungen Fliedertrauben, lila und weiß und welche, die beinahe rot waren, so liebte diese die Sonne.

Damals liebte alles die Sonne noch, später ... ich schreibe langsamer ... der Mond ... nein, jetzt einmal nicht der Mond ...

Zwischen den Büschen glänzten die Kleider der Mädel. Dann in den Nachmittagsstunden, da schon Schatten krochen, doch es noch hell war, klatschte die Mutter in die Hände; auf der Veranda, um die Wein wuchs, echter breitblattig heller, tranken wir Kaffee; Marsala holte einen Fidibus für die lange Pfeife des Pa, und man wurde rot und eifrig und verwirrte die Wörter, vor Geehrtheit, wenn Pa dann fragte: „*Nun*, was würdest du tun, Pippe? Ist es Mundraub oder Diebstahl? Verbrechen? Übertretung?" –

Beim Füttern dann quiekten die Meerschweinchen; die weißen Mäuse huschten; man spähte in den warmen Dampf der Kaninställe, sah die wollige Nestung der Häsin und lauschte über Kohlblattreihen auf die Mädchenstimmen im Garten, die Rufe, die Schreie, das Girren –; die alle seltener wurden, je mehr die Schatten der Bäume sich schwärzten, verfingen, den Rasen bedeckten ... bis dann endlich aus den Kronen der Linden er kam, links stand neben ihm die steile Pappel, – bis dann endlich er kam, der *Mond* ... und man ganz einfach sagte:

„Es ist Schlafenszeit ... Gute Nacht ... Welch schöner Tag heut", und so Glast und Glimm noch einmal beschwor in einem Ton; Glast und Glimm der *Sonne*.

Höchstens: „Wie rot er heut ist ..." oder „Er lacht, grimassiert ..."

(Gott, was sie alle sagen – bis zum Mann im Mond.)

Nein! nicht der Mond! Nicht der . . . Ehe ich nämlich in jenem Café saß, auf dem glitschigen Damm lag, meine Schläfe kühlte, ehe all dies; – nach der Marsala war ich bei Dodi gewesen, die ich heiraten gewollt; ließ mich ein mit dem Drücker; leis auf den Zehen zum Zimmer: weich weicht die Tür – in Öl –; da liegt sie, auf dem Sofa, schläft . . .

Mein Mädchen, Dodi . . .

(die ich heiraten gewollt!)

Die gehäkelte Decke glitt etwas ab, die Wange ruht auf ihrer Hand; zwischen den kaum getrennten Lippen passiert leis der Atem –

(War es Traum, was als Atem da floß? Welcher –? Ihre Hände unter der Decke, vielleicht ruhen sie auf ihrem Zentrum und ihre leiseste Rührung ist – Verrat!

Ach! nimmer all-ein-klein sein und sie, Dodi, umstellt von Träumen, in denen wohl Schnurrbärte schwankten, winklige Reflexe auf Lackkappen saßen . . . Dodi!!!)

Und da ich mich beuge, nahe zu sehen, sehe ich im Brauenhaar Schüppchen; Reste verbrauchter Haut; sehe sie so aus der Nähe.

Nein, zu nah! Trete ab. Prüfe. Lange. (Damals war das Café noch nicht; wußt es auch nicht.) Seziere, die Augen gekniffen. So bemüht ihr Gesicht. Eifrig. Macht sich nichts leicht.

„Dodi!“

Ganz leise stößt Wind an die Fenster. Eine Ranke wippt.

„Dodi!“

An den Nasenflügeln sind ein paar kleine Fleckchen, ein Nichts, vergangene Mitesser; alle sind wir Menschen (denk ich).

Wippe noch so die Fingerspitze auf ihrer Achsel, zögernd, ob zum Wecken. Der Wind faucht . . .

Ich gehe. Die Tür schluchzt in Öl. Die Treppe. Und deren Geruch damals, von den Küchen und den Dienstmädchenklosetts, ist noch jetzt süß in meinem Mund, wie ein zarter abgestandener Ekel, verlockend, immer um ihn zu schmecken …

Wie ich nun Schluß machen werde, zu schmecken neu zarten Ekel:

Mond!

Ich ahne IHN! Er muß da sein, voll und schief schwebend, und die Augen …

Ja, jetzt nun nur noch Mond.

Dodi?

Weg! die kleinen Fleckchen waren das Letzte neben dem Geruch; an dem sie nicht schuld war …

Die vielen Briefe nur … Zurück!

Der Mond!

Ich sehe den Glassplitter blinken.

Mond!!!

9

Ich vergaß zu erwähnen, nein, ich wollte nicht schreiben, daß zwei dieser Scheiben gemeinsam in einen Holzrahmen gefaßt …

Nichts … Ärzte, Pfleger, Äbtissin …

Der Stall war still, endlos umdunkelt. Stroh knistert. Bei den Abmelkern am andern Ende klackert es schwer: saure Rübenschnitzel sind ihr milchtreibendes Futter …

(Ich „be-schrei-be“ als Mensch …)

Muh kann nicht liegen, mehr; hinten hoch, ruht sie ein Weilchen auf den eingeschlagenen Knöcheln der Vorderhand, geht dann auf, steht, und wie sie nun unruhig den Kopf wirft, Flanken peitscht und leise brüllend zagt, sind wir nicht „Wir“ mehr, sondern ich bin Eins-Eins; kein Wogen mehr; nichts von Verströmen, sondern ein dumpfes Gestoßenwerden, indes die Zunge zu zirpen beginnt, zage ...

Alles ist fort Schwärze – Schwindel machende Schwärze! Ich treibe! Baumgewipfel – anderes denn in seelger Besonntheit – sticht auf zu mir, Tannen, und ein lauter Wind bläst mich, während Furcht kreist, sein Atemanhalten ließe mich stürzen ins sperrige Gespieß ... treibe doch ... weiter ... weiter ...

Heiß wird es. Erst ist es nur sengendes Huschen. Die Haut, wie wenn sommertags Pferdefell unter Fliegen entläuft, dann streicht es schon schneller, enger, dörrt, macht zucken, zerrt – und füllt mich am Ende so voll von Glast, daß ich berste, bersten will, dränge; Glieder beginnen zu zucken, strecken, tanzen –

au-ah mein Leib reißt!

Ich fliege taumlerisch hoch. Wildgansschrei. Ein Wind im obersten Wipfel. Ein erster Stern, einer mang Wolkengeschiebe ... so ich! ... ich? was ...? irgendein Was! ... fliege, töne, verfliege, zerrinne ...

... wie ein Gefühlchen ist das; ganz hinten im Hirn: belanglos; vornerdrängend: belangvollst –: ist das: ein Netz, Spinnengespinst, dem dich Wind zutreibt, schon drin, presse, reiße, um mich schnarrt drahtiger Tau: gepackt – gefangen. Gewälzt. Endlich Gebein, Kopf frei ...

Da es naht, tausendmal flinkfüßiger, sinistre schleppkugelleibge, galeerensträflingsche Spinne und ...

Oh! ihr meine Augen ...!

... zu sehen das, wie sie kömmt! Ihr Geblick: demantner Facettenschliff!

Fort! Flüchte! Geschlinge!

Umsonst! Die Regung der Beine verstrickt dich noch mehr, auf dir ein Tasten, wie einzeldrähtig, doch drahtbesig ... Ihr Gefäß ... wie es saugt! Drückt! preßt! nagt! zerklopft!

Und ihr Kiefer geht auf ... daß ich das sah, dies

Geöffne, diesen Schlund, wie pergamenten, diese Zahnzählerei, dieses Trockene, das mich anfaßt ... in mein Vließ!!!

Auch!

Auch!

Mohhnd!

Und die ganze süße sachte Helligkeit des Stalls ist da. Warmer gemütvoller Duft. Menschen. Eine Hand in meinem Mund, laues Wasser löst Schleim ...

Und dem tastenden Aug entzeugt sich nun das: goldfarbener Glanz ... (wie Sterne) ... von weit ...

(AEG-Glühbirne.)

... und ein bläulicher Strom unter Raschel-Gepappel, dessen Mundung ich bin, wie eine Aufgetanheit; wie ein Süßestes (als legte sich dein Liebstes langsam in deine Brust und wäre dein wärmendes Herz).

(Muhtsches Blick, die steht und auf mich schaut.)

Trunkener Taumel. Gefall, halbes. Menschen halten mich gütig.

„Na – nimm den Struch, Kleener!"

„Zutsche doch, Kerlchen!"

Und Saft rinnt in mich; zuckend, stoßend, quetschend sauge ich nun – ob, auch im Taumel –, und jener Fluß fließt dich restlos, den du am meisten liebst:

Fließt dich restlos ...

Meischten lieps ...

10

Jene Scheiben zu erwähnen war ein kleines Versehen, natürlich ein Irrtum. Oder ein Scherz. Ich besitze Selbstachtung. Wohne ich schon in einer „Klapsmühle", behielt Wort „Irrer" doch stets für mich fremdesten Klang. Jene Gestalten: ausgelöschte Gesichter, als hätte einer über sie fortgestrichen mit der flachen Hand und alles weggenommen, aber auch alles! ... jene verstümmelten Stämme, die in Ecken stehen, schulterdrehend, und in denen Kätzisches aufspringt wie ein Blinken ... jene am Ende und vor allem zumal, die ewig in Betten liegen, das Gesicht mit Tuch bedeckt, unter dessen Dunkel sie vielleicht Visionen erschauen, klar wie in griechischster Luft: da der Sohn sieht, wie in englischem Wald Räuber den Vater erschlagen ... es morgens sieht unter der Decke, unter Dunkeltuch, und am Mittag es sieht; auch es sieht, wenn es dämmert, und nachts neu, immer es neu, es: das in kein Hirn kann; es: als Räuber den Vater im englischen Wald am nebligen Morgen erschlagen, auf den Kopf, auf das zarte dünne Haar ... Es: das nachts neu kommt, da er täppisch in eines Zimmers Ecke hockt, Darm zu entleeren, und sich da klar, durch dieses Tun, Weltmann fühlt, ob er kein WC (Döbbel Juh Sih) mehr weiß, der einst Dandy war und nun Greis ist, mit *einem* Erlebnis und sonst Dämmern ... jene alle kenne ich nicht.

Zu meiner Belustigung allein, so zum Spaß schreibe ich diese Blätter ... indem ich eine erblindende Seele etwas aufheitern will im Gedenken der Zeit, da ich Kälbersprünge tat oder unter Menschen trieb, Mensch unter Menschen ...

... Seele aufheitern: wie ein Blankputzen von Scheiben wirkt dies Schreiben, und schwirrt der Mond dazwischen oder das Glas, gewöhnliches Fensterglas - aus Sand gemacht, wenn ich recht verstand -; so ist all dies Geschwirr Spaß, berechneter, zu verwirren ... euch, Leser ...

Denn vielleicht werde ich ganz einfach mit diesen Blättern zum Doktor oder Sanitätsrat gehen und sprechen: „So und so, geehrter Herr; ein Scherz von mir. Geruhen einzusehen ...? ... daß hier nicht mein Platz ...? Entlassung ...?“

Ja, ganz bestimmt werde ich das tun, mit diesen Blättern zum Doktor oder Rat gehen und Entlassung beantragen. Und man versteht nun, wie unsinnig es wär, jene beiden Scheiben in der Mitte zu erwähnen, die man erreicht, wenn man auf den Tisch einen Stuhl stellt; dann klappen sie halb auf, in einem festen Scharnier ... Draht, dickstes Flechtwerk, schirmt nach außen ... kein Ausbruch möglich ... aber das zerschlissene Laken übers Scharnier geknüpft, eine Schlinge und ...

Ah ein Ausweg! Ein? Der! Aus – heraus – Weg! Fort. – Futsch. – Weg!

Oh! Marsala! Dodi! O fürchterliche Blaue! O Mond!

Kinder, der alte Garten; nicht zu den Ärzten ging ich mit diesem Geschreib. An der Straße ob dem Gegitter steht Flieder, an seine feuchten Wurzeln legt ich die Blätter und über ihnen der Duft ... nächtens Mond ...

Die große Blume heißt immer – Li a La!

Coccola! (Heißt sie mir.)

11

Coccola ...

Du mußt an die Nacht danach denken, nach Café, Straße, Schuhband –: diese dumpfe Verbohrtheit hat Gott nie gewollt! Nie diese Qual, die nur ganz drinnen schrill pfiff, während ich außen Taten trieb, wie von Hefe in Gang gesetzt. So ein letzter Wunsch, sich hinzulegen und *nichts* mehr zu sein; aus bloßem Willen nichts mehr zu sein und so zu löschen ... mich, dich; Welt, Gott – Gu' Nach'!!

Auch als Pennäler einmal lehnt ich rieselnd an rieselnden Bäumen. Damals weinte ich. Aber schon im Schluchzen der Kehle schwoll mir gewisse Hoffnung, daß es schöner werde, seliger immer noch mehr, dieses

Leben! Daß es unwichtig sei, daß Emmi, Lilie, Marie, Fränze, Henni, Auguste nicht *mich* küssen wollten. Daß andere kämen und Bäume blühten, Getier kroch und der Himmel blauender kreiste – damals wissende Hoffnung.

Heute – Ende. Ein Hineinschleichen ins düstere Chambre garnie heißt: letzte Chance verschieben. Denn du weißt nur zu wohl: ein einziges Mal ründet sich dir Coccola und der auffahrende Blick in Angst (noch in irrer Angst, da er ihren Hutreiher schon in sich hat), – dieser auffahrende Blick leitet von selbst deine Füße ihr nach . . .

Habe Mut: ihnen nach, hinter Coccola/Gustel gezwungen treibt's dich aus der dumpfig frischen Feuchte der Bäume ins Gewirr, Kurfürstendamm abwärts, Menschen treiben, blicken . . . Deine Manschetten, die auch du von heut an „Röllchen" nennen wirst, hast du vergessen . . . der etwas talgig-fettige Rand deines Jacketts reibt deine frostigen Arme . . . der Stutz wippt, steht, rückwärts geht's . . . und in meinem lang anhaltend gezogenen Streichen (Wildgänsers Abstrich) hält er Einkehr unter drehender Leuchtreklame der Bar. Ihr, jener Blauen, dann Gustel nach!

Sie gehen hinein!

Aber ich, vor dem Portier zuck ich zurück, plötzlich verfallen, Ruine. Da es – noch herrscht Gefühl zergranateter Landschaft – schon Tat tuend aus mir schwitzt: eine Lächel-Grimasse schleudert ihm mein Gesicht zu (und weiß nicht, da es solches tut, ob's ein Schmerz werden wird).

Spreize den Daumen . . . ihr nach . . . Coccola nach; laß grinsen, dann kichern: „Die . . . die . . . diiiiiich . . .!"

Und er, Baß aus Braun-Vollbart: „Lu-ih?"

Wie es die Schultern scheckert! Ich: ihr Louis! Ein Zuhälter . . . ich!! Was nicht . . .?

Lasse Daumen weiter sich drehen. „Die . . . dich! Diiiich!"

Indes er, aus den Augenwinkeln, über mich denkt, sagt: „Du ... Louis? ... Na möglich is allens. Also: ja!"

Ich warte! (Befriedigt.)

Ich darf warten! Hier stehn, warten, indes drin Musik sie umschleift und an irgendeinem Turm Flügelflattern von Zeit im Dunkeln ist, - Zeit, die mir - sonst schwer, nun Schwarm! Die *mir* nun geschenkt ist.

Wir grinsen - ab und an -, wenn Kavaliere aus Droschken Hürchen entheben ... wir grinsen so wissend ...

Plötzlich ist SIE wieder da, mit ihm.

„Schau Gustel, der Kerl steht immer noch!"

Der mich anscherbt, hohtähn! - Zerschmetternd: „Scheren Sie sich ..."

(Der Portier sabbert ein wissendes Grinsen in seinen Bart: „Wie werd's wärn?")

Sie, praktisch: „Nein, du ... wie heißt du, Kerl? Pippe? Also, Pippin - Gustel! Pippin! - Hol uns ein Auto!"

Und gibt mir einen Blick aus beidem Geäug, der mein Gliederwerk schnarren läßt, tosen, stampfen ... brüllen: „Auto! Auto! Frei?"

(Asphalt glitscht. Manchmal taumle ich. An dem feuchten Gebäum war's seelisch geruhger. Vielleicht ist Zeitvogelverflattern - hinten im Dunkel am Turmzifferblatt - keine Gnade -?)

„Auto! - Also!"

Bis ich da bin; Dampf strömt; Schlag fliegt auf; Straße und Nummer nennt Gustel, ich klappe zu -; nein, diesmal kein Blick, aaaber, da sie einstieg, entblößte sich ihre Wade, im Florstrumpf grausilbrig, und es schmiegt sich um sie, wie knöchelumfassende Hand, pörvörs fötlertalgiger Rand ihres Schuhs.

Schwufff! Schwöffff! Schwwfffff!

Au - toh - ab!

Portier grinockelt; mäkelt. (Ohne Trinkgeld.)

Aber in den Stahlfedern hänge ich schon, mein Gesäß fängt Kotgespritz; ein Blauer brüllt; aber ich hänge fest, fahre mit, hinten ans Auto gehängt, drinnen Cocco ...

„Kutscher hack!"

12

Lange blieb nicht Mama in der Boxe. Auf trockenem Stroh, knicklebigem, lag ich bei ihr im Kuhreichstand, am Ende; ihre Wärme sank in mich ein ... Oft standen Menschen um uns, bewegten die Glieder ob der Kuh aus der Pärkoppel ..., die niemand verlangte, als die seine befahl –

Mein Gebein noch schwach. Aber, kaum kam ich hoch, stieß schon meine Schnauze an Weiches, Weichendes: klappte, schnappte, speichelte Sehnsucht, zog dann und sog –

... und in mich rann es, troff – sickerte in jedes Glied, Süße wie ein Veilchentrank, der ein Fades ist, das später süß scheint ...

Ich sah ... da war Gerühr, Schattengegleit, Helleres, Dunkleres; aber warf Muhtsche ihr Haupt nach mir um, kam ihr Blick:

„Was war das –?"

... eine Passage schien frei, ein seliges Land; besonnte, hochgrasige Weide; dann Steilküste; aber oben liegt man, sonnig durchwärmt, im Kühlen; hört nur den ganzen Tag, von Tau über Nebel zu Tau, das Singen von Meer, wogigem Wasser, strandlaufendem. Und ein Fächeln vom Wind bürstet leise brennend im Sommerhaar ...

Plötzlich ist Titscherlein da. „Freilich ist's meine. Aber das Aas ..."

Und all die umher aufgestellten Masken zucken zu

Sprüngen, Rinnsale laufen stirnab, Nüstern scheinen zu brechen wie Glas.

„Nu! was denn? Wie kannst denn deine ... Beweise!"

„Flog!! Das Krät!!!"

(Kam *das* aus der Brust, du mein Liebster!)

„... flog ...?"

„... flog! rin in de Wolken. Beine gewunken!! Wech!!"

„– Flog –?"

„– Flog!"

„Nu machs ma Hallweje ..."

Die Gesichter tanzen. Die Daumen springen als Hopser. Und immer mal:

„So!"

„So?"

„So!"

Dann ging er. Murrend. Abgewiesen der Titscherlein.

In der Koppel schwangen die Fliegen ihren Reigen. Ich sprang um sie. Das Atmen war aufgeschnallt, plötzlich. Eine irrsinnige Weite ging in jedem Zug durch die Nüstern bis tief in die Brust hinab.

Bäume an Bächen tanzten in ihr, kokettisch. Berge spitzten sich selbst, schwollen, quollen und zerbarsten plötzlich in Wattetiere, so man Wolken nannte; später etwan. Straßen längten sich. Sonaten liefen rasend bergan. Und plötzlich krichte einen das Glück beim Schwanz und warf einen im Kreuz rum: rechts! links! ... schwumm lag man da ...

(Und die kleinen Gräser nickten in die triefenden Blicke ...)

Unter dem Futtertrog aus dem Loch spitzte oft, abends, eine Ratte.

„Isidooo! Isidooo!"

„Füh?"

Und stielte die Schnauze.

„Also – es gibt *höheren* Himmel?"

Plötzlich stand sein irrender Blick auf mir still. „Dir gähts schlächt. Was de auch machst. – Welch ein Ende!“

„Und der Himmel?“

(Ich beharrte.)

„Freulich, eun annrer ...“

„... wie der, den Muhtsche durchfuhr?“

„Freulich, aber dein Ende –“

Holzschuhe klappten, Isidoro pfiff weg. Muhtsche war alles egal.

Eimerhenkel pagelten schrill. Füttern begann – schwüpp! war Rätterich Isidoro wieder da.

Er war klug. Weshalb er nur Dinge betalkte, die ich nicht mochte?!

Mein Ende?

Nanu ja. Dänn äben!

13

Denn eben fuhr das Auto vor. Ein Haus dämmert grau in endlose Himmel. Bäume triefen im Nieseln.

Seht, da steh ich schon wieder, nicht zu ermüden, reiße die Wagentür auf und knickse, die Platte nach vorn (enthütet).

„Duckedich – bäh!“

(Das wäre ein passender Name für mich!)

Sie lacht kaum, leicht über die Schulter weg dem unterm Torbogen Schreitenden meinethalb zu, lacht kaum, und auch er hält mich noch der Scherbe nach des Wortes wert ...

Doch darf ich zahlen.

Nähere mich, gleißend stürzt Lava in mir; jedes Glied schlägt oder rotiert, und das Herz bumst dumpf wie ein Hammer, im Keller auf Cässeo gepocht.

„Dein Schlüssel – aber, wo ist denn?“

„Nein, laß mich ...!“

Reißt ihm die Tasche weg, sucht, ein Büchschen fällt: Duckedich! –: „Biehtä!“

„Gehen Sie endlich! Gottverdammich! Schere dich, Kerl!“ Und leiser: „Er muß ganz besoffen sein!“

Nun ist es plötzlich, als stände der Depotchef an meinem Pult, spräche über Hausse, Buchung, einen Safe. Wie platte Kugeln roll ich die Wörter aus gewölbten Lippen, geplusterten Backen.

„Das gnädige Fräulein haben den Schlüssel verloren –? Wenn ich wagen dürfte –? Dicht nebenan meine Wohnung . . . komfortabler Salon. Sessel, Diwane, zwei. Kein Mißverständnis, der Herr wird einen Cognac finden, moussierend, französischer Korkbrand, der ihm gefallen wird. Und das gnädige Fräulein eine Chartreuse, grün, die den Gaumen kitzelt . . .“

Sie wendet sich. Ihr Angesicht geht mir zum ersten Mal auf.

„Gott! Der Mond!!“

Auf der breiten Ebene des Kinns schwillt der Mund, auf fahler Entfärbtheit ein fast blau bemaltes Blühen; ihre Augen, um die Striche sind, tief violette oder schmiegsam gemachte schwarze; ihre Augen . . .

Oh! ich sehe ihn noch, diesen Kopf, diesen Mooohnd, dieses Haupt: im Nacken lag mir mein Blick; sehe ihn noch nach dem Nerventaumel zwischen Weidenwipfeln, zum ersten Mal grenzenlos glücklich wieder; noch nach jener Sommernacht Sternenfall, Taumel und magischer Bezauberung, als ich erst weinte, das Mädel ins Korn warf und, allein gelassen dann, dem Kosmos sein Kreisen dankte . . .

Sehe ihn noch, den Sternentaumel, der wie Phosphor fahl in mein Hirn fiel; fühle ihn noch, den Blick ihrer black umkreisten Augen und zittere in meinen Schuhen!

„Welche Frechheit!“

„Der Kerl muß wahnsinnig sein!“

„Hören wir nicht auf ihn. – Geh weg, du! Dich meine ich, Glotzer!“

„Wenn wir es als Witz nähmen?“

„Er ist bleich? Ob ihn hungert?“

„Verstehst du, was er will?“

„Ich ahne ...“

Er so zornig da: „Du ...!“ Sie prüfen sich. Ihre Gesichter sind bleich. (Immerzu kreisen ungesehne Sterne!)

„Es gibt Leute, die Geschäftchen ...“

„Du!!“

„– Ja?“

„Sag!“

„Nein, es lohnt nicht!“

„Sag, ich will es!“

„Willst du?“

„Ja!!! ...“

„Also ... da du willst ...“

„Sprich schon ...“

„Böse wirst du werden ...“

„Auch feige ...?“

„... Also ... Schiskeu – etnoh! – Zuhälter ...“

„– Ah!“

Ihr Blick geht langsam, heftet bei mir probend (und unendlich schnell schnelle ich aus jedem Gesichtswinkel hundert Grimassen, mich nicht zu verraten) ... Ihr Blick geht langsam von mir zu ihm, steht fest und hebt das Wort neu, wie mit Zangen hinaus aus seinem Sein, ob er es schon, verwaschend, vernährt. „Zuhälter. Sssuhhöhltär ... Su. . .häl. . .“

Da lacht sie. Sie überstürzt sich. Ihr ganzer Leib jagt. Ihr Gesicht springt. Tausend Scherzi schalken aus ihren Fingern. „Wie das gut ist! Mein Zuhälter!! Häh, sach doch was, Louis! Du, sach was.“

Ich sehe sie an. (Gott genau wie der Mond.)

„Und du hast keine Angst, du, Gustel, vor ihm? Vielleicht will er deine Brieftasche nehmen, heut nacht? Auf dein Geld war ich scharf, Gustel: is'n't true?"

„Liebe ... ein Wort ... du mußt zugeben ... der Anschein ... ich kenne dich kurz ..."

„Aber gehen wir doch, zu ihm, meinem Louis! Gebt mir eure Arme! Rechts! Links! Siehst du, Pippin darf rechts gehn! Welch ein Scherz! Hier um die Ecke? – Wie er zittert. Kein Mantel!? Ist es die Kälte? Sprich, Pippin! Die Kälte? Louis, sag doch! Kälte? Ein Wort!"

„Coccola!"

„Verstehst du, was er meint?"

„Coccola!"

„Ein Irrer! – Ja, es ist gut. Wir bringen dich nach Haus, Louis."

Wieder beiseit: „Sicher ein Irrer! – Aber du glaubst nicht –? Sagst ein bestellter Scherz? Also! Komm, Louis; wir machen dir warm, steck die Hand zu meiner in die Muffe ..."

„Coccola!"

14

Heut früh sprach ich Nutte. Ganz kurz.

„Uäh?"

„Ja freilich."

„Brararrarra", müht sich sein Gaumen. Seine grauen Hände flattern flach; fallen gleich. (Fledermäuse, hängen kopfab auf grauem Grund.)

Nutte ist Kassenpatient. Zwanzig Jahr hier, dreißig; wer weiß es! Kein Mensch. Ein Papier vielleicht, irgendein Papier sagt vielleicht: Achtzehnhundertachtundachtzig!

Ich, Zweitklässler, bin ein großer Herr gegen ihn. Sage: „Gut Freund."

Streichelnd. Streiche die Angst aus den Händen.

Aber er, da nun ganz klar: „Heut nacht waren die Toten - unten im Schrank; in der Lade . . .“

„Ja . . .?“

„Alle Toten. Sie schwätzen. Einer klapperte mit dem Deckel. Sie wollten meine Kinder . . .“

Nutte sieht mich an.

„Deine Kinder . . .?“

„Man muß leise sein, Nutte sagte . . . nein! ich bin nicht Nutte! . . . Der Same . . .“

„Sei ruhig, Nutte . . .“

„Kein Nutte . . .! Der verlorene Same . . . nicht Sünde.“

„Nutte . . .“

„Nicht Sünde; Same braucht nicht . . .“

„Ruhig, still! Du hörst nicht . . .?“

Und eine führende Flatterhand nimmt nun die meine; zieht mich. Schranklade weicht. Muffig - puffiges Kleidergelump. Gespeichertes Brot, dessen Butter ergrünte. Stank. Näpfchen, vertrockneter Tränke . . .

„Tote tranken mir aus . . . auch die Pfleger stehlen, alle . . . Ärzte . . .“

Aber nun ist sein Blick heim - im Wahn, Wahnsinn, Wahnfried. Beinahe meckert er: „Brähräh . . .“

„Gut Freund, Nutte . . .“

Lange stand ich am Schrank. Der Ruch speckig. (Irgendwas schluchzte, indes ich dachte.)

Lange weinte ich über die Schranklade, kauernd. Indes ich dachte, daß dies kein Umgang für mich. Nutte, Gott!

Später ging ich rauf. Ein paar grüne Zweigchen legte ich in mein Zimmer, auf den Boden und ins Gitterbett geflochten, daß der Eindruck freundlicher sei. Sorgfältig wusch ich die Hände. Hielt sie hoch, daß sie - blutleer - weiß seien.

Bis der Arzt kam.

(Alles ist vorgesorgt. Freundlicher Empfang; mit Grün.)

„Nutte hat mit mir gesprochen."

„Ja . . .?"

„Das ist kein Umgang für mich."

„Aber die andern Herrn –"

Ganz kalt fiel ich dem Arzt in die Rede: „– sind geisteskrank!"

Er räkelte auf der Heizung. Er drückte ein Birkchen-Geästel; quetschte ein Laubgeäder *wund.*

„Und Sie . . .?"

„. . . Ich . . .?!"

„Herr Pinthus, Sie wissen . . ."

„Weiß ich . . .?"

Wir sahen uns an. Tief. Lange. Ich sollte blinzeln! Aber ein Fältchen-Gerinnsel, so seine Augen umzuckte, sah ich –: er dachte der grausamen Blauen . . . Coccola! (Arrasschreien!) Coccola! Coccola! . . . und des Mohnds.

„Sie sind" - hält ein; pafft, zieht Luft (oh! oh! oh!!!); stößt: „Herr Pinthus, warum ist die Klappe offen dort oben am Fenster?"

Schweig ich. (Auch wenn er mich schlägt.)

Schon brüllt er auf dem Gang: „Matzke! Frau Wendel! Haben Sie bei Herrn Pinthus die Fensterklappe geöffnet? . . . Also! . . . Und mit dem Umgang . . . davon sprechen wir später . . . wenn es Ihnen besser geht! – Sie legen sich ins Bett; Matzke, Sie bleiben hier . . . und dann Nachtwache –"

Ich habe dieses Mal nicht den Mond gesehn. Immer saßen sie bei mir, hielten ihre Hände auf meine Augen.

Und mein Zimmer war doch so süß begrünt!"

15

(Statt einer Vorrede:)

Nicht diese Töne, mein Freund Hein!

Dein Brief heute; ich hätte Ihnen unendliches zu sagen. Aber habe ich denn Zeit? Muß ich nicht immer wieder, über dieses Papier gebückt, Buchstaben mühselig malen, die ein Geist eingibt, der auch jede Minute verlassen kann! Sagen Sie selbst, Hein, wo wäre diese Zeit herzunehmen für einen Brief an Sie. Jede Sekunde kann es sein, daß ich aufstehe. Die Feder fällt hin; mein Gesicht wühlt im Bett, und mein langes höhlendes Höhlenbewohner-Heulen ruft ein Laufen auf die Gänge; Türen klappen; dann sind Schatten um mich - der ich ein hingebrochenes Mürbedings bin: - Schatten, beweglich sich regende, und irgendeine Stimme flüstert: „Er hat seinen Anfall . . ."

„So plötzlich . . ."

Da ich dies hinmale, diese zwanzig Zeilen, an einem Morgen, da ich kaum aufgestanden bin; der Arzt war noch nicht da; da dies immer gleich sofort plötzlich geschehn kann (und vielleicht nie, trotz aller Angst, was das Furchtbarste wäre, geschehen wird): wie soll da Zeit zu finden sein, hiervon abzugehen und deinen guten Worten zu danken, mehr, dir, der du mich an einem dämmrigen Morgen in einer Bahnhofshalle sahst -: Hut erst erkanntest, den Mantel dann, ein Gesicht, das meines schien, flackert, erlöschen will, aufglänzt und dir Freund Pippe zeigt, der vor Schicksal flüchten will, - bis das Gesicht erlischt . . . kein Satzbau! Schis - keu - etnoh! Wer kann sagen, wenn es so strömt wie der Nil . . . Wie Freund Hein, könnte ich deiner Vision meine entgegensetzen, da dies Papier harrt und der Geist strömt, wie ein Nil, dessen Hochwasser, jeden Tag versickern kann, weißte -? Feder viel zu faul für jederlei anderes ist, nein!

Nein, vielleicht einmal werde ich am Ende sein. Ausgeströmt. Die grausame Blaue (die gekränkte Liebende, leise!) ist fort. Muhtsche tot. Muh vergangen.

Einschnüren werde ich dieses Pack Blätter; siegeln; „Fünfhundert Mark Wert"? Adresse: Baumgarten ...

Und vielleicht wirst du hier und da ein weniges finden, wie ein Huschelicht-Blenden nächtens, eine Menschlichkeit, ein Bemühen ...

Gott, Freund! Gott, Leser! Seid gütig mit mir. So viele Richtungen des Lebens. Ich bemühe mich. Oft bin ich wirr. Seid geduldig. Eure Geduld läßt mich vielleicht einmal werden ... ein winziges Plus!

Seid zum andern – geduldig! Habt Güte! Ja schon: ein Wirrkopf ...

Vielleicht, vielleicht ... in nächtlichem Baumgewirr, Angstgestäng sehe ich Lichter huschen, blitzen, tanzen ... (Die ihr alle nie seht ... in der Nacht!)

Nein, mein Freund, nicht diese Töne! Ich würde weinen! Nicht diese Visionen! Ich bräche ein! Und nie kämen die Blätter zu dir ... sei doch geduldig ...

(Und jener Schoß ist mir fortgenommen. Ein letztes Glänzen. Ein Mädchen, das durch den Abend in die Nacht ging. Ich pfiff hinter ihr drein. Den alten Pfiff: Liebstdumichdenngarnich – Meer?

Keine Antwort. Ein Mädchen einfach, das in der Nacht verschwand. Manchmal in häufiger Güte, eine Frau, deren Hände lind waren.)

Und jener Schoß ist mir fortgenommen.

(Statt einer Vorrede!)

16

Ein Wunder ist geschehen! Eine Straße gingen wir aufwärts. Grüne Gräser waren bestaubt. Oft schrie es: „Wiste! – Hottewech!"

Manchmal dann an einer Kehre, kamen geschäftige weiße Vögel uns entgegen, sprachen biereifrig; aber plötzlich warfen sie mit vielen Flügelschlägen Staub um unsere Füße; ein Gehusche, Geflieh, Geflatter - und höheran ziehen wir, wo Blau herwinkt, ein immer tieferes Blau - von Tannenbäumen auf Bergen - wie ich *nun* weiß! (Dieses „nun" schreibe ich zum letzten Male!!)

Nein, all das vorher, von 1–15 gilt nicht.

Er hat uns - nach bestäubtem Weg, Gänsegeflatter und vielen sehnsüchtigen Wanderwegen feldein, lichtungdrin, tannumstanden, eine Samenweide geschenkt.

Im Wald. Zwischen Tannen, die blauender, schwärzer . . .

An manchen Stellen rieselt leisester Sand. Weiß.

Spechte hämmern. Ich weiß, daß Kleingetier Trichter baut im körnigsten Sand, Korn um Quarzkorn; lege mich *doch* drauf, verschütte sie - und im Wiederkäuen denke ich - (nun!!!) - halb, daß sie Tage zu arbeiten, schuften, bauen, konstruieren haben werden, das Verschüttete aufzutun neu. Wenn sie nicht ersticken. Wenn sie nicht . . .

Morgen vielleicht lege ich mich wieder an diesen Platz, aus Lust. Am dritten Tage werden sie auswandern. Ein Vogel wird sie erfassen. Ihr kurzes Leben wird verloren sein. Wenn sie nicht schon vorher . . .

Weil ich da lag, verloren sein.

Muhtsche immer ist fromm. Das macht, weil sie meine Mutter ist. Eine Mutter. Sie geht, käut, kleine Tiere rutschen in ihren Schlund. Doch, da sie nichts weiß, bleibt sie fromm.

Ich aber - vielleicht macht es nur der Rückweg, den ich tu, daß ich nicht fromm bin - nicht mehr - heut.

Ich erinnere mich. Ein Spätnachmittag. Die Spechte hämmern. Sperber stehn schwarz im Lämmergewölk.

Da muß es gewesen sein, daß die Luft sich dichtete. Vließ annahm, Blick und - ein Widder war vor mir.

„Du bist noch nicht weit, Muh“, sprach der. „Diese Wollweide scheint *dein* Wunder. *So* bemüht ER sich nicht. Oder ER oder SIE - gar nicht. - Sieh zwischen den Stämmen . . .“

Auseinand gingen sie. Ein Pfad erst. Eine breite Allee. Eine Lichtung. Ein Kahlschlag. Der Talkessel einer Ebene, um die ganz fern - verdämmernd - Bläuliches, Tännisches gestellt war.

Gedräng. Leib an Leib. Reibung. Geatmete Luft und die ganze Kreatur stellt ihren Blick auf mich: in den Pelzen der Kuh hängen die Dasseln, Milben kriechen, Flohgetier schwingt, zwischen den Zehen der Hirsche entkriecht der Ameisenlöwe seinem Trichter, Maulwürfe schieben ihre blinden Köpfe ans Licht; über ihr duffes Fell ringeln Nattern, Ottern, Schleichen; ein Elefant schwankt, und auf seiner ehern beschützten Stirn hockt ein Bleiches, den Prunkstab in der Hand. Mensch.

Meisenflügel streifen an seine Ohren.

Aber in ihr Wogen, Gedräng, schlingen die Pflanzen die Ranken, schwingen Zweige; zwischen den Zitzen der Wölfin tun die Blumen ihre Kelche auf, und burrende Hummeln stupfen Staub auf ihre Narben. Steine sind gut. Die Krume zerfällt und ihr enthebt sich Neues: Mikroben, Bakteriengetier, das sich neu zerlegt, zerfällt, und endlos Wandel ist - vielleicht ein „Weiter“ -, vielleicht ein Höher-Hinauf, indes surrend die Sterne ihre Bahnen laufen, Fontänen schießen, Ringe sich drehen.

Bin ich fort.

Fort!

Gott ist gut. Eine Sommerweide hat er uns gemacht, mitten im Tännicht, süßtraurig, und die Spechte hämmern, bald nah, bald fern, den ganzen Tag nach kleinem Getier.

Libellen sind grausam-fromm wie die Sterne. (Elisabeth!)

Oh, ihr Spinnen!

Wir wandelten aus. Gott hat es uns geschenkt, daß eine Waldwiese da war, nur uns gerüstet.

Den ganzen Tag waren wir froh.

Im Dämmern Schreie der Melker.

Die Bäume. Weißes Sandgeriesel.

Joh und ich springen.

(Gespräche. Rousseau.)

Dann das Glück. Und die Seligkeit der Sonne, des Besonntseins. Das Einsinken in Muhtsche. Die Schnauze am Euter, nun von außen, durch die Haut, Blutgeläuf . . . bis ihr Herz in mir schlägt, ihr Herz die Sonne, bis ihr Herz in mir schlägt.

Immer waren wir froh.

17

Dieser Weg nimmt kaum drei Minuten. Dann kommt die Haustür. Zögern. Aus *dem* Muff streicht die Hand, der Wärme entstrahlt. Schlüsseltasten. Klappern. Luft pufft im Selbstschließer. Zögern.

Man geht voran. Lichtknopf.

(„Ah, so sieht's hier aus!")

Die Treppe. Das hemmende, streifende Hängen des Schuhs im haarig zerschlissenen Läufer.

„Bitte . . . Hier . . ."

Neues Klappern. Wiederum Geschließ. Oben. Dann unten. Und die Tür weicht. Eine durchdunstete Luft. Eine bekannte. Wie macht es die hohe Gesellschaft mit dem Vorantritt?

Aber erst . . . „Gustel! Pinthus heißt mein Louis. Pinthus . . . ist das deine Karte?"

„Nenn doch den Kerl nicht immer: Du! - Ach! ganz egal! Wie du meinst. Mich machst du nicht dumm.“

Seine ganze Sicherheit ist hauhoh, bald denkt er so, bald die annere Leier.

„Pinthus . . .“

„Nein, nun etwas andres! - Geh voran . . . Liebe, da du hier Bescheid weißt . . .“

„. . . weiß ich . . .?“

Gott! Das Zimmer ist warm und recht bratlich. Der Gent auf dem Vorplatz noch jede Tür begaffend (als bräche gleich aus ihr ein Vulkan, als entwandelte ihr ein Gespenst, mit *Mutters* Gesicht etwa, aus einer *Bordell*tür); der Gent eben noch zehentiertreterisch sacht, luftzieherisch leis. - Der Gent hat sich eingesessen. In den buntesten Sesseln hält es gemäß, Asche auf Teppich zu streuen, und meint völlig offhänd: „Ganz nett habt ihr das . . .“

. . . während in der Westentasche zwei Finger nach der Scherbe linsen. Dann begafft er die Wände, als ständ er - ein Agronom aus Livland - in der Sezession. (An den Wänden deckenauf.)

Sie warf sich hin, den Mantel ließ sie in meinen Händen, der mit Pelzstreif mein Kinn strich, meinen Mund weich schwellte . . . Warf sich hin, und nun Ein Mal war sie ganz da: ihr Rock schwebt, schwingt und fällt über die - Spitzen der Schuhe, da sie sich zusammenzog. Kinn auf der Brust, wie: um aufzuschnellen . . . da war sie Ein Mal ganz da mit ihrer Bleiche, der rohes Lippenfleisch entschreit. Nein, sie ist gar nicht groß, aber ungeheuer und endlos, eine Ebene, eine Sahara; ein Wind, ein Sturm; mehr schon: eine zartgliedrige Sarah, eine Jüdin, mit zerseeltem Gesicht, dessen Flächen, Rinnsel, Täler und Farben ich betrachte als Neulandfinder Cortez . . . da war sie Ein Mal ganz da, als sie die Wimpern wie einen Wellenüberfall hebt; und die Augen wandern ihm zu, mich kaum streifend, dann zur vorhangverhängten Tür.

Sie deutelt ganz leis mit dem Kopf über die Schulter dahin: „Schlafzimmer . . .? Gustel, unser Schlafzimmer! Jene Falte im Vorhang spricht: als ich das letzte Mal durchschritt . . . *ich* lüge nicht . . .! Pinthus, hänge den Pelz über den Knauf dort . . .“

Werd ich, nach befolgtem Befehl, geschäftig. Schnaps. Chartreuse. Kleine Gläserchen klingeln. Eine – kurze! – lange! – Sekunde muß ich ins Kabinetterl. Korkzieher zu holen; gleich laufen mir Herz und Hände weg. Doch wie ich wieder drin bin bei den beiden, ist alles noch so . . . ihr Kinn auf der Brust und der Jungmann beglotzt meine Wände, während – dies wird bemerkt! – seine Hände hastiger huschen, zucken, stäuben (. . . Asche verstäuben . . .).

„Das gnädige Fräulein nimmt die Chartreuse?“

„Nein, ich nehme sie nicht! Auch ich will moussierenden Cognac, ein leichtsinnig Weibergetränk, grad recht für mich leichtfertig Weib . . .“

„Nein, das sind Sie nicht“, sprach ich und versuchte den strengsten Blick.

Er: „Hört endlich auf! Sie oder du? Ich will wissen, du!“

Sie: „Aber du weißt doch . . . was alles hast du nicht gesagt . . . schon im Auto . . . Du scheinst mich zu kennen!“

Er: „Nein, wenn ich sehe . . . ihn . . . dich . . . Wahnsinn! Dieser alte Triefer, fast verschmutzt, auch hier . . . jene Wände . . .“

Sie: „Setze dich wieder. Warum bist du unruhig, Gustel? Kennst du mich nicht . . .? All jene Nächte . . . die späten Dämmerstunden . . . Ein Lied . . . Manch vielleicht heimfahrender Stern . . . Deine Worte . . .“

(Die Vorhänge bebten. Im Zimmer riß es vor Hitze die Möbel.)

Er: „Unruhig . . .? Nein! Ich weiß alles. Auch die Amsel vergaß ich nicht von jenem ersten Abend, da du mich so märchenkönigstöchterleinhaft beschenktest . . . du du dich so: wild drauf los verschenktest. Wie ein Fall! Eine Lohe! Ein Blitz!"

Ihr Gesicht nun schien Sonne: „. . . also . . .?"

Grübelnd, ohne Einglas; sein Gesicht ist klein geworden; wie verwelkt: „Gleich sagtest du ihm Du! Du lachtest. Zucktest kaum die Schulter. Auch der Portier grinste breit in seinen Bartfächer am Kinn . . . Du wirst zugeben . . ."

„Ja . . .?"

„. . . zugeben mußt du jedenfalls, daß die Umstände . . . immer tauchte er auf, und nun diese wie vorgerüstete Wohnung . . . die Bewirtung . . . das Bunt jenes Vorhangs ist – unjunggesellenhaft. (Das mit der Falte.)"

Sein Blick sprang, suchte zu packen, fiel . . . furchtsam: „Diese Wände stehn dir nicht fremd . . ."

Es gibt ihre Augen nicht mehr. Verlöscht. Verraucht und verweht. Sie waren nie da. Verglühte Mittsommerwendfeuer. Verschollenheit. Zerwesung. Wie ist sie klein! Ein Kind? Freilich . . .

. . . ein Baberbeinchen-Kind! . . . und . . .? Er: „Im Café; ich sah wohl, seine Zigarettendose hatte bei deiner Hand gelegen . . . leise zog er sie an sich. Dann sein Blick auf deine Schuh. Nur, da *glaubte* ich noch . . ."

„. . . glaubtest . . . du . . . noch . . ."

„Ein Zudringlich! Frecher! Schamloser! Sieh sein Gesicht am Kamin . . . alle Laster! Hört er nicht . . .? Heh, du, Louis, Schwein, sag . . .!"

Mutlos abbrechend: „Auch er kann nichts sagen, was *mir* gilt!" Und noch einmal nach einem Seufzer: „Was *uns* gilt . . . als entscheidend."

Da hebt sie nun an, voll Mutreichtum, und ihr Gesicht, eine leise Geste der Hand wringt sein Gewäsche aus: „Er saß im Café – einfach bei meinem Tisch. Ich habe ihn nie vorher gesehn . . ."

(*Wer* kann diesen Augen mißtrauen!?)

(Es ist alles umsonst: Du fühlst es in dieser Stille. Er *kann nicht glauben*!)

Ich scharre mit dem Fuß. Er steht auf. Vor ihr. Die nur atmet. Wartend atmet. Vor mir. Dann vor mir. Prüfeblick.

. . . Böböh! Ich zwinkre augurisch. (So gemein bin ich!)

Und er lacht! Sieh, wie er ausbricht, tost, Schenkel knallt, Körper zuckt: „Liebel, dein Louis!"

Es ist ein ander Mal Stille. Da geht sie, wie ein kleines aufgezogenes Automätchen, schrittapsig, schlurfig, von Federn drinnen gesteckt, wandlerisch, zu – uns beiden und . . .

. . . *mir* plötzlich lehnt sie Wange an Wange, ihre Hand schlingt sich um meinen Nacken (Zwängeisen!), ihr Blick streichelt mich . . .

Über meine Schulter hin sagt die Koserin ihm: „Wie du klug bist, Gustel! Man kann dir nichts vormachen. Der ist mein Geliebter, dieser Pinthus. Sieh, wie ich ihn liebe! Er ist doch nicht alt! Ich sehe es nicht. Wie heiße ich, Pippin . . .?"

„Coccolaccia!"

„Hörst du?! Sieh, so küsse ich ihn allein . . ."

Und ihr Mund fällt auf mich, es ist, als stürzten alle Sterne aus dem Himmel in den Mond; eine endlose Weile zieht sie meine Seele zu sich hinein. Vogelknochen bekomm ich. In meinem Hirn tanzen die Sterne.

Zwischenhinein geht eine Tür.

Eine fernere fällt zu.
Als ich neu sehen kann, sind wir allein.
Jener - ging - fort.

18

Manchmal - an Sonnentagen, Sonntagen führte man mich ins hofnahe Geheg.

An einem sanften Hang lag die kleine Koppel. Spärliche Kräuter wuchsen am Wegrand, wo getriebenes Vieh und unter Jochen klingelnde Pferde ihre Köpfe zwischen die Gitterstäbe steckten, ein erbärmliches Maulvoll Grün in Vorbeizug zu zupfen. Weiter zum Bach runter wurde das Gras fett, und dicht über dem engen moosdurchsponnenen Gewebe der Untergräser schwankten Timothee, Raygras und Schwengel, und manchmal bekam mich überseliges Leben so plötzlich zu fassen, daß es mein Kreuz rechts umwarf, während ich vorn feststand und blökte ... Kapriolen ...

Aber die sanften Weiden strichen immer neu die Blätter im leisesten Wind aneinand und erinnerten mich, selbst wenn kein Schatten mich neckschreckte, an die Muhtsche ...

... die ich brüllen höre, fern, trompetend, unermüdet, bis es mich stieß, meine kleine Blähstimme daneben zu stellen. Kam kein Schweizer mit Milch, dann ermüdete ich dessen doch stets rasch.

Vergaß die Gute, die Muhtsche, über dem neckischen Huschdings am Boden neben mir, das so folgsam war und wo widerborstig, dann voller Hinterhalt, über das ich springen wollt!, das leise lauerte und dann, wie mekkernd, - hob ich voll zuckiger Kraft alle vier Beinchen - beiseit glätt. Es tat wie nichts, dies Geschatte-Dings. Manchmal gar ehrfürchtig. (Ehr fürcht ich.) Ich sah es an, ein bissel regte es sich - mit dem Kopfe etwan -, wie kaum eine Rispe unter einer Fliege nachgibt, klimmt, tanzt, taumelt . . . und blaff! – warf ich den Kopf, ist sein Hasten zehnmal so drohend. bedeutungsvoll-deutungsberstend, – und wech! . . . Huschidihasch! . . .

Ich kam erst später.

Ein Rotjackiger brachte sie. Sie sah mich an. Zitterte auf dem Gebein – und fraß! Fraß Gras, das ich damals kaum schmeckte, sabblerisch zwischen den Lippen herumzog; denn damals kam mir noch, schlundstreichelnd, morgens und mittags, wie auch zur Nacht: Milch und Gewärmtes und kleiiger Brei . . . Sie aber fraß . . .

Ich: „Joh . . .?“

Unten strichen die Weiden lispelnd. Ich rannte zu ihnen. Ein weißer Fleck nur war Joh. Kaum schmeckte ich erst Frische des Bachs, der quick glitt und oft blinkte, lockte ein Amflerich links im Gedörn. –

Stand ich, bläkend hangauf: „Joh . . .?“

Sie fraß. Ein Graues, Großes kroch wiesenüberwärts.

Dann lagen wir beieinand, zwischen uns ein Menschenjung auf dem Bauch, der seinen Blick starr machen konnte: – *doch* nicht in uns kam!

Der wedelte Fliegen mit einem laubigen Geäst: Manchmal schrie er. Oft war er weich. Dann stieß er kleine süße Dinge aus gerundeten Lippen, die man nicht sah, doch sah, bis sie in lauter Goldsonnigkeiten verflossen . . . Wir malmten langsam. Muhtsche schrie. Milchkannen lärmten. Geflügeltes strich, schwang sich auf, zwitscherte . . .

Und der Abend stäubte auf uns, in unser Fell. Man fühlte ihn auf der Haut. Dann schwoll er dunkel und nicht aufhaltlich in den Adern.

Joh: „Weißt noch? . . .“

Muh: „Schon . . . Ich strömte . . . Stromer . . .“

Joh: „Ich war warm, quoll. Schwand noch einmal,

war weg! Bis was mich unendlich längte, spitzte ... ein Pfeil ... stieß ich vor, traf spitz ... und zerging in ein weißes Gebreites, anders wie vordem ... um ein etwas ...“

Der Junge gaffte, zwinkerfrei. Wir verschoben die Blicke.

„Treib weiter, Joh ...“

Und der Abend kam, Schatten, noch eine Besonnung, noch eine allerletzte, die zwar schon dünn schmeckte. Man ist alt von so einem Tag.

„Muhtsche! Muhtsche! Kommt, Kälberlein, kommt. Komm, meine Muhtsche ...“, lockt die Magd und tätschelt und wühlt den müden Stallpottlern im Haar.

Den Trottlern.

Plötzlich begriff ich - umschauend - im Jungensaug den Himmel mit Segeln, Schwänen, Getreib, Trüben, Türmung, Verdüsterung -: allen.

Gott den Himmel!

(Den ganzen Tag waren seine Wolken über unsern Häuptern gezogen. Sonne. Auch, im Heimgang, die ersten Sterne. Die frühen.)

Leider. Mädelgelächter. Ein großer Mann schreit. Am Trog trinken die Ochsen und Pferde; zwischen sie eingedrängt fühlen wir die Sanftheit ihrer Blicke.

Man macht uns die Stalltür auf.

19

Einmal kam der Arzt zu mir ins Bad. Sein Wolfshund stieß schnobernd die Schnauze an meine nackte Schulter, die über der Wanne stand. Dann lief er in alle Ecken, ein paar Male stieß er mit der Rute die Wäsche auf einem weiß gescheuerten Holzstuhl. Wenig fehlte, er hätte sein Knochenbein gehoben am Holzbein.

Nein, er ist ein böser Hund. Seine Augen sind grün. Etwas später rieb er noch einmal seine feuchtkalte Schnauze an mein Fleisch, das von Schweiß troff. (Dauerbad von 40° Celsius zur Entregung.)

Er verachtet mich meiner Gedanken halber, die nie Tat werden.

Aus der Höhe sah der Arzt auf mich herab; seine Augen zwinkerten nicht ... Ich erinnere mich, erinnere mich an ein Bauernbübel, das auf dem Bauch lag, zwischen Kälbern, zwinkerfrei ... und in dessen Augen ich einen Himmel entdeckte mit Geschiebe, Getürm, weißen Segeln und dem endlosen Wandern – hochüber! von Charonsfähren ...

Erinnere mich ...

In seinen Augen kein Himmel. Kein Gewander und nirgend die Ströme; weiß nicht wohin. Sondern ein Wille zu überlisten, aus Worten Schlingen zu drehen, im Engen zu halten, nie den Mond zu gewähren ...

... und die Blaue zu leugnen. „Sie war nie da, mein Bester! Eine Bildung Ihres erkrankten Hirns ... lassen Sie ab ...!"

(Es ist gesagt! Endlich!!!)

... Und die Klappe zu verdächtigen, jene zwei Scheiben ... warum rief er damals den Pfleger ...? Nachtwache! Bewachtsein!

Ich tue es ja doch nicht. Denn ... dann ... gäbe ich sie ja auf ... die Coccola. Coccolina, Coccolanella ...

... (Arras rufen).

Jetzt disputiert der Arzt (: sein Denken zu verschleiern): „Nein, ohne Ichbewußtsein existiert Tier. Ein Rinnendes. Tropfen im Wasser. Ausgelöscht. Nie dagewesen. Nie *da*gewesen, selbst wenn es da ist! Nicht mehr als ein Ding. Ein Stein. Eine Krume im Acker. Eine Granne, die der Wind nun hierhin, jetzt dorthin kämmt, die in den ersten Herbsttagen fault. Aber wir Menschen ..."

(Wir Menschen!)

Mich treibt's *wider*williger als all dieses Getier. Oft tut nach Tat meine Seele weh. Ich tue, was ich muß. Dennoch. Grüße Frauen. (Grüßte.) Sehe Gesichter. (Sah . . .) Geh lange Straßen, Straßen zur Nacht, wenn das Licht nicht mehr brennt. (Ging . . .)

Aber Coccola ist da. Immer. Ihr Atem. Ihr schreitender Fuß. Der wie Tolstoi ist, da er Jasnaja Poljana verließ. Ihr anderer Fuß, der nach dem Droschkentritt tastete.

Ich mühte mich. „Gnädiges Fräulein . . .?"

„Was, Sie? Immer Sie?! Wie zum Himmel?"

Doch hat sie den Haussschlüssel vergessen.

Ich sage verneigt: „Meine Wohnung . . . dichtebi . . . ungestört . . . nach Schwedenpunsch – nein! Chartreuse – eine Terrine Gänseleber . . ."

„Gut, der Mann! Gänseleber vorm Schlafen!! Ei, du meinst, wir schlafen nicht . . . Gustel und ich . . .? Seht den Schamlosen!"

„Die Schämige!" (Meine ich bei mir.)

(„Wie sie sich aufreißt!")

Als der Arzt über mich einbricht: „Sie passen nicht auf, Herr Pinthus! Was sagte ich, eben –?"

„Coccola!"

„Immer sie! Schweigen Sie endlich von ihr! Eine Wahnvorstellung. Sie werden gut schlafen heut Nacht. Ein Schlaftrank. Für alle Fälle die Wache . . . – Schlafen Sie gut. Addio!"

„Coccolina!"

20

Ihre Hände fielen hinab.

Eine lange Stille war da, stand im Zimmer, drehte sich pfäuisch – wie ihr breitfächriger Schwanz blitzte! –, und man hoffte, jene Tür werde wieder gehen, jener ... Gustel ... wieder kommen.

Es war, als bluteten meine geküßten Lippen. Umsonst, sie mit der Eiseskälte der Hände zu bestreichen - ihre schwellende Glut brach schwelend in rissigen Blutrinnseln immer neu auf. In der langen Stille (da die Blaue sich fortdrehte und auf ein viel tieferes Postament hing, gleich einer von Gott Geschlagenen), in dieser langen Stille schien Tropfen um Tropfen Blutes hörbar zu fallen.

(Doch war es eine Totenuhr, die im Getäfel stieß, stockte; von neuem pochte.)

Sie sprach: „Wie denn kam dies –? Eine wahre Liebe bis ins Blut, ins Mark der Knochen ... nie war ich ihm untreu ... jener aber geht. Geht. Beschauten mich andere Männer, zu den seinen schuf ich ihre Blicke - Brandholz, gleitende Brander stromab - schuf sie mir um; und dann war Nacht, Schweigen, Feierlichkeit ... Ich *gab* mich ... - Was schenkte ich ihm ... immer habe ich nur geschenkt ...“

Eine trotzige Falte stand auf ihrer Stirn. So viel Pose. Schien es nicht ganz so, als wäre er noch im Gemach, und sie rechtfertige sich in alltäglichem Tagkram - einer Schneiderinnenforderung etwa - ehefrauhaft?

Sie machte eine kleine Geste gegen Brust, Bauch, als deute sie mir, dem Fremdling, der durch Zufall Schiedsrichter ward, die Leere dort. Ein Verflossensein. Eine Ausgelaufenheit, die beschämend schien, bei solchem Fleisch, Gliederhaut, Prunk.

Dann ging sie zu einem Sessel, saß, fragte neu: „... Und du, altes Tier? Warum gerietst du dazwischen ...? Komm, ich will dir die Haare krauen; wenn noch welche da sind ... man sieht schlecht ...

Nein! Laß das Licht trübe! ...“

Sann neu: „Dazwischen kamst du? Aber es ging nichts *dazwischen*. Restloses Decken. Verzahnung. Wir waren eins. Habe ich gesagt, ich schenkte ihm –? (Welch häßliche Grimasse du hast! Kann dein Gesicht nicht anders scheinen? Versuch es! Nein, laß es! Laß dieses Lächeln, tausendmal kläglicher noch, das dein Gesicht faulig macht, deine Lippen luetisch zerfrißt ...) Nein, nie konnte ich ihm etwas geben, da wir eins waren ..."

Immerfort strich ihre Hand durch mein Haar. Auf dem Boden kniend fühlte ich noch durch die zaghaft berührten Sessellehnen die drängende Wärme ihrer Schenkel.

So viel sonnengirrender Boden erregte mich. Ein Herbstacker. Frühjahrs erst gepflügte Feldstücke - die dampfen, rauchen, wartend zerkrumeln.

„Wer bist du?" fragte sie mich.

Ich beschwor sie, in Hast, sie wegzujagen von mir: „Ein Niemand. Ein Nichts.

Ein Tier, das kreucht, atmet, stirbt. Du weißt nichts von ihm ..."

... während an meine Knie die Spitze ihres Schuh rührte, ein Ruch aufstieg, ein Weihrauchopfer vor Gott, und ich neu stets - kraft ihres Michvergessens - Verrat mit dem Geduft und Atem, dem Schwellen und Weichen ihres Leibes trieb.

„Sage dein Leben ... Nein, nicht diese Falten ... Deine Augen glänzen ... ah! Du hast geliebt! Armer! Auch du!"

Und abgewandt, als stände der Erzengel um Rechenschaft hinten: „Es ist um den Heimweg ... mir ... angst. Darum sitze ich hier. - Mein eigenes Zimmer, soviel Erinnerungen dort ... dies Geplauder. - Gelt, es tut nichts?"

Und noch einmal fragte sie mich und, als wäre sie ganz meine Schwester, so ungierhaft beseelt, so zuquellende Frau, die nichts wie ein Mensch ist - ohne Geschlechtsteil ...; die als ein Mensch fragt ... wäre nicht ihr Fuß gewesen, dessen Spitze fast ganz meine Knie beschwerten (– unter der harten Lackkappe fühlte ich das weiche Dehnen und Schmiegen sanfterhäutigen Leders –), dessen Spitze auf meine Knie fast wie Samen strahlten, ein Heiligenschein – ein wärmender, menschlicher – auf die Kniescheiben gemalt – (oh, dieser Satzbau!) . . ., doch seine Strahlung harrte dort nicht, nein, stieg schaukelaufwärts, im Zentrum des Leibes nistend, vogelbrustwollig gepolstert; im Zentrum verharrend wie der fast wärmende Griff einer kleinen Mädchenhand, die Arbeit kennt, fassend, umfassend, wärmend, stärkend, schwellend . . .

(Oh, diese Mädchen! Die kleinen Arbeiterinnen der Fabriken, Kontore. Das Abenddämmern. Leise geht die geölte Tür, daß die Eltern nichts hören. Dann das Huschen im Häuserschatten. Die Anlagen. Bäume. Lindenduft. Grau-Dunst über Wiesen. Ein Schemen, der zutritt, zögert, fragt, stockend: „Lieserl . . .?“

Und die Bank dann! Das Anlehnen. Das Küssen! Das Nichtdoch! Endlich das *Fassen*, das Umfassen. Erwärmen. Verströmen.

Oh, ihr kleinen Mädchen, die ihr auf euern Schattenbänken selbst in der Lust nach der Verbundenheit tieratmend fühlt mit dem gleitenden Schatten *anderer* Paare, die vorbeigehn, küssen, Worte hinter sich lassen wie: „Liebste! . . . tu es doch . . . morgen . . . bitte, quäle mich nicht!“

Oh, ihr Mädchen! Ihr tausend Schicksale . . .

Oh, der gute kecke Lindenduft . . .!

Oh, der Traute . . .!)

Der ich doch alles verbarg vor ihr – mit dem Fuß, Glanz, Strahlung, Umfassung, daß sie nichts erriete, nie und nie von meiner Begeilung, da sie fragte: „Und du – auch du *hast* geliebt . . . un-seeliger!“

Der ich doch alles verbarg und, liegen bleibend, sprach: „Und Dodi? – Denke an Dodi.“

21

Ich nahm es auf, neu als ein schweres Ding, das es war; und verriet nichts: „Denke an Dodi! . . .“ Heute nachmittag noch, bis zur l’heure bleue, die in dieser Stadt kummervoll-kümmerlich ergraut, war sie meine Braut. Eine Erfüllende. Weiße. Sternenhaft strahlend. Ein Dingwesen, das meine Läunchen noch zu Menschlein sich schuf – diese kindgierje Jungfrau –!

„Dann“ (sprach ich weiter, nicht mehr zu halten, um nichts zu verraten), „dann, um sechs Uhr heute, in einer späten Nachmittagsstunde, da Welt irgendwo bei den andern Sternen im Kosmos rotierte, weit weg, trat ich ein bei ihr; fand sie schlafend. Ich beugte mich über sie. Ein paar Schüppchen im Brauenhaar, einige Mitesser, mit Kosmeticis künstlich getötet, oben um die Nase herum . . .

Nein, dies ist kein junger Leib, keine Tierhaftigkeit, keine weißstrahlende Sternenmagd der Natur . . . Mehr eine üble Mechanik, die dickflüssig-zäh drei Tage im Monat so völlig ausströmen wird. Ein Sumpf. Ein Fauliges. Ein Blütebiest!

Mit kaltem Schweiß. Binden. Lauheit. Was ich ihr nie verzeihen werde . . .

Was ich ihr nie verzeihen kann . . .“, sprach ich kniend, ihren Schuh unter dem Bein, eilend, die Worte hintupfend, da ein Erfüllungs-Motiv drinnen klang, das ich nie verriet – (o dein Schuh! Süße des Schuhs . . .!) Während ich tat wie: „Menschliche Schwester!“

„Was ich ihr nie verzeihen werde, daß sie riechend ist, dreier Tage . . . Dann schwellend unter meinen Umarmungen. Bis sie dick zu werden anfängt, graugrünen Gesichts; oft hinauseilend, sich erbrechend; hängende Backen und ihre Tränensäcke grobkörnig. Und selbst dann noch sorglich um meine Wäsche!

Während ich ein weiches Ei zum Frühstück esse, wird sie die rasende Lust nach Sam oder einer Teerkugel ächzen machen, wie wir sie als Kinder den das Makadam bessernden Arbeitern stahlen …

Sie wird seufzen …

Was ich ihr alles nie vergeben werde …

Ob sie auch ihr Leben meiner Lust willen wagt", schrie ich.

(Denn meine Heimlichkeiten quollen im Mund wie ein Brei, der nicht rutschen will.)

Schon konnte ich weiter.

„Dann ging ich hinaus. Und am Kaffeehaustisch saßest dann – du!"

„Nicht dies! Wie meintest du, daß ich heiße?"

„Als ich du sagte, verfiel dein Gesicht. *Jetzt* heißest du Coccoluccia!

Jetzt heißest du: Die urböse Coccolina … die Liebe."

22

Später sagte sie: „Ich werde dich nicht mehr ‚Louis' nennen. Auch nicht ‚Pippin'. Nicht Pinthus. Mein Tier – bist du – sollst du heißen, denn du bist wie vergiftet. Ein Mensch, der irgendwo aufging. In den Gift träuft. Spüre ich's nicht im rastlosen Drehen der Finger –?"

Ein Mut schwoll mir. Ich versuchte zu schmeicheln; (id est – Hirn hinten; eine Macht zu erlangen): „Man muß groß denken, um groß zu sein –?"

Sie: „… freilich … Wie nanntest du mich? – Coccola …? Es klingt, als riefen die Papageien; fleischiges Bananengeblätter, eine blaue See, die brüllt, drunten, unter den Klippen; eine andere Sonne … ein anderer Rhythmus im Blut …

Er fand mir nie einen Namen … immer das alte:

Emmi . . . Em – I; Em – Weh! ‚Coccola', sagst du? Eben sagtest du's anders . . .. zweimal . . .?"

„Komm!" sagte sie wieder, „altes Tier. Du darfst dein Kinn weiter auf meinen Knien halten und mich anschaun. Ich werde für dich lächeln . . . als eine Schwester, die über dich hinaus lebte!" . . . so sprach sie nach einer Pause, da jener Gustel, Gust, Dandy, der Scherbe, dahier gewesen war infolge ihres Erinnerns, das sie sogar zu mir sanft machte –; der er nun wohl auf Straßen irrte, heimangst gleich ihr, da eine Laterne um die andere verflakkerte, blöder ward!, – und sie verfluchte auch mich . . . (kraft ihrer Sanftheit).

„Komm!" spach sie, „Tier, sage dein Leben . . ."

Ich begann, das Kinn auf ihren Knien, unter den meinen die Spitzen ihrer Schuh; ein Lächeln vor mir, das grausam war; stockte, begann neu . . . (Wie *liebte* ich sie *mehr,* als da sie am Kaffeehaustisch saß –!)

23

Nichts ist zu hindern!

Zum neuen Jahr hat man mir einen Kalender geschenkt, zum Anhängen, Blätter-Abreißen. Rechts oben an der Ecke stand gestern: „Mondaufgang: drei Uhr vier Minuten."

„In der Nacht", sagte ich, „in der – *Nacht* –"

Es ist der dritte Januar. Wir gehen spazieren. Der Pfleger schwatzt endlos mit jungen Gecken, die verschwendet haben . . .

. . . mit Erstklässigen. – Ich, ein Zweitklässiger, trottle hinterdrein; der Wind summt im Telegraph.

Plötzlich zwischen kahlem Astgegabel: „Der Mond! Der Mooohnd!"

(Am Tage! Am Tage!!)

Er ist ganz voll.

Nach meinem Ausruf bin ich still geworden. Nun recke ich den Finger: auf dem rosaweißlichen Nagel tanzt er, dreht sich und blüht immer voller auf.

Doch bleibe ich achtsam vor Sicht. Still. Die weiten Ebenen weiß ich. Und die Starre dieses Winterlandes, dessen Saaten Kahlfrost verdirbt.

Ich zwinkere. Mein Schritt zieht ganz in die Zehen. Wie ich wachse!

Dann beginne ich zu fliegen. Noch halte ich mich zurück. Da ich nicht sehr hoch gleite, könnten die Hakken meiner Schuh die Schultern der vorangehenden Patienten anticken. Ich streife leise wie ein Blatt in der Luft. Einmal drehe ich mich; meine linke Wange wird statt der rechten rasch vom Winde gekühlt; dann wieder die rechte ... Ich verlor dabei den Mond nicht vom Nagel des Fingers, aus Zentrum des Hirnes und aus der Pupille ...

Nein, ich verlor ihn nicht ...

Ihn betrachtend, sein Schwellen, das schwunghaft *in mir* geschieht, weiß ich wieder: die großen Städte, die großen Frauen, die grausame Helle der Stadtbahntreppen, die späten Stunden der Bars; der erdige Geschmack - wie von Karpfen aus ungeschlämmtem Teich - eines Bordeaux liegt auf der Zunge.

Dann: sie ... immer sie ... Cocco ... Cocco ...

Wie der Mond birst!

Ich lasse die Hand sinken ...: Nein, er ist heil geblieben, er sieht mich grad an, wie rasche Glänzungen überläuft es ihn ...

Dann stehe ich am Kalikovorhang; meinen rechten, meinen linken Arm hält je ein Pfleger ... ich schüttere vor Kälte, da ich nur ein Hemd anhabe ... in meinem Rücken klirrt Glas und Silber ...

Der Arzt tritt vor, er reicht mir einen Trank. Er sagt: „Beruhigen Sie sich . . .“

Die Pfleger führen mich in mein Bett zurück.

Mein Gaumen schmeckt bitter.

Der Mond ist untergegangen.

(Auf dem Kalender stand: Monduntergang sieben Uhr siebzehn Minuten.)

24

Dann sprach sie: „Die Demütigung ist vorbei. Ich werde dich nur noch Sie anreden. Kein Zuhälter mehr. Ein fremder Mann. Ein alter. Der mir leid tun mußte. Schmerzen machen. Unwillens. Vielleicht werden wir noch miteinander weinen, wer weiß: vielleicht . . .“

Sie sann weiter.

Aus ihren gestaltlos verschwebenden Tränen, die alle, aber auch alle: „Rache an Gustel“ hießen, warf sie sengende Glut an mein Gesicht. Meine Lider fielen, deckten, blinzelten. Waren ab und zu auf.

Sie ward lebhaft. Ihr Blick irrte im Zimmer. Ihre Hände flogen: „Wie, wenn ich dich lieben würde?! Wie ihn! Ganz genau wie ihn . . . Sag, kannst du . . . sprich doch, sprich Schweiger, du hundlich Verschwiegener . . . sag, kannst du mich lieben –?“

Die Hände vorm Gesicht: „Ach! schweig weiter, mein Hündlein! Deine Augen sind schamlos. Nimm deine Augen weg. Du bist geil wie Gras auf Schlämmplätzen. Weg! Fort!“

Die Uhr tickte.

Raschelte es im Gang –? Vielleicht . . .?

Jedenfalls war das *draußen.* Weg!

Sie aber, schon sehr viel weiter: „Am Ende aber, nach Hassen und Lieben - vielleicht! –, werden wir einander nichts gewesen sein. Auseinander. Jedes fort. All-zwei auf All-Entzwei wird all-ein. Kaum noch, aus irgendeinem Schatten im Dämmern, ein Erinnern dunklerer Schatten. Ein Schatten . . ."

Und wieder sprach sie: „Sage mir: dein Leben, Tier, altes! Tue deine Lippen auf, die verwelkt sind. Ferne Worte . . ."

Über mich, dessen Kinn auf ihrem Schoß bebte, spähte sie fort nach der Tür.

Sie ging auf. (Aber ihr Hoffen ward nicht erfüllt.) Eine kleine Alte huschte herein, in ein geblümtes Seidiges gehüllt, sie nickte uns zu; ein Lächeln zerrann um ihre Augen. Schon saß sie im Fauteuil, ihre rosa Stöckelhakken pendelten über dem Boden, ihre Hände drehten sich im Schoß.

Ringelgelöck hing auf ihr linkes Auge, das blinkte, da sie wiederum nickte und sprach: „Da seid ihr . . ."

Coccos Hoffnung war weg. Erst fiel sie um, wie eine Weizenmandel im Wind: ganz auseinander. Dann aber fragte sie laut genug und lässig: „Wer ist es? Welch ein lavendelduftender Plunder, ein biedermeierscher, der in Hofmannsthals Schrank fad ward. Wer ist das?"

Die Alte achtete nicht des Gefrags.

„Da seid ihr . . . Ihr fangt an zu klimmen . . . wenn Er hinter der Tür stände, Blaue, – wir? Auch wir konnten das, aber anders . . . Wehre dich doch nicht so, Grausame. Du schlägst dich blutig . . ."

Sie klingelte wie ein silbernes Pagodenglöcklein. Gelächter – Scherben klatterten (so klang es) am Boden. Ihr Hohn spuckte Blut.

„Du willst eine Hure sein, ein Straßenflittchen, ein Strichmädchen mit dem Schein und jede Woche einmal auf den Tisch und den Arzt über der Scheide . . . willst es sein: verächtlich, verachtend und zerbrichst über Gelesenen, Erdachten, über Fühlerchen aus zweiter Hand. Im Parterre . . ."

Die andere sah starr, ihre Hände wischten in mein Haar mehr Schweiß, zuckten, griffen und zerrten. Ließen los: „Wer ist sie –?“

Doch jene unentwegt süß, eine überzuckerte Creme, die bibbert: „Man will den Gustel verraten; Liebe demütigen ... Früher das Kloster, nun das – Bordell!

Er lebt nur in dir. Komm herunter ins Parterre. Ein Zimmer erwartet dich. Ein Diwan. Ein Bett. Du wirst Mädchen unter Mädchen sein ...

Alltäglich Geschick! Deine Gesten sind kläglich. Bist du unten, die Tür geht auf; irgendeiner tritt ein: Matrose, Kaufmann, Monteur; Bäcker: Einer *männlichen Geschlechts*, dem gegenüber du nicht sehr angenehme Pflichten hast. Da du ihn in deinen Armen erwärmst, ihm die süßen Namen von unehmals sagst, die deinen Lippen schon fade schmecken, kommt Erinnern. Wie deine Zunge leckt ... Jene Geste, jene Seufzer ... gehörten einst Gustel ... Wie, du bist starr? Sprich doch; deine Lippen regen sich, das heiß ich –: Liebe!“

Sie versteht. „Eine Bordellmutter –? Ach!“

Sie spricht klar: „Oh Madame! (Das ist wohl Ihr Titel?) ... Sie sind zu sehr alten Schlags! Kloster ... Bordell ... schöne Dinge, freilich. – Doch heute quält man sich besser ... Wir Neuen brauchen das nicht ...

Sie wollten so weiter –? So Ihre Liebe quälen? Aber Sie versandeten ja: eines Tages war die Liebe fort; Gebärden allein geblieben und ein Davon. Schwatzen, von süßen Erinnerungen schwatzen.

Sehen Sie so! Sehen Sie das Kinn dieses Tiers auf meinem Schoß, die stopplige Wange, das graue spärliche Haar ... Ich hebe den Finger und –“

Ihre Stimme brach nicht. (In dieser Sekunde hätte sie es getan.) Ihr Blick stand klar auf der verblühten Alten, der fade Blumigen, indes ihr Fleisch mir schon zustürmte –

Ich segnete –

Da süßelte die neu, dieses Zuckerstangerl vom Konditor, hob den welken Finger (wie ein verdrehter irrsinniger Kummer neckte diese zerschrumpelte Fingerkuppe): „Sie sind fertig, mein Fräulein, das ist alles. Noch hoffen Sie zu entfliehen. Keine Chance. Bei *uns* – ah! Das wäre mutig. Die Versandung ... aber gerade sie ist der letzte Triumph Ihrer Liebe. Der schwerste Dienst, den Sie ihr tun (wenn Sie von ihr schwätzen zu den Dummen, die nichts verstehn. Wie Ihr Herz weh tun wird!) Dieser Alte ... Sie werden nichts machen. Und – werden Sie was machen, werden Sie so etwas Kleines, Rasches rasch vergessen ...

Bei uns vergißt man nicht. Einer nimmt die Türklinke dem andern aus der Hand. Ihr Bettkuhle wird nicht kuhl. Und die Getränke – ah! ich sage nichts! Wir sehen uns wieder. Sie *müssen* den Weg gehen ...!"

Sie drehte sich an die Tür heran, klinkte auf, vom Vorplatz kam ihr Spitzmausgesicht noch einmal: „Sie entfliehen nicht ..."

Das war ihre letzte Drohung. Eine Suggestion.

Und sie war fort.

25

Sie: „Du hast geliebt?"

„Zuletzt kam Dodi. Man tut Unrecht. Aber du weißt ... sonst ... bei Frauen hab ich geschlafen, Bewegungen haben wir gemacht, Reizungen gegeben, gespürt ... alles floß in ‚Sowas' ein: Vulva Mündung. Liebe –? Oh nein! Du kennst das nicht ... ein –Wort ..."

Und sie, noch eifriger: „Jene, die ging, wußte nichts. In ihrer Jugend, irgendwann nächtens, kam sie auf ein Moor: sie sank ein. Schlamm füllte ihren Mund. Schlamm spricht ihr Mund. Erdiges. Lauter Ersticktes ... Ob ich es kenne! Ein Blaufuchs lockt oder eine andere ist schöner –: da girrt man, die Arme werden Girlanden, Kränze und am Ende steht stets das Bett ...“

(Wie sie flieht ...! dachte ich ..., welch klägliche Flucht! Am Ende ...!)

„... am Ende steht stets das Bett mit seinen Umarmungen, die Verrat, mit dem Verrat, der Umarmungen verheißt ... ob ich es kenne ...‘“

„Nein! Du bist rein! So groß! So schön! Wer sollte je deine Reize erfassen! Jene Ebene deines Gefühls –! In welcher Richtung sie bewältigen?“

Zwischen den Fingern, die Augen aufmerksam auf ein Nichts: „... ob ich es kenne –!“

Ich entschied, streng ... (und nahm ihr meine Blicke nicht ab, denn leichter durfte sie es nun nicht mehr haben): „Wenn Sie es kennen –: *war* es! Vergangen. Ausgelöscht. Abgesägt und verbrannt. Aus dem Weg das Gestrüpp! – Dies hier ist anders. Keine Wiederholungen. Kein da capo. – Ein Wüstenwind sengte dich rein. Deiner Seele Haut ist klar wie Bienenwachs. Formerisch. Ja ... du ... liebst ...“

„ – ich – liebe ...

Du erkennst es“, sann sie neu: „Selbst er erkennt es, der irgendwie dazu kam, weil in einem Café alle Tische besetzt waren. Von außen kommt er, erkennt es. Aber jener ...“

Abgebrochen: „War er an der Tür ... vorhin ... als Lauscher, da ich sprach: ich liebte?“

„Der Vorplatz war leer.“

„Er lauschte nicht? Er ging? Ging? Hörte nichts? Selbst mein Kuß umsonst?“

Und vom Kamin ging ihr Blick neu zur Tür hoffquälend: „Aber er ... fühlt es nicht. Weggeschmolzen war ich ...“

Ganz steil und hart: „Ja, ich liebe nur ihn ...“

Wie ein Kind flehend: „Sie sagen es nicht, mein Herr –?“

Aber schon war sie auf, riß ihre Hand mit der meinen zur Tür, stand, lauschte in einem ewigen Beben: „Hörst du ... das Gleiten ... wieder hat er gehorcht ... all meine Schmach kennt er ... die meine Liebe ist ...“

Und da sie die Tür öffnet zum Vorplatz, weiß man nicht, kommt ihr Zittern von der Angst, daß er da ist – daß er nicht da ist!

„Siehst du ...“

Nein, alle Möbel draußen, das ruhige Gas, selbst der Messingreflex der Türklinke klagen klar: er ist nicht da! ...

Ihre Angst umsonst!

Er ist nicht da!

Und aus tiefster Brust: „Wenn er gehorcht hätte ... jetzt schon wäre ich tot ... die kleinen Geräusche, dieses Umwenden ins wärmere Zimmer, gäbe es nicht mehr ... auch dich nicht ... *So* sehr wäre ich tot!“

26

Ich habe einen irren Irrtum begangen.

Als ich anfing, diese Papierrechtecke zu beschreiben, war meine Seele wund; sie zuckte – von einer Angst, die sie irgendwohin trieb, in ein Schreckliches hinein, wohin sie nicht wollte.

Wohin sie wollte, war: Rettung in die selige Besonntheit, in die lückenlos gefügte Einheit meines Tierdaseins, und so dem zu entfliehen, wohin es mich trieb.

Umsonst! Ich habe Absätzchen gemacht, ich habe geplaudert, ich bin hin-, hergezuckt, mit den Wimpern habe ich gezwinkert; – dann schwatzte ich schon von Marsala, Itzenplitz, – plötzlich war Coccola da! ...

Ich sprang fort, irgendwohin , starr von einem Schrekken - nur Flucht! -, und kam vielleicht zu jenem Kranken, dessen Schatten ich tiefviolett auf schwarzem Grund beschwor: sein Vater wurde in England in einem Gehölz ermordert, einem jener heiteren Parks zwischen viehbewandelten Wiesen, und sein Sohn entsinnt sich all dessen, immer mal wieder!, in der Nacht, da ein Versehen das Nachtgeschirr fehlen ließ und das wirre Hirn ihn in die Ecke Exkremente häufen heißt -: entsinnt sich dessen : eine Lokomotive, bedenkt!, eine verfahrene Maschine, die entschlackt wird in einer wüsten Gegend von Schutthalden und Geröllen, deren Hirn aber - bedenkt! -, deren Hirn aber Mord bedenkt, eines frühen Morgens, Nebel zogen noch zwischen den Bäumen des Parks usw. wie oben -

Seht! wie kläglich ich fliehe!

„Gedankenflucht", sagt der Arzt. (Ich spreche - so Gott will - davon später!)

Armer Arzt! Armer Pinthus!

Nein armer Arzt! Er begreift nicht -; selbst wenn er diese Blätter läse, begriffe er nicht, daß ich wohl fliehen will, daß ich aber in immer engeren Spiralen einen Trichterrand umsause, deren Tiefe mich verschlingen wird - einmal . . .

(„Gedankenflucht, Herr Doktor?" - „Jawohl. Bei Kindern sagt man: Du faselst. Sie schmieren drauf los . . ." - „Und das Ziel, Herr Doktor, das schon näher blinkt -?" - „Welches Ziel -?" - „Gedankenflucht, Herr Doktor. Gedankenflucht zu dienen.")

Alle Ausbrüche weiß ich! Alle Haken, die der Hase schlug. Muhtsche, Marsala, Joh, Nutte; aber zuletzt mündet alles in - . . . Coccolina . . .

- und die beiden kleinen Scheiben, der Strick, das Ende sind nie vergessen, wackeln den Cancan unten im Hirn.

Ich habe heiter sein wollen. Ich habe mich retten wollen in das Erinnern eines forellenhaft klaren Daseins, eines ungetrübten, und schon saß ich am Kaffeehaustisch. „Fräulein, Ihr Schuhband", der moussierende, und das Ende, das Ende . . .

Keine Zeile las ich je wieder von dem, was ich schrieb. Doch aber weiß ich nun *doch* heut, daß es – jagte es mich je zur Arbeit – um Coccola war es, die Wunderwerden der Seele heißt, die das ganz sacht ans Ende Getriebensein heißt . . .

Und doch weiß ich, daß, sprach ich von Muhtsche, Muh, Joh, Isidoro, es nur Versuche waren, Zwänge, Seelenfallen, mißglückte Klistiere – die mich nicht interessieren.

(„Gedankenflucht –? Herr Doktor!" – „Freilich, Herr Pinthus!" – „Ein mißglücktes Klistier . . . " – „Sie sehen selbst, also wozu noch reden?!")

Ich muß es hier sagen. Ich werde vielleicht ganz aufgeben, von Muh zu schreiben, und mich völlig den andern Lüsten, Listen und Rausen hinwerfen, ein angstvoller Ohnefurcht, ein scheuendes Pferd, das in Hauswände galoppiert. Ich werde vielleicht nie wieder von Joh schreiben.

Ich will mich ganz Coccola geben und – dann! (lange weg, dies dann!!) – dem sicher gewußten Ende.

Es wird nichts sein. Ich will nur an Coccola denken!

Was ist Muh?

Tot ist Muh!

(Gedankenflucht –, du meine Fresse, sagte jene einmal, eine Straßenhure, beim für sie überraschend nett abgewickelten Geldgeschäft –? Du meine Fresse, sagte sie, und – *war ein Mensch. Und ist ein Mensch.*)

Ich werde nur noch von Coccola sprechen.

(Und jenem Ende, das sich von selbst versteht.)

27

Wir sind uns einig, daß wir von Muh hören werden!

Muh tot! Ausgeschlossen!

Denkt an die Kraft, die in seine Muskeln hüpft, stremmt, wie sein Herz pocht, seine Nerven flitzen. Ein grasseeliger Gesell. Ein Torkel. Ein Springer, der in Pflanzensäfte verliebt ist. Der Gesäm noch weich frißt – zur Herzerwärmung. Ein Taumeler. Ein Necker.

Mein kokettischer Kopf, wie ich den werfe! Meine Hörner jucken mich, also stoße ich die Wand, die mich ärgert, blöfft. Fratzen reiße ich mit fallendem Bewurf in ihr gar glattes, geschlacktes Gesicht. Indes macht sie mir Wehweh: ich murre: meine Eisenketten klirren und rasseln, – der Nasenring juckt. Ein Bursche schreit: „Heh du Schwarzer, biste stille ...“, und eine Viertelstunde danach gehe ich friedsam im Grünen, geräumigen Schritts, der jedmal zwischen den Klauen ein sonnig Gegräs zupft. Ich bringe den Zaun ins Schwanken, und schon jage ich wildab zwischen Obstbäumen verfallener Umschluß-Mauer zu. Sie ärgert mich, weil sie zu hoch ist. Mein Stoßen ärgert mich noch mehr.

Oh, Dusala ...

Du Leser, meinst du, ich weiß nicht, was Sie denken, Verehrter?

Eine Kuh wollte ich sein, versprach weiches, rosa-rosenrötliches, kaum haftend Beseeltes (so in Abschnitt 3 und in vielen andern); bis ich plötzlich mit Joh nicht so ganz gleichgeschlechtlich oh! Du lieb traumblättriger Rosenstrauch! – war das süß! Jelänger-Jelieber! Geißblatt, Rosenstrauch und die roten Blüten –; bis ich plötzlich, ungeschlechtet, ungeschlechtert, bei Joh im Gras lag und nun gar – Abschnitt 27 – als ein Bulle schreite, dick voll federnder Kraft, ein junges Fleischding, das Gras wie Wonneschluchzen schlecht, Sonne fühlt und das immer neue Quellen und Ströme des Seins, des Daaaa-Seins in jeder Sekunde verspürt.

Ein Muhtschenkalb begann ich (im Gekrakel dieser Blätter), eine kleine Schwarzschecke, die nach Ma blähte, bläkte, und wandele nun so verwandelt ...

Der verehrte Arzt bemerkt: „Ein luzider Augenblick. Der Kranke erkennt ...!!“ (Der verehrte Arzt ... gleiche Wortbildung wie etwa: ver-wüstet, ver-hurt, ver-fallen, ver-dorben ... so auch ver-ehrt!)

Der ver-ehrte Arzt sagt: „Der Kranke erkennt ...“ Gar nicht erkennt er. Ich habe das immer gewußt! Aber wie belanglos ist es! Nein, mein Liebster, Gott sei dank werde ich *nun* ein Muhtschenkalb gewesen sein und *nun* ein Bulle, *nun* tot, *nun* fressend, beschwingend, wiederkäuend - warmseelig, ein Strahler -: *nun* ein Kranker, ein Verliebter, ein Mensch, der das Ende spürt (und von den beiden Scheiben - nebst Zubehör - wohl weiß), - *nun* werde ich dies alles *gewesen* sein, ich werde mich Mondsüchtiger nennen lassen und Schwachsinn behaftet! -: nein das alles soll mir die Laune nicht verderben.

Hier kann ich sein, wer ich will! Hier kann ich Stöckelschuhe anziehn, lange Strümpfe, Jupons aus lila Seide, auf der Außenseite des Kniegelenks schwankt wie eine Rose die Rosette des Strumpfbands; hier kann ich froh sein, weinen, Tier; das betrogene Leben erwisch ich am Zipfel: ich kann alles sein. Ich kann alles sagen. Alles.

Ich bin froh!

Ich gehe weiter. Ich bin gewesen, ich war, ich bin, ich werde sein, sein, Sein! O du grundgütiger Himmel! - ich blaffe die weisen Ärzte an und behaupte frisch: „Alles war Scherz: Pinthus existiert nicht, und ich bin Coccola!“

(Da staunste!)

Nein, ich hätte dies nicht schreiben sollen. *Ich hätte dies nicht schreiben sollen!* Plötzlich wurde mir *Angst*. Meine heitere Laune ist fort! Eine Unruhe treibt mich hoch: ich horche auf den Gang: *nun* schreibe ich einen Satz: jetzt werde ich zum Fenster gehn und beten!

Oh, diese Angst! (Nein, jetzt werde ich zum Fenster *gehn* und *beten*!)

Nun ... Nun will ich mein Gebet hierhin setzen.

„Liebste Coccola, verzeih dem Be-ender, daß er Du sein wollte! Das gilt nicht ..."

Als ich dies sprach, tippte SIE mich ganz leicht auf die Schulter; ihre Stimme rief verschleiert und buhlend: „Letzten!" (Wie bei dem Kinderspiel, im Heimgehenmüssen, wenn man nicht heim *will*, immer noch einmal kommt: „Letzten!" So hier!)

Ich drehe mich um. Ihr Rockseidegeknister lief gerade aus der Tür auf den Gang. Ich lief ihr nach.

Welch ein Vorsprung! Wie ein Frettchen huscht sie, wie ein zerrinnendes - nein, wie sonnenbeschienener Springbrunnennebel ist sie da und vergeht -: so läuft sie vor mir gangauf, dem großen Endfenster zu. Läuft? - Fliegt! Huscht über den Boden, und ihre Füße regen sich kaum - und immer weht über der rechten Schulter nach mir eine Locke glutrot, brennenden Haars, das nie verschlackte ... weht nach mir, wie ein Granatapfel, den du lockend deinem liebsten Kinde hinstreckst.

Ihm nach. Huschesohlig. Schnellst.

Ein Zwang hält mich. Ich spanne die Brust. Der Zwang *hält* mich. Die Muskeln straffen. Ich spritze Schweiß. Ich schlage und ...

Glas splittert. Wie ein brandroter Wattebausch, eine Zinnober-Preßpuder-Quaste, steht Coccola im Himmel. Der feurige Wagen Elias. Eine Madonna, die auffährt zwischen Sternen, zwischen Wolkengeschiebe.

Ich hebe mich *an* ... Die Schwere der Welt rieselt aus meinen Sohlen, wie ein dünner Speichel; tropft auf den Boden ... enttropft mir ...

Tänzerisch schwebe ich an. Gleich bin ich aller Schwere befreit. Fliege der roten Wolke, nein Locke, nein! dem Granatapfel zwischen Wolken nach. Gleich. Sterne erklingen. Ein lieber Mann fragt mich –

Ich steige, ich bin so nah, ich schlucke ihr brandrotes Sein schon mit meinem Mund . . .

Sie schmeckt . . .

Ein guter Mann fragt mich: „Tun Ihre Arme noch sehr weh . . .?"

Ich sehe auf sie, die verbunden sind. Dann auf sein Gesicht. Es ist der Arzt.

Ich möchte ihn küssen. Er ist so gut. Ich liebe auch ihn.

Sein Gesicht ist sehr bleich.

„Nein, meine Arme tun mir nicht sehr weh!"

28

Lang war ich ernstlich krank. Das Glas der Fensterscheiben hat die Pulsadern meiner schlagenden Hände zerscherbt. Wenn ich nun, heute, mit steiferer Hand wieder zu schreiben beginne, so doch klareren Sinns.

Lange wollte ich überhaupt nicht mehr. Erwog gar Abgabe der Blätter an den Arzt. Aber ich habe dann doch einiges gefunden, was mich zu diesem – oft sehr schmerzlichen – Gekritzel lockt: das Hinbringen endloser Stunden; Klärung meiner „mens-sana-Frage", die einst wie ein Donnerschlag über den Ärzten losgehn und sie ge-rechter machen wird; die Lust, an Lustiges zu denken und das Zerrinnende von Einträum-Phantasien auf dem Papier festzuhalten . . . vor allem aber, dachte ich an diese versteckten Blätter in den Krankentagen, kam plötzlich, – nein, leis antastend wachsend und schon als wehestes Weinen im Halse, streichend wie eine langwimprige Feder; vor allem aber kam sacht das Wissen um diese Frau, die hier steht: ein Torso, du ahnst vielleicht die Gebärde ihres Gesichtes, die Süße ihres ... Endes (Seins, aber das ... nein, *die* Hauptsache weißt du nicht!)

Die weißt du nicht!

Warum also nicht weiter malen: schon darum, weil sie so bös war über jenen Satz im vorigen Abschnitt, daß sie gleich kam und mich strafte. So ganz ihr Wesen, mich auf die Achsel zu tippen und „Letzten" zu rufen; eine blutige Locke auf der Schulter, mich zu verlocken; sie ein Gespenst, das mich lockte, der ich noch Fleisch war, der ich gehemmt war; mich, der in Glas schlug und der doch hochkam, zu spät hochkam ... vergeblich hochkam ...

„Nein, das war kein fär Pläh."

Beinahe hatte ich sie erreicht. (Sie: das Geh-spenst!)

Zum Arzt sagte ich natürlich: „Der Mond."

„Er war sehr rot, diesen Abend", sprach er. „Freilich! Aber war das alles -?!"

Ich schwieg ... trotzte ... *wollte nichts sagen.*

„War das alles –?, und unter seinem Blick tat antworten not.

Doch kam es – leider Gottlob nicht als „Tatsächliches", sondern so. „Ich betete zu IHM. Er möchte mich schonen. Denn ich wußte, daß der Pfleger meine Tür nicht geschlossen hatte. Ich konnte raus. War – draußen. Kaum war ich fort, kam er rot ... wie eine *Locke*, eine rote Locke ..."

„. . . eine Locke also doch ...?!!"

Ein Locken, Verlocken, Verführen ..."

„– ist das alles ...?"

„Ja, alles!"

„Es mag ja sein ...", sagte der Arzt und prüfte mich. Ich machte mein Gesicht fromm, die Iris so blöd und deckte die Pupille gut ab –: er sah nichts!

„Mag es so sein."

Damit ging er.

Vielleicht begnadet Coccola diesen Mut mit Vergebung.

(*Hoffentlich* zürnt sie, tut Leid. Macht *Schmerz*. Schmerz.)

(Schon erblindet mein Herz.)

29

An einer Stelle hört Muhtsche auf zu sein. *Damals* verdarb mir *das* nichts. Ich war groß. Auf den Koppeln tanzte ich . . . während sie ferner fraß und nur selten ihr Haupt streifbleckend auf mich zugehn ließ.

Ich tanzte um Joh.

(Vielleicht war ich auch Joh, – aber heute werde ich so was, so etwas ganz und gar nicht sagen: meine Hand schmerzt noch schrecklich beim Schreiben; ich will nicht wider gestraft werden wie damals von Co!)

Ich tanzte, dalberte, blahkte, hurrelte, heulte mit Ketten, stieß ins Gebüsche, daß Blüten-Geblast stob, – was war da Muhtsche!

Ein ganz Fernes!

Später, mit meinem nachdenksamen Menschenverstand, bin ich Muh nachgegangen (die vielleicht dreihundert Jahr tot ist). Es ist eine Leere von einem Malum da, plötzlich eine Kahlgefressenheit durch Heuschrekkenschwarm, eine wüste Waldbrandstelle, etwas, das weiter fault im Fleisch. (Wie „so was" riecht!)

Ich finde, homo sapiens, Gründe zu Verdächtlein. Ich erinnere mich eines Abends (als wir heimzottelten auf den Hof), daß da ein Wagen war, so ein hoher, verbauter, ein fahrbar Haus, dessen Hinterwand niedergeklappt war; und als ich mein Gehörn torein schob, stand da

Haverplautz, unser Herr, und machte: „Da ist er. Der stammt von ihr ..."

Damals *war* ich nur, *dachte* noch *nicht*.

(Heute ...)

Es mag ja sein, daß der andre neben Herrn Haverplautz Titscherlein war, der *sie* holte. Aber ich habe so meine Verdächtlein ... da ist einiges ...

Nein, es war ganz und gar kein guter Wagen. Die Pferde sind losgespannt. Er stand allein, seitlich neben dem Miste. Ich weiß, wie mich sein Riechen reizte. Ich ging ganz keß, den Kopf tief, auf ihn zu. Ich weiß, ich wollte ihn stoßen.

Aber ich tat es nicht!

Er war so elend kotig. Sein Holz war abgelutscht oben. Und dann die Riemen und die Risse und das Gekettel und das elende Hanfgehäng! ...

Aber ich tat es nicht!

Es mag ja sein, daß Titscherlein so einen Wagen hatte, aber alles erwogen, ich glaube es nicht.

Ich glaube nicht, daß es Titscherlein war, der sie holte.

Dies Wagentier war zu herumgekommen für ein Bäuerlein. Zu mitleidlos. Ein Biest. Wäre *er* mit diesem Wagen gekommen, er, der Titschler, so wären wir *beide* verladen. Ausgeschlossen ein Verzicht auf mich!

Und das mit dem Wolkenflug – macht unmöglich, daß man an Titscherlein ausgab!

Übrigens habe ich den Wagen nicht gestoßen. Wenn ich schon wollte! Ich ging ganz nah an ihn ran, die Augen so tief, daß ich eine Wagennabe beglotzte, die mich fetttränig höhnte ... dann kam ein Geruch ... ein Geruch ... ich kann heute nur sagen, wie von manchen Weibern, die in der Regel sind ... so etwas ... wie von schmutzigen ... und ich trat zurück.

– Und tat es nicht –!

Ich zockelte auf den Hof. Ich verhielt. Ich ließ mich endlos jagen, bis mich meine Boxe umfing.

Aber zwischen diesem Jagen, Stoßen, Flankieren fing mein Blick die Geschehen um Muhtsche, hirnmäßig dumpf notiert, in denen *nun* ein Mensch wühlt, die in Gefühls-Erinnerungen zerfallen.

Sie brachten Muhtsche. Ganz tiefköpfig ging sie, bohrte, drehte, zerrte zurück. Aber die zackten sie besser am Halfter, schoben mit der Schulter den Steiß. Arme drängten, eine Hand kurbelte ihr den Schwanz rasend, daß Wirbel sich rieben, kurbelte ihr den Schwanz bei knackenden Wirbeln, bis sie ging!

(Damals ließ ich mich jagen. Neckisch, aus irgendeinem Abendgelüst heraus, und unachtete den Mann, der bei Haverplautz stand, so, daß ich heute noch nicht weiß: war es Titscherlein - war es der - Schlachter?

Aber vielleicht ließ ich mich damals jagen, sprang über Karren, stieß in blechklirrende Kannen, stupste die gellenden Mägde, um heute nun mühselig zu suchen: wohin ging Ma?)

Nein, ich weiß nichts. - Was damals bildhaft einem Unbeteiligten ins Hirn drang und im Geschehnismeer versackte, verseihte, - heut hol ich es vor, wende es -: wieder schieben sie Muhtsche die Planke hinauf, in den Wagen hinein, der riecht wie manche Frauen, manche schmutzigen, stark, wild, rasend und wieder wie kätzischer Schmeichel . . .

Zwei Mann gehn voran, am Halfter zerrend; zwei Mann schieben den Steiß, einer dreht ihr den Schwanz. Tritt sie ein? - Kommt sie rauf?

Nein, sie tritt nicht ein.

In der letzten Sekunde - ihr bohrendes Haupt verschwand längst im Dunkel des Wagengehäuses - schrallt ihr Vorderbein vorbei, schrammt an der schrägen Planke und - halb stürzt sie, halb läßt sie sich fallen, liegt seitlich neben der aufgeklappten Wand, die ins Wagen-Innere führt - und die zwei vorderen Männer zerren mit unsinnigen Rucken durch ihre Stricke dies im Staube liegende Haupt, das blöde blickt, blödangst, während die hinteren drei fluchen, schlagen, stoßen, treten, Speichel verschwitzen ...

Ich, der ich mich neckisch jagen ließ und oft tief brummte, daß das ander Getier im Stall tanzte vor meiner Kraftschrei-Kanone, klirrte, brüllte - ich wilder Nekkebold, Muskelprotz (den nicht die Maden, sondern die Menschen fressen werden, einen Vorrang, den ich damals vor euch und mir voraus hatte) - ich Hodenseliger, sah das - bildhaft, wie ein Film etwas sieht; sah all dieses dreimal: das Heranführen, auf die Planke-Zerren, das torklige, angstblöde Kopfbohren, das Vorbeitreten, Fallen, Stürzen; das Zerren, Treten, Schreien, Fluchen, Schlagen, sah den Blutebeginn, das Rinnen, das Tropfen, den Schaum um das Maul - sah all dieses dreimal an einem warmen Abend, bis ich kleienhungrig all meine Häscher verhöhnte - mit einem Anpuff, einem Drohen, einer Schwenkung in meinen Stand raste, meine Schnauze in Kleibrei hing, während auf den Flanken der Schaum sich zerflakte, zerrann, zerging, verdampfte, - sah das Vergebliche dreimal -

und mühe mich heut um das endgültig Belangvolle ...

War es Titscherlein -? War es der Schlachter -?

Gab Muh nach? Kam auf den Wagen? Und dann -? Ein Händlerstall; ein fliesengelegtes Schlachthaus, am nächsten Morgen -?

Dämmern, fließende Schleier aus Brühtröpfchen und ein Ruch! Ein Ruch!! (Ihr wißt schon!)

Oder ein anderer Bauernstall? Mehr Futter, Rindern, Umrindern, Kalben, Kälber und dann -?

Ich mühe mich - heute ...

Ich finde nichts.

Plötzlich ist Muhtsche weg. Ich habe nicht einmal die Räder krachen gehört auf dem Pflaster, als der Wagen wegfuhr. Damals käute ich sicher im Sichern Kleegras ...

Nein, es hat keine Zweck, weiter zu schreiben, ich komme dem Punkt nicht mehr näher. Ich umzirkle ihn. Ich schlage Finten. Plötzlich tut mir meine Menschenmutter leid. Aber über soviel Abweg geärgert, stürze ich mich nun in den alten Pfad. Auf die Suche nach ihr. Der Muh. Nach dem Punkt.

Ich finde ihn nicht. Aber ich weiß wieder den andern Punkt, und ihm werde ich näher kommen – und *vielleicht* werde ich dann wissen, auch über Muhtsche, *vielleicht* werde ich aber nur wieder sein:

ein Neckerich, ein Grasschlecker, ein Kuhbespringer, ein Wechselding – irgendwohin Wechselding, dessen Ziel nicht ich – nicht du! nicht du! – nicht wir allesamt wissen! Ein Husch.

30

„Das gnädige Fräulein wird sein Leben beplaudern“, sprach ich zu den Bildern an der Wand, verschollenen Lieben, mühselig erinnerten Geschenken, erkalteten Feuerstätten; zu den vergilbten Zetteln von Theateraufführungen; zu verwitterten Kränzen ...: „Es wird uns erzählen, wie es wurde, was SIE ist; ist, was SIE wurde –“

„Gehen wir an den Kamin ...“, sprach sie. Welche Zeit –? Kaum drei. Was eine endlose Nacht, hier standen wir zwei, er sah herüber, kaum; dann klappte die Tür, die nächste ... „Lege Scheite auf ... Splitter: so, es flackert, prasselt. Lösche das Licht. – Ich werde zum Feuer plaudern, wie man in England jenes Dickens – tut und all die Bilder und du –“ (sie dreht von der Schulter die Last –:) „ihr bleibt dahinten ...“

(Ach es ist umsonst! Wie soll ich euch - Ärzten, Schreibern von „Krankengeschichten" und den mal blätternden Makulatureinstampfern am Ende, wie soll ich euch die Länge dieser Nacht begreiflich machen . . .!)

Es hatte einen Tag gegeben und fast einen Streit, zwei Schwestern mit trauten Namen, einen Ekel, eine Flucht und eine Rückkehr zur Marsala, die beinahe so *über*ekelt war, daß sie süß schmeckte –. Einen flüchtigen Diebstahl . . . Wandern dann durch die Straßen, heimflitzende Büromädel, Trambahnen, Underground-Geschütter, ein Café, eine Angst, eine Auflehnung, eine Anschmierung; es hatte Grimassen gegeben, Portiers, Lichtreklamen, Warten, schäbige Kleidung, Hoffen, Zittern, Autos, Bewußtlosigkeit - Schmiere, Schmiere, Schnaps, Likör, Zigarettendampf, einen Blick, einen Kuß, ein Zuzwei-Sein, - einen Schuh. Es hatte Gequäl gegeben wie Gelächter, wie Getue. Haß war gekommen und Wollust und betrogenes Betrügen und altes Wissen (und das Ende dazu . . .).

Und zwischen all diese grobschlächtigen, vierkantigen Dinge waren Gesten gefallen: ein gehobener Finger, ein vorgewippter Fuß, Hände am Gesicht; ein Husch von Farbe war gekommen, eine Uhr hatte lauter getickt; an der Nebentür hatte es geläutet und ein Lauschen gebracht . . . uns. -

Darüber hatten die Sterne getanzt, man hatte Eltern oder hatte sie gehabt, man hatte sie aus Wut „Ältern" genannt, um sie sich nur zu entfremden, kleine Worte hatten sich auf die Hinterbeine gesetzt wie Tanzmäuse, hatten ihren Bauch aufgetan wie Känguruhs und aus einem Ding wie „Baum" kam plötzlich die ganze Kindheit, irgendein (gar nicht mehr gesehener, nur noch gefühlter) Grasgarten hinter Häusern mit den gelben Puscheln der Butterblumen, mit Händereichen, Reihensingen, Röckchen - und die Lerchen trillerten über all dem endlose Tiraden direkt in die Sonne hinein –, so hatten die kleinen Worte sich aufgetan, ihren Bauch, die Sterne tanzten, unten auf der Straße lachte einer, eine Droschke holperte, jemand schrie ...

All das war in dieser Nacht gewesen und zehntausendmal mehr, so: wenn sie die Wange senkte, die die Verkürzung einer sanften Frucht bedeutete, oder wenn sie furchtlos tat wie ein Kind und ohne Arg, hellstimmig zur Bordellmauer ...

Gebt es auf, ihr andern! Wie wollt ihr je die Länge dieser Nacht begreifen! Wenn das Ticken der Uhr lauter wird und lautest und weg ist, da sie spricht ...

Gebt es schon auf ...

Da sie spricht ... ja, sie will plaudern, noch sinnt sie, vom Kamin fällt ein Flackerschein auf ihr Gesicht, ihr Kinn ist stark, flächig, weiß, ungemein kalt, einem Apfel gleich; aber ihre Augen sind Ziehbrunnen in der Nacht, in die der Eimer ... sinkt ... sinkt ...

Ja, sie sinnt ... noch ... sind ... noch ...

Wird sie endlich einmal sprechen ...? Von sich selbst?

Sie kann sagen, dacht ich, ... sie kann sagen „Du meine Fresse!“ und ein Mädchen von der Kontrolle sein, jetzt ist sie ein Mensch, der sich fürchtet ... heim*weg*angst ... eigenzimmmerangst ... (Dacht ich.)

„Nein“, sprach sie, „lege dich vor den Kamin, auf den Rücken. Der Teppich ist warm. Nun scheint dein Gesicht gerötet. Blinzle ich nur auf deinen Kopf, dein griesegraues Fell, so bist du ein Hühnerhund, ein Drahthaariger, – ich kann dich treten ... Ich kann dich treten –?! Du sagst nichts? Oh! wie du schaust! Ich werde dich treten, du Hund!“

Und sie schnellte ihre Fußspitze ganz leicht hierhin, dorthin an meinen Leib, aus der Lackspitze des Schuhs entfuhren kleine Strahlenbündel wie elektrische Fische in mich, segelten, teilten sich und noch in den letzten

Enden der Nerven wehten sie fröhlich wie Wimpel von Schiffen. Ich wälzte mich.

Sie hielt ein: „*Richtig* werde ich dich erst später treten. Hier in den Sessel! Nein, sieh meine Schuhe nicht an. – Blicke ins Feuer ... zu ihm werde ich sprechen ... Du bist nicht da, Tier du!“

So sprach sie da.

31

Ich habe eine Entdeckung gemacht – die mich bestürzt!:

Eine fremde Hand hat in meinen Notizen gewühlt, sie durcheinandergebracht; – diese Notizen, die ich, oft im Bett, auf dem Diwan, aus dem Schlaf durch eine fliehende Idee geschreckt, mit eiligen Bleistiftschlägen festfing, einhieb, verzahnte ... Später numerierte ich die fliegend-fliehenden Zettel, mit einem Rotstift, nach der Zahl des Abschnitts, in den sie kommen sollten, und entdeckte sie nun – in einer Nacht, da ich wachlag, Beschriebenes bedenkend –; entdeckte sie –: als schon seit Tagen verwühlt, die Zahlen vertauscht, die Blätter vermischt und so fort ... entdeckte Wirksamkeit fremdester Hand, Stierheit eines geilen Augs, das aus diesen Krakeleien ein höhnisch triumphierendes *gesundes* Hirn speiste ...

Mögen sie! Gott verdamm diese geilen Spötter –! Mögen sie doch! Sie wissen nicht, was *sie* taten, damit, daß ich die „Fußtretung am Kamin“ schon vorhin erzählte, statt später, ganz spät –! (Sie wissen es nicht.)

Ich entdeckte es. Heute nacht ein Grübeln. Rasch verzieh ich ihnen, da sie nicht wissen (und die Blätter nicht konfiszierten).

Was mich unfühlmöglich tiefer bestürzte, war dies: daß *Ich* nicht merkte, *Ich nicht*, ICH *nicht*!, daß mir diese Konfusion entging, dieser Wirrwarr, diese Irrheit, dieser

Irrgang, daß *ich* vorgriff, zu rasch erzählte Dinge *vergaß*, in Eile dem Ende entgegen . . .

Denn die roten Nummern waren doch da! Ich hätte doch merken müssen, daß jenes stupfend leise Tier-Getrete später kam als das nun zu berichtende Gespräch über Geld, – das ich nun vielleicht überhaupt ganz und gar nicht erzählen kann . . . weil es zu spät ist . . .

Ich habe nichts gemerkt. Ich habe gestern abend geschrieben. Wie sonst. Hastehändig die Zettel zerwühlend. Mein Herz war sehr verwirrt. Immer neu fühlte ich diese kleinen, stachligen widerhaarigen Strahlenbüschel ihrer Fußspitze im Fleisch –: Hie – da. Dann löschte ich das Licht . . .

Meiner Seele wurde im Dunkeln so sehr angst. Indem ich den Körper schaukelte, durch Zucken im Kreuz und Gesäß, suchte ich sie zu belullen. Es half nichts. Sie bebte ganzüberleib wie eine Mordflüchtende. Ich suchte: warum?

Da machte ich die Entdeckung!

Ich hatte *späte* Dinge geschrieben und so die *frühen* zu erzählen unmöglich gemacht . . .

Ich war dem Ende zugehetzt worden. Durch die Ärzte –? (Die die Papiere verwirrten.) Aber doch, bah! *Ich* hätte es doch selber merken müssen: die roten Ziffern, den entwickelten, lebenstreuen Gang des Geschehens . . .

Mögen sie es lesen! Sie sehen das Ende nicht, wie ich es nicht sehe. Aber ich fühle es! Eine Angst! Immer muß ich schreiben: *andere* Dinge. Nun betrügt es mich hintenrum . . . Ich weiß . . . das Ende kommt . . .

(Ich will ganz zart schreiben, was ich eben entdeckte: ich habe neunundachtzig Blätter mit meiner Schrift gefüllt, es bleiben mir noch siebenunddreißig für das Ende, für das Ende! Ich kann nur noch die Hauptdinge sagen. Addio, Muh!)

Ich bin heute sehr ernst, die Uhr tickt so ungemein verletzend hart, ich sinne darüber, daß ich nur noch siebenunddreißig Seiten habe. Ich sinne darüber, daß ich um diese siebenunddreißig Seiten wußte und doch diese lange Expektoration schrieb, die nichts - vom Ende (ich kann dieses Wort schon beinahe ohne Kummer schreiben; nur die Maden stören mich noch und vielleicht das Baumeln am Strick und - der Tritt in die Luft, dem das Würgen folgt) -, ich wollte sagen („Gedankenflucht" meint der Arzt), ich wollte sagen, diese unnötig lange Expektoration bekümmert mich, weil sie meinen spärlichen Papierrest kürzt, und das - Ende in nichts vorbereitet!

Und doch schreibe ich dies Unnütze, zwar wohl mit ganz kleiner Schrift, jeder verschmierten Zeile grollend, - schreibe es bekümmert, will halten und schreibe weiter. Auf dieser Seite bleibt nur noch eine Zeile, ich werde in ihr schreiben: Ich könnte noch so endlos viel von Coccola -

32

- Ich könnte noch so endlos viel von Coccola sagen!

(Nicht einmal den Satz von Coccola habe ich zu Ende schreiben können auf der vorigen Seite.)

Ja, jenes (gebluffte) Geldgespräch will ich doch noch erzählen. Hier:

Später wieder im Sessel: „Du bist arm, hast kein Geld . . ."

„Soviel du magst .."

„Aber nein! Der zerschlissene Teppich, die dünnen Ränder der Ärmel, die baumelnden Fransen Ihrer Hose verraten: Sie sind arm . . ."

„Morgen früh: Die Bank öffnet; ich führe das Konto-Korrent; gehe ins Safe . . . Wieviel -?"

Da sie schweigt, den Kopf erhoben vom Teppich, in ihr verglutendes Gesicht spähend, noch näher: „Wieviel? –"

Schweigen.

Und noch einmal *noch*, als ein höchstes Flehen: „Morgen früh - wieviel?" (Und im Glauben, es sei bewilligt, erleichert:) „Ach, es wird kein Ende kommen - dann! - mit dem Ende dieser Nacht! Ich werde zur Bank gehen. Ich werde Ihre Wohnung wissen. Ich klingele: hier!" (Zutiefst bestürzt:) „Sie wollen nicht? Schweigen? Ihre Augen sind fortgenommen von hier? Denken Sie nicht an ihn! Denken Sie nicht: an ihn!"

Und ganz leise (letzte Bitte): „Denken Sie - an ihn! Aber lassen Sie auch mir ein Morgen aufgehn. Wie ich sprach . . . ich klingele . . . hier der Pack Geld . . . wann wollen Sie mehr –?"

„Genug!"

Sie sprach neu: „Sie haben kein Geld –? Man gibt einer Hure, die auf die Zimmer der Herren geht, - welche Gefahren! –: Geld. Hätten Sie mich auf der Friedrichstraße getroffen, wär es mit zwanzig Mark abgemacht; da es aber der Kurfürstendamm war, gar vor einer Bar Leuchtgefunkel, da ich einen Kavalier Ihretwegen versetzte, verstieß, werden Sie mir hundert, ja vielleicht auch zweihundert geben müssen . . ."

Sich räkelnd, faul, mit einem schmelzenden Blick: „Zwei Blaue, Süssing! Ich werde sehr nett sein. Wir werden uns nicht langweilen . . ." Voriger spitzer Ton: „Haben Sie sie - jene zwei Blaue - *hier*?"

„Soviel Sie wollen; zweitausend, zwanzigtausend, zweihundertausend - *morgen* . . ."

„Morgen!" (Welche Verachtung! Auch sie weiß, daß kein „Morgen" mehr kommt.) „Sie staunen nicht, wie ich über die Preise orientiert bin? Vielleicht bin ich wirklich nur eine Hure. Ein Mädchen mit dem Büchel, in das der Arzt wöchentlich einträgt? Das sie im Strumpfe verwahrt . . .?"

Sie neigte sich nach vorn. In ihren Haaren liefen und verliefen die blanken Reflexe des Feuers. Ihr Auge in den meinen, strich sie am Rande meines Blickfelds mit der Hand träge das Kleid hoch: vor dem violetten Gold der seidenen Unterrockfalbeln stand der schwarzüberflorte Glanz ihrer Beine. Am linken Knie hielt sich seitlich wie ein sacht flügelwippender Schmetterling die bunte Rosette des Strumpfbandes. Trunken. Das Lila der Schlupfhöschen war matt - süß.

Ihre Hände glitten über die Rosette, wollten öffnen. Beinahe zischte sie: „Hier mein Kontrollbuch -!" Aber schon war das Kleid wieder herabgekommen; wie ein Taumelduft schlug sein Fall eine Welle Ledergeruch der sehr großspurigen Schuh in mein Gesicht.

Aus dem deckenden Dunkel sprach sie: „Es soll welche geben, die noch billiger sind: für eine Tasse Kaffee und ein Stück Torte gehen sie mit -"

„- auch ohne Torte -"

„Wie! Der Kaffee genügt? Also nur ein Kaffee? Fünfzig Pfennig. Ein Spülicht - nicht wahr? Jetzt im Kriege? Warum tun sie es? Wollen sie sich demütigen -?"

„Vielleicht?"

„Eine Tasse Kaffee . . . stillt keinen Hunger. Also muß ein anderes sein . . . Sind jene leidenschaftlich -?"

„Fast alle sind kalt."

„Kalt?"

„Man nennt es frigid . . ."

„Ein Wort hat man gar! . . . nur für sie? Also. Aber *warum* sie es tun, weiß man es? Für eine Tasse Kaffee! Man dreht sich . . ."

„Und kommt jener Alten näher . . . der Puffmama!"

„Seien Sie still! Du Tier! Oh, du Tier!"

Ihre lange Hand schlug über mein Gesicht, dreimal, viermal. Es war wie ein peitschender Weidenzweig, ein gelenkiges, das gerbte, mein Blut schwoll, tänzelte, hohnlachte unter diesem Schlag; Knochen fühlte ich nicht ... Sehr viel Rot brauste plötzlich als Ton in meinem Hirn, mein Gaumen schmeckte den zögernden Geschmack triefenden Blutes ...

Ich schloß die Augen. Speichel entfloß mir (leicht, seicht und dünn).

Sie sprach: „Sie haben mir Cognac angeboten –, sehen Sie, beachten Sie wohl: ich habe ihn nicht getrunken."

„Sie rauchten von meinen Zigaretten. Sie sind jetzt teuer ..."

„Ich will sie zahlen! Was kosten sie? Zwei Mark? Drei? Sagen Sie!"

„Sie kamen nächtens auf mein Zimmer ..."

„... mit einem Herrn – einem zweiten ..."

„... der uns allein ließ ..."

„Es geschah nichts. Wir plauderten. Sie haben kein Recht ..."

„... mein Kinn auf Ihrem Schoß. Unter dem Knie Ihren Fuß, Ihre Erwärmung. Hitze. Sie hätten es nicht geschürt, hä?"

Und ich bückte mich. Mit beiden Händen umfaßte ich ihre Wade, riß mir den umschuhten Fuß an den Leib und ...

... und ...

... und eine fade Lässigkeit, ein wollüstiges Fallenlassen ließ ihn mir entgleiten ...

(Es war zu viel! Ah!)

Da lag ich vor ihr, entkräftet, zu schal, zu schal ... Wie Windstoß, der sich verfing; wie Teerfeuer, auf das Sand fiel, indes sie über mir sprach: „Ich habe alles gespürt, wußte wohl Ihre Geilheit ... jene Alte ... vielleicht hatte sie recht ... vielleicht entfliehe ich nicht ...

Wie Sie mich hetzten! In die Ecke brachten! Kaum atme ich noch."

Sie sah zur Tür.

Dann schlug die Uhr vier ...

Sie stand auf. Aus dem zusammengefallenen Feuer ging kaum noch ein huschender Glanz auf die Seide ihres Kleides, ging, verging, Schatten liefen leichtbeinig wie Spinnen.

Sehr energisch plötzlich: „Also tun wir es! Wozu warten! Schon graut der Morgen. Sie hatte recht. Ich entfliehe nicht."

Und halb gebeugt zu mir, flüsternd, sprach sie den grenzenlosen Frevel wie ein Knisterwort, ein fliehendes; wie ein gehetztes Kitz; wie ein Gott, der bei Kühen den Samen verliert –; sprach sie: „Steh auf, Tier! Hole das Geld ..."

„Zweihundert. Hier." Ich griff es aus der Tasche.

Sie war sehr hoch über mir. Ihre Augen hatten einen trüben Glanz, wie er auf besonnten Kirschen steht, ihre Lippen sprachen, indes sie das Geld nach Betrachten in die Brust schob:

„Wie soll ich es tun? Sag – Liebster?"

Ich ergriff ihren Fuß. Ich führte ihn auf das Zentrum meines Leibes. Ich setzte ihn auf. Durch die schmiegsame Sohle fühlte ich das gelenkige Drücken ihres Fleisches, von Muskeln und Sehnen bewegt ... (... ein Stück Fleisch. Weiter nichts!)

Ich legte das Haupt zurück. Meine Hände fielen weg.

Sie trat zu.

Ein Höllengelächter erschwoll. Die Kleine, Geblümte riß beide Türflügel auf. Über den erleuchteten Vorplatz ging Gustel mit einer Dirne, einer Vollen, beide nackt, um die Lenden ein Handtuch, ihre Haut dampfte lau vom Bade. Über die weiße Schulter kehrten sie uns ihre höhnisch grimassierenden Profile zu.

Gustel griff in die Luft. Etwas funkelte. Dann leuchtete in seinem Auge die Scherbe, die ihm die Alte zugeworfen.

Er rief: „Wenn du fertig bist, kommst du auch ein wenig zu mir, Emmi, nich? Ich erwarte dich unten."

Sie waren fort.

Ich hatte verzückt.

Die Türen waren geschlossen.

Das Zimmer fast ganz dunkel.

33

Meine Nerven bebten noch einmal, flimmerten.

Dann war tiefe Stille.

Mir träumte von Waldwipfel-Wiegen; ernsthaft und mit der feierlichen Fröhlichkeit dörflicher Glockenklänge schaukelten Schiffe über hinterem Hafenblau ihre Maste, die mit langen Wimpeln beflaggt waren. Alle Farben wehten - gelinde.

Ein kühler Wind beblies mein Gesicht. Ich erwachte. Meine Augen fanden sogleich - Cocca.

Nun lag sie vor dem Sessel auf den Knien, zwischen ihren langen, vors Antlitz geschlagenen Händen blitzten Tränen auf, funkelten und zergingen grau, während ein stoßendes Schluchzen den Seidenrücken immer neu überfloß - stieß!

Sie weimerte: „Alles verloren! Alles vorbei!"

Eine Schwarzwälder Uhr schrie: „Kuckuck, Kuckuck, Kuckuck, Kuckuck, Kuckuck!" - und dieser fünfmal wiederholte Ruf schien ihren Schmerz so zu vermehren, daß sie aufschreien mußte. Sie bellte klagend wie ein Hund, schrie hell und überaus hoch wie ein getroffener Hase; dann fielen ihre Hände herab, sie sah starr und unheimlich ruhig in das wüste Nichts, das ihr Sein war, schrie noch einmal klagend: „Ich will nicht . . .“ und warf sich an den Boden, wo sie zwischen den Geräten rollte, an die Beine der Stühle stieß, Troddeln vom Sessel abriß - und der klein gewordene Ton ihrer Stimme mühte sich zugehörig in das Knarren und Quietschen der Möbel, das Hasteticken der Uhr, meine lauten Atemzüge. Dann stürzten Taburette um und über das Klirren zerschellenden Porzellans setzte sie die helleren Lichter ihrer Seufzer, ihrer gellen Schreie - bis sie an meinen Leib rollend, ein letztes Mal schlagend, in meiner Leibeswärme zur Ruhe kam.

Ich rührte mich nicht.

Zwei Finger ab von dem meinen war ihr Gesicht, ihre Haare strichen kitzelnd über meine Stirn, an den langen Fransen ihrer Augenlider glänzte Nässe, der Kohlezirkel ihrer Brauen war verwischt, auf ihren Wangen röteten sich Flecke wie von spitzen Schlägen, und ein unendlich lüsternes Mitleid überkam mich beim Anblick dieser Verwüstung, dieser Demütigung, die sie mir näher zu bringen schien.

Ihre Augen schlugen auf. Ihr Blick hing in dem meinen, er war kalt, entschlossen, wie Bisse Toller in Wärterfleisch.

(Das Geschrei, das Gewimmer, das Gegell waren nie dagewesen.) Sie fragte mit kältester Stimme: „Alles ist vorbei -?“

Ich schwieg.

Sie stand: „Hoch mit dir Grauzottel, Tränentier! Mußt du immer weinen? - Du weißt Bescheid -?“

Mein Blick fragte.

„Verstell dich nicht so. Ich gehe noch einmal - nach unten. Bereite alles vor."

Sie sah sich um. Äußerte, Disponentin, Dispo. . .tin (die sich vor ihrem Sklaven nie etwas „vergeben" kann):

„Ich mag diese Unordnung nicht. Stelle die Möbel zurecht. Fort mit den Scherben, der Asche, den klebrigen Gläsern. - Dort dein Schlafzimmer? Beziehe das Bett frisch. Bereite alles vor. Ich bin rasch wieder da . . ."

Sie ist gegangen. Einige Minuten liege ich noch. Süße Mattigkeit durchströmt mich.

Eine Unruhe treibt mich empor. Ich tat, wie sie sagte. Bezog das Bett frisch. Zu den Fenstern kam eine graue diesige Luft herein, die an Jasmin erinnerte, dessen Duft in Wasserdampf zerging.

Dann setzte ich mich in einen Sessel, sie zu erwarten.

Es war fünf Uhr fünfundzwanzig.

34

Es eilt -!

Ach wie es eilt!

Immer mehr wird die Angst. In den Nächten. Sie sind hohl, und aus ihrem Bauche nehmen sie kleine Dinge: die zwei Scheiben, schrägstehend, von einem festen Scharnier gehalten, die Schlinge darüber . . . und schon tastet meine nackte Zehe ins Leere, während der Hals gehalten bleibt, schon fühle ich das Rütteln und Jucken, das Krächzen meiner Kehle . . .

Es eilt! Mir ist so angst!

Oh, das Ende!

Nur noch die Zahl 35 habe ich zu schreiben, nur noch eins zu erzählen, was zehn Minuten vor sechs Uhr geschah, dann . . .

Ja, mit dem Papier werde ich reichen. Sogar einige

weiße Blätter werden bleiben: ich bin höflich zu dem Arzt, denn er kann weise Schlußbemerkungen anfügen, ehe er diese Blätter zu der Krankengeschichte legt. Erläutere ... (Er wird nichts erfassen!)

Nur noch die Zahl 35 habe ich zu schreiben, die wenigen Begebnisse darunter und – das Ende. Mit welchem Mut ging ich an diese Arbeit, vor Wochen. Ich empfand an mancher Stelle beim Schreiben eine sanfte Süße, wie sie die grünen Dinge auf der Weide um uns besaßen.

Einigemale habe ich geweint ...

Ich sah das graue Gatter gar nicht, in das Es mich weg über diese sanfte Ranfte trieb ...

Nun sehe ich es ...

Einmal noch wird das Dunkel im Zimmer aufdunsen. Dann am frühen Morgen, wenn der Pfleger den Vorhang auszieht und die Klappe freigibt ...

Ich will nicht länger drähnschnacken ...

Ich schreibe nun die (End-)Zahl.

35

Nun habe ich die Zahl 35 *doch* geschrieben: gestern abend. Nein, ich wollte das nicht. Da ich beinahe noch dreißig Seiten frei habe, wollte ich sie mit langem Geschwätz ausfüllen; dies erzählen, jenes; all diese kleinen huschenden Gedanken, diese auftauchenden Erlebnisse wollte ich festlegen, die kommen, die ablenken ...

Nun kommt nichts mehr. 35 (in Buchstaben: fünfunddreißig) steht da! Es bleibt vorerst nichts, als die Gebärde dieses von fünf Uhr fünfundzwanzig bis zehn Minuten vor sechs Wartenden festzustellen: das Kinn in den Händen, die Augen in der immer grauer überaschten Glut, während aus dem offengebliebenen Schlafzimmer die trübe schwere Luft eines dumpfnassen Morgens in meinen Nakken weht (mit einer Ahnung von Jasmin). Ich erschauere. Ich zittere –. Diese kalt schweißigen weichen Streiche laufen mit ihrem fahlen Parfüm wie von Frauen, machen mich vor etwas beben, an das ich nicht denken kann.

Ich kann überhaupt nicht denken.

Dann schreit die Kuckucksuhr einmal. Neckisch.

Ein halb sechs!

Ich warte. Ich warte nur - sonst nichts. Nein, ich habe eben erdacht: daß ich an nichts denken kann.

Möglich, daß irgend etwas tief drin in mir geträumt hat. Ich entsinne mich keines Bildes. Aber es werden - nein, es müssen welche dagewesen sein . . . wie wäre ich denn sonst um den Gedanken gekommen (der mir erst heute kommt): aufzustehn, *fort*zugehn . . .?!

Ich habe nur gesessen. Ein Wartedings. Ein Warteraum allenfalls. Vielleicht habe ich geträumt. Sicher aber nicht gedacht!

Jemand tritt ein.

Ich fahre hoch und - zweifle, ob sie es ist. Ja, sie ist es! Das sind ihre Augen, aber um ihr Gesicht spielt jetzt, oft tänzelnd, der Schling-Schlang ihrer glänzenden Haare; aber auf ihren nackten Schultern liegen nur die Henkel eines sacht rosafarbigen Hemdes aus dünnster Seide, das von der Brust durch zwei flache Spitzen erhöht wird, und ein grüner Gürtel zieht es bei den Hüften zusammen. Ihre schlanken Beine sind bis weit übers Knie mit dünnen Seidenstrümpfen bekleidet, die durch das Hemd schimmern. Man sieht ihren Leib nackt, wie unter der spielend sonnig dünnen Schicht eines besonnten Wassers, über das Ringel laufen, und an ihren Füßen stecken Strohpantoffeln.

So ist sie da!

Sie sieht mich an. Ihr Blick ist stark, schwer, er wirft in mir Blasen, wie ein im Feuer überhitztes Eisen, dann senkt sie die Lider – es ist, als ob Schnee fällt auf Felder, eines späten Nachmittags bis in die Nacht, bei leichtem Frost. Die Alleebäume sind kahl.

Um ihre fast bläulichen Lippen zieht sich ein Lächeln. Eine Wolke. Das Wetterleuchten. Bald schlägt es ein.

Sie sagt nur: „Alles ist fertig . . .?“

Und da sie den Blick durch das aufgeräumte Zimmer schweifen läßt, bleibt er beinahe ängstlich an der geöffneten Nebentür hängen, wo – drinnen, im Nebenraum – aus trüber Morgenluft in breiten kupfernen Ringen Kerzen glosten, flammen, züngeln, sich biegen und wieder aufwärts dem wohl kaum gewußten Sternenhimmel entgegenflackern, den so Zimmerdecke wie Dachbalkenfugen verbergen.

Sie fragt: „Ist es dort . . .“, und indem sie mich zurückschiebt, geht sie mit tappenden, erdhaftenden Schritten – schritt schlurfig – voran, und ich, ihr Nachfolger, weiß wohl, wie schwer ihre Beine sind, wie ihre Sohlen haften, an jedem Schritt, die sie nun fliegen lernen wird, in meinen Armen fliegen . . .

In der Tür – sie bereits jen-seit – hält mich ihr gestreckter Arm – aus-seit! Der Vorhang entfaltet sich. Trennt uns.

Ihre Stimme spricht: „Warte!“

Und ich höre die endlosen kleinen Geräusche einer Raffinierten, die sich schmückt: das Laufen von Wasser, das Gurgeln, das Klirren der Strumpfbandschnallen am Stuhlrand, Knistern von Seide, wenn sie sich hinsetzt, Öffnen von Dosen, Zukorken von Flaschen, Scheren klirren, Feilen schaben, selbst das unendlich feine Tupfen der Puderquaste, – und zwischendurch fordert sie: „Bringe heißes Wasser!“

Aber das tue ich nicht. Das Ohr an den Vorhang gelehnt, lausche ich, während mein Auge (verkürzt) auf seinem Seidenstoff Papageien sich schaukeln sieht, riesige Blüten atmen wie Münder der großen Liebestollheit und ganz unten am Rand schlägt ein täppischer Löwe seine Pranken einem gescheckten Einhorn in den Leib, das zwischen Akanthusblättern weidet; weiterweidet – trotz Prankenschlag . . .

Und die süße Tierhaftigkeit des Erschauten fällt in meine erschauernde Seele zu den erlauschten Geräuschen, dem Streichen von Seide über ein glatteres Seidiges, dem Aufpuffen der Federkissen, dem leichten Sichdehnen von Bettfedern. Verschmilzt. *Eine* Süße.

Sie ruft: „Komm!“

Ich tue den Vorhang auseinander. Ich trete ein. Ich sehe sie.

(Ich vergesse es nie:)

Ihr buntes Gesicht gleicht einer Landschaft!

Die Falten auf ihrem Gesicht sind die Rinnsale von Flüssen und Bächen, die – hier – einem unbekannten Meer zuströmen. Zwischen ihren Einschnürungen liegen die Hochplateaus, von den Hautporen in endlose Felder, Pflügestücke geteilt, bald blühenden Mohnfeldern gleich, bald von gelbem Puder wie Weizenfelder von Pollen bestäubt.

(Dieses Gesicht war feucht . . . atmete . . . lebte!)

(Dieses Gesicht war die ganze, atmende, selige, sälje Welt –)

Und in ihm, am Rande einer grellen Salzwüste lagen die grundlosen Brunnen ihrer Augen, – und er spürte in ihnen die Frage, ehe sie noch den Mund auftat: „Wie willst du es tun? Wie?“

(. . . spürte sie, ohne ihren Sinn gehirnlich zu fassen.)

Eilte dann doch mit den Augen zum Mund, der wie Vesuv war; der sich auftat. Über einen kraterhaften Rand gebeugt, meinte er die endlose, von Dämpfen durchschleierte Tiefe bis zum glühenden Zentrum der Erde zu sehen; – und er mußte, während sie wieder ums „Wie" fragte, an den langen Weg denken: über die Schleimhäute, die enge Luftröhre hinab, zwischen den reibenden, gerippten, weichhäutigen Wänden des Magens hindurch in die feuchte Lauheit der Därme, diesen endlosen Weg; – mußte ihn aber doch bis an den After hindenken, den ihren; während sie zum dritten fragte: „Wie willst du es tun? Wie? Sag mir doch: Wie?!?"

„Aber so!"

Und er riß sich die Kleider vom Leibe, die kotigen vom kotigen, hängte die Spitzen der Finger in Löcher fürs Knöpfen, sprengte das vordere Hosenband, während sie zusah, wartete –: begriff, totlächelte, und dann kam ein Lachen wie ein Stürzen von Blut, ein Scheckern, ein Scherbeln, ein Prusten: „Du bist verrückt, du!"

Und: „Töten sollst du Tier!"

(Au, das bremste . . .!)

„Nicht beischlafen . . .?"

„Nein . . ."

Er sah sie. Ihr finsteres Gesicht verriet nichts von einem Scherz. Ihre Mundwinkel, die eben noch gelächelt hatten, füllte ein sachter Speichel, als spüre sie schon jene *letzte* Ermattung ihres nun unstillbar rinnenden Blutes.

„Geh, hole ein – Werkzeug!"

Er sah an sich hin. Nun sah er erst selbst den geilweg Entschälten, die durchlöcherten Strümpfe, ihre eisige Feuchte klebte an seinen Sohlen; die grünen Haltebänder hatten Ringe auf das Untergehöse gemalt. Das Hemd, jetzt kragenlos, sah schmutzig. (Nicht: aus! Nicht: aus!)

Er fühlte mit einem hafenhurenhaft hassenden Widerwillen den abgestandenen Schweißgeruch seiner Person und die offenporig feuchtduftend strahlende Frische ihrer Gottheit: Leib! Doch ging er.

Doch kam er.

Kam und trug in der Hand ein Messer. Ein langes, ein spitzes. Die Schneide dünn, scharf. Wie ein Buchbinder-Messer. Der Griff aus rötlichem Holz, mit Nägeln aus Messing.

„Nein. Nicht dies.“

„Wie denn –?“

„Nun ... lasest du ‚Jettchen Gebert‘ ...?“

„Nein.“

„Sie bekommt ihren Liebsten nicht ... doch ... sie bekommt ihn! Nein, den andern ... und erkennt zu spät, wen sie liebt ...“

(Wie billig sie erzählt! Wie hafenhurenhaft – einem Geistjen!)

„Ah –?“

„Sie nimmt eine Silbernadel ... eine graue Silbernadel für den Kapotte-Hut – Gib mir eine solche ...“

(Oh, Marsala! Oh, Marsala!)

Ich fand sie in meinem Jackett. Nur ihr in Grausilber gearbeiteter Filigrankopf hatte gehindert, völlig wegzurutschen. Nun war sie da. Und SIE. Und ich.

Ich goß Kölnischwasser darauf. Zündete an. Eine niedrige breite und blaue Flamme schwebte: die Spitze der Nadel ward schwarz.

(Desinfektion!)

Er trocknete sie an einem Handtuch, das er einer Lade entnahm, die offenblieb und altbacken roch, ärmlich, nach feuchtem Gewaschenem, das man auf Hinterhöfen sich trocknet, wo Kinder zwischen den Pfählen spielen, denen die nassen Lappen im Lauf ins Gesicht schlagen; im Lauf, der atemlos ist, der den Schweiß ins Gesicht treibt, daß sie triefen, die Kinder, bis sie verstohlen vorm Heimgang an einem Handtuch ihr Gesicht trocknen, ihre zerronnene Unsauberkeit abwischen, wie ich die Nadel abwischte am Handtuch.

(Ein Kreis von dreizehn Zeilen, achtzig Worten ist dieser Satz. So dreht mein Gehirn. Gedankenflucht!)

Er parfümierte die heller glänzende, die Nadel mit dem finsteren Kopf, neu und stand *bei* dem Bett: zwischen zwei Fingern hält er sie, gleich unterm Kopf, mit einer untertänigen Anbieterei als ein geschlechtsloser Eunuch, - nein: ein geschworener Seelenkamerad bot sie *stinkgeil* der Kamerädin und tat wie nichts.

Sie ließ mit einer „Das-macht-nichts"-Geste den Henkel des Hemdes hinab, schob die linke Brust ein wenig vor, drückte das wölbende Fleisch (ein tollster Hohn war mir das) heraus, so: „Da!"

(Während sie mit der linken Hand vier Blaue der Senkung entnahm, auf den Nachttischmarmor legte.)

Er bot die Nadel an.

Sie bot die Brust an.

Er: „Bitte, bedienen . . ."

Sie: „Bitte, einstechen . . ."

(So ihr Blick.)

Aber ihr Auge wurde milder, beinahe flehte sie; er ward weich, wollte schon -: als ein Türschlagen sie erzittern ließ, sie griff zu und -

- und -

Die Nadel zitterte in ihrer Brust.

Er, beinahe anatomischen Interesses: „Tiefer! Tiefer!"

(Dabei zitterten meine Knie. Süß, ach!)

„Tiefer!! Tiefer!!!"

„Ich kann nicht . . . da ist ein Knochen . . ."

. . . und schon sah ich ihren Mund von Schreien schwellen . . .

. . . als ich mein Messer leicht mit der Spitze aufsetzte . . . unten . . . zentral . . .

. . . ich zog es nach oben . . .

. . . ihr Bauch klaffte auf wie ein geschlitzter Gummiball . . .

. . . an dem Nabel ein kleiner knorpliger Widerstand, der bei ziehenden Drucken zerbarst . . .

(Ihr Gesicht war wie wenn Kinderlein jener Mechthild weinen – wollen.)

. . . und ich sah das graue, blaugraue Quellen Gedärms, indes sie ersterbend sprach:

„So ist es recht! Komm in meinen Bauch zurück . . . mein Geliebter . . . mein Kind . . . das ich gebar . . . krauch hinein in die Wärme."

Rote Ameisen liefen rasend schnell über das Grüne, das Blaue, das Graue . . .

„. . . Komm in meinen Bauch retour, mein Geliebter . . . mein Kind . . ."

Ich warf mich auf sie.

Eine Hand rührt an meine Schulter, sieh da: Gustel! Er meint bloß – und nickt einmal rasch zu ihr hin: „Alle –"?

„Ja."

„Dann bitte!"

Und bot mir seinen Arm (Dschiu-dschitschu-haft).

Da das Einglas blinkte, dachte ich meines Kostümes, jetzt gar beschmutzt, bat, bittflehte: „Erst die Hosen. Weste und Jacke. Verzichte auf Kragen und Schlips . . . aber: Mantel und Hut . . ."

Er wartete. Ungeduldig. Seine Knie schnappten. Zu beschämen schien ihn die Tote. Oft machte er einen kurzen Schritt zu mir hin, der ich mich anzog . . .

(*Der geschlitzte* Leichnam stank übel.)

„Am Ende aber, nach Hassen und Lieben, werden wir *einander* nichts gewesen sein."

An der Tür drehte ich mich noch einmal.

Ein verwesender Haufe Fleisch.

Unnötig, noch „Coccola" zu rufen.

Gar „Coccolina!"

„Oh . . ."

Polizei. Untersuchung. Wandern im Gefängnis. Vier und ein halber Schritt. Irrenanstalt. Klapsmannszelle. Die erste: Sechs Schritte. Hier: mal mehr, mal weniger; man wechselt!

Und dazwischen immer: „Cocco! Hörst du? - Coccolina, wie ich dich liebe! Deine Schuh! - Cocconella, deine nackte Brust! - Welch finsteres Gesicht, Coccoluccia! Oh, Cocca! Cocco! Cocca!!"

„Coccola . . .?"

36

Muh ist tot, der ich nie war, - und Muhtsche - ah! wohl erinnere ich mich noch dieses blöd kitzelnden Blutdufts am Wagen . . . das war das Ende. Mein Ende. Aber auch daran denke ich noch, wie ich im grünen Gras lag - alle Dinge waren sanft, saftvoll um mich; ich denke immer noch jener Luft, da ich vorn tief stand, der Bulle mich besprang, und alles ein Strömen war, dann ein Münden -: ich tat den Mund auf, ich brüllte - aus lauter Seligkeit, mein Blut tänzelte. Die Wände des Hofes hallten wider, und in das Schreien meines Erfülltseins klangen die kleinen Triller der Lerchen, die das Himmelsblau klirren ließen, klangen die klappernden Rasselungen der Halsketten aus dem Stall, die Geräusche von Vierzöller-Eisenfelgen auf dem Steindamm am Gut . . .

Als hochtragende Färse ward ich vekauft. Ich reiste sehr weit. Mein Gebären war erhitzt durch ein Eisenbahnfieber, das meine Flanken schlagend und sehr naß machte. Leute beugten sich über mich. Man rieb mich mit Stroh. Einige zwängten etwas Glattes, Kaltes in mein Maul, eine Flasche.

Die Wehen schüttelten stärker.

Dann bestreuten sie mein Kind mit Kleie, ich leckte es

ab, man ließ den grotesken Baumler, den Strichgrapscher an mein Euter -: wie er zerrte! Wie er kniff!

Ich stränte ...

Wir wurden getrennt ...

Nein, es hat keinen Sinn mehr, von diesen Dingen zu sagen, ich fühle zu gut dieses Zähe in Ton wie Wort. Das mühsam Ertastete eines bloßen Wollens im Herzverleugnen; ich schreibe nur noch, um aufzuschieben, wegzublicken, Grün zu beschwören, das doch nie kommt - wieder. Seit ich gestern am Abend jene letzten Abschiedsworte ausrief, ist eine tiefe und lange Nacht gewesen, in der ich weinte, oft leise und heulend ob Verlassensein wie ein Hund. Manchmal wurde es stiller, sobald ich aber neu meines Endes gedachte, liefen die Tränen stärker und das gepreßte Schluchzen erschütterte meine Kehle.

Mein Mitleid mit mir war immer - größer.

Dann kam der Morgen. Der letzte Tag war da. Der Pfleger trat ein. Der schwarze Vorhang wurde aufgezogen, durch die Fenster schien ein so trübe ziehender Winterhimmel, daß das Grau der Wolken ineinander verschwamm, mich mit seiner untröstlichen Trübsal zu Tränen, neuen Tränen reizte, - und zwischen mir und jenen beiden Scheibchen, zwischen dem Strick und mir liegt nichts mehr!

Nein, ich will nicht mehr schreiben. Es ist zwecklos. Das Ende ist da. Ich werde aus dem Bettuch den Strick rüsten, die Laufschlinge machen, in das Leere treten.

37

Ich habe dich, lesenden Arzt, betrogen. Ehe ich noch aus dem Bettuch einen dreifachen Strick drehte, eine Laufschlinge schlang - während das letzte, wie mein Schreiben zeigt, noch nicht geschehen ist -, ja, noch *vor* diesen

Zurüstungen, *grad* als ich jene letzten Zeilen des vorigen Abschnitts schrieb, setzte ich unter sie die Zahl 37. Ich wußte, ich würde noch einmal schreiben. Irgend etwas. Um die Zeit zu verbringen.

(Aber mein Geheimnis nicht.)

Etwas anderes: hier:

Ich bin unsicher geworden, ob ich es tun soll. Ob ich es darf. Man hat Verwandte. Verpflichtungen.

Ja, ich habe gefrevelt. Ich habe die Fensterklappe geöffnet. Ich habe den Strick über das Scharnier geknotet. Ich habe den Hals in die Schlinge gesteckt. Ich habe einen Fuß von der breiten Fensterbank ins Leere gestreckt. Nur den einen . . . auf dem andern stand ich recht schön fest. Eine lange, ziehende, beinahe süße Kühle kletterte in den Fuß, der in das Leere – tastete? Nach etwas? Nach Fall, Gurgeln, Geschling. Dann habe ich den Fuß wieder zurückgezogen, so daß ich auf zwei Beinen stand, habe mich geduckt, bis der Strick straffte, und empfand nun das leise Würgen der gestrafften Schlinge um meine Kehle . . .

Ich habe zwei Pröbchen gemacht: erst das Tasten, das Würgen drauf.

Beides war nicht sehr unangenehm . . .

(Nur, daß ich wußte, es würde *doch* sehr unangenehm werden, war recht unangenehm.)

Dann habe ich mich wieder freigemacht, habe mein reines Hemd ausgezogen, das ältere, eben abgelegte, streifte ich noch einmal über. Ein Alltagshemd. Ich habe mich in mein Bett gelegt.

Die Schlinge blieb am Fenster hängen.

Dann kam der Pfleger mit dem Frühstück. (*Die Schlinge hing am Fenster.*) Ich habe ihn in ein Gespräch gezogen, ich habe oft – gemacht scheu – nach dem Fenster geblickt, einmal rief ich gar, wies: „Die Schwalben –" (Im Jänner!)

Er weigerte sich, auf meine Lockungen einzugehen. Er sah mich an, fühlte meinen Puls, wischte den kalten Schweiß von meinen Händen, ich merkte, wie er langsam dachte: Er wird seinen Anfall bekommen.

Dann ging er zögernd zur Tür, hinter seinem Rücken schaukelte leise die Schlinge - im Windzug; er öffnete, schloß.

Ich war wieder allein.

So habe ich meine dritte *Probe* gemacht. Das Resultat lautet: Alles stimmt, oder: x = Aufhängen, oder: Bitte, keine Angst!

Und doch habe ich Angst. Und die drei Proben - sagen mir nichts.

Nein, ich will wirklich nicht länger schreiben. Es ist zwecklos.

Nun werde ich es tun!

38

Ich will bitte noch ein wenig schreiben, bitte.

Eine halbe Seite.

Ich habe all mein Deutsch vergessen. Nämlich. Was ich doch berichten muß. Nich?

Ich kann keinen Satz mehr bauen. (Mein Hirn ist ganz stumpf. Unbeweglich. Manchmal wirbelt es. Wüstensand in der Sonne; aufgeweht. Fällt. Deckt zu.)

Die Worte sind mir Wörter geworden, die sich in kleine Dinger zerlegen. Buchstaben, die bäuchlings klaffen oder sich austernhaft schließen - so blöde.

Am Schluß meines fünfzigjährigen biereifrigen, erst *endlich* strauchelnden Lebens ist mir dies allein geblieben, diese kleine Klangfolge; nein! Lautleier; nein! Kampffolge:

„Hanna gawa swuta mali!"

Es ist vielleicht die Sprache, die die Seelen auf dem

Sirius sprechen; mein Deutsch habe ich vergessen, aber dies ist mir geblieben:

„Hanna gawa swuta mali!“

(Dies ist sehr süß.)

(Nein, ich kann kein Deutsch mehr.) Sorge langsam vor dich hin, Arzt. - Bange:

„Hanna gawa swuta mali!“

(Das ist süß!)

Nun gehe ich aber wirklich.

39

---------------------------------------!

40

Ich bin erlöst! Ich habe *das* getan! Mein Fuß trat ins Freie, ich hing, ein Würgen war da, ein entsetzend qualvolles Rücken und – ich lebe!!!

Es ist mißglückt.

Nein! Es ist geglückt!

Ich lebe wieder. Ich will jetzt die ganze Wahrheit sagen. Selbst auf die Gefahr hin, daß diese Blätter den Ärzten in die Hände fallen . . . ja, soweit bin ich wieder gesund, daß ich sie selbst jenen in die Hände geben werde und fragen:

„Also –?"

Über diese Blätter geneigt, die vor „jenem Mißglück" zur Gänze zu füllen mir nicht erlaubt war, werde ich nun die ganze Wahrheit sagen.

Wie ich geweint habe, leise in mein Kopfkissen, seit dem Mißlingen. Nun brauche ich nicht mehr zu weinen. Alles ist gut. Ich darf weiter leben. Ich kann es. Vor meinen Fenstern schwirrt die endlose Ebene wie ein Atmen, so surrt in meinen Adern jenes Leben, das mich erwartet.

Ich bin erlöst. Ich bin gesund. Ich lebe.

(Gleich werde ich erzählen, nur eine kleine zage Angst; sie wird rasch vorüber sein. Dann werde ich erzählen.)

Eine halbe Stunde ist vergangen. Ich saß in einem Polstersessel und fixierte die beiden Scheiben. Je länger ich sie ansah, um so mehr begriff ich im Gefühl, daß sie nur Glas, Holz, Eisen – also: nichts mir böse Williges sind, meine Angst ließ nach.

Am Ende waren sie so gewöhnlich, daß ich aufs Fensterbrett stieg und sie streichelte.

Sie sind gut. Sie tun niemand etwas. Jeder tut nur Leid sich selbst. Die Dinge . . . alle sind gut!

Ich werde nun erzählen:

Ich bin zweiundzwanzig Jahre alt, aus guter Familie. Nach Absolvierung des Maturums warf ich mich auf das Studium Juris utriusque, das ich erst vor kurzem aus Gesundheitsrücksichten unterbrach.

Aus Gesundheitsrücksichten . . .

. . . meine Kinderjahre, die Jugend, die Jahre erster Männlichkeit waren nicht glücklich gewesen: ich hatte ein Talent, meine Mit-um-mich-herum-Menschen zu verletzen; ein größeres, von ihnen verletzt zu werden.

Dann saß ich in einer Feuerbohnenlaube, daheim: Oft weinte ich. Oder ich errechnete mir, wieviel sehr ich mehr war als der Verletzer, ich beschimpfte ihn; ich bereitete zu diesem Zweck Flüche aus fremden Sprachen; auch aus mir unbekannten, nicht existenten, und dann, wenn ich über die fiedrigen Spargelbeete „You son of a bitch" in einen blaßblauen Himmel gerufen hatte, und stärker: „Pollu peius pies!!" – senkte ich die Stirn in die Hände und weinte von neuem.

Eine Entspannung überkam mich.

(Mit dem Wachsen der dickgeschwollenen Bohnenschoten wuchsen die Reizungen meines Geschlechtseins. Entkleidete Männer waren um mich. Sie höhnten. Die Schoten schaukelten in einem leichten Wind. Ich floh aus der Laube.

Auf einem rasigen Hügel, unter einem Heckenrosengesträuch, liehen die herabtaumelnden Blütenblätter die so ersehnte Sensation streifender weichster Frauenhände. Sie versöhnten mich halb. Dann ließen sie meine Gier wachsen.)

Auf der Universität war nichts besser. Ich erweckte weder bei Frauen noch Männern Interesse.

Endlich schien ich erlöst.

Eine Frau erbarmte sich meiner.

Aber aus der Sache wurde nichts. Sie zerschlug sich.

In kurzem ging der letzte Rest meiner Hoffnung, jene wiederzugewinnen, unter, als ich sie in anderen Kreisen bacchantisch tobend sah. Ich war ihre Entspannung gewesen. Ihre Schwäche.

Um so kränker ward ich.

Die Huren ekelten mich.

Ich hatte viele Pläne: ich wollte einen Geldschrank erbrechen; ich wollte mich entführen lassen; ich wollte einen Revolver kaufen, dessen Kugel für den vierten Gehirnventrikel bestimmt war; ich wühlte in den Rezeptierbüchern und plante die Zusammenstellung langsamer, süßer und sicherer Todesgifte; ich mietete ein Ruderboot, aber meine nach kurzem mit Blasen bedeckten Hände ließen mich dies aufgeben.

Ich tat nichts.

Ein Bekannter riet mir zu Kokain. Ich verschaffte es mir nicht ohne Schwierigkeiten. Der erste Abend . . .

Vor allem erinnere ich mich jener „sublimen Luzidität" – ich finde keine andere Umschreibung –, die ich empfand: alle Farben meines Zimmers waren frischer geworden. Meine Gesten waren rund und griffig; voll. Der Inseratenteil der Zeitung barg höchstes Interesse . . . Die Welt! oh, die Welt!! Ein Satz Flauberts tat sich auf wie eine Knospe, ihr betäubender Duft . . . Mir Herodias antwortete ich auf die Frage nach dem nackten Arm jener jungen Sklavin, der durch die Luft rudert, zag wie kindhaft: „Was geht es dich an . . .!?"; – und dieser Gustave kroch im Zimmer, schrie Phrasen, schmeckte der Tintengeschmack des Arsens wie jene Bawarz . . .: es gab keine Vergangenheit; die Welt mit allen Funkelsternen, Gebärden, Küssen, Gesträuch, Johannisfeuern, Liebe und Tod, der kein Tod war, sondern ein herrliches Weiterdeuten wie Weiterbedeuten, war in meinem Gemach.

Ich injizierte täglich.

Mit einem steigernd mich grausenden Betroffensein

entdeckte ich gegebene Anordnungen, versandte Briefe, geschleuderte, spitzeste Antworten, von allen denen ich nichts wußte. Oft in den Dämmerstunden überkam mich eine gereizte Stimmung: ich hätte Männer schlagen, Frauen - von denen nicht Eine mich mehr reizte - aufs Tiefste verwunden mögen . . .

Mein Leben schien auf ein falsches Gleis gefahren; es gab kein „Weiter"; wieder, in den Stunden der Entspannung, weinte ich viel.

Es schien keine Rettung mehr zu geben.

Ich fühlte ein Ende . . .

Verwandte, die mir durch Zufall in dieser Periode „zufielen", brachten mich in eine Anstalt. Als die Kokaindosen zu klein wurden, entrann ich; betäubte mich neu und, ein Hoffnungsloser, ging ich in eine andere Anstalt . . .

Die Entwöhnung gelang leicht. So viel durchzerrtes Leiden schien meine Seele stumpf gemacht zu haben. Oft ersehnte ich Verblödung. Mit hysterischen Schreien stürzte ich mich auf den Tod: aber die Scheiben zerklirrten gefahrlos unter meinen Händen, die zu hastig geführte Hand ließ das Rasiermesser abgleiten, die tobenden Nerven ermatteten unter betäubenden Schlafmitteln wie die Muskeln unter den Fäusten der Pfleger.

Dann war ich entwöhnt! Ein Bodensatz Bitterkeit schien geblieben. Die neuen Wege sah ich noch nicht, nur eine Schwermut umfing mich, da ich alles Genießen gekannt, doch keins gefühlt hatte . . .

Ich erhielt freien Ausgang!

Man traute mir!

Nun kommt mein Geheimnis . . . (Welche Wichtigkeit! Du mein lieber Gott!)

Wieder bin ich eine Weile im Zimmer auf- und abgegangen, ich habe erwogen, bedacht; die große Angst kam neu.

Schreiben zu müssen, blieb meine Pflicht:

Ich werde es tun . . .

Auch mein Geheimnis. - Wenigstens werde ich erst zu Abend essen, dann schreiben, weiter in mich hinein schreiben.

Es hilft doch alles nichts.

Kein Ausweg . . .

Wie meine Schrift klein geworden ist, und kraklig, die Feder zittert in meiner Hand; auch der Körper hat Angst, ganz für sich . . .

Ich werde noch fünf Minuten überlegen, dann schreiben! . . . schreiben . . .? - *Vielleicht* schreiben!

Die Angst ist da. Aber ich schreibe doch. Mein Geheimnis.

So:

Gestern fiel mir - rein per Zufall - auf einem meiner freien Ausgänge eine Flasche Kokain in die Hände. Und eine Injektionsspritze.

Das „Wie" ist belanglos.

Aber *gestern*? Ja, es sind kaum vierundzwanzig Stunden seit jener späten Nachmittagsstunde gestern vergangen, so ein Stückchen, ein reines Garnichts ins Nichts gestickter Zeit; eine lange Ewigkeit, ein volles Leben - seit ich meine Feder ansetzte und schrieb:

1

Damals, als ich noch Kuh war . . .

Ich kam heim mit der Beute. Der geschliffene Glasstepfel in der Flasche saß fest, ich drehte ihn; dann legte ich sie in die Lade, daneben die Spritze. Ich wartete bis nach dem Abendessen. Dann kam das Gelaufe mit den Medizinen. Ich zog frische Nachtwäsche an, nachdem ich mich von oben bis unten kalt gewaschen hatte. Dreimal wurden die Zähne geputzt.

Die Schlafwache revidierte. Nach einigem Reden bewilligte sie mir für die Nacht Licht.

Ich war allein.

Ich zog die Spritze voll.

Ich stach ein . . .

(Wie meine Hand zittert, da ich dies schreibe: ich stach ein:

Knie: ich steche ein – mehr. Nichts mehr.

Und diese Angst . . . ich muß etwas tun . . .

Ich werde im Zimmer auf und abgehen – einen Augenblick nur!)

Ich habe ganz leise meinen Waschkrug zerbrochen. Die Scherben an vielen Stellen versteckt. Sie werden sie nicht finden.

Aber meine Spannung hat sich dadurch ein wenig gelöst. Meine Angst ist kleiner geworden. Ich kann berichten.

Diese Nacht wollte ich *genießen.* Neben meinem Bett lag viel Flaubert, der Hamsun, der Kerr, der junge Strindberg und die beiden Altenbergs, der Revolutionär im, aus dem Bürgerhaus; der andere Revolutionär des ganzen Lebens . . .

Ich ergriff einen Band.

Ich fühlte wieder jene „sublime Luzidität".

Dann stach ich ein zweites Mal ein.

Der Körper erwachte. Erst war es, als regten kleine Käfer, hie und da, ihre Füße. Anziehen! Ausstrecken! Und jedes Ausstrecken kitzelte die Nerven – die erbebten. Am oberen Drittel der Magenwand rieben große Teichkäfer ihre Chitinflügeldecken –: ich fühlte ihn in einer düsteren Glut erbrennen. Die Kiefer begannen zu kauen, Speichel strömte, die Zähne knirschten, und es war ein ewiges Schlucken.

In meinem wirbelnden Blut paarten sich Tierchen. Zellen meines Hirns schwangen auf, sie klafften, Bilder entwandelten ihnen: eine Hand, ein Zweig, Wege, die man gegangen, ein Blumenduft zwischendurch etwa, - und die Zellen flossen ineinander, sie wirbelten.

Die Beine haßten sich. Sie begehrten sich. Sie umschlangen einand. Schweiß troff.

Nein, es war nicht zu ertragen ...

Die Gestalten der Bücher krochen in mich hinein; ihr Wirbel, ihre sanften und kecken Stimmen machten meine Haut taub - und plötzlich zerflossen sie alle; aufblickend überkam mich die Lust, durch das Zimmer zu tosen, den Nachtpfleger zu schlagen, Glas im Fleisch splittern zu fühlen ...

Ich injizierte. Ich injizierte.

Ich hatte Papier in der Hand, ich begann zu schreiben.

Ich scheute, da ich mich in ein ganz geträumtes Kuhdasein versenkte, da ich Menschen schuf, wandeln ließ, sprechen machte, - ich scheuchte die geilen Tierchen, die platzenden Zellen fort. Ich war allein. Das Spuken in mir war tot.

Die ganze Welt kreiste süß. Ich kreisete.

Aber das Kokain verriet mich.

Andere Zeilen schrieb ich, wie ich gewollt. Die Sanftheit schwand; ich litt Angst; wieder zwang ich mich in Weiches - Weinendes - Selig-Dumpfes; doch schon war ich ein Leidender, ich rief: „Fräulein. Ihr Schuhband"; und da ich - letzte sichere (?) Rettung - die Gestalt jener mir fortgewandten, nie vergeßbaren Geliebten beschwören wollte, da ich ihren Namen hinschrieb, ihren süßen Namen für mich: durchstrich ich ihn, wie ich es hier wieder tue, und nannte sie, so unbekannter, ungebrauchter Laut: „Coccola!"

(Nannte *sie*? Eine andere ward sie; eine Grausame, Höhnische, eine große Lieberin, deren Liebe über mich wegging, die mich in nichts meinte, die ich nie gesehen ...)

(Wie meine Feder jagt, diese letzte Seite! Wird es so weiter gehen? Und dann, am Ende, was dann? Welches Ende? Ach! ich weiß es nicht!)

Auch als ich zuerst „Coccola" schrieb, begriff ich nichts. Eine große Liebende ... ein kleiner Verliebter ... wie denn! Was weiter!

Erst spät, erst als ich „das Ende" (das dann „mißglückte") ahnte, erst spät sah ich sie: die Göttin des Kokains. Die ganz Große. Die Grausame.

Sie lehrte *mich*, *ich* lernte von ihr, ohne aller Welt drum, *mich*, *ich mich* haß-lieben, liebendst zu hassen –: ich mich.

Ich hatte sie gebannt.

Sie hat mich gebannt.

Sie ließ mich die Nacht über an meinen Papieren sitzen. Sie hieß mich schreiben. „Nun Schluß", rief ich, injizierte, ergriff die Feder – und schrieb weiter.

Sie ließ mich nicht.

Ich injizierte neu. Ich schrieb.

(Lauter „Lügen". So muß man wohl sagen, häh?)

Wie ich lebte! Ein ganzes Leben quoll aus mir – aus IHR. Vergeblich jeder Abweg, als der Morgen dämmerte war *sie* tot. Aber *sie* hatte gesiegt.

Die Flasche war leer.

Scheibe, Strick und Tod – Brief und Siegel drauf.

„Hatte gesiegt?"

„Wer?"

Es mißglückte ja aber! Ich lebe *doch* noch. Und weiß mir eine zarte dumme Bürgerin zum Lieben – für später.

Und dann war ich gesund! Und dann kam die Angst wieder. Und nun werde ich gehn, zusehn, ob in der Flasche noch ein wenig Kokain ist, kristallisiert am Rande.

Ich habe sie ausgespült, die Flasche, ich habe das Wasser injiziert. Das Fleisch blieb stich-, druckempfindlich. Ich habe – kein Kokain mehr.

Ich bin auf den Gang geschlichen. Zur Anstaltsapotheke. Die Oberschwester macht Pulver. Wenn sie das tut, geht sie für einen Tag nicht hinaus.

Ich bekomme also nichts mehr.

Und die Angst! Nein, ich werde etwas tun.

Tun. Wenn ich nur wüßte . . .

Ich habe die Krugscherben herausgesucht. Ich wollte die Pulsadern schlitzen. Mein Blut juckt mich:

Es muß raus aus dem Kadaver! Nein, ich habe die Kraft nicht mehr. Ich kann auch dem Arzt nicht beichten. Es *dauerte* zu lange, bis ich die Spritze bekäme, da er dem Oberarzt erst Bericht machen muß.

Mindestens eine halbe Stunde dauert es. Und vielleicht bekomme ich gar keine, eine Schlafwache . . .

Oh, diese Angst! Was werde ich nur tun?

Ich habe das Mittel gefunden. Ich werde mich wieder erhängen. Es wird wieder mißglücken. Das wird mich entspannen. Ich werde ein paar Stunden Ruhe haben. In ihnen werde ich beichten. Dann wird die Spritze kommen.

Ich bin sehr froh!

Oh! Coccolina!

Liebste!

Ja, ich werde es tun!
Cocco! Cocca! Cocco!

Ich werde noch einmal glücklich sein!

– !!! – !!! – – – – – !!!!!!!!!! . . . .

Außerhalb

„Hier zweite Männerstation!"

„Hier Sanitätsrat Niemann! Was ist los?"

„Nummer 47, der junge Student hat sich erhängt!"

„Also doch –?!! Abschneiden, Flachlegen auf Erde. Zunge halten, daß sie nicht hinterrutscht, erstickt. Atemübungen."

„Zu spät, Herr Rat, er muß schon drei Stunden hängen –"

„Na also! Ich komme mal nach dem Essen rüber. Lassen Sie alles, wie es ist!"

„Jawohl! Einen Haufen Geschriebenes hat er auch hingelegt."

„Nichts anrühren. Na, es wird schon nichts Gescheites sein. Mahlzeit."

„Wünsche wohl zu speisen, Herr Rat!"

Kinder, so ein Rummel! Kinder!!

(Der Dichter.)

Die große Liebe

1

Als sie sich kennenlernten, waren beide strahlend jung. Sie siebzehn, er siebzehn.

Kam er abends aus der Werkstätte, wartete sie schon auf ihn. Nebeneinander gingen sie nach Haus, er in seinem blauen Kittel, schwarz von Ruß und Öl, die leere Emaillekanne in der Hand schlenkernd, sie in weißer Bluse und faltigem Rock, umsonst bemüht, Takt zu halten mit seinen weitgespannten Schritten.

Meistens hatten sie noch Zeit, und weil es halb auf ihrem Weg lag, gingen sie an den Hafen und setzten sich dort auf eine Bank. Der Fluß trieb sachte dahin, es roch nach Teer, eine Winde knarrte.

Er erzählte vom Hof, aus dem er stammte, sie gingen durch den Garten, ein Kartoffelacker, Kiefernkuscheln, Dünensand - und soweit der Blick reichte, brandete Meer blau, grün und weiß gegen den hellen Sand. Er beugte sich vor, sein Auge, blau wie jenes, streng und unbestechlich, schien die See zu schauen, von der er sprach, seine schmale, lange Nase roch den Duft von Tang und Teer, und der ernste, halb geöffnete Mund atmete wohl jener Brise entgegen, die gleich, gleich sich aufmachen mußte.

Sie stammte aus einer kleinen Stadt, aus einfachem Bürgerhause. Unterdrückt von der rechthaberischen Mutter, tyrannisiert von der älteren Schwester, die klüger und härter als die jüngere war, hatte sie ewig in Angst gelebt, und das Gefühl war in ihr dicht geworden, dumm und unfähig zu sein, nichts wert. Ihre zarte blonde Schönheit hatten sie durch unmögliche Kleider verschandelt, ihre Demut ausgenützt, ihre Liebesbedürftigkeit verachtet. Immer hatte sie im Dunkeln gestanden, bestraft, und war sie einmal straffrei, lag wie ein Alp auf ihr die Furcht vor den andern, der Zukunft, all und jedem.

Nun, aufs Seminar gekommen, war sie zum ersten Mal frei, ein ans Dunkle gewöhnte Auge versuchte blinzelnd, in das Licht zu schauen, lieber noch barg sie es im Schatten des Jünglings neben sich.

Er wußte vom Segeln und Schwimmen, von Hasenjagden und wilden Reiterfesten. Am liebsten wäre er Seemann geworden. „Nun werde ich Schiffe bauen."

Er war so stark, doch war er auch fein. Er verstand gut, erzählte sie ihm die kleinen großen, immer noch nicht überwundenen Unglücksfälle ihrer Kinderzeit, warum ihr Lächeln noch weich und gewinnend war, über Tränen hinweg, auf die seinetwillen verzichtet wurde. Diese unseligen beiden Frühstückssemmeln, die ihre Mutter aus Gesundheitsrücksichten verordnet und die sie nie hatte essen können! Sie schmuggelte sie heimlich in ihre Kommode, sie häuften sich dort und wurden eines Tages - natürlich - entdeckt. „Und der Bach, in den ich sie so gut hätte werfen können, floß direkt unter meinem Fenster, Fritz!"

Sie hätte ewig so bei ihm sitzen mögen, bis das Bunt der Abendröte ganz übergegangen war in jenes stille hohe Blaugrün der Meerhimmel. Er mahnte, daß sie würden essen müssen in ihrer Pension. Der letzte Weg war still. Sie streifte einmal scheu seine Hand, wie sich zu überzeugen, daß er noch da sei. Er spürte es nicht. Er dachte wohl wieder an seine Bücher, diese Philosophen, die er ewig las. Er hatte soviel, was in sein Leben reichte. Sie hatte nichts, nur ihn. Und schon war die Angst wieder da, eine neue, brennendere als jene der Kindheit, die andern könnten ihn ihr fortnehmen, die Mitseminaristinnen, die Freundinnen. Dora war so schön und weltgewandt, Ada war zehnmal klüger als sie!

Dann saßen sie alle um den Abendbrottisch, er der einzige Mann in diesem Mädelnest, und Reden und Gelächter flogen hin und her. Sie redete mit, sie lachte mit, tiefes Rot tönte ihre Wangen. Wenn die andern zu seinen Paradoxien Weh schrieen, wenn die Pensionsmutter Einhalt gebot: sie hielt zu ihm, sie ging mit ihm durch dick und dünn.

Ja, sie verstieg sich soweit, ihm laut und öffentlich beizustimmen, als er einen persönlichen Gott leugnete. So war es, er hatte recht. Und als die andern Mädels längst schliefen, kniete sie noch an ihrem Bett und bat Gott diese Beleidigung ab, sie versprach ihm, Fritz gut zu machen, wenn er nur bei ihr bliebe, wenn ihn ihr Gott nur schenkte.

2

Sie gingen durch die Anlagen, sie stiegen empor über die Stadt. Ein fröhlicher Sommerwind bewegte die Büsche, kleine Fliederblättchen tanzten in seinem Hauch. Der Fluß zog blau durch Gold und Grün, tausend kleine Lerchenlieder hingen in der Luft.

Er warf sich ins Gesträuch, er brach Flieder und Goldregen, Heckenrosen warf er auf sie und er überhäufte ihren Schoß mit Schneeball, Margeriten, Kornblumen und Mohn. Sie lächelte aus all dem Blust hervor, ihm zu.

Ein Wasserfall zerstäubte, seine Tropfen funkelten in der Sonne, feurige blaue und grüne Sterne erglänzten, die Heuschrecken feilten eine endlose Melodie, und in die Wagenspur sickerte sachte und demütig der Sand.

Sie sahen sich an. Ihre Augen glänzten golden in der

Sonne, ihre Wimper tanzte, und die Segel in der Ferne und der bläuliche Rauch und, plötzlich, ein Jubelschrei von drüben, schon verhallend, schon verklingend, als habe ihn der Frühsommer ausgestoßen, erschrocken von der eigenen Herrlichkeit.

Er hielt sie in seinem Arm, ein angstgequältes Herz klopfte ruhig und frei, ein zage lächelnder Mund öffnete sich durstig und demütig dem seinen entgegen.

„Thilde!"

„Fritz!"

Und die Sommerwege alle durch Gehölz und Gefeld, der stille Mittagsduft im Nadelwald, die abseitigen Bänke, die herrliche Mahlzeit in der Mühle! Da war ein Eichkater, und eine Krähe hatte sie angesehen, als wisse sie alles. In einem Garten blühten schon Rosen, und er bat um ein paar, für seine Braut, und der alte Herr winkte ihr zu und zog sein Käppchen.

Und der Heimweg dann durch die sacht sickernde Dämmerung und das Verhallen des lauten Tages und die werdende Stille, hinter der tausend solche Tage stehen mochten, und die Flüsterworte und die Atemlosigkeit der Küsse und das seligsüße Einschlafen.

3

Er war jung, er war stark, er war frei. Das Leben lag vor ihm als eine weite blühende Landschaft: tausend Wege sie zu durchwandern, zu verharren, weiterzuziehen und andere Länder zu sehen, andere Düfte zu riechen, andere Gefühle zu erproben. Er war jung, er war ruhelos, er wollte noch nicht das Glück. Was war Glück? Glück war Beharren, Glück war Sichzufriedengeben, Glück war Zurruhekommen. Er wollte weiter.

Sie saß gebeugt über ihre Seligkeit und träumte sie

immer wieder neu. Immer die gleiche und stete Seligkeit. Schon zitterte ihr banges Herz davor, daß sie einmal entglitten sein, daß ihr Leben einmal nicht grade diesen Inhalt besitzen könnte. Sie wollte keinen andern, sie konnte sich nicht einmal einen anderen denken. Und sie schmiegte sich fester in ihn hinein, sie verstieß alles andere, sie vereinzelte sich auf ihn.

Sie fragte nicht. Sie zweifelte nicht. Sie verglich nicht. Sie warf ihre Arme um seinen Hals und flüsterte: „Liebst du mich?" und hätte ewig sein Ja hören mögen. Sie war Wachs in seiner Hand, eine Falte auf seiner Stirn verstörte sie, Ärger, den er gehabt, ließ sie nicht schlafen.

Dies war die Liebe, von der sie gelesen, die große Liebe, nichts kam ihr gleich und sie konnte nie aufhören.

Und doch zitterte sie immer. Jede Freundin konnte ihn fortnehmen, was konnte ihm nicht geschehen, wenn er nachts aus war! Sie hörte ihn heimkommen, sie barg ihr glühendes Gesicht im Kissen: würde er je erfahren, wie sehr sie ihn liebte? Wie er ganz allein in ihrem Leben war?

Auch er liebte sie. Eine unsägliche Rührung ergriff ihn, wenn er diese holde zergehende Schwäche sah, die sich ganz an ihn warf. Sie machte ihn sanfter, in seiner harten hielt er die gebrechliche Hand und träumte von dem zarten lautlosen Pflanzendasein, das diese hier geführt. Er suchte, sie mehr in die Welt zu ziehen, er sprach ihr von den hundert Erkenntnissen, die von allen Seiten auf ihn einströmten, von den Denkern, den Dichtern, den Erfindern. Sie hörte ihm zu, sie glaubte alles, was er glaubte, sie fand schön, was ihm schön war, sie war sein.

Sie wurde es ganz. Und mit ungekannter Fassungslosigkeit stand er vor der haltlos Weinenden. Sie hatte sich in seinen Arm geschmiegt, sie war sein geworden, sanft, still und selig, nur mit einem letzten mädchenhaften Abwehren irrer Angst. Doch ihr Elend danach, ihr krampfhaftes Schluchzen, ihre wilde Verzweiflung erschütterten ihn. Er kniete neben ihr, seine Lippen trockneten Tränen, seine Hände suchten die ihren zu erwärmen, die kalt und wie leblos waren.

Sie stieß Worte hervor endlich, unverständlich zuerst, von Schluchzen unterbrochen, er fragte sanft, immer wieder, er lauschte.

Nun vernahm er ein wenig von der Angst, in der sie stets neben ihm gegangen, von der ewigen Sorge um seinen Verlust. Da sie sich ihm hingegeben, wertlos geworden war, war es da nicht selbstverständlich, daß er sie verließ? Was blieb ihr noch zu geben als Entgelt für seine Liebe? Sie stammelte wirr von Schande, ihre Mutter hatte recht behalten: sie war schlecht. Auf die Straße gehen . . .

Wie ein stilles freudiges Staunen stieg es in ihm auf. Fremde Welt, fremde Worte, längst versunken geglaubt, auferstanden in einem kleinen, selbstquälerischen, armen Hirn. Er beugte sich zu ihr, von seinem Glück flüsterte er, das auch sie fühlen müsse. Ihr Weinen ging dahin, sie verstand nichts. Da tat er das einzige: er nahm sie in seinen Arm und war gut zu ihr. Er sagte ihr die sanftesten Worte und ließ sie sich erinnern. Und als sie noch fortweinte, sprach er leise, zögernd, mit Widerstreben von der Zukunft.

Er log nicht. Aber all das war noch so fern, sie waren so jung, soviel konnte geschehen, was sollten heute schon feste Pläne? Doch schien eine Gemeinsamkeit nicht unmöglich, er wies sie.

Da legte sie ihre Arme um seinen Hals und flüsterte: „Du bist gut."

Sie waren nun heimliche Brautleute, sie trug den Ring an einem Band in der Bluse. Er hatte ihn in den Schreibtisch gelegt und nach einer Stunde vergessen. Er war lieb zu ihr, er war sanft. Wenn er ungeduldig werden wollte, mußte er immer an jene herzzerreißende Angst denken, und er bezähmte sich. Er suchte sie zu sich herüberzuziehen, er gab ihr Bücher zu lesen, die sie ins Feuer steckte, weil sie „schlecht“ seien. Er begriff nicht. Es war ihr recht, daß sie von solchen Ansichten Nutzen trug, und sie fand sie schlecht? Ja, fand sie sich denn schlecht?

Und erschreckt erkannte er: ja, sie war überzeugt davon, daß sie schlecht sei. Sie war eine Sünderin. Heimlich schlich sie zur Kirche, und voll erleichtert hätte sie es wohl, wenn sie hätte beichten dürfen. Einer mußte da sein, der ihre Sünden auf sich nahm. Ein Priester. Nicht ihr Geliebter, nein. Er konnte sie nicht entsühnen, weil er falsch dachte. Er sündigte nicht, denn er wußte ja nicht, daß Sünde war, was sie taten. Doch sie wußte es. Und sie mußte büßen.

4

Es vergehen kurze drei Jahre, und sie müssen sich trennen. Sie wird Lehrerin, er geht auf ein Technikum. Der Abschied ist grauenhaft, immer wieder klammert sie sich an ihn, will ihn nicht gehen lassen. Sie fragt stets von neuem, ob er sie immer lieben wird, ob er schreiben wird, ob er sie nicht vergessen wird. Sie bettelt um fünf Minuten und noch um fünf Minuten. Aus der Dämmerung blüht ihm die weiße übertaute Schönheit dieser Treibhausblume verführerischer entgegen als je, er läßt sich halten, er schwört.

Dann reißt er sich los, eilt zur Tür und wendet sich zurück nach dem harten Fall. Sie liegt dort leblos, er hebt sie hoch, legt sie aufs Sofa, macht Licht. Sie spricht fieberhaft, nun ist die Angst wieder da, die dunklen Wellen wollen über ihr zusammenschlagen, sie ruft nach Fritz. Sie hält seine Hand fest, einen Augenblick besinnt sie sich: „Du gehst doch nicht fort!“, und muß einen Aufsatz machen, und die Schwester schlägt sie. Er ruft die Pensionsmutter. Mit dem letzten Zuge fährt er.

Nun kommen ihre Briefe, demütig, um Verzeihung bettelnd, klein. Er liest sie in der kahlen, unwohnlichen Stube einer großen Stadt, er schreibt ihr wieder. Auch er ist verändert, diese Stadt vergiftet ihn. Ihr Lärm betäubt, ihre Gerüche machen ihn krank. Das Hocken und Horchen in den Hörsälen lähmt seine Aufmerksamkeit, eine wahnsinnige Sehnsucht nach Feld und Gewächs, nach Erde packt ihn, er bricht aus, stromt ein, zwei Tage durchs Land und kehrt kränker zurück.

Schein dieses Elends leuchtet in seinen Briefen. Wilder, ausschließlicher, hingebender wird seine Liebe. Er findet jene Worte, nach denen sie sich immer gesehnt. Als sie einmal zusammenkommen, sind sie stumm, wie verlegen. Aber in der Stille seines Zimmers stürzen sie einander in die Arme, ihre Küsse brennen, ihre Umarmungen entkräften.

Allein geblieben besinnt er sich. Seine Gesundheit empört sich gegen soviel Übertriebenheit. War es nicht eben noch, daß er vom Wallberg in die Buntheit des Lebens sah? Nun erhellt zuckender, fieberhafter Schein ein Dunkel, das trostlos ist. Er schreibt seinen Eltern, daß er heim will. Bauer werden, die Stadt tötet ihn. Er erhält die Antwort: nach dem Examen.

Er packt einen Rucksack, verkauft seine Bücher, seine Sachen, setzt sich auf die Bahn und fährt in die Welt. An irgendeiner süddeutschen Station beginnt er seine monatelange Wanderung. Er lebt von Trauben, von Obst, von Brot. Er trinkt Wasser. Er schläft im Freien. Der schlaff gewordene Körper baut sich von neuem auf, sein Schritt federt, er begreift nicht mehr, daß dies Leben dunkel sein solle. Ihm kann nichts geschehen, da keiner Rechte an ihm hat. Er wird sich bewahren.

Keiner? Eine doch vielleicht. Die Bestürzung ist unendlich, als ihr Brief unbestellbar zurückkommt. Was ist geschehen? Die Feige wird mutig. Sie nimmt Urlaub, sucht ihn in der Stadt. Nichts. Sie fährt zu seinen Eltern, sie bekennt ihre Brautschaft, aber auch dort erfährt sie nichts. Sie kommt heim, den Tod im Herzen, und findet auf ihrem Tisch eine Karte von ihm, einen Gruß vom Rhein. Keine Erklärung, nichts. Aber er lebt, die schrecklichen Befürchtungen sind nicht in Erfüllung gegangen, er wird wiederkehren.

Er läßt sich Zeit. Der Sohn trotzt gegen den Vater an. Er streift durch das Land, er wartet, bis der Alte nachgibt. Er wird nicht mürbe. Geht ihm das Geld schon aus, so stellt er sich an den Amboß einer Dorfschmiede, und zwei, drei Tage kann er's weitertreiben.

Als der Herbst vergeht, darf er heim. Er läßt sich Zeit, macht noch Station bei Thilde. Sie ist blaß, müde, doch sacht erblühend über seinem Kommen. Er bedenkt, wieviel Leben in ihn ging, all diese Monate hindurch, indes sie nichts tat als hier wartend seiner gedenken. Er streichelt ihren Scheitel. Eigentlich ist er ihr sehr fern. Dieses Zimmer, und Bilder von ihm hier und dort . . . hat sie denn nichts zu tun gehabt als auf ihn zu warten? Es scheint ihm rührend und ein klein wenig arm. Soviel Sorgen, soviel Kümmernisse! Was aus ihnen werden soll? Aber gibt es nicht tausend Möglichkeiten und ist nicht eine so gut wie die andere? Du hast nur zu leben, lebe doch, Kümmernde!

„Ich habe zu warten", spricht sie. –

Vater und Sohn gehen umeinander, belauern sich. Bis ihn der Vater eines Tages mit aufs Feld nimmt. „Daß du wenigstens pflügen lernst. Ich habe eine Lehrstelle für dich. Was es freilich werden soll, zwanzig Jahre, und kann noch nicht pflügen . . ."

Der Sohn nimmt die Leine, faßt den Pflug. Die Pferde

ziehen an, und über die glänzende Schar rauscht der dunkle Boden, zerkrümelt und liegt sanft da und geduldig. Wie groß das ist, in der Furche zu gehen!

5

Die Jahre spielen sich hin, eines um das andere. Aus dem Lehrling wird ein Verwalter, der Verwalter wird Inspektor. Immer noch sitzt in einer kleinen Stadt die Lehrerin und schreibt Briefe. Er antwortet selten. Wo sind jene Sommertage dahin? Sie sind fortgeflogen und andere schwebten heran, er hat sich nicht besonnen, sie zu genießen, tief und atmend, er ist jung, er weiß nichts von Ruhe.

Die Liebende dort hinten, die Harrende, nun ist sie die große Seligkeit nicht mehr, sie ist etwas, mit dem in seinem Leben zu rechnen ist, eine, die wartet. Sie wird nicht vergeblich warten, dies bleibt sicher. Aber manchmal, wenn sie sich treffen, fragt er sinnend: „Wie es wohl gehen mag mit uns? Bist du sicher, daß du zu mir paßt?"

Sie ist sicher. Ihn nur erst ganz haben, immer um ihn sein können, für ihn arbeiten dürfen, mehr erwartet sie sich nicht, und das ist übergenug.

Und er wieder: „Kennst du mich wirklich? Glaubst du, daß du mich ertragen kannst? Ich bin nicht sanft, und keine Kette bindet mich. Ich bleibe frei."

Sie lächelt für sich. Ihn nur erst haben. Keine Kette –? Wie Männer reden. Ausgedachtes, das sich im Leben vergißt. Ist nicht alles vorgeschrieben? Wird nicht alles so sein wie bei anderen auch? Er wird ihre Liebe nicht als Kette spüren, und doch wird sie ihn halten.

Er sinnt. Nicht, daß er zögert, zurückweichen will, er sinnt nur. Wer ist sie? Eine Schwache, eine Demütige, deren Blütenreiz einst sein Herz bezwang. Nun eine zu beschützen, mit Rührung anzusehen, eine Vergehende ohne ihn. Er traf sie, da er noch ganz jung war. Er hat kaum andere Mädchen kennengelernt, sie sind wohl alle so. Mit welcher könnte er sprechen über das, was ihn bewegt, wirklich mit ihr sprechen, keine Monologe? Bücher, Bilder – ihnen allen ist das kleiner Schmuck, Tändelei, Zierat.

„Ich bin neugierig, wie es abläuft“, lacht er. „Wenn es gar nicht geht, können wir uns ja scheiden lassen.“

„Natürlich!“ ruft sie übermütig und denkt tief erschrocken: Das scheint ihm schon möglich! Nie! Nie!

6

Dann ist es soweit, daß sie heiraten können. Sieben Jahre sind vergangen, seit sie sich kennenlernten. Sie denkt der verflossenen Zeit nach und findet sich unfaßbar verwandelt. Plötzlich sieht sie das Mädchen vor sich, das sie einst war, ihr scheint, sie habe damals auf ein großes, großes Glück gewartet. Einmal schien es, als hielte sie's, und es war schon gewonnen, unbegreiflich wie. Jener Mann, den sie nun ab und an trifft, der ihr Haar streichelt, sie flüchtig küßt, sie glühend umarmt und kalt verläßt, er wäre es?

Angst packt sie davor, mit ihm zu gehen, sich ihm ganz auszuliefern. Wie hat er sie schon verändert! Sie hat sich an die Schande gewöhnt, sie denkt kaum noch an Gott, sie hat keine Freundinnen mehr, ihre Mutter haßt, ihre Schwester verspottet ihn – er hat sie vereinzelt, er hat sich mitten in ihr kleines Leben hineingepflanzt, alles andere verschattet, bis es zugrunde ging.

Sie muß wieder frei werden. Sie muß die schlichte Straße gehn, sie muß wieder rein werden. Alles war

Irrtum. Sie denkt ihn neben sich, Tag für Tag, er wird sie zerdrücken, er wird nichts von ihr lassen, wie sollte sie sich gegen ihn wehren, da sie ihn liebt? Er wird sagen: gehe hierhin, und sie wird hierhin gehen; er wird sagen: warte, und sie wird warten; er wird sagen: scheiden wir uns, und sie wird einwilligen.

Ihr Herz zuckt, über ihr Gesicht strömen Tränen, aber sie setzt sich hin und schreibt, daß sie ihn freiläßt, daß sie ihn immer lieben wird, daß sie ihn nie vergessen wird, aber: es ist besser so. Sie legt ihr kleines, demütiges Herz vor ihn, sie schluchzt, und doch: nein, nein, ich will nicht!

Und als der Brief fort ist, erinnert sie sich erst: sie liebt ihn doch! Was hat sie nur getan! Mag er sagen: geh fort, sie liebt ihn doch; mag er sie unterdrücken, sie liebt ihn doch; mag er flüchtig sein, sie liebt ihn doch! Was hat sie getan! Immer in seiner Nähe sein zu dürfen, war das nicht das höchste Glück, das sie je geträumt? Wann hätte sie ein anderes erwartet? Freundinnen? Mutter? Haben die Freundinnen nicht stets ihre Dummheit verspottet, die Mutter sie geängstet? Ist er nicht der Aller-aller-einzigste gewesen, der gut zu ihr war und sanft? Hat er nicht ihre Tränen fortgeküßt, ihr Haar gestreichelt? Ist er nicht immer wieder heimgekehrt zu ihr? Was hat sie getan!

Sie muß fort! Sie muß schreiben, telegrafieren! Sie muß zu ihm!

Es ist Nacht! Sie muß warten. Und ein kleiner Aberglaube regt sich in ihrem Herz: wenn er seine Freiheit annimmt, hat es so sein sollen, es wäre nicht gut gegangen. Sie wird nichts tun, den Brief zu widerrufen, sie wird warten.

Er läßt sich Zeit mit der Antwort. Und als der Brief kommt, erzählt er tausenderlei, nichts von dem, was sie erwartet. Doch, zum Schluß eine kleine Anmerkung: er hat sich an den Gedanken gewöhnt, in den nächsten Tagen zu heiraten, in der Eile ist keine andere Braut zu beschaffen, sie wollen es beim alten lassen.

Ihr Gesicht rötet sich. Ein Scherz? Hierin! Und dann begreift sie, eine Welle von Dankbarkeit stürmt in ihr hoch. Er hat ihr kleines, schwaches, zweiflerisches Herz erkannt, er hat ihr den Rückweg leicht machen wollen. Wie er sie kennt! Nicht ein Wort in dem Brief, den sie mit soviel Schmerzen geschrieben, hat er ihr geglaubt. Er geht darüber hin.

Wie gut er ist! Wie groß! Wie edel!

7

Sie heiraten.

Seltsam, daß Glück mit solchen Kleinigkeiten beginnt! Und könnte man sie nur als Kleinigkeiten nehmen! Ihr scheinen sie groß. Sie steht weinend eine Nacht durch auf dem Flur: er hat ihre Kleider aus seinem Schrank geworfen. „Weil wir verheiratet sind, haben wir noch keine Schrankgemeinschaft." Und sie hat es gut gemeint, es war wirklich praktischer . . . Sie lauscht: er schläft. Er kann schlafen, während sie weint! Sonst tröstete er sie.

Sie vergißt, die Türen zuzumachen. „Türen sind zum Schließen da, Thilde", sagt er sanft. „Ich mag nicht gern von meinem Schreibtisch sehen, was in Eßzimmer und Küche geschieht." Sie vergißt es wieder. Er mahnt. Er erinnert. Und sie will auch daran denken. Aber dann ist sie eifrig, sie möchte ihm eilig etwas sagen –. „Die Tür, Tilde", spricht er und ist verstimmt.

Kommt es nicht soweit, daß er einen Jungen annimmt und ihn vom Morgen bis zum Abend hinter ihr marschieren läßt, türauf, türzu, und das Spiel weitertreibt, drei Tage lang, trotz Tränen, Bitten, Flehen, bis sie es „gelernt“ hat?

Er scheint weich, gütig, doch plötzlich, von einer Sekunde an, ist er stahlhart. Er kann böse sein! Wenn die senkrechte Falte zwischen seinen Brauen steht, zittert sie. Was quält er sie denn mit solchen Kleinigkeiten? Sie liebt ihn doch, sie lieben sich doch, was zählt außerdem? Genügt das nicht für alles? Sie versteht ihn nicht. War er nicht einst sanft? Nun ist er so fern von ihr!

Sie ist viel krank. Was kann sie dafür, daß jedesmal die Angst über sie kommt, sie stürbe. Er hat kein Mitleid, er lacht. „Davon stirbt man nicht, min Döchting. Mach dir Umschläge.“ Und er geht. Sie fiebert, sie weiß, sie muß sterben, während er fort ist. Sie ist namenlos allein, niemand denkt an sie, niemand hat Mitleid mit ihr. Sie weint. Hätte er ihr wenigstens noch die Hand gegeben zum Abschied!

Sie steht auf aus dem Bett, sie holt ihr Heiligstes, die Truhe, die er ihr einst schnitzte, gefüllt mit seinen Briefen. Schrieb er schon selten, in sieben Jahren sammelt es sich an. Sie geht die Jahre durch, die Frau beginnt immer wieder das Leben an jenem Tage, da der strahlend Junge in ihr Leben trat. Sie hat sieben Jahre verwartet auf den Hochzeitstag hin, in ihrem ersten Ehejahr beginnt sie sich zu erinnern. Sie lebt ihr Leben über Kreuz: in der Gegenwart lebt sie die Zukunft, ward die Zukunft Gegenwart, träumt sie Vergangenheit.

Sie liest die Briefe aus seiner Stadtzeit. Die Leidenschaftlichkeit dieser Zeilen rötet ihre Wangen. Dem Jüngling wirft sie den Mann vor, dem Mann verzeiht sie den Jüngling nicht.

Am Ende weint sie. Sie ist krank, elend, verlassen. Das Leben steht hinter ihr, gleich hinter dem Kopfende ihres Bettes, es ist dunkel und drohend, sie aber ist klein und wehrlos. Sie weint.

8

Das Kind kommt, das ein Junge werden sollte und ein Mädel ist. Aber was schadet das? Alles ist gut. Draußen ist Pfingsten, Sonne dringt in ihr Zimmer, kleine sanfte grüne Blätter flattern im Wind, die Vögel singen. Ein Geschöpf regt sich neben ihr, birgt sich in ihrer Wärme, lebt von ihr. Diese kleine Hand, die sich blind tastend um ihren Finger schließt! Ein Strom von Entzücken durchrauscht sie. Fröhliche helle Töne erklingen, kein Vogelruf kann seliger sein als der sachte Laut ihrer Lust.

Sie vergißt sich und ihn über dem Kind. Daß es dies gibt, diese Wonne, diese äußerste Seligkeit, sie hat es nie gewußt. Sie sitzt am Bett des Kindes, sie übersieht den Weg, den sie herkam bis in dies helle Zimmer, dunkle Gestalten bedrohten ihn, unbegreiflich ist sie gerettet. Sie betet. Sie dankt. Sie betet. Sie weiß nun, viele jener Drohenden hat sie selbst gerufen, sie ist klein gewesen und unselbständig, zu viel ließ sie sich von anderen helfen. Diese kleine Atmende wird zur Verpflichtung, eine Neue zu sein. Sie will ihr einen helleren Weg weisen, den schlichteren, nicht umsonst will sie gelitten haben, dieser hier soll es besser gehen.

Ihr Mann tritt ein, auch er verändert. Sie grüßen sich über dem Bett. Aus den Liebenden scheinen Kameraden geworden, ein Bund ist geschlossen zum Besten dieses neuen Menschen. Denn auch er liebt das Kind, beinahe regt sich ein wenig Neid in ihr, als sie sieht, wie sehr er es liebt. Es ist sein Kind. Es hat die schlanken langen Glieder des Vaters, seine dunklen Brauen, das helle tiefe Blau seiner Augen.

Er steht da und betrachtet es, er nimmt es in seine Hände, und diese großen schönen Hände sind geschickt, sanft und still. Als es krank wird, jagt er alle von seinem Bett, selbst die Mutter, er sitzt in den Nächten dabei, er pflegt es, sie steht draußen auf dem Gang, selig und böse, liebend und voll Zorn. Da es gesund ist, gibt er es in ihre Arme zurück.

Sollte man denken, daß dieses Glückskind der Anlaß zum ersten bösen Streit werden könnte? Ihre Ehe war nicht gut gewesen und nicht schlecht, sie war eben hingegangen mit kleinen Häkeleien, Tränen, Zweifeln, Versöhnungen. Nun trennen sich ihre Wege, hier steht sie, dort er. Liebende? Das war einmal. Kameraden? Ein Irrtum. Feinde . . . du dort, ich hier, wer siegt? Sie siegt dieses Mal, aber, da ihre Feigheit siegt, gilt der Sieg nichts, wird Grund zu mancher Niederlage.

Wann soll man das Kind taufen? Es wird Zeit, schon reden die Leute.

Man soll es überhaupt nicht taufen, ein fröhliches Heidenkind soll es werden, keines dieser demütigen Christenkinder.

Das ist unmöglich?

Es ist selbstverständlich, dies ist sein Kind, und auch er hofft, kein Christ zu sein. Alle Kinder, die kommen, sollen ihr gehören, dies ist sein Kind und bleibt's.

Sie will streiten, aber er sagt noch einmal: „Nein", und nun sagt er nichts mehr. Oh, er ist ein Klotz, er ist ein Fels, sie kann ihn nicht fortschieben. Sie weint und sie fleht zu Gott, sie hat gelobt, dies Kind soll den schlichten Weg gehen, und er will es verhindern? „Es ist unmöglich", flüstert sie, aber bei dem Gedanken an offenen Widerstand zittert sie. Sie kann nicht. Er hat nein gesagt, und wenn sie hundertmal Ja schreit, es wird beim Nein bleiben. Aber da ist Gott. Gott wartet. Was soll sie tun?

Er verreist auf ein paar Tage, einen Freund zu besuchen. Da geschieht es. Er kommt zurück, er bringt den Freund als Gast mit. Doch die erste Stunde, in der sie allein sind, gesteht sie: „Ich habe es getan, Fritz. Ich habe das Kind taufen lassen."

„Was hast du getan?“ fragt er.

„Das Kind ist getauft“, sagt sie, und ihre Stimme zittert.

Er spricht nichts, er steht dort, ohne Regung. Es dämmert im Zimmer, doch sieht sie, wie bleich er ist. Er macht einen Schritt, auf sie zu. Sie hebt die Hände: wird er schlagen? Er geht an ihr vorbei, sieht sie nicht, er geht auf und ab, ganz langsam. Er denkt wohl nach. Er ist bei der Tür, er faßt die Klinke, langsam geht er hinaus. Er schließt die Tür. Er ist fort. Aufatmen. Er hat kein Wort gesagt.

Und in die ungeheure Stille stürzt ihr lärmend das Bewußtsein dessen, was sie getan. Diese Wortlosigkeit schlägt alle Waffen nieder, ihr Hohn ist vorbei und ihr Zorn verflogen. Sie fällt hin vor einem Stuhl, plötzlich ist sie wieder da, die alte große Liebe tobt in ihrem Herz, Schmerzen über Schmerzen!

Hätte ich gewußt, du nimmst es so schwer, ich hätte es nie getan! Verzeihe mir. Sei wieder gut! Ich will immer tun, was du sagst. Nie wieder!

Der Wind geht, ein Fenster klappert. Sie geht mechanisch hin, schließt es, sieht sich in ihrem Schlafzimmer um. Er ist nicht da, er ist fortgegangen, sie wird auf ihn warten. Sie geht in sein Arbeitszimmer zurück, hockt im Dunkeln. Ein Schluchzen schüttelt sie immer von neuem, immer von neuem verspricht sie: Ich will es nicht wieder tun. Sei wieder gut.

Die Nacht verweht, wird langsam hell, sie steht auf von ihrem Sessel, sie friert. Er ist nicht gekommen.

Doch vielleicht kam er so leise, daß sie nichts hörte? Sie schleicht wieder ins Schlafzimmer. Nein, er ist nicht da, aber etwas anderes sieht sie: sein Bettzeug ist fort. Sie versteht nicht. Und muß es von den Mädchen hören, daß er beim Freund oben schlief.

Er hat ihr diese Schmach angetan. Im ganzen Dorf

wird man über sie lachen. Vor niemand kann sie sich mehr sehen lassen. Er ist schlecht, er ist gemein, sie hat es immer gewußt. Er will strafen! Recht ihm, wenn er leidet! Er leidet nicht genug, mehr noch muß er leiden, er leidet lange nicht soviel wie sie.

Und als sie sich auf ihr Bett wirft und mit Schreien und Schluchzen ihrem gepeinigten Herzen Luft macht, denkt sie: Ich tat gut, daß ich Meta taufen ließ! Mehr noch muß er leiden.

9

Er kam nicht zu ihr, als sie weinte. Er fragte den Arzt nicht nach ihrem Ergehen. Er sitzt am Tisch und spricht mit Werner, dem Freund. Wie unglückselig, daß dieser Freund gerade jetzt kam! Wären sie allein, ein oder das andere Wort würde gewechselt werden müssen, eine Anordnung wäre zu geben, Anfänge, auf die ein sachtes Darüberhinstreichen, Vergessen folgen würde.

Nun sitzen die beiden Männer am Tisch, sie reden von Büchern, vom Theater, von Frauen, von Landwirtschaft, wie es kommt, aber sie lassen nicht eine Lücke für sie. Sie beginnt, diesen Freund zu hassen, der ihr den Mann fortnimmt. Sie hätte ihn längst wieder, wäre der nicht. Sie haßt seine Gesten, und da sie auf seine Worte zu horchen beginnt, haßt sie auch die. Aus den Andeutungen, halben Sätzen, Schlagworten folgert sie: auch jener glaubt nicht, auch jener zweifelt, auch jener verachtet Frauen.

Sie haßt die Höflichkeit, mit der er sich an sie wendet, ihres Mannes Schweigen ist ihr lieber. Doch vor allem haßt sie ihn, weil er ihren Mann noch fremder macht. Stand bisher Fritz nicht allein mit jeder seiner Ansichten? Das ganze Dorf glaubte, was sie glaubte, hielt für recht, was sie für recht hielt. Behauptete jener nicht plötzlich, kein Mensch wisse, was gut und schlecht sei?

Sie wußte es: er war's. Er, dieser Freund, dieser Schmeichlerische, Glatte, Fragwürdige, der sie im Garten traf und eine Viertelstunde mit ihr redete, lächelnd, höflich, und jedes Wort sagte: Welch dumme Frau! Was für eine Gans! –: er war schlecht!

Kaum war die Mahlzeit vorbei, so sprangen die beiden auf und gingen fort. Thilde sah sie wegreiten, ein Wagen rollte, sie waren fort. Vielleicht kamen sie am Abend wieder, vielleicht in der Nacht. Thilde wußte nie, was sie trieben, sie saß beim Kind, sie flüsterte: „Du bleibst mir." Sie preßte es an ihr Gesicht und dachte an jenen, der draußen war und der nicht wiederkommen wollte.

10

Das Gerücht erreicht sie: ihr Mann treibe es schlimm. Da sind junge Mädchen im Dorf, vier, fünf Stück, mit ihnen sei er stets unterwegs. Es solle zwar der Freund sein, aber der Freund sei es nicht. Immerzu seien Tanzlustbarkeiten, Feste, Segelfahrten des Nachts, Johannisfeuer – sie möge die Augen auftun.

Sie will es nicht glauben: auch das noch? Nein. Doch sie erinnert sich, daß ihr Mann eitler in der Kleidung geworden ist, er rasiert sich jeden Tag, nie sind ihm seine Stiefel blank genug. Sie hat gemeint, dies sei Einfluß des Freundes, sie hätte klüger sein sollen, sie hätte wissen müssen, daß eine Frau dahintersteckt.

Aber welche? Sie möchte ihm nachschleichen, ihn bespähen, sie kann es nicht, sie erwartet wieder ein Kind. Und sie gewöhnt sich daran, umherzuhorchen, sie sitzt in den Bauernhäusern, sie sitzt beim Pastor, sie tastet, sie fragt. Jedes Wort ist Gift, Andeutung wird Gewißheit, Mutmaßung sicherer Verrat. Sie träumt davon, daß er zu einer andern gut ist, und sie erwacht mit einem Schrei.

Er sitzt neben ihr bei Tisch, er spricht mit dem Freund. Die beide wissen's! Sie horcht nur auf Anspielungen, und ihr flatterndes Herz haßt seine fröhlichere Laune, seine freiere Stirn, sein Lachen. Er ist glücklich, und sie soll leiden? Er ist glücklich, und das Glück kommt nicht von ihr?

Diese Nächte, in denen sie sitzt und horcht, bis die Schritte, die Flüsterworte der Heimkehrenden auf der Treppe verhallen! Sie möchte demütig sein, sich ihm zu Füßen legen: Nimm mich. Sei wie einst!, und der Haß auf die andere, die sie nicht kennt, verzerrt sie, macht sie böse, wild, schlecht. Hier ist sie, klein und wehrlos, wie spielt man ihr mit! Sie ist die letzte und niedrigste, nur ein wehrloser Hase, und sie achten das Bluten ihres Herzens für nichts? Sie sitzen bei ihr, lustig lachend, und bestehlen und verraten sie –?

Sie haben ihn verführt. Dieser Freund ist es, der ihn zuerst fortnahm, nie wäre Fritz ohne Werner so böse geworden. Sie hat seine schlimmen Reden gleich erkannt, mit ihnen hat er den Mann schlecht gemacht. Und dann dieses Weib, das nicht daran denkt, daß sie zu Haus sitzt mit einem Kinde und wieder schwanger, das sich nicht schämt, mit ihm herumzutollen, zu lachen, zu küssen, während sie weint, weint, weint . . .

Hat sie keine Waffen? Keine. Sie muß sich bestehlen lassen und stille sein.

Und dann sieht sie dieses andere Mädchen, die Dunkelhaarige, Junge, die Schöne, die noch keine Kinder gehabt, die nicht sieben Jahre auf ihn gewartet. Sie fängt einen Blick auf, und was die andern alle noch nicht erraten, sie weiß es. Grade die Schlechteste von allen, die Gemeinste, die oft hätte heiraten können und es nicht tat - aus Liederlichkeit! –, die alle Männer an der Nase herumführt, grade die! Jede andere wäre ihm zu verzeihen gewesen, diese nicht! Was soll sie nur tun? Ihr bleibt das Beobachten, das kleine Spähen.

Und das Weinen.

Manchmal hofft sie. Vielleicht ist alles nicht wahr, sie ist krank, er ist nie schlecht gewesen, er ist es auch jetzt nicht. Sie bildet sich Dinge ein, sie hat den Leuten geglaubt, die immer lügen. Ist er nicht ihr guter, stolzer, schöner Mann? Sie leistet stumm Abbitte, sie liest die Briefe wieder und wieder, das alles kann nicht gelogen sein, es sollte nur ein karges Jahr gehalten haben? Unmöglich.

Und sie hört ein neues Gerücht. Ihr Mann hat ein Gut gekauft? Auch das kann nicht sein, er hätte sie wenigstens gefragt. Er täte so etwas ohne sie?

Doch das Gerücht bleibt hartnäckig, man nennt Namen, nennt den Preis. Dies ist ein Prüfstein, tat er es heimlich, um sich dort mit der andern zu verbergen vor ihr? Sie nimmt alle Kraft zusammen, sie wagt es, sie fragt ihn: „Du hast Warder gekauft?“

Sofort die Falte auf seiner Stirn, ein Zögern, und dann: „Ja.“

„Aber wir sind doch hier ... Sollen wir dort –?“

Er wendet sich an den Freund: „Segeln wir heute Nachmittag?“

Und sie, völlig tollkühn: „Ach ja, laß uns segeln!“

Er wendet sich ihr zu, sieht sie an. Die eisige Kälte seines Blickes macht sie frieren: „Du –? Ich werde Tredup Bescheid sagen, daß er dir das Boot zurechtmacht.“

11

Die äußerste Gewißheit soll ihr werden: sie erlebt das unglaubhafte Abenteuer, daß in der tiefen Dämmerung eine hochgewachsene Frau ihren Weg kreuzt, eine Dame mit Hut und Schleier, die an ihr vorübereilt. Sie kennt diesen Gang, sie bleibt stehen. Ihre Knie zittern, die Hände schlagen zusammen, das Herz klopft unsinnig.

Sie wartet, und dann geht sie bis an das Fenster der anderen, sie stellt sich in den Mauerschatten, sie späht. Es bleibt dunkel, dann und wann schlägt die Dorfuhr, im Stall rasselt eine Kette, der Wind rührt sich in den Bäumen. Hier steht sie und wartet. Sie will wissen, sie wird wissen. Sie wird seine und ihre Schande durch das Dorf schreien, sie wird sich nichts ersparen, sie wird sagen, was sie gelitten, und die Menschen werden zusammenstürzen und alle, alle werden ihr helfen.

Daß solches geschehen könne, sagte man ihr nie, als sie jung war. Der Pastor hat nichts davon gewußt, niemand hat sie gewarnt. Sie ist bestohlen, sie ist verraten, aber sie wird sich rächen. Sie wird sterben im Kindbett – wie soll das anders sein, wie kann aus einem Kinde etwas werden, dessen Mutter so litt? Dann, wenn es zu spät ist, wird er seine Sünde einsehen, aber noch mit den letzten Worten, in ihrem Abschiedsbriefe wird sie es ihm sagen, daß die andere eine Mörderin ist.

Sie steht, und der Wind rauscht. Eine Uhr schlägt. Ein Mädchen streicht an ihr vorüber, allein. Licht flammt auf hinter den Scheiben und erlischt über kurzem. Nichts ist geschehen, er kam nicht mit. Müde geht sie nach Haus.

Von der andern Seite kommen die beiden Männer, lachend, plaudernd. Da wallt es in ihr, die aus solcher Leidensstunde kommt, auf, sie empört sich. Nun wird sie ihn beschämen, nun wird sie ihn demütigen, nun wird sie ihn klein vor sich sehen.

Sie sagt zu Werner: „Bitte, ich habe mit meinem Mann zu reden." Und zu ihm: „Ich habe dich heute Nacht gesehen, wenn ich dich auch nicht sehen sollte –"

„Und –?"

„Dieser Hut und dieser Schleier mögen andere täuschen, ich habe dich erkannt, dir hilft kein Leugnen!"

„Und –?“

„Du hast mich betrogen! Du belügst mich! Elend bin ich durch dich ...“ Sie stürzt alles vor ihn, sie tobt, schließlich wird sie sanft: „Sei wieder gut, Fritz! Wir lieben uns doch!“

Er sagt: „Übrigens, da wir grade miteinander sprechen, ich verreise für länger. Die Stellung hier habe ich aufgegeben. Du kannst nach Warderhof umziehn, wenn du magst.“

Sie fleht: „Fritz!“ Und demütig: „Ich erwarte ein Kind!“

Und er kalt, nicht zu rühren: „Es ist deines. Und bleibt deines. Du magst es taufen lassen.“

12

Er ist fort, sein Freund ist fort, das Haus steht leer. Nun kommen die Leute und bedauern sie und schwätzen. Und sie läßt sich bedauern, sie erzählt ihr Elend, sie fragt, ob sie nicht recht hat und er unrecht? Sie geben ihr recht. Sündhaft ist es, sie so sitzenzulassen, in diesem Zustand, und in die Welt zu fahren! Wie kann man so lange und so tief hassen? Gewiß, sie taufte Meta gegen seinen Willen, aber wieviel Zeit verging seitdem!

Sie sitzt die langen Tage in der hintersten Ecke des Gartens, ihr Kind schläft im Wagen, sie horcht in sich. Sie fühlt die dunkle Drohung des Lebens stärker als je, sie zittert vor ihm. Und kleine Regungen rühren sich in ihrer Seele, es ist nicht Feuer, es ist nicht Rauch, wie ein dünner Nebel wogt es, sie versteht es nicht, aber was versteht sie? Sie weiß allein: sie muß etwas opfern, sie bezaubert sich selbst, sie zaubert sich frei.

Sie holt alle Schmucksachen zusammen, die Fritz ihr schenkte, sie geht an den Teich, sie läßt sie hineingleiten.

Nur den Trauring behält sie. So. Sie hat dem Schicksal ein Opfer gebracht, sie hat sich frei gezaubert. Alles wird noch einmal abgewendet, alles wird wieder gut.

Denn nun verläßt die Feindin, die Dunkle, den Ort. Sie hat sich nicht halten können, niemand vermochte ihr etwas zu beweisen, aber das Gerede der Frau gegen sie ist zu stark geworden: man hat ihr gekündigt. Als der Wagen an Thilde vorbeifährt, stutzt sie vor dem Auge der Schönen und besinnt sich. Was eigentlich weiß sie? Einen Blick hat sie aufgefangen, nichts sonst. Ihr Mann in Verkleidung, aber jede andere konnte es sein, zu der er schlich. Ja, gar keine Mädchengeliebte brauchte es zu sein, wie oft haben sie Maskerade gespielt im Pensionat?

Sie steht auf und läßt anspannen. Sie fährt nach. Sie will wissen. Sie muß wissen. Sie wird hören. In der andern Auge wird sie's sehen.

Und kommt zurück und weiß: dieser geschah unerhört Unrecht. „Ich war es nicht“, hat sie gesprochen und gelächelt. Trübe gelächelt. Und die Ungewißheit beginnt von neuem und das Zweifeln, die Vorwürfe, das Hoffen, das Warten: alle Qual.

Er schreibt. Es sind nur ein paar Zeilen, eine Weisung, wo sie Geld bekommt, ein Gruß. Und siehe, schon ist das Glück wieder da, er wird sanft, er ist gut. In der Ferne erinnert er sich ihrer und sehnt sich nach ihr, die schlimmen Stunden sind vergessen. Er kehrt zurück, sie hat sich frei gezaubert. Sie hat Opfer gebracht, aber nun steckt ein heller gewordenes Leben ihr die Hand zu, und Friede wird sein.

Sie schreibt ihm wieder, nichts von sich, doch von ihrem Kind. Sie liebt ihn, aber da sie jetzt die Liebende nicht sein darf, wird sie die Kameradin sein. Meta hat dies getan, Meta hat das gefragt, Meta hat den Vater nicht vergessen. Und seine Grüße wiederholen sich, er sitzt irgendwo im Süden, er genießt einen stillen, sonnigen Herbst. Er wird wiederkommen, und alles wird gut sein.

Was flüstern die Leute? Er sei gar nicht dort, von wo er ihr schreibt? Der Freund sende die Grüße an sie ab, Fritz aber sei mit der andern zusammen, der Schwarzen?

Dies glaubt sie nicht. Er ist zu stolz zu betrügen, sie kennt ihn doch wohl besser als die andern, die nie ihrem Herzen Ruhe gönnen wollen. Aber in den Nächten rührt sich der Zweifel, und in mancher verlassenen Stunde weiß sie, daß es Wahrheit ist. Warum schriebe er sonst nach solchem Abschied? Nur, sie zu täuschen.

Sie wird krank, ihre Stunde naht, sie ist krank. Da läßt sie ihm telegrafieren. Er muß kommen, sie liegt im Sterben. Schweigen. Stille. Warten. Nichts. Das Kind wird geboren, und dies ist ihr Kind, dieses Mädchen, er hat recht behalten, sie sieht es gleich. Sie liebt es, es liegt an ihrer Seite, aber – warum kommt er nicht? Kann er seine Frau in solcher Not allein lassen? Ist er gar nicht dort, wohin sie die Botschaft gesandt?

Schon ist sie wieder auf, da kommt ein kurzes Wort, er konnte nicht reisen, er war selbst krank.

Lüge, Lüge! denkt sie voll Haß. Während ich hier elend lag, war er mit der andern zusammen und betrog mich! Sie schreibt ihm wieder: „Mein Kind heißt Mathilde und ist getauft wie deines auch."

Und hält wieder inne und mißt den Weg, den sie kam, und stammelt: „Aber ich liebe ihn doch! Wie geriet ich hierher?"

13

Es ist Winter. Kahl liegt, von Stürmen umsaust, Warderhof. Das Haus klein, verkrochen unter seinem Strohdach, die Stube niedrig, die Wege unergründlich.

Trübe Tage! Endlose Tage! Wortlos sitzt der Herr des

Hauses in seinem Zimmer, spricht nicht, tut nichts. Er ist heimgekehrt, aber fast erschrak Thilde vor solch bleicher Strenge des Gesichtes, das alt geworden ist, zerfurcht von Falten, die ein Kummer zog, an dem sie nicht teilhatte. Er sitzt und schweigt. Keine Menschen kommen, es ist still, das Leben versickert. Nichts zu tun? Wirklich! Nichts zu tun!

Eine Tür geht auf, ein Kind stolpert ins Zimmer, Meta spielt bei dem Vater. Er schaut zu, er erzählt Geschichten, er zeigt Bilder, er lacht. Und Meta geht wieder zur Mutter, der Vater bleibt allein. Und –? Was noch? Auch diese kleine Blühende wird aufwachsen und den Hunden ausgeliefert sein und unrein werden.

Ende! Alles zu Ende!

Thilde wirtschaftet im Haus, Knechte sind da, Mägde, sie hat für vieles zu sorgen, sie hat zu tun. Beinahe faßt sie Mitleid mit jenem, der dort hockt, dunkel, über sich gebeugt, auch er geschlagen. Sie möchte lind sein, doch dann kommt das Erinnern an die andere, er trauert um jene Dunkle und läßt seine Frau im Haus herumgehen wie eine Dienerin. Er weiß nichts von ihr.

Doch je länger je mehr wächst ihre Herzweichheit, aus dem Mitleid blüht die alte Liebe wieder auf und – könnte er nicht trauern um diese Trübheit, dies Zu-Ende-Sein aller stürmenden Hoffnungen, dieses Altwerden? Was weiß sie schließlich?

Nichts. Und nimmt ihren Mut zusammen und spricht ihn an, fragt ihn um einen Rat. Er zaudert und gibt ihn, geht selbst mit in den Garten und zeigt, was schon jetzt umzugraben ist, sagt, welcher Dünger gestreut werden kann.

Alles ist beredet, er steht zögernd, wendet sich zum Gehen. Seltsam, der große Mann ist wie verlegen. „Mach das dann so. Ich gehe jetzt."

„Darf ich wohl mit?"

„Nur zu den Kartoffelmieten. Sie haben da gestohlen, heute nacht. Selbstverständlich, wenn du willst."

Sie gehen nebeneinander, wieder einmal gehen sie nebeneinander. Die Hunde laufen um sie herum und freuen sich. Thilde bedauert, daß Meta noch nicht groß genug ist, mitzukommen. „Aber sie wächst schnell, sie hat deine Figur."

Er schweigt, er raucht. Dann ab und zu ein Wort. Es renkt sich ein, stiller Friede ist geschlossen, ohne Aufhebens. Nur kein Wort zuviel, keine Beflissenheit. Aber alle Lautheit vermieden, nur die Gerichte gekocht, die er mag, und endlich das Stubenmädchen entlassen, das er nicht ausstehen kann.

Gut, kleine Opfer, Entgegenkommen, leichtes Geschwätz. Sie wagt es sogar, seine Stube zu betreten, sie huscht hinter Meta hinein und fragt, ob dieses Kleid für das Kind so oder so gemacht werden soll. Er nötigt sie, Platz zu nehmen, er ist höflich. Er gibt ihr seinen Rat, und sie befolgt ihn, obwohl sie das Kleid so scheußlich findet.

Das nächste Mal kommt sie mit Thildchen auf dem Arm, doch das war zuviel gewagt. Als sie ihn fragt, ob er das Kind nicht süß findet, sagt er kurz: „So? Es sieht lackiert aus."

Dies ist einfach roh, die Kleine hat wohl eine lebhafte Hautfarbe, aber . . . Sie muß fortgehen und weinen.

Doch das zieht sich zurecht, es vergißt sich. Sie kommen soweit, daß sie gemeinsam Besuche in der Gegend machen, bei den Besitzern, bei Arzt und Apotheker, beim Richter. Nur zum Pastor läßt er sie allein fahren. „Da habe ich nichts zu suchen. Fahr du nur alleine!"

14

Jetzt kommt Leben in das Haus, Gäste. Abends wird von den Männern Boston gespielt und Punsch getrunken, die Frauen sitzen zusammen und reden über die Wirtschaft. Er entdeckt einen alten Schulfreund, der mit einem Mädchen seiner Heimat verheiratet ist. Nun kommt auch das Reitpferd in Bewegung, bald ist er auf der Blomenburg, bald kommen die Blomenburger nach Warderhof. Thilde ist des neuen Lebens froh, obwohl sie die Frau nicht mag. Irma reitet im Herrensattel, was unmöglich ist. Thilde reitet gar nicht. Sie sieht ihnen neidlos nach, wenn sie abreiten, am besten sitzt Fritz zu Pferde.

Sie hat viel zu tun, die plötzlichen Überfälle durch einen Haufen Menschen, die sich einfach einladen, die großen Gastereien machen der Hausfrau viel zu tun. Oft ist alles ein Wirrwarr, die Gäste stürzen selbst in Küche und Keller, geheimnisvolle Mischungen kochen über dem Feuer, der Wein- und Schnapsverbrauch ist hoch. Plötzlich taucht eines Abends die Idee auf, man müsse tanzen, die Zimmer sind zu klein, da läßt Fritz die Knechte wecken und die Wand zwischen zwei Stuben herausschlagen. Tollheit, Gelächter, Übermut! Die Herren schleppen jubelnd in Körben den Bauschutt aus den Zimmern, fegen in jeden Winkel, schleppen Bilder und Möbel, albern mit den Dienstmädchen. Eine Ziehharmonika beginnt einen Walzer, alles wirbelt dahin.

Das Leben scheint gut, und doch geht es nicht vorwärts mit den beiden. Er spricht zu ihr, doch so kühl, sie begreift, daß er überhaupt nicht an sie denkt, daß sie ihm völlig gleichgültig geworden ist. Wieder kommen die trüben Stimmungen über sie, sie hockt in ihrem Zimmer, die Kinder spielen und lärmen, aber: Gäbe er mir nur einmal ein wirklich gutes Wort! Schlänge er einmal den Arm um mich! Mit allen lacht er, kann er scherzen, die ganze Gesellschaft unterhält er allein, zu mir bleibt er kalt. Ich bin ihm eine Haushälterin, die seine Wirtschaft in Stand hält, stürbe ich, engagierte er jemand anders und dächte nicht mehr an mich.

Da erhält sie jene Nachricht, die ihr die schlimmste scheint: der Freund kommt wieder. Werner hat sich angesagt. Sie muß sich bezwingen, kein böses Wort zu sagen. Sie muß ganz stille sein und fragt doch: „Wo soll er schlafen? Wir haben so wenig Raum."

„Wie immer, in meinem Zimmer. Oder paßt dir das nicht?"

„Doch, doch! Ich frage ja nur."

„Albernes Geschwätz!"

Und der Freund kommt, und es wird nicht schlechter, es wird besser. Auch dem Freund scheint es draußen nicht gut ergangen, er macht einen kümmerlichen, kranken Eindruck. Kaum spricht er noch, der Glanz ist von seinen Worten abgestreift, er ist still. Sie sitzen des Abends alle drei zusammen, und Werner liest etwas vor, oder die beiden Männer spielen Schach oder sie erzählen nur von ihren Reisen.

Vor den Fenstern liegt Schnee, draußen stürmt es, ist kalt, dreie in der Havarie hocken zusammen. Manchmal freilich funkelt es auf bei ihnen, die Laune kommt und reißt sie mit sich. Dann tänzeln die Männer vor der Frau und brüsten sich, alte Geschichten werden erzählt, und ein Taumelduft steigt aus diesen kleinen unbedeutenden Liebschaften auf. Sie lächeln, und ihr Lächeln ist Erinnern, die vertrockneten Blumen bekommen Saft, Farbe und Duft, Gelächter ertönen, und die Nächte werden endlos wie das Leben. Grau vergoldet sich, holde Täuschungen erstehen neu, jedes Grün ist eine fröhliche Flagge, jedes Wort wird ein Gruß.

Auch die Wangen der Frau röten sich, ihre Augen glänzen: dort ging der Weg, Heckenrosen, Schneeball,

Flieder und Jasmin warfst du auf mich, der Fluß war blaue Seide und der Himmel war blaue Seide, sachte und demütig sickerte der Sand der Wagenspur, und du bargst dein Gesicht in meinen Händen.

„Thilde!“

„Fritz!“

Sie fährt auf. Andere sind dazwischen gekommen, soviel Leben alt und enttäuscht zu machen. Eine andere vor allen. Und sie wagt es und stößt vor und fragt: „Soviel Geschichten erzählt ihr, aber die eine, von der Dunklen, Schwarzen, höre ich nie. Wie wäre es, Fritz? Es ist ja schon so lange her!“

Nichts. Plötzlich wissen alle, die Uhr ist schon drei, und morgen Treibjagd. In den Zimmern hängt der kalt gewordene Rauch. Trotz des heißen Ofens ist es fröstelig.

„Gehen wir schlafen“, sagt Fritz.

15

Die Männer sind fortgefahren in die Kreisstadt, Thilde ist allein zu Haus. Sie geht in das Schlafzimmer der beiden Freunde hinauf, sie will dort einmal nach dem Rechten sehen. Wild liegt alles herum, aber daran darf sie nichts ändern, ihr Mann liebt seine Unordnung, die er seine Ordnung nennt.

Aber vielleicht ist es das gar nicht, warum sie heraufkam, sie rüttelt an den Schiebladen: abgeschlossen. Der große Koffer Werners: abgeschlossen. Plötzlich hält sie Schlüssel in der Hand, probiert, der Koffer klappt auf.

Wie vorsichtig sie ist! Sie rührt zuerst nichts an, sie prägt sich genau ein, wie alles liegt. Dann erst nimmt sie es heraus, Stück für Stück, sie durchblättert die Bücher, sie sucht. Eine schwarze Ledertasche, Briefe, die Handschrift ihres Mannes. Da! So ...

Sie sitzt und liest. Ihre Wangen brennen. Sie hat es immer gewußt: alle haben sie betrogen, der Mann, der Freund und selbst jene Schwarze, die so sanft sprach: „Ich war es nicht!“ Alle spielten sie mit ihrem Herzen, haben es getreten und verachtet. Aber sie wird sich rächen. Hier sind die Mittel. Langsam aber, nur Zeit lassen. Wenn er merkte, daß sie bei diesen Sachen gewesen, Spionin, Einbrecherin, er schlägt sie tot. Zeit lassen, einen Weg finden und, glaubt er sich ganz sicher, hervortreten mit der ganzen Macht! Dann ihn niederdrücken, dann ihn demütigen!

Sie geht einher mit diesem Wissen und lächelt. Sie ist aufgeregt lustig, und ihre Abende sind voll Gelächter. Sie neckt sich mit dem Freund und ist die erste, Wein aus dem Keller zu holen, einen Punsch zu brauen, sich und ihn zu vergessen.

Nur, daß dann immer die dunkle Nacht oben in ihrem Zimmer steht. Die Kinder schlafen und können ihr nichts helfen. Sie steht allein und sieht auf den Schnee hinaus, sie weint nicht, aber innen ist sie eisig und glühend. Ihre Liebe ist tot, weiß sie, sie sah ihn in den Armen der anderen liegen, gute Worte, die ihr gehörten, hat er jener gesagt, es ist vorbei: nein, sie liebt ihn nicht mehr, sie haßt ihn. Sie wartet nur noch auf die Stunde, in der sie sich wird rächen können. Sie wird ihm seine Schuld entgegenschreien, und er wird am Boden liegen. Sie wird ihn nicht aufheben, sie wird weitergehen ohne Mitleid, wie auch er nie Mitleid mit ihr gehabt. Keine Scheidung, nein. Daß er frei werde für die Dunkle, für irgendeine andere, nein. Sondern immer die Feindin neben sich und gefesselt sein und das ganze Leben die Kette tragen, weil er sie verriet, so gemein verriet!

Und tags geht sie umher und lächelt. Sie ist angriffslustig geworden, sie fürchtet ihn nicht mehr, sie schlägt zu. Da ist die Weinlaune, sieh doch, wie mutig Thilde ist:

„Warum rasiert sich jetzt Fritz nur zweimal die Woche? Seine Stiefel sind eigentlich nicht recht blank, wie –? Kommt es nicht mehr darauf an?“

Und freut sich über die Blicke der beiden und ärgert sich über ihr geheimes Lächeln, da sie doch alles weiß! Die glauben sie dumm. Und plötzlich, im Augenblick vorher wußte sie noch nicht, daß sie es sagen würde: „Wie war es eigentlich im Rheinischen Hof, Fritz –?“

„Rheinischen Hof –?“

„Rheinischen Hof –?“ höhnt sie. „Sechsundsechzig und siebenundsechzig. Siebenundsechzig wohnte natürlich Werner!“

„Tat er auch“, sagt der frech.

Plötzlich war ihr Rausch verflogen, sie stand bleich da, zitternd. „Tat er auch, Sie, Sie Kuppler!“ Und schlägt ihm ins Gesicht.

Dann ist sie draußen. Und nun am Fenster das Rachegefühl, das tiefe Atmen, die Seligkeit: er weiß es! Nun schmerzt es ihn.

„Diese Bestie!“ spricht Fritz unten. „Rein wie eine Bestie! Wo sie es nur her weiß?“

„Ich werde es schon rausbekommen. Ich revanchiere mich“, antwortet Werner.

16

Über die Felder zieht die Drillmaschine, die Wintersaaten sind tiefgrün, auf allen Schlägen pflügen, walzen oder eggen die Gespanne. Vorbei die langen Schwatzabende, vorbei das finstere Hocken in dunklen Stuben. Das Leben regt sich. Wie der Wind wärmer summt, summt das Blut.

Fritz ist den ganzen Tag draußen, bei den Leuten, bei den Gespannen. Er kommt fröhlich heim, er geht früh ins Bett. Er denkt wohl kaum an die beiden andern, selten, daß er abends noch eine Partie Schach spielt.

Nun gehen sie allein, der Freund und die Frau. Wie stehen sie eigentlich miteinander? Er war vielleicht einmal ihr Feind, sie schlug ihn sogar einst ins Gesicht, aber das ist vergessen. Es ist in der Weinlaune geschehen, eine rasche Tat, an die man nicht unnötig zurückdenkt. Nun sind sie zwei Menschen, die aufeinander angewiesen sind. Wollen sie jemand zum Gespräch haben, so müssen sie's miteinander tun, und Gemeinsames findet sich schließlich.

Da ist Fritz, und von ihm kann man lange sprechen. Es erweist sich, daß auch der Freund sich nicht so sicher fühlt, wie sie glaubte, auch er fürchtet den Mann. Der ist rücksichtslos, das wissen beide, und ob er roh sein kann oder schlecht, darüber läßt sich lange disputieren. Auch Werner hat seine Erfahrungen gemacht, auch er ist geduckt worden, hat auf etwas, das ihm lieb war, die böse Antwort hören müssen: „Blödes Geschwätz!"

Da halten sie inne und sehen sich an, wie ertappt. Sie bespähen, sie mißtrauen einander. Ob sie sich nicht zu weit vorwagten! Wenn eines das andere an Fritz verriete! Und sie beeilen sich und rühmen seine Güte und die Großmut seiner Art. Oft sei er übellaunig, aber er habe auch oft recht, übellaunig zu sein!

Und der Freund läßt mit sich reden, in mancher Stunde wird er eifriger, er hält ihre Hand, drückt sie. Und Thilde läßt sie ihm, sie horcht, was er von der Schwarzen erzählt. Auch hier Vorbehalt, auch hier nichts Festes. Er verrät, aber er verrät nur ein kleines bißchen, er läßt sich nicht festnageln.

Die zwei Zimmer, o gewiß, aber es waren eben zwei Zimmer und nicht eines, da liegt es. Man kann nicht wissen, wer sollte da Bestimmtes sagen? Wenn es geschah, sie werden keinen dazu eingeladen haben, auch ihn nicht, nicht wahr? Möglich ist alles, aber seinem Charakter nach ist es eigentlich unmöglich. Er ist nicht sehr sinnlich, sie muß es am besten wissen, wie? Und die Briefe damals, die Karten, die er einstecken ließ durch den Freund? Nein, um die Frau zu täuschen geschah das nicht, das lag nur bei Wege her, aber das Dorf durfte nichts wissen, dieses Dorf, das wie eine Koppel Hunde hinter dem Mädchen lag!

Waffenbrüderschaft, Verbündete einer kurzen Stunde gegen den Mann, der diese beiden wohl verstieß. Komplott der Dienstbotenseelen, Hintertreppengerüchte mit fünfundsiebzig Prozent Faselei. Dieser Freund war nicht auszukennen, jedenfalls mußte ihm mißtraut werden. Rache –? Vielleicht wog jene Ohrfeige nicht so schwer, möglicherweise war er schon öfter geschlagen worden und hatte es einstecken müssen. Wer an fremden Tischen ißt, lernt manches.

Aber ganz vielleicht betrieb dieser Freund sein allereigenstes Privatplänchen. Da war diese Ehe und diese Ehe war schlecht, ein Topf mit vielen Sprüngen, notdürftig gekittet. Aber man brauchte wohl nur zu stoßen, und er fiel auseinander. Die Frau würde nie seine Freundin sein und drückte sie ihm auch noch so warm die Hand, er nahm es für das, was es war: Frühling, Blutrausch, Reaktion auf Abstinenz. Also vom Manne ließ sich wohl noch etwas holen, Werner wußte, daß keiner es auf die Dauer ganz allein aushält. Jemand muß da sein, zu dem zu sprechen ist, und als Zuhörer, als Zwischenrufer, als Stichwortbringer war er unübertrefflich. Wenn er diese Ehe auseinanderbrach, die Frau vertrieb, wer blieb als er?

Er war so sachte und leis, dieser Werner, ein Gemisch aus Falschheit und Offenheit, manchmal schien es, als meine er es wirklich gut mit Thilde. Er gab ihr einen Rat, und er war sogar bereit, ihr bei der Ausführung behilflich zu sein. „Sie müssen Ihren Mann eifersüchtig machen."

Er sprach es immer wieder durch, er war so schamlos, er gewöhnte sie, Dosis für Dosis, an sein Gift.

„Ich kann meinen Mann nicht belügen, ich liebe ihn doch so", stammelte sie zwischen seinen Küssen.

Frühling, Blutdünung: sie gingen durch den blütentriefenden Garten, die Sterne standen über ihnen, aber die Luft war schwül. Kein reines Gefunkel. Noch als sie in seinen Armen verging, flüsterte sie: „Aber ich liebe ihn doch!"

17

Sie trafen sich da und dort, eilige, verstohlene Küsse, beschämende Umarmungen. Thildes Wangen sind rot, sie ist voller Fieber, Verwegenheit juckt sie, sie sagt stolz: „So ist das Leben! Schlecht sein, Schlechtes tun und sich nicht schämen. Schamlos sein und wissen, daß alle so sind. Grade recht!"

Doch sie überschätzte wohl ihre Macht, sie hatte nie mit Männern gespielt, und dieser hier war ihr sicher überlegen. Er war kalt und glatt wie ein Fisch, sein trübes Auge spiegelte nicht, glänzte kaum. Sie quälte ihn: „Wir müssen es meinem Mann sagen. Ich kann ihn nicht belügen, ich liebe ihn."

Sie wollte ihn ängstigen: „Wenn Sie es nicht sagen, sage ich es ihm."

Sie dachte: Wenn ich es ihm sage, was meinen Sie, was Ihnen geschieht!

Vielleicht durchschaute dieser Werner sie: soviel sie auch log, diesmal sprach sie die Wahrheit: sie liebte ihren Fritz immer noch. Sie war ihm untreu geworden, bloß, ihm Anlaß zu geben, böse auf sie zu sein, wie sie die Gerichte auf den Tisch brachte, die er haßte, bloß, damit er zu ihr spreche, selbst böse. Alles war besser als seine Gleichgültigkeit, lieber Schelten, Zank, Haß als die gleichgültige Stille. Sie mußte sich immer mit ihm beschäftigen, und sie wollte auch ihn immer mit ihr beschäftigt.

Werner fürchtete ihre Drohung nicht, sie machte ihm keine Angst. Er ging zum Angriff vor, müde dieses ewigen Geschwätzes, geekelt von diesen abgeschmackten Liebesseufzern der Frau, die in seinen Armen verging.

Sie saßen beisammen alle drei, irgendeinen Sonntagnachmittag, da beugte sich Werner vor und sagte langsam: „Sehen Sie, Fritz, wie die Frauen sind, nun küßt mich Thilde und nennt mich immer noch Sie."

Stille. Lange Stille.

Aber in der Stille klingt jedes dieser bebend gesprochenen Worte nach, laut wird, daß auch dieser Werner haßt, der Gedemütigte krümmt sich, bäumt sich auf, er späht atemlos in jenes schöne stolze Gesicht und wartet auf den Schmerz. Laut wird, daß auch Werner liebt, aber er liebt mit jener zersetzenden Liebe, die eindringen möchte ins Innerste, deren Gebot „Erkennen" zu heißen scheint.

Die Frau lacht verlegen auf, es klingt falsch: „Er ist unsinnig geworden, der Werner!"

Der Mann greift zu seinem Buch. „Macht, was ihr wollt, aber bleibt mir mit euren Gemeinheiten vom Halse!"

Und die beiden allein: „Gemeiner ging es wohl nicht?" höhnt die Frau.

Und Werner wütend: „Du hast es doch gewollt, daß ich es ihm sagte! Immer lagst du mir in den Ohren damit!"

Sie aber: „Doch nicht so! Doch nicht so gemein!"

Und er: „Ach, mit sentimentalem Schmus? Mit Reuetränen? Das überlasse ich deiner großen Liebe!"

18

Keine gemeinsamen Spaziergänge mehr, keine Plauderstunden, kein Schachspiel, die Weinflaschen im Keller berührt niemand. Zwei Feinde, jeder trübe, finster, voller Pläne. Der Freund und die Frau betrachten sich voll Haß, sie waren einander nicht nahe, sie haben sich Geständnisse gemacht, beinahe ein Bündnis geschlossen. Sie können einander nicht mehr täuschen, jedes kennt das Ziel des andern. Sie belauern den Mann, sie schnappen nach jedem guten Wort und zählen die Niederlagen des anderen. Er geht mitten zwischen ihnen, er ist finster und heiter, wie es die Stunde bringt, und will und weiß nichts von ihnen.

Am liebsten geht er allein mit dem Kind. Er spricht mit ihm und vergißt die andern. Er lehrt die Kleine schon jetzt seine ganze abgrundtiefe Verachtung der Menschen, nicht mit Worten, durch seine Art zu sein. Er weist sie, nichts zu glauben, alles selbst zu prüfen, keinen Satz ohne Zweifel hinzunehmen, keine zahme Ehrfurcht zu hegen. Und sie ist sein Kind, sie ist wirklich sein Kind, sein Denken, seine errungenen Erkenntnisse werden das Selbstverständliche für sie. Sie ist stolz, verachtend und frei.

Er sieht, wie die andern beiden um das Kind herumkriechen, ihm schöntun, daß es dem Vater sie lobe. Einmal auch sieht er etwas anderes: Meta spielt draußen mit den Hunden. Werner kommt herzu, das Kind zerrt einen jungen Hund am Schwanz, will ihn daran hochheben. Werner hält dem Kind einen Vortrag, hebt den Hund am Nackenfell. Unbemerkt lächelt am Fenster der Vater. Das Kind faßt von neuem den Hund am Schwanz. Der Freund macht eine hastige Gebärde und schlägt das Kind über die Hand.

Sieht scheu um sich und ist schon entdeckt. Wenige

Worte. Gut, er wird abreisen, er hat den Kampf verloren. Er wartet, finster in seiner Stube hockend, auf das Reisegeld, das von irgendwo kommen soll. Allein, keines Wortes mehr gewürdigt.

Am Sonntag, Werner steht auf dem Hof, gehen Mann und Frau an ihm vorüber. Ihre Hand liegt in seinem Arm. Sie lacht, sie schwatzt. Sie wirft dem Fortgejagten einen Blick zu.

Ich komme wieder, schwört der sich.

19

Die Monate gehen dahin, zwei Menschen wohnen allein auf Warderhof. Sie haben sich wieder gewöhnt, miteinander zu sprechen, gemeinsam spazierenzugehen. Nun begleitet sie ihn auch aufs Feld. Sie bewundert rückhaltlos seine Kartoffeln und ist fest überzeugt, daß kein anderer Landwirt erreichte, noch erreichen wird, was ihrem Fritz gelang. Wird eine Ertragsschätzung von ihr verlangt, sagt sie blindlings das Doppelte vom Möglichen, und der Mann lächelt.

Sie macht ihren Weg, sachte und behutsam, sie ist seiner Ansicht, und geht sie auch immer noch zur Kirche, spricht sie nicht mehr davon. Als der Winter kommt, fahren beide gemeinsam nach Berlin. Es macht sich, daß nur ein Zimmer mit Doppelbett frei ist, er nimmt es. Sie hat gesiegt.

Und schaut zurück und zählt, was der Sieg sie gekostet. War sie auch töricht und klein gewesen, er hatte sie geliebt um ihrer Reinheit willen. Sie hatte sie nicht mehr, zuviel Opfer hatten gebracht werden müssen, sie hatte Lügen und Betrügen gelernt, Listen und Fallen stellen, Gemeinheiten begehen und verraten.

Und doch liebte sie ihn, nur ihn. Sie hatte nie jemand

geliebt als ihn. Alles, was geschehen war, die andern hatten sie dazu gezwungen. Ihr war der schlichte Weg vorgezeichnet gewesen, daß sie ihn nicht hatte gehen dürfen, deren Schuld. Nicht seine, er war ein Mann, er hatte die einfachen Dinge vergessen, er sündigte, aber er wußte nicht, daß er sündigte.

Nun war er wieder bei ihr. Keine großen Erwartungen, gar nicht! Aber das stille Glück des Abends, zur Ruhe gehen, sich bescheiden. Sie wird ihm seine Bücher vorlesen und nicht merken lassen, wie wenig sie ihr gefallen. Sie wird still bei ihm sein, allein mit dem Wunsch, dort zu sitzen und ihn anzusehen, von Zeit zu Zeit nur, daß sie ihn nicht stört.

20

Immerhin ist sie kaum dreißig. Im Elend scheint es schon viel, ruhig dasitzen zu dürfen und ihn anzuschauen, vielleicht in einer stillen weichen Dämmerstunde seine Hand zu nehmen und zu denken: wir zwei! Nun erweist es sich, daß ihr Herz nicht zu wünschen aufhört. Das Jahr spielt sich hin, und mit jedem neuen Sonnenaufgang hofft sie von neuem und enttäuscht legt sie sich schlafen.

Dies war es nicht, was ihr einst versprochen wurde in der Frühlingssonne ihres Glückes. Was sind sie, diese kurzen Zärtlichkeiten, diese spärlichen Worte als die äußere Gemeinschaft zweier, die an derselben Kette liegen? Drinnen ist sie allein. Und prüfender überschaut sie den Mann, in mancher Stunde gelingt es ihr fast, Zusammenhänge zu überschauen, Abgründe zu erhellen.

Immer hat sie gemeint, die andern wären es, nun merkt sie, auch er ist es. Nicht nur der Verlockte und Verführte, sein Herz weiß nichts mehr von ihr. Wenn er sanft lächelt und gut zu ihr ist, denkt er wohl jener, die sie einst war. Die sie heute ist, kennt sein Herz nicht, verachtet es vielleicht. Sie überschaut ihn, und sie findet ihn übellaunig, unduldsam, jäh in seinen Gefühlen, unberechenbar, kleinlich und nachträgerisch in seinem Haß. Dort steht er und nie, nie ging er einen Schritt ihr entgegen, immer war sie es, die nachgeben mußte.

Sie kann es nicht mehr, sie will es auch nicht mehr. Wäre er jener noch, der er einst war, strahlend, wild in seinen Launen, hinreißend mit seinem Lachen, sie weiß, sie würde sofort die alte Junge sein, nur an ihm liegt es. Aber wer ist er denn, der dort düster wie ein ewig drohendes Gewitter hockt? Fahl, das Gesicht von Furchen zerrissen, die Augen herrische Drohung, schwarz das Kinn von altem Bart, ewig in derselben schmutzigen Joppe, kleinlich mit hundert Eigenheiten, ein Frauenverächter und, sie errät auch dies, ein Zweifler am eigenen Wert. Irgendwann vielleicht hat er sich eine Linie vorgesetzt, nach der zu leben, und er geht ihr nun starrköpfig und blind nach. Wie sollte er andere Herzen schonen, da er seinem eigenen nichts erspart?

Und es kommen Tage, Wochen, wo sie ihn flieht. Sie sitzt allein in ihrem Zimmer, der Dunkle dort unten ist vergessen, sie empfängt den ewigen Bräutigam. Sie liest Psalmen und Lieder, jener, dessen Kleid weiß ist von Leinen, dessen Überkleid scharlachen ist vom Blute des Lamms, auch er ist es. Er war ihr versprochen, sie hat ihn verloren, eigene Schuld und fremde Schuld. Du schläfst ein, kleine Frau, arme Frau, über dir leuchtete die Sonne, die Hecken waren voll von Vogelgehusch und Blüten und du erwachst, alt geworden, das Gesicht schmal und die Hände schmutzig.

Sie wehrt sich gegen dieses Erwachen. Es ist nicht wahr und es ist nicht wahr. Sie ist die alte noch, sie will nicht unrein geworden sein. Und sie erfüllt das Haus mit ihren Schreien, sie wälzt sich auf ihrem Bett, sie will es wegstoßen, das Dunkle, Drohende, das immer hinter ihr steht und sie weiter vertreibt.

Meta läuft zum Vater und sagt: „Mutter weint."

„Laß Mutter man weinen", sagt er, „sie hört wohl wieder auf."

Er geht auf und ab mit dem Kind, bis es seine Hand losläßt: „Nun will ich wieder zu Mutter."

„Dann geh nur", sagt er sofort, und es geht. Er aber marschiert weiter auf und ab, es wird dämmrig und dunkel, auch er geht oft von neuem den Weg, der ihn hierherführte. Was hat er zu tun? Er hat keine Aufgabe als ein kleines Gut zu bestellen, das er längst zur Musterwirtschaft machte. Hier ist ein bißchen auszubauen und dort, aber das ist alles. Und dann? Und weiter?

Nein, seine Ehe hält ihn nicht, wenn er wüßte, irgendwo anders ist es besser, er ginge sofort. Aber alle Frauen sind so, und alle Aufgaben sind begrenzt. Nichts lohnt sich. Lieber bleibt er bei dem Kind, das sein ist und das sein Herz liebt. Die Frau muß um Metas willen ertragen werden. Er sieht sie, wie sie ist: klein, ärmlich, verlogen, bigott. Nein, er hat keine Geduld mehr mit ihr. Scheidung? Schon, aber nie ließe sie ihm das Kind. Und wenn das Kind fort ist, ist alles fort, als habe er nie gelebt.

Dann taucht die Frau wieder auf. Ihre Wangen sind rot, ihr Ton ist reizbar. Das Essen kommt zu spät auf den Tisch, ist angebrannt, will er nachmittags schlafen, wird der Flur vor seiner Tür reingemacht, über seinen Schreibtisch ist Tinte vergossen, sein Lieblingsbuch verschwunden, sein Bett am Abend noch nicht gemacht.

Er trägt es lange, bis die Geduld ihn verläßt. Er nimmt sie beim Arm, daß sie aufschreit, führt sie in ihr Zimmer und schließt sie ein. Er bringt ihr selber das Essen, hält sie wie eine Gefangene, doch schon ist sie sanft. Sie hat den Griff gespürt, diesen eisernen Griff, unter dem ihr

Schmerz aufschrie und ihr Herz jauchzte, sie hat seinen Zorn gesehen und sich geduckt.

Wieder weint sie, doch still erlöst. „Ich liebe dich“, flüstert sie hinter der verschlossenen Tür. „Ich liebe dich! Du tust mir weh: ich liebe dich. Du trittst mich: ich liebe dich. Du hast mich ins Elend gebracht, ich aber liebe dich!“

21

Plötzlich kommen Tage, da sie tun mag, was sie will, er ist nicht zu reizen. Er lächelt über sie hin, das verdorbene Essen schiebt er gleichgültig fort und bestellt sich Brot und Wurst, nach dem Essen schläft er nicht mehr, sondern geht aufs Feld, seine Bücher liegen voll Staub, ihre spitzen Reden hört er gar nicht. An anderen Tagen ist er schwer, lastend und drohend, daß sie das Auge nicht aufzuschlagen wagt vor ihm.

Er verreist, bleibt Tage fort, niemand weiß wo, und als er wiederkommt, bringt er den Freund mit, diesen Freund, der stets auftaucht, wenn Schlechtes geschieht, der wie eine Hyäne Leichengeruch wittert. Werner kommt, gibt ihr die Hand, spricht harmlos mit ihr, aber sie läßt sich nicht täuschen, die Angst würgt sie, sie weiß, etwas geschieht und, was auch geschieht, es geschieht ohne sie, gegen sie.

Nichts geschieht. Alles ist wie einst, die Männer sind den ganzen Tag beisammen, machen endlose, stundenweite Spaziergänge, an den Abenden spielen sie Schach, trinken auch, rauchen. Sie bleibt draußen, aber sie umkreist die beiden, späht, lauert und merkt nichts Böses.

Doch nun ist es, daß die Gegend anfängt sich zu rühren. Fritz hat keine Freunde, er ist klüger als die andern, oft tat er ihnen Gutes, Grund genug, ihn zu hassen. Er tat oft Ungewöhnliches, sie verlachten ihn, und am Ende erwies sich das Ungewöhnliche als das Richtige, Grund genug, ihn zu beneiden. Er ging nicht zur Kirche, er machte kein Hehl daraus, daß er kein Christ war, er war nicht „rechts", er glaubte nicht an Sprichwörter und Tugendsätze, Grund genug, sein Feind zu sein. Die Nachbarn hatten lange genug gespäht, ihre kleinen Sticheleien hatten ihn nicht getroffen, er war unangreifbar gewesen.

Nun horchten sie auf, bei diesem Mann waren sie unglaublich hellhörig. Sie wagten sich nicht an ihn, aber die Frau hörte Andeutungen, Fragen, halbes Bedauern. Sie flehte, daß man ihr alles sage. Nichts, nein, man meinte doch nur, es war womöglich Geschwätz, niemand wußte etwas. Niemand wagte das letzte Wort, das ihn hätte bloßstellen können vor dem Mann. Sie verzweifelte, ihr Argwohn lag ewig wach. Doch soviel sie lauerte, sie sah nichts.

Da war der Feind, sie fühlte seinen Atem, wie ein Gespenst stand er stets neben ihr, Schritt für Schritt, Lüge, Lüge, Lüge - und blieb ungreifbar. Die spielten Schach, gingen aufs Feld, rauchten. Sie sah in die Gesichter der beiden, sie betete darum, daß sie eindringen möge in sie, fort die falschen Falten, die Augen, die doch nur Verrat waren, die Lippen, die nur Lügenworte bildeten! Sie lehnte nachts aus dem Fenster und sah die beiden fortgehen, vor Mitternacht, nach Mitternacht. Es dämmerte, da kamen sie wieder. Sie mochten baden gegangen sein in diesen schwülen Nächten, sie mochten . . . oh! sie wollte fragen, sie nahm all ihren Mut zusammen und sah in sein Gesicht und schwieg.

Sie dachte alle Mädchen der Gegend durch. Sie kannte alle und wußte wieder, daß keine es sein konnte, und rätselte und schrie in Krämpfen und wartete. Jede Stunde war Diebstahl, und sie rannen dahin, und keine, die es hell machte um sie.

Der Pastor schüttelte auf dem Kirchhof ihre Hand, sie sah aller Leute Blicke auf sich gerichtet, neugierig, spitz, unwillig, verschlossen, oder - bei Männern - breit lächelnd, und hörte etwas von schweren Prüfungen und Standhaftigkeit in gottgesandtem Leid, und wagte wieder nicht zu fragen und blieb draußen, als die andern zum Gottesdienst hineindrängten, und weinte auf dem wild überwachsenen Friedhof und hatte Mitleid mit sich und wußte, keinem Menschen wurde so übel mitgespielt wie ihr.

Und dann schlug von irgendwo ein Name an ihr Ohr, vielleicht nicht einmal ein Name, ein Hinweis nur, kaum deutlicher als früher, und sie sah klar. Sie wußte, sie hatte es immer gewußt! Diese und keine andere! Eine verheiratete Frau! Doppelte Schmach! Doppelte Schamlosigkeit! -

Sie wartete ein Weilchen, vor kurzem waren Fritz und Werner vom Hof gegangen, dann eilte sie ihnen nach. Sie fand den Freund allein, an einem Wasserloche zwischen Büschen sitzend, lesend.

„Wo ist mein Mann? Ich muß ihn gleich sprechen."

„Eben dort hinten zu den Kartoffeln gegangen. In einer halben Stunde wieder hier. Legen Sie sich so lange neben mich, schöne Frau."

„Nein, ich will gleich . . ."

Und wandte sich schon gegen den Kartoffelschlag hin. Sie hatte Mühe, so langsam zu gehen, daß dem Späher dort hinten nichts auffiel. Doch kaum waren Baum und Busch zwischen ihnen, lief sie los, lief querfeldein, über Sturzäcker, durch Kartoffelfelder, durch Getreide, über Stoppeln, immer geradeaus. Eine Stunde! Wenn sie nur nicht zu spät kommt! Sie will sie sehen. Beisammen will sie die beiden sehen!

Sie läuft weiter. Ihr Atem versagt, sie bleibt stehen, an einen Baum gelehnt, schließt die Augen. Aber immer bleibt vor ihnen das eine Bild: jene beiden beisammen. Es peitscht sie auf, sie rennt weiter.

Und aus Büschen und Gebäum taucht Dach um Dach jenes Dorf auf, die Blomenburg. Sie hält inne. Wo sucht sie ihn? Im Hause? Aber da ist der Mann! Dort sind sie nicht, wo sucht sie ihn? Doch! Sie wird ins Haus gehen, grade den Mann wird sie nach den beiden fragen! Sie wird es tun.

Und kommt die Dorfstraße entlang. Vor dem Gutshaus ist eine Wiese, eine offene, mäßig große Wiese, nach allen Seiten frei. Sie steht, sieht schon, hat erkannt. Dort gehen die beiden, nicht einmal sehr nahe nebeneinander, ihr Mann und jene Frau des Jugendfreundes, die Reiterin, Irma, stets schon mit Mißtrauen angeschaut. Sie kommen ans Ende der Wiese, machen kehrt, schreiten wieder auf das Gutshaus zu.

Sie nähert sich langsam, ihr Mut ist fort, Schritt für Schritt kommt sie näher. Sie merkt flüchtig, daß sie an ein paar Tagelöhnerfrauen vorübergeht, die sie betroffen anstarren. Dann denkt sie einen Augenblick daran, daß die beiden sie noch nicht gesehen haben, daß sie noch umkehren kann. Und weiß doch, daß sie weitergehen muß, vorwärts ihren schlimmen graden Weg.

Was werde ich sagen, denkt sie, was werde ich sagen?

Sie ist ganz dicht bei den beiden. Die Frau spürt zuerst die Nähe der Feindin, sie berührt leise den Mann mit der Hand am Arm und deutet. Der Mann schaut auf und sieht dort die Frau mit beschmutztem, verzogenem, zerrissenem Kleid, die Augen starr auf die andere geheftet, die Lippen sprechend, ohne daß ein Wort laut wird.

Sein Gesicht wird weiß, uralt, voller Falten. Thilde hebt die Hand vor die Augen, wie seinen Blick abzuwehren. Er faßt sie beim Arm, nicht einmal fest, er führt sie zurück auf die Straße. „Du gehst nach Haus. Ich spreche heute abend mit dir."

Und läßt sie stehen. Sie denkt mühsam: Ich muß nach Haus, er hat es gesagt, und setzt sich langsam, Schritt für Schritt, in Gang. Sie fühlt nichts wie im Rücken die dunklen Blicke der Feindin.

22

Diese Unterredung - er ist merkwürdig sanft.

Zum ersten Mal spricht er von sich, er weist Ursachen auf, er hat Gründe. Er erinnert sie an die Briefe, die er einst schrieb, die Worte, die er sagte, den Mann, der er war. Kaum hat er sich geändert, er ist härter geworden und einsamer, aber, was der Jüngling theoretisch wußte, der Mann hat es erprobt. Er hat immer gewußt und es ihr früh gesagt, er müsse für sich allein leben, frei sein und bleiben. Bindungen, ja, solange sie nicht drücken, freiwillige, aber keine Zerrungen. Duldsam, ja, sehr, aber bis da, wo in den Kreis seines Lebens das andere eingreift, umgestalten will gegen ihn. Er hat nie die Illusion gehabt wie sie, er hat nie an die eine große Liebe geglaubt. Er hat gehofft, es werde recht und schlecht gehen, daß es dann mehr schlecht als recht ging, keines Schuld, beider Schuld.

Sie denkt: Worte. Worte. Was geht das mich an. Und - er spricht nicht von der Frau . . .

Doch, nun spricht er von ihr. Auch sie Jugendfreundin, wiedergefunden, gemeinsame Erinnerungen, seine Einsamkeit. Sie ist nicht der Frau Feindin, war es nie. Nahm ihr nichts. Aber man hat gehetzt, er weiß wohl, die Leute sitzen hinter der Frau, die ganze Sippe, die ihn haßt. Es ist nichts geschehen, selbst nach ihren kleinen Begriffen, die er verachtet, ist nichts geschehen. Und dann - wäre am Ende nicht Irmas Mann da? Meint sie, er würde es dulden?

Zum ersten Mal denkt sie daran und beginnt zu zweifeln, ob ihrem Mann nicht Unrecht geschah. Sie will glauben. Auch sie ist sanft geworden, sie nimmt seine Hand, sie will ihm vertrauen, nur, er soll gut sein zu ihr. Er hat es doch damals ihr zuliebe getan, er hat sich kirchlich trauen lassen mit ihr, er versprach ewige Liebe und Treue. Er hat es geschworen, warum ist er so verändert? Sie hat ihren Schwur gehalten, sie ist die gleiche geblieben, sie liebt ihn wie am ersten Tag. Will nicht auch er –?

Er ist aufgestanden, er zuckt die Achseln. Er hat noch einmal geglaubt, Worte bewiesen etwas, nur Handeln beweist. Die ewige Liebe, die große Liebe, er weiß schon, er weiß es bis zum Ekel: die Liebe höret nimmer auf. Nur, daß diese Liebe den Geliebten höllisch quält, daß nichts findiger ist als diese Liebe, Schmerz zu bereiten, Böses zu tun, sich in Gemeinheit zu wälzen. Nur, daß diese Liebe nichts ist wie Haß, Lüge und Schwäche. Und Neid. Vor allem Neid: da du nicht mit mir glücklich sein willst, sollst du's mit keinem sein. Schwur am Altar? Immer verführen uns die Frauen zu Opfern und immer werfen sie uns diese Opfer vor.

Wieder Mißklang! Sie fingen so sanft an, es schien zu einem Waffenstillstand zu kommen, nun sind die Feindseligkeiten wieder im Gange. Schließlich wird doch noch Friede, beide Teile mögen ihre Gründe haben, nachgiebig zu sein. Eine Art Pakt auf gegenseitige Duldung wird geschlossen, es soll keine bösen Launen mehr geben, keine Spionage.

Aber dann ist sie allein, und von allen Worten blieb nur: er will nichts mehr von dir wissen. Er will allein sein. Wenn die Kinder nicht wären, längst hätte er dich fortgejagt. Und wozu braucht er Freundinnen? Was er von Irma sagte, mag wahr sein. Aber was heute wahr ist, kann morgen Lüge werden. Noch ist nichts geschehen, aber vielleicht morgen schon ist etwas geschehen. Irmas Mann – Männer sehen nichts. Wozu alle diese Heimlichkeiten? Der herbeigeholte Freund? Die langen Spaziergänge? Die unaufgeklärten Nachtwege?

Sie wird die Augen offenhalten, nicht noch einmal läßt sie sich betrügen!

23

Im Anfang läßt sich alles besser an. Die Ehepaare besuchen einander, es wird gelacht und geplaudert, gespielt und getrunken. Ist der Besuch fort, so kann man noch über ihn schwatzen, es ist gut gegangen, der Wein war vorzüglich, die Rehkeule grade recht. Alles findet sich. Dies sah zuerst wie ein Unglück aus, und nun bringt es die Eheleute näher zusammen.

Gemeinsame Ausflüge werden gemacht, Ritte durchs Land, und da Thilde nicht Reiterin ist, fährt sie nach, einmal mit dem Freund, dann mit Irma. Sie läßt die Leute tuscheln und behält ihr überlegenes Lächeln, sie geht nicht mehr zur Kirche, weil sie dem Pfarrer jene ungewohnte Ansprache nicht verzeihen kann. Sie hält die Augen offen!

Sie erlebt den Triumph, daß Werner noch einmal abreisen muß, wieder geschlagen. Sie weiß, er hat sich rächen wollen und er hat nicht gesiegt. Als sein leer gewordenes Zimmer rein gemacht wird, siegt sie. Und doch muß sie immer an das Lächeln, an den frechen Blick denken, mit dem er sich von ihr verabschiedete. Er sah nicht besiegt aus. Er schied auch nicht im Streit von ihrem Mann, sie haben sich eben getrennt, er hat weiter gemußt, ewig kann er ja nicht hierbleiben. Und doch war es Drohung, als er ging.

Für Stunden vergißt sie Schwermut und Angst, für ganze Tage ist sie frei. Und dann auf einmal ist alles wieder da, das namenlose Elend ihrer Liebe, über das dieses bunte, lachende Leben nur flüchtig hingeworfen ist.

Sie kann sich nicht beherrschen. Sie fährt mit ihrem Mann zu einem Ball bei Irma, der Wagen hält vor der Tür, sie steigen aus. Sie stehen in der Vorhalle, wo Scharen von Gästen aus Pelzen und Tüchern kriechen. Plötzlich überfällt Angst sie, sie klammert sich an ihren Mann, sie beschwört ihn umzukehren, sonst geschieht ein Unglück.

Er führt sie in ein stilles Zimmer, fort von den lauschenden Gästen, er spricht der Schluchzenden, Zitternden gut zu. Nein, sie will nicht bleiben, sie kann nicht bleiben, er soll Mitleid mit ihr haben, soll mit ihr nach Haus.

Er sagt: „Nein."

Sie fleht, sie jammert, vielleicht geschieht den Kindern indes Unglück.

Er fragt sie ein letztes Mal, er sagt ihr, daß er seinen Willen nicht von ihren Launen abhängig machen will, daß sie nicht glauben soll, etwas zu erreichen, weil viele Leute zuhören. Aber sie vergeht vor Angst, es sind keine Launen, es geht um ihr Leben, sie muß fort von hier, er muß mit.

Da nimmt er sie auf seinen Arm und trägt sie in den Wagen, der Kutscher fährt ums Rondell, und schon ist sie auf dem Weg heimwärts. Wieder ist er herzlos gewesen und ließ sie allein.

24

Das nächste Mal ist sie unternehmungslustig, sie willigt ein, mit den Freunden nach Berlin zu fahren. Sie wohnen im gleichen Hotel, sie besuchen zusammen Theater und Varietés, und mit den andern lacht sie über Witze, die sie nur halb versteht. Man sitzt so lange zusammen, man trinkt Wein, es wird getanzt, und die Männer sind freier als daheim, die Reden rascher, die Scherze gewagter. Es ist, als stiege von den blendenden Leuchtern, aus den Kleidern der Mädchen, den golden und rot und grün glänzenden Gläsern, den Spiegeln, den weißen Armen und Schultern ein feiner Nebel auf, der die Dinge unwirklicher macht, wie nicht geltend.

Alles verschleiert sich, das schrillste Lachen wird gedämpft, der unverhüllteste Blick gilt nur diese Sekunde und keine mehr. Auf der Bühne stehen Mädchen in Reihen, sie beugen sich vor, alle lachen auf einmal, alle werfen die Beine auf einmal, kleine Glöckchen klingen zusammen - und es ist Märchen, es ist Rausch, es ist Zauberei.

Fern im Norden steht ein grauer Hof. Von den entlaubten Bäumen trieft Regen. Die Wege sind voll Kot, die Stuben düster. In einer dieser Stuben hat sie viel und lange geweint. Sie ist aufgestanden zu einem Tagewerk, das schwer war und voller Elend. Sie hat gehaßt, verraten, gelogen.

Auf der Bühne oben ist ein Zaubergarten. Nie geschaute Bäume schließen den Himmel aus, der Vorhang strotzender Blätter wird zurückgeschlagen, sachte, sacht. Ein Prinz schleicht heran, durch die tiefe, glasgrüne Finsternis leuchtet silbern sein Kleid. Er sucht die untadelhafte Geliebte.

Siehe dort, sie schlummert, sie schläft. Und er umschleicht sie, er tanzt um sie von seiner Sehnsucht und von seinem Verlangen, das zart ist. Die Finsternis ertönt wie Glocken, silbern bricht es herein, die Geliebte erwacht. Sie lächelt.

Sie ist unter Mund und Arm des Liebhabers, sie ist entschlüpft, und ihr Entschlüpfen verspricht Holderes als bloßes Gewähren. Seltsame schwarze Pagen schlagen Zeltwände zurück, ergreifen Schleppen, tragen Kronen auf Kissen, knien und halten geheimnisvolle Tiere an Zügeln . . .

Thilde fühlt einen Fuß auf dem ihren, tastend, eine Liebkosung. Sie ist erwacht, Gutsbesitzersgattin von Warderhof, eifersüchtig Liebende mit ängstlichem Herz, diese Liebkosung galt dir nicht! Sie späht durch das helle Dunkel in die Gesichter bei ihr und sieht zweier Blick ineinander ruhen, ein tief leuchtendes Glück, eine unsagbare Seligkeit.

Auf der Bühne brausen alle Klänge jubelnd auf, durch tief sich neigende Reihen schreitet die Liebende auf den Geliebten zu. Die Vorhänge des Zeltes schließen sich.

Das Licht flammt auf. Nun weiß sie. Es geschah, und geschah es noch nicht, wird es heute geschehen. Sie aber ist auf der Hut.

Und nachts von ihrem Zimmer aus lauscht sie. Noch ist das Haus lebendig. Geräusche hier, Geräusche dort. Stille dann. Lange tiefe Stille. Ein Schritt tastet sacht an ihrer Tür vorbei, so leicht, so sacht. Die Tür nebenan geht, sie hört Murmeln. Die Tür nebenan fällt ins Schloß, ein Schlüssel wird umgedreht.

Gut, nun weiß sie es. Und? Was nun? Sie hat es einmal gewußt oder hat es beinahe gewußt und hat es geschehen lassen müssen, wie es nun nebenan geschieht. Sie ist nichts wie eine feige Frau. Sie müßte schreien, über ihrer beleidigten Ehre müßte das Haus zusammenströmen, die beiden Sünder bloß und ledig sehen. Sie wagt es nicht, nicht die Scheu vor den Menschen hindert sie, nein, die Furcht vor ihm!

Doch, sie wagt es. Nicht dies, anderes. Kann sie nichts tun, so will sie die beiden wenigstens auseinanderjagen, sie so beschämen, daß sie einander nicht wieder in die Augen zu sehen wagen. Sie greift zur Klinke, sie drückt sie herab. Leise, leise, endlose Zeit verrinnt, bis die Tür klafft, sich weit genug öffnet. Nun der Hotelgang, zwei

Wände, viele Türen, ein roter Läufer. Gut. Schritt um Schritt. Sie ist tot vor Angst und toll vor Qual, sie weiß nicht, was sie tut, sie weiß nur, daß sie tun muß, was sie tut.

Sie legt die Hand auf die Klinke zum Zimmer des Mannes. Es gibt ein kleines knackendes Geräusch. Tiefe Stille wieder, und doch ist es ihr, als habe sie gehört, wie die beiden drinnen zusammenfuhren.

Es ist ein langer Weg von jener Hafenbank bis an diese Tür, länger noch bis dahin, daß sie klopft.

Sie klopft. Sie hört jemand aufstehen. Ihr Mann fragt von innen: „Wer ist da?"

Wonne, hier draußen zu stehen! Herrlichkeit, ihn zu demütigen! Hast du die Angst in seiner Stimme gehört? Das böse Gewissen ist erwacht, da steht er und denkt, Irmas Mann könnte draußen sein.

Innen fragt die Stimme wieder und diesmal nur unwillig: „Wer ist da?!"

„Deine Frau! Thilde."

Er schließt auf, tritt heraus auf den Gang. Er zieht die Tür wieder hinter sich zu, sie hat nichts sehen können, so gierig sie auch spähte.

Er ist noch im Smoking, lehnt gegen die Tür, fragt sehr ruhig, sehr kalt: „Du wünschst?"

Sie – schon versagt ihr die Stimme –: „Irma ist bei dir. Ich weiß es."

Er beugt sich vor, bis er auf ihrer Höhe ist, er sieht sie an. Dieser Blick! Dieser drohende, grausame Blick, vor dem sie zittert!

Er flüstert: „Und wenn –?"

Und ist wieder still. Sieht sie an. Sie schaudert und tut einen Schritt hinter sich. Er sieht sie an, nimmt ihr den Blick nicht ab. Ihr ist's, als zögen sich die Lippen von seinem Gebiß zurück, als fletsche es sie weiß an, funkelnd, ein wildes Tier, Mordlust. Sie tut Schritt um

Schritt, rückwärts, blind, diesen Augen ausgeliefert. Ihre Schulter stößt gegen die offengebliebene Tür. Sie macht eine Wendung, faßt die Klinke, zieht zu. Und ist frei von dem Blick.

Sie schließt ab, stürzt auf ihr Bett und weint, weint lautlos, von einem endlosen Zittern geschüttelt. Horcht auf, meint Worte zu hören, zarte Worte, Seufzer. Und weint wieder.

Am Morgen ist sie abgereist.

25

Drei Tage später kommt Fritz nach Warderhof. Er findet die Frau nicht, er findet die Kinder nicht. Sie sind abgereist, vor zwei Tagen schon. Hat er es nicht gewußt? Doch, er hat es gewußt. Er sitzt allein, er überlegt. Sie hat wenig Geld, keine Freunde. Zur Mutter wird sie nicht gereist sein, sie gibt sich nicht freiwillig in alte Abhängigkeit. Er möchte umherhorchen, spähen, aber er weiß, ihm erzählen die Leute nichts.

Er telegrafiert an Werner, Werner muß her und Werner kommt. Als er eintrifft, weiß er schon mehr, als der Mann in einer Woche erfuhr. Er hat im Zuge herumgehorcht, in der Kreisstadt. Oh! Die Gegend ist voll von Geschwätz, alle wissen etwas. Ist Thilde nicht gleich am Tage ihrer Ankunft fassungslos zu den Nachbarn gestürzt und hat ihnen alles erzählt? Sie hat sie aufgerufen gegen die Frau, diese Verderberin, die ihren Mann verführt hat. Man gab ihr recht. Sie solle fortgehen von ihm, mit den Kindern natürlich, jedes Haus öffnet sich ihr. Sie wird unbedingt den Prozeß gewinnen.

Den Prozeß? Sie will keinen Prozeß. Sie will keine Scheidung. Sie will Fritz das Kind fortnehmen, die andern sollen tun, was sie nicht wagt. Irmas Mann

Bescheid sagen, dieser Verkehr soll unmöglich werden. Und dann, wenn er von allen verlassen ist, will sie zu ihm zurück.

Doch das geben die andern nicht zu. Wie kann sie daran denken, wieder zu ihm zurückzukehren? Hat er ihr nicht schon genug Leid angetan? Will sie sich von ihm noch töten lassen? Dieser Mensch ist zu allem fähig. O ja, die Frau, gut, die Frau, Irma ... Doch er ist der Schlechte, er ist der Verführer! Die Gegend hat sie lange genug gewarnt. Sie hat es kommen sehen müssen und doch hat sie den Verkehr geduldet, hat ihren Mann selbst in das Haus begleitet. Nein, sie soll los von ihm, sie muß los von ihm ...

„Seien Sie endlich stark, liebste Frau Dohrmann. Wir wissen, wie weh es tut. Aber dieser Mann ist Ihrer unwürdig. Reißen Sie sich los."

Sie steht auf, beleidigt, sie geht fort. Am nächsten Morgen reist sie ab.

Nein, auch der Freund erfuhr nicht, wohin sie ging. Aber er wird es erfahren. Er sucht, er horcht, er reist hierhin und dorthin.

Inzwischen ist sie plötzlich wieder da. Meta läuft dem Vater entgegen. Die Mutter ist oben. Er atmet auf, er hat sein Kind zurück. Er steigt hinauf zur Frau, er spricht zu ihr, seine letzten Bedingungen: Sie wohnt oben. Er unten. Keine Gemeinsamkeit. Sie allein. Er allein. Sonst – aus dem Hause!

Sie höhnt: „Aber mit den Kindern!"

Und er: „Die bleiben hier. Meta bleibt hier."

„Das werden wir sehen."

„Ja, das wirst du!"

„Die Kinder gehören mir. Wer die Ehe gebrochen hat wie du –"

Er sieht sie an: „Und du –? Du etwa nicht –?"

„Ich –?" fragt sie. „Ich sollte –?"

Er höhnt: „Du –? Ja, du! Hast du Werner vergessen, du Lügnerin?“

„Aber das war doch nicht ... Das war etwas ganz anderes! Dich habe ich geliebt!“

„Und Ehebruch begangen. Du weißt Bescheid.“

„Fritz, sei nicht so hart! Ich ...“

Er läßt sie stehen, will nicht hören. Und einen Tag, zwei Tage, drei Tage gar ist Ruhe. Doch ihr Fenster geht zur Straße, sie sieht ihn fortreiten, zu jener Frau. Er ist fröhlich, er lebt, und sie soll sitzen hier wie eine Gefangene? Sie will nicht. Oh, sie ist so böse geworden, so bitter! Sie will nicht. Sie will ihn quälen und reizen, er soll nicht fröhlich sein können, sie wird ihm das Fortreiten vergällen.

Am Morgen des vierten Tages steigt sie hinunter. Vor der Tür zum Zimmer des Mannes trifft sie den Freund. Er beschwört sie, seine Stimme klingt ehrlich: „Gehen Sie nicht zu ihm. Er ist sinnlos vor Wut. Der Pastor hat gestern gegen ihn gepredigt.“

Sie geht weiter. Noch einmal hört sie die beschwörende Stimme: „Gehen Sie nicht! Es gibt ein Unglück.“

Sie geht. Sie tritt ein. Er sitzt am Tisch, finster, wortlos, grübelnd. Sie an der Tür, höhnisch, verwildert, toll vor Wut. Sie beugt sich vor: „Wie war das mit den Kindern? Du wolltest Meta behalten?“

„Geh, sage ich dir im guten.“

„Meta? Aber vielleicht wirst du sie gar nicht behalten? Wie –? Wie, wenn ich ihr so ein Pülverchen gäbe, ihr und mir, daß wir krank würden und stürben. Gingest du dann auch noch zu deiner Irma –?“

Er steht da, totenblaß, seine Hand legt sich um die Kante des Tischs. Er zittert.

„Wenn ich es der Meta schon gegeben hätte und mir? Habe ich je den Mut gehabt, so zu dir zu sprechen? Sterbende haben Mut.“

Er macht einen Satz an ihr vorbei und ist fort. Sie hört ihn die Treppen emporstürzen, rufen, reden, Leute kommen gelaufen. Sie lacht. Ihre Drohung hat ihn erschreckt, sie kann ihn leiden machen, nun fürchtet er sie. Eine Viertelstunde vergeht, er tritt ein, geht an ihr vorüber, setzt sich an den Tisch.

„Nun -?" fragt sie. „Kann ich dein Herz noch rühren? Wenn nicht zur Liebe, so doch zum Schmerz?"

Er spricht nichts, steht nur auf, geht zur Tür, schließt sie ab, steckt den Schlüssel ein. Er wendet sich und geht an den Gewehrschrank. Nun kommt es, denkt sie und erzittert. Ihr Mund öffnet sich zu einem Schrei: Nun kommt es.

Er wendet sich wieder zu ihr: „Wenn du böse bist, mußt du Schläge haben. Wenn du mich nicht mehr fürchtest, mußt du meine Peitsche fürchten."

Sie hebt die Hand vor das Gesicht. Er schlägt zu. Sie flieht. Er folgt ihr, und die Schläge fallen dicht und erbarmungslos. Einmal schreit sie auf, dann ist sie stumm. Ihr Gesicht ist bleich wie seines. Doch ihr Herz singt. Ich leide. Er leidet. Wir leiden gemeinsam!

26

Sie flieht auf den Nachbarhof mit dem einen Kind, das ihr blieb, ihrem Kind. Man bringt sie ins Bett, sie fiebert. Man ruft einen Arzt, der sie untersucht, der die sinnlose Roheit des Mannes bezeugt. Die Gegend heult auf vor Wut. Ein Kesseltreiben beginnt gegen den Mann, der gemeingefährlich ist, den man entmündigen, den man einsperren muß.

Er sitzt daheim, mit seinem Kind. Er lächelt. Laß sie jagen gegen ihn! Den, der anders war, haben die Leute immer gehaßt. Sie werden wieder still werden. Sie heulen, sie beißen nicht. Sein Kind ist bei ihm, es ist seines. Auch Meta ist klüger als die andern, sie weiß von Furcht nichts, sie zweifelt schon. Sie ist seine Spur in dieser Welt, unverwischbar, Zeugnis gegen sie alle.

Und schaut auf. Ein Wagen rasselt über die Steine. Eine Frau sitzt darin, seine Frau. Bleich, höhnisch, triumphierend. Neben dem Kutscher sitzt der Gendarm, er steigt ab, tritt ins Haus. Nun klopft er.

„Herein!"

Er weist einen Wisch, wieder solch einen Wisch, wie ihrer Dutzende in den letzten Wochen ins Haus kamen. Er liest sie nicht, sie gehen ihn nichts an, was berührt ihn das Recht der andern? Er hat stets nur an jenes geglaubt, das er in der Brust trug.

Nun hört er, er soll das Kind herausgeben, es ist vorläufig der Frau zugesprochen.

Er steht aufrecht vor dem Kind. „Sie rühren es nicht an. Eher schlage ich Sie nieder."

Der Gendarm kennt ihn. Er spricht ihm gut zu, noch ist nichts endgültig entschieden. Er soll prozessieren, er wird das Kind schon bekommen, nur jetzt . . .

„Nein."

Noch redet der andere, beschwört ihn, verweist auf die Folgen, aber „Nein!"

Der wendet sich, bedauernd. „Ich werde wiederkommen müssen und dann nicht allein. Es hilft Ihnen nichts, Herr Dohrmann, Sie haben alles gegen sich."

„Und wenn! Nichts beweist das!"

Er ist allein. Der Wagen ist fortgerollt mit der Frau, die doch triumphiert, weil sie schwach ist. Er fühlt es: die Schwachen siegen. Der Starke ist immer allein. Seine Siege und Niederlagen, er erkämpft sie für sich allein, sie gelten nicht für die andern, die vielen, die zusammenhalten, deren Siege nur Bestätigung ihrer großen Gemeinschaft sind.

Die Frau fährt heim. Sie wird wiederkommen. Sie wird ihm auch das Kind noch nehmen. Sie frohlockt. Sie steht mitten in seinem Leben, bei jedem Schritt spürt er ihren Griff, ihren Haß, ihre Liebe.

27

Und sie kommt wieder, und er ist fort und das Kind ist fort. Auf dem Hofe schaltet Werner. Ihn verhaftet man zuerst, er muß die Flucht begünstigt haben, er muß wissen. Und nun sucht man den Mann und das Kind, Tage, Wochen, Monate.

Sie sitzt allein auf Warderhof, in seinem Zimmer sitzt sie, aus dem er sie verstieß, in seinem Bett schläft sie. Sie öffnet die Laden seines Schreibtisches, sie liest die Briefe der Frauen, die er liebte, der Dunklen und der andern. Nun weiß sie!

An einem Abend in der Dämmerung tritt sie ein, die andere. Sie steht an der Tür, auch sie dunkel und bleich, die erste, die zweite, alle, die er geliebt hat. Sie bittet um Gnade für ihn. Er soll das Kind behalten dürfen. Die andere will verzichten, sie will aus seinem Leben fortgehen, sie bittet.

„Keine Gnade", spricht die Blonde. „Wer hat Gnade für mich gehabt?"

Die andere spricht weiter, gute Worte, schöne Worte, doch zu oft täuschte man Thildes Herz. Nun hält sie fest, was ihr blieb: ihre Rache.

Die andere wartet, dann geht sie.

Aber Thildes Herz jauchzt. Sie hat die Feindin am Boden gesehen, nun fehlt noch der Mann. Auch er wird kommen, auch er wird betteln.

Er kommt nicht, doch man fängt ihn. Das Kind kehrt zu ihr zurück, er bleibt im Gefängnis.

Sie sieht ihn dort, auf und ab gehend, rastlos, immer an sie denkend, ewig sie verfluchend. Sie weiß den Tag, an dem er freikommt. Es sind Menschen um sie, Männer, die sie beschützen werden, aber, als der Tag naht, flieht sie.

Sie elend, er elend. Ein ewiger Krieg, der Haß ruht nicht. Schriftsätze, Klagen, Gegenklagen, Termine – Papier, Papier!

Er stiehlt das Kind noch einmal, wird wieder gefangen, und wieder siegt sie.

Als er entlassen wird, verläßt er das Land.

28

Sie ist alt geworden. Sie sitzt am Fenster. Sie ist allein. Kein Schritt kommt mehr über ihre Schwelle. Die Kinder gingen von ihr, ihres heiratete, seines konnte den Tag nicht erwarten, da es zum Vater durfte. Es verließ sie ohne Träne, es hat sie gehaßt.

Doch allein, *doch* alt geworden und so viele Kämpfe umsonst gekämpft! Sie schlägt das Buch auf, das vor ihr liegt, sie liest es wieder.

„Wenn ich mit Menschen- und mit Engelzungen redete und hätte der Liebe nicht, so wäre ich ein tönend Erz oder eine klingende Schelle.

Und wenn ich weissagen könnte und wüßte alle Geheimnisse und alle Erkenntnis und hätte allen Glauben, also daß ich Berge versetzte, und hätte der Liebe nicht, so wäre ich nichts.

Und wenn ich alle meine Habe den Armen gäbe und ließe meinen Leib brennen und hätte der Liebe nicht, so wäre mir's nichts nütze.

Die Liebe ist langmütig und freundlich, die Liebe eifert nicht, die Liebe treibt nicht Mutwillen, sie blähet sich nicht.

Sie stellet sich nicht ungebärdig, sie suchet nicht das ihre, sie lässet sich nicht erbittern, sie rechnet das Böse nicht zu.

Sie freuet sich nicht der Ungerechtigkeit, sie freuet sich aber der Wahrheit.

Sie verträget alles, sie glaubet alles, sie hoffet alles, sie duldet alles.

Die Liebe höret nimmer auf . . ."

Sie meint wie je, von ihrer Liebe sei die Rede. So hat sie ihn geliebt, war sie erbittert, die anderen waren's schuld, rechnete sie Böses zu, er hatte es veranlaßt.

Sie hatte ihn immer geliebt, sie liebte ihn wie je. Noch im Sterben würde sie ihn allein lieben.

Der Apparat der Liebe

1

Ich glaube, ein junges Mädchen, das einmal Lehrerin war, wird die Nachwirkungen dieser Tätigkeit im guten wie im bösen Sinne ihr Leben lang spüren. Dabei spreche ich natürlich nur von den wirklichen Lehrerinnen, nicht von denen, die nur so, um eben nicht zu Haus zu sitzen, den Beruf ergriffen. Ich wenigstens verdanke meiner Ansicht nach den ausgesprochenen Sinn für Ordnung und Pünktlichkeit, den Hang, alles in ein System zu bringen – und nicht nur das Äußerliche – sicher meinen Lern- und Lehrjahren. Nichts ist mir verhaßter als Unordnung und Faselei, und ich glaube, alles ertragen zu können, selbst das Schlimmste, wenn ich mir die organische Ursache, die es bedingt, nur klarzulegen vermag.

Das ist ein seltsamer Anfang für eine, die es sich vorgesetzt hat, auf den nachfolgenden Seiten von ihren ehelichen und nebenehelichen Erlebnissen mit einigen Männern zu erzählen. Man wird ja auf diesen Blättern meine Stellung zum Ehebruchsproblem, soweit es mich angeht, klargelegt finden, ohne daß ich darüber viel Worte zu machen brauchte: die Tatsachen sprechen für sich, wie man sagt.

Übrigens glaube ich nicht, daß ich mehr Erlebnisse als andere Ehefrauen in meinem Alter – ich bin Anfang der Vierzig – aufzuweisen habe. Diese drei Seitensprünge sind quantitativ meinen Beobachtungen nach eher unter als über dem Durchschnitt. Um so seltsamer ist die Krankheit, die mein Gefühlsleben infolge dieser wenigen Erlebnisse ergriffen hat und die ich „Routine des Gefühls" nennen möchte. Ich wundere mich über einige meiner Geschlechtsgefährtinnen, die sich unermüdlich von einem Abenteuer in das andere stürzen, ich verstehe sie nicht.

Meine Unternehmungslust in dieser Hinsicht ist wohl endgültig vorbei, ich fühle eine Lähmung meiner seelischen Spannkraft, einen Pessimismus im Hinblick auf das Neue, das mir das Leben etwa noch zu bieten hätte, der grenzenlos ist.

Eine boshafte Freundin hat einmal von mir gesagt, ich trüge auch seelisch einen Klemmer. (Ich benutze ein Glas.) Wenn sie dabei gemeint hat, ich verabscheute das Schrankenlose, das Vage, das Gefühlsduselige, das Chaos, so hat sie zweifellos recht.

Hat sie jedoch damit gemeint, ich könne mich nicht entschließen, die Konsequenzen meiner Erkenntnisse zu ziehen, meinem Mann und meinen Kindern Valet zu sagen und - eine andere Nora - in die Welt hinauszugehen, so hat sie wiederum recht.

Ganz abgesehen davon, daß über das Betrügen des Ehemannes mancherlei zu sagen bleibt, daß die ganze Redensart von dem auf einer Lüge aufgebauten Leben eben nur eine Redensart ist (denn welches Leben ist ohne Lüge -?), gehört zu einem solchen Valet ein sehr handfester Glaube an das Leben. Und, so bedauerlich ich das auch für mich finde, diesen Glauben habe ich eben nicht mehr, ich kann nicht mehr mit gutem Gewissen dem Leben diese tiefe achtungs- und hoffnungsvolle Reverenz machen.

Nebenan tollen die Kinder, Ernst sechzehn, Emmi vierzehn und Franz zwölf Jahre alt. Mein Mann ist Gymnasialprofessor und unterrichtet in den alten Sprachen, unsere Wohnung hat fünf Zimmer - eigentlich viel zuwenig! - und liegt dort im Westen Berlins, wo er lange nicht mehr „fein“ ist, wo er längst Steglitz heißt. Ich habe zu tun, um das Gehalt bis zum Vierteljahresletzten reichen zu machen.

Das wäre das äußere Drum und Dran bei Lauterbachs, und ehe ich nun recht eigentlich von mir zu reden anfange, muß ich von meiner Schwester erzählen und wie es kam, daß ich durch viele Jahre einen Abscheu vor der „Liebe“ behielt.

Ich wurde aus dem Paradiese (wenn es schon so heißen soll) vertrieben, ehe ich noch den Apfel gegessen hatte.

2

Violet war, als dieses Ereignis sich zutrug, einundzwanzig Jahre, gute sechs Jahre älter als ich. Den ungewöhnlichen Namen hatte sie dem Vater zu danken, der zur Zeit ihrer Geburt grade für eine so benannte Heldin in einem sentimentalen englischen Roman schwärmte. Als ich geboren wurde, war er bereits drei Monate tot, und so heiße ich auch nur schlichthin Marie, gesprochen Mieze oder Mie. Ich bin ihm ebenfalls zu Dank verpflichtet, nämlich dafür, daß er sich in meine Benamsung nicht gemischt hat, denn ich möchte wohl wissen, was ich guter Durchschnitt, und im Aussehen kaum das, mit solch einem Namen hätte anfangen sollen.

Weio, denn so nannten wir sie natürlich und so schrieb sie sich auch, paßte er also vorzüglich, sie kleidete alles. Sie war das schönste Mädchen, das ich in meinem Leben gesehen habe, sehr groß und kräftig, blauäugig und mit einem Haarblond von der sanftesten Hanffarbe. Ihre Schönheit hatte etwas völlig Triumphierendes, sie war immer schön, so wie ein Sommertag ewig und ewig blau ist, und sie war so gesund wie ein Apfel an seinem Zweig. Heute weiß ich, daß am bezwingendsten bei ihr die völlige Reinheit war. Sie war, etwas ganz Seltenes bei einem jungen Mädchen, wissend rein, sie kannte die anderen Dinge dieser Welt, sie verurteilte und sie verabscheute sie nicht, sie betrafen sie gar nicht, ihre Luft war Reinheit und nur Reinheit.

Wir wohnten in einem alten, weitläufigen Hause mit einem riesigen verwilderten Garten, dort in jener Gegend Berlins, wo jetzt die Landhausstraße die Kaiserallee kreuzt. An unser Grundstück stieß eine große Gärtnerei mit vielen Glashäusern, in die wir unsere Entdeckungsreisen zu machen pflegten.

„Komm, Mieze, wir wollen zu Viktor, ich habe rein keine Blumen mehr für die Vasen", rief Weio, und wir faßten uns bei der Hand und eilten die düstere, mit Moos überwachsene Buchenallee hinab, bogen rechts schräg über eine Lichtung, wo das Gras schilfig und hoch, ganz mit Sauerampfer, Hundsschierling und Klette durchwachsen war, krochen durch eine Zaunlücke und liefen, laut „Viktor! Viktor!" rufend, zwischen den langen säuberlichen Gemüsebeeten auf das größte Glashaus zu.

Dann stand Viktor schon in der Tür und winkte uns mit seiner feinen kleinen Hand und lachte und rief: „Schnell, Weio! Lauf, Mieze! Ich habe euch etwas zu zeigen!"

Er hatte uns immer etwas zu zeigen, aber ehe es soweit war, küßte er stets erst lange und andächtig Weios Hand. „Nicht dir allein huldige ich damit", hat er einmal gesagt, „ich huldige aller Reinheit und Schönheit dieser Welt. Es gibt gute Blumen und es gibt böse Blumen, es gibt reine Farben und es gibt unreine Farben, ich züchte die guten Blumen, ich pflege die reinen Farben, das ist mein Beruf. Sie alle grüße und liebe ich in dir."

Natürlich waren die beiden verlobt und ein närrischeres Brautpaar als diesen kleinen mageren blassen blonden Blumenzüchter und meine große strahlende Schwester konnte es kaum geben. Sie hätten längst verheiratet sein können, am Auskommen lag es nicht, und unsere Mutter war schon damals stets krank und saß Tag und Nacht fröstelnd in ihrem Lehnstuhl und sagte zu allem ja und amen. Doch sie wollten noch nicht.

„Siehst du, kleine Mieze", sagte Viktor einmal, als wir davon sprachen, „das große Geheimnis ist Wartenkönnen. Ich bin ein Gärtner, und in die großen Blumenhandlungen nach Berlin schicke ich den Flieder zu Weihnachten und die Maiblumen zu Neujahr. Die kommen aus den Treibbeeten. Aber man soll eben nicht treiben. Wie sieht der Flieder nach zwei Tagen aus, und die Maiblumen in einer Woche? Nicht nur die Blüten sind hin, nein, die ganze Pflanze stirbt. Ich liebe meinen Flieder zu Pfingsten, ich treibe nicht, ich warte ..."

Und auch Weio hat es mir einmal in ihrer Art gesagt. „O Mieze!" hat sie gerufen, „du weißt ja nicht, wie schön das Leben ist! Morgens selig erwachen und etwas haben, von dem man träumen kann, und der Schlaf ist so leicht und leise und dünn wie ganz tiefes Atmen! Und immer steht hinten wie eine ganz schöne weiße Wolke am blauesten Sommerhimmel die Hoffnung auf etwas noch Schöneres, noch Seligeres! Kann es denn das Herz jetzt schon fassen, muß es nicht erst noch viel, viel weiter werden?"

Schöne, tote Schwester! Ich habe dich damals als dummes Schulmädel, das ich war, nicht recht verstanden und würde auch heute noch nicht handeln wie du. Später habe ich die Menschen immer in zwei Parteien geteilt. Die eine ißt den schönsten Apfel zuerst, die andere nimmt sich die wurmstichigen und angefaulten vor und spart sich den besten für den Schluß auf. Aber – weiß ich denn, ob ich nach dem wurmstichigen noch Appetit auf den guten Apfel haben werde? Doch! Ich, die ich mir nun den Magen an einer ganzen Menge wurmstichiger

Lebensfrüchte verdorben habe, weiß, daß mir aller Hunger – auch nach den schönsten – völlig vergangen ist. Daß es aber so schlimm mit dir ausgehen werde, Schwester Weio, daß aus deiner weißen Sommerwolke solch böse schwefelfarbene Gewittertracht werden würde, das hätte keiner gedacht!

Eines Tages war Weio in die Stadt hineingegangen, den langen stillen Weg durch die Felder, um eine Besorgung zu machen, und war abends spät nach Haus gekommen. Ich habe schon im Bett gelegen und geschlafen, aber ich bin dann doch wach geworden aus meinem tiefen Kinderschlaf, von einer Unruhe oder einem Geräusch, und habe, halb benommen noch, gelauscht, was das wohl sei. Und hörte das Unfaßbare und Unbegreifliche, von Kissen erstickt und doch nicht zu ersticken: Weio, meine wundervolle schöne große Schwester Weio weinte!

Ich bin mit einem Satz aus meinem Bett gesprungen und habe sie angesprochen und habe mich niedergekniet neben sie und habe gefragt und habe gefleht, und immer ist das Weinen, ein herzzerbrechendes leises Weinen, neben mir hergegangen. Und ich habe ihre kalte Hand zwischen meine Hände genommen und habe um ein Wort gebettelt und habe ihre schönen vollen lebendigen Zöpfe gestreichelt und habe aus lauter Mitleid und Verzweiflung mitzuweinen begonnen und habe ins Bett zu ihr kriechen wollen, wie ich das sonst tat, wenn *ich* irgendein Leid bei ihr bergen wollte. Da hat sie mich von sich gestoßen und gerufen: „Rühre mich nicht an! Bitte, bitte, rühre mich nicht an!“

Und das sind alle Worte gewesen, die ich in dieser Nacht, und in vielen anderen auch, von ihr zu hören bekommen habe.

Am Tage darauf aber, als ich aus der Schule kam, hat sie mich bei der Hand genommen und hat mich angefleht, zu Viktor zu gehen und ihm zu erzählen, daß sie krank sei und heute und die nächsten Tage nicht kommen könne. Und ich dürfe und dürfe nicht verraten, daß sie des Nachts geweint habe. Ich dummes Ding habe ihr den Willen getan. Als ich ihr dann aber erzählte, wie er blaß geworden ist und kaum noch ein Wort hat sagen können und gezittert hat, wo ich doch nur von einer leichten Erkältung gesprochen habe, da hat sie schwer aufgestöhnt und gesagt: „Es ist zu schwer. Was soll ich nur tun? Was soll ich tun?“

Ihre Schönheit ist in wenigen Tagen eine ganz andere geworden, wie krank war sie, blaß, aber noch unter tausend Tränen hervorleuchtend. Sie ist auch kaum mehr aus dem Haus gegangen, sie saß viel am Fenster von der großen Stube und schaute hinüber zu den Glasdächern, die in der Sonne blitzten. Und ihr Wesen ist ganz sonderbar geworden, immer hat sie an sich waschen und reiben und putzen müssen und hat nur noch weiße Kleider tragen wollen, die sie am Tage dreimal wechselte. Ihre stete Frage ist gewesen, ob sie nicht da einen Fleck habe oder dort. Ich habe schon geglaubt, sie wird wunderlich im Kopf, aber dann, eines Nachts, habe ich alles verstehen müssen und freilich hören, daß ihr Elend viel größer gewesen ist, als ich mir manches Mal rätselnd und ratend im Einschlafen ausgemalt habe.

Vorher aber mußte ich erst noch einmal den Viktor zu ihr führen und der beiden Abschied mit ansehen, und redlich habe ich meine Tränen mit ihren fließen lassen. Sie hat ihn, der über ihr Aussehen völlig erschrocken gewesen ist, bei der Hand genommen und hat zu ihm gesagt: „Mein lieber lieber Junge, du darfst mich nichts fragen. Sieh, du weißt, ich habe dir immer die Wahrheit gesagt und nie ein Geheimnis vor dir gehabt. Und wenn ich dir nun sage, daß wir uns heute trennen müssen, so mußt du mir dies eine Mal ohne zu fragen glauben, daß es so sein muß. Wenn du ohne Frage von mir gehst, so kann ich vielleicht noch weiterleben mit meiner Miezeschwester und darauf hoffen, daß wir uns einmal in vielen, vielen Jahren wiedersehen dürfen. Aber wenn du mich fragst, ist alles vorbei."

Er hat sie nichts gefragt, aber er hat geweint und gefleht, sie soll ihn bei ihr lassen, er will warten, er will sie nie drängen, er will nur hoffen dürfen.

Aber sie hat nicht nachgegeben, und als er nicht innegehalten hat und nicht fortgehen wollte und sein Jammer gar nicht mehr anzusehen gewesen ist, hat sie mich bei der Schulter genommen und ist mit mir vor ihm auf die Knie gefallen und hat gerufen: „Bitte du mit für mich, Miezeschwester, daß er fortgeht und deiner Schwester das Leben läßt. Denn sie lebte noch gerne ein wenig, und wäre es auch nur, um an ihn zu denken und davon zu träumen, wie schön einmal alles war."

Da ist er fortgegangen, ganz bleich und ohne einen Laut. Kaum aber war die Tür hinter ihm zu, ist die Violet ohnmächtig geworden, das erste und einzige Mal in ihrem Leben. Und ich Kind habe sie zur Besinnung bringen müssen und ihren schönen Kopf an meine arme knochige Schulter genommen, und ich habe sie getröstet, denn die Mutter war ja krank, und die Dienstboten durften von all dem Jammer nichts hören.

Und in dieser Nacht habe ich erfahren, was sich mit Weio begeben hat an jenem Nachmittag, da sie nach Berlin gegangen war.

Sie hat ihre Besorgungen gemacht und ist heimgegangen dann in der halben Dämmerung durch den schönen Sommerabend. Und allmählich ist sie aus den heißen lauten Steinstraßen hinausgekommen dahin, wo die Schuttplätze sind und schon Bauplanken gezogen waren und Ziegelsteinhaufen standen. Und ist weitergegangen, und ein erster kleiner Kornacker hat seinen schütteren

Bestand zwischen den Schmutz und Auswurf geschoben, und Kartoffelfelder sind gekommen, und sie hat den Duft von Samenklee gerochen. Da ist es schon fast völlig dunkel gewesen.

Und als sie kaum noch zehn Minuten von unserm Haus entfernt war, ist vor ihr Lärmen und Johlen auf dem Weg laut geworden. Da hat sie gezögert, ob sie weitergehen solle, aber wie sie immer mutig und ohne Furcht gewesen ist, hat das Warten sie gereut, und sie ist weitergegangen. Plötzlich, als sie schon dicht an dem Lärm war, ist es vor ihr still geworden, und ein paar Schritte weiter haben drei, vier Kerle um sie gestanden, und einer ist dicht an sie herangetreten und hat gefragt, ob das Fräulein nicht ein kleines Schnapsgeld für sie hat.

Sie hat sich blitzschnell überlegt, daß, wenn sie jetzt das Geld hervorzieht, es sicher nicht bei einem kleinen Schnapsgelde bleiben würde, sondern daß sie ihr alles Geld abnehmen würden. Sie hat den Kopf geschüttelt und an dem Mann vorübergehen wollen. Beinahe ist sie schon vorbei, da faßt er sie beim Arm und sagt, wenn sie denn kein Geld für solche armen Kerls habe, so möge sie doch jedem ein Küßchen schenken.

Und in demselben Augenblick hat sie gespürt, daß der Mann vor ihr sinnlos betrunken gewesen ist, ein böses, wildes Tier. Da ist die Angst über ihr zusammengeschlagen, sie hat alle Besinnung verloren, sie hat dem Kerl ins Gesicht geschlagen, mit aller Kraft, und Kräfte hatte sie, die Violet!

Als er zurücktaumelte, ist sie losgelaufen, in die Dunkelheit hinein, und die haben hinter ihr drein gehetzt, mit Rufen und Johlen. Sie hat ihre Röcke hochgenommen und ist gelaufen wie ein Hirsch und hat nach Viktor gerufen und nach mir.

„Es hat mir nichts geholfen, ich bin über einen Stein gefallen, und da sind sie schon bei mir gewesen und haben meine Kleider zerrissen und mich genommen. Ich habe geschrieen und gefleht und gebettelt. Dann aber bin ich still geworden, denn aus dem Dunkel der Nacht haben sich Gesichter über mich gelegt, und es ist mir vorgekommen, als seien dies keine Gesichter von Menschen, sondern von großen wilden drohenden Tieren.

Sie sind schon lange fortgewesen, und ich habe immer noch gelegen und das lebendige Dunkel um mich gespürt, sich regend in tausend Fratzen, und habe gefühlt, daß sie alle gegen mich waren. Feinde. Habe gewußt, daß dies das Leben war, das wirkliche Leben, und daß stets das Unreine Sieger bleibt über das Reine.

Ach, zu sehr bin ich auf meine Reinheit stolz gewesen! Nie ist mir vordem in den Sinn gekommen, daß ich ein künstliches Geschöpf war, wider die Natur. Und plötzlich fiel mir ein Vers aus der Schule ein vom Neide der Götter, und auch Gott fand ich schlecht, der Hiobs Reinheit und Glück zerstörte.

Und dazwischen habe ich an Viktor denken müssen und daß alles mit uns vorbei ist, daß wir ein kindisches törichtes Spiel gespielt haben, nun vom Leben in unserer Hand zerbrochen und beschmutzt.

Doch ganz zuletzt bin ich der Sterne über mir gewahr geworden, die funkelten und still vergingen und immer deutlicher aus der Schwärze der Kuppel hervortraten. Und ich habe mich plötzlich der Christenverfolgungen erinnert, all der gemarterten, gemordeten, verbrannten Menschen, ich habe an die ersäuften Hexen denken müssen, an die Guillotine, die den Kindern vor der Eltern Augen den Hals durchschnitt, an die Kriege, die Gefängnisse, die Diebe, die Mörder, die Straßenmädchen, an alles Blut, allen Tod, und Tränen habe ich gedacht, und daß die Sterne immer darüber geleuchtet haben und daß es so weitergeht, immer weiter.

Und habe mich selbst liegen gefühlt unter diesen

Sternen und habe staunend gedacht, daß auch dies vorüber und weiter gegangen sein und sich wiederholen wird, ewig und ewig, solange die Erde steht und Menschen auf ihr wandeln, daß dies eben das Leben ist und nichts als das Leben, und daß Viktor und ich Träumer waren, feige, verräterische Träumer.

Und ich bin wie kaum erwacht aufgestanden und nach Haus geschlichen. Und erst als ich in unser Haus kam und in unser weißes helles Zimmer, in dem du deinen festen seligen Schlaf schliefst, der auch von nichts wußte, und erst als ich mich im Spiegel sah und das zerrissene Kleid und die Wäsche voll Blut und Schmutz und meinen armen gequälten Körper, da erst ist mir wieder in den Sinn gekommen, daß doch *ich* dieses Leben lebe und daß ich gar nicht nur ein bedeutungsloses Glied in einem großen gleichgültigen bösen Geschehen bin, sondern daß ich für mich und dich und Viktor etwas besonderes und einziges war und daß dies nun völlig zerbrochen und ganz vorbei ist.

Ich habe doch meinen Körper geliebt und gepflegt, und wir sind immer eins gewesen. Aber jetzt habe ich es empfunden, als sei mein Leib etwas anderes, etwas Böses, das mich haßte, und als müsse auch ich ihn hassen, weil er schmutzig und voll niedriger häßlicher Bedürfnisse und Verrichtungen ist. Ich habe meine Hände angesehen, und meine Hände haben die Haut an meinem Leibe gehaßt, und alles, alles, was eben noch eins, was Ich war, ist voller Feindschaft und Haß und voller Gemeinheit gewesen.

Und ich habe das Licht nicht mehr ertragen können und den eigenen Blick nicht im Spiegel, ich habe es dunkel gemacht und bin ins Bett gekrochen, und mir ist nichts geblieben als zu weinen, weinen, weinen und zu wissen, daß alles Weinen nichts nütze ist."

So hat mir meine Schwester Weio in jener und in

mancher folgenden Nacht erzählt, denn nun, da sie den Mut gehabt hat, zu einem Menschen zu sprechen, hat sie immer von neuem darüber geredet, als werde ihr dadurch klarer, was ihr armer gepeinigter Kopf zu erkennen versuchte. Und habe ich auch damals wenig genug von alledem verstanden, so habe ich doch ihre kalten Hände zwischen meinen halten dürfen, und ich konnte meinen Kopf wieder an ihre arme gequälte Brust legen und über all den herztiefen Kummer endlich mit ihr weinen.

Verstanden habe ich von alledem wenig genug, das was sie mir vom Leben erzählte gar nicht, aber dieses selbe Leben hat ja dann später dafür gesorgt, daß ich manche der Erkenntnisse Weios beiwegelang aufsammeln durfte. Was aber die Männer eigentlich mit Weio angefangen hatten, das war mir auch nicht recht klar, denn ich hatte nur eine düstere Vorstellung von alledem, und als noch ganz geschlechtsloses Schulmädel auch nie Interesse dafür gehabt. Daß ich aber jetzt nicht fragen durfte und konnte, das verstand ich wohl.

Und dann hatte ich ja auch nur eine sehr kurze Zeit zu warten, bis ich das alles mit der größten Deutlichkeit erfahren sollte. Das Leben ließ meine arme Weio noch lange nicht aus seinem Griff, es spielte ein bißchen Katze und Maus mit ihr, ließ sie dahocken und Atem holen und streckte langsam und spielend schon die Tatze zum nächsten Schlage aus.

Wir aber holten Atem. Ich habe sicher Weio in diesen schlimmen Wochen gut getan, wir sind immer, sobald die Schule es nur zuließ, beisammen gewesen und haben geschwatzt und unsere kleinen schüchternen Pläne für die Zukunft gemacht. Damals ist festgesetzt, daß ich Lehrerin werden solle, und nach meinem Examen wollten wir dann aus unserm Haus hier ein Pensionat machen, alles voller Kinder. Und Weio sollte die Hausfrau werden, und sie konnte sachte und schön lächeln, wenn sie an all den Lärm und Jubel dachte, den die Kinder um sie erheben würden.

Von Viktor sprach sie nie mehr, und ich habe ihr auch nichts von ihm gesagt, trotzdem er mir jeden Tag auf meinem Schulweg aufgelauert hat. Er hat mich angefleht und gebeten, ihm zu erzählen, was mit Weio geschehen sei, denn er hat mir wohl angesehen, daß ich das wußte. Ich habe ihm aber leider stets widerstanden, und wollte mir das Herz einmal schwach werden, lieber zu meinen Beinen Zuflucht genommen als zu meiner Zunge.

Denn das war fest zwischen Weio und mir ausgemacht, daß nie jemand etwas von dem Geschehenen erfahren dürfe. Sie hatte es mir so oft gesagt, und ich sah es auch ein, daß sie nie wieder einem Menschen ins Auge würde sehen können, wenn jemand davon wisse. Ich habe ihr wohl einmal gesagt, daß sie die Männer doch anzeigen müsse, aber sie hat bloß mit dem Kopf geschüttelt und gesagt: „Nein, nein, Mieze, die können doch auch nichts dafür. Die haben es auch tun müssen."

Denn daran hat sie fest geglaubt, daß an all dem das Leben schuld sei, und nur das Leben, und daß jeder in dessen Händen Werkzeug sei, gutes oder schlechtes, ungefragt.

So sind die Wochen verstrichen, und es ist mit meiner Violet besser und besser geworden, und ich habe sie manchmal schon überreden können, mit mir in den Garten zu gehen, wo ein milder Frühherbst das Laub bunt tönte. Aber plötzlich ist sie wieder ganz verändert gewesen, sie hat viel geweint, ihr Wesen war so heftig, als fliehe sie ständig vor etwas Schlimmem. Wenn ich ihr nun von unsern Zukunftsplänen mit dem lauten Haus voll Kindergelächter sprach, hat sie geschaudert.

Ich bin viel in sie gedrungen, sie solle mir doch sagen, was sie quäle, aber sie hat mich stets zurückgewiesen und gemeint, ihr sei nichts. Ich bin dann wohl nach Kinderart trotzig und verstockt um sie geschlichen, bis ihr Kummer mir wieder das Herz erweicht hat und ich in ihre Arme geglitten bin und ihr tausend Schmeichelnamen gegeben habe. Und ich habe gefühlt, daß sie es mir hat sagen wollen und nicht gekonnt hat, wie sie zusammengeschaudert ist vor einem großen dunklen Schrecken, der ganz dicht um sie lag.

Immer trüber und schwerer ist sie geworden, sie hat nicht mehr aufzusehen gewagt und ewig in ihrer Stube gehockt. Niemand hat sie sehen wollen, auch mich nicht. Als ich ihr aber gesagt habe, daß die Dienstleute schon unsere Mutter aus der Apathie ihrer Krankheit aufgescheucht hatten und daß ihr ein Arzt geschickt werden solle, hat sie gejammert: „Nur das nicht!“ Und hat mich beschworen, ich solle mit der Mutter sprechen und ihr von einem Zerwürfnis mit Viktor erzählen. Ich habe nicht gewollt, und erst als sie mir versprochen hat, sie werde mir dann auch ihren neuen Kummer erzählen, habe ich eingewilligt.

Und als ich ihr nun den Arzt fortgelogen habe, hat sie mir eines Tages einen Zettel in die Hand gesteckt, auf dem gestanden hat: „Ich bekomme ein Kind. Lies im Lexikon nach . . .“ Und da hat sie die Stichworte aufgeführt.

Erst habe ich nichts verstanden, aber das Lexikon, dieser Ersatz für schämige Eltern, hat ja dafür gesorgt, daß es taghell in meinem Klein-Mädel-Hirn geworden ist, eine schreckliche grauenhafte Helle. Ich weiß die Stunde noch wie heute, und um ihretwillen ist es, daß ich mein Leben nie, nie wieder leben möchte. Denn wie da der Vorhang von den Dingen geglitten ist und das Leben mich angefletscht hat als ein grausames, gleichgültiges Tier, das weiß ich nicht zu sagen und nicht zu schreiben.

Ich bin später einmal, schon als verheiratete Frau, in einem sogenannten anatomischen Museum gewesen, aber was einem da in Spiritus, Wachs und Buntdruck geboten ist, das war ein lieber freundlicher Zaubergarten gegen das schrecklich tatsächliche Bild, was mir die nüchternen Holzschnitte und Fachausdrücke des braven Brockhaus vormalten. Für viele, viele Jahre ist da meine Sinnlichkeit verschüttet worden und die Liebe mir wie ein grauenhafter Apparat erschienen, eine richtige umständliche tote gefährliche Maschine mit Rädern und Sehnen und Übertragungen und Verspannungen, recht wie ein Katapult aus unserem römischen Geschichtenbuch.

Da ist alles bei mir zugedeckt worden, und ich habe geschaudert bei dem Gedanken an einen Kuß und habe dann auch ein paar Jahre später einmal einen kleinen Studenten böse zugerichtet, der mir das Küßchen in Ehren etwas stürmisch abverlangte. Und mein Körper ist mein Feind geworden, und ich habe ihn verachtet und gequält, mit Lust habe ich auf den harten Dielen geschlafen, weil er nur leiden sollte, und habe ihn hungern und dürsten lassen und wachen.

Aber all das kam viel später, kam allmählich, jetzt hatte ich erst einmal gar keine Zeit, an mich zu denken, ich hatte an meine unselige Schwester zu denken und die schrecklichen Vier, die sie überfallen hatten. Und ich bin zu ihr gestürzt und habe mit ihr geweint und habe sie sehr gut verstanden, als sie sagte: „Sieh, Mieze, ich will und kann es nicht wachsen lassen in mir und auf die Welt bringen und um mich gehen haben und mich anschauen lassen von seinen bösen Tieraugen. Fühle ich doch jetzt schon, wie es in mir sitzt und mich haßt und sich über meinen Kummer freut und sich bläht. Ich kann es nicht leben machen.“

Das habe ich wohl verstanden, denn mir ist die Zeichnung eines Embryos in den Sinn gekommen, wie es in der Mutter liegt, und ich habe das alte grinsende Gesicht dieses Wechselbalges und hydrokephalen Gnoms gesehen und habe es ihm auch nicht gönnen wollen, daß es ans Licht käme und meine schöne Weio quäle.

Darüber waren wir uns ohne Worte einig, aber wie wir dies Ziel erreichen sollten, wußten wir ganz und gar nicht. Und wir waren schon soweit, zu einem Arzt zu gehen, der wohl, wenn er diesen Kummer und dieses Elend vernommen, meine Weio von ihrer Plage erlöst hätte. Aber wie man einmal, ist man schon ins Unglück geraten, immer tiefer hineingerät und alle Versuche um Rettung nur in ein schlimmeres Elend stürzen, so ist denn auch Violet wieder auf einen anderen Artikel im Lexikon gestoßen.

Und Wochen haben wir uns gequält, und ich habe dem armen schönen Mädchen die Füße mit heißem Wasser verbrühen müssen, ich habe aus den breiten Nadelfächern unseres guten Sadebaumes Abkochungen gemacht, und zum Schluß sind wir denn richtig auch an die passenden Inserate in den Zeitungen geraten, und ich habe Tees gekocht und Mittelchen eingegeben, und nichts hat geholfen.

Ich wünsche keinem Menschen, solch namenloses Elend zu erleben wie diese Monate stumpfester Verzweiflung, irrsinnigsten Wartens, flackerndster Hoffnung. Ich hatte ja nebenbei noch meine Schule und kam mir eine Fremde aus fernem Lande zwischen den andern Mädels vor und hörte mir ihr Gelächter und ihre Scherzchen und Witzchen mit schmerzendem Ohre an. Manche halblaut geflüsterte Bemerkung verstand ich nun wohl besser als die, die sie machte, doch das war eine traurige Wissenschaft. Und ich schlich auf meinem Heimweg aus der Schule, um nur das Elend ein paar Minuten später zu Gesicht zu bekommen, denn schließlich war ich trotz aller Engelmacherinnen-Künste doch nur ein Kind, und hätte ich jetzt den Viktor noch auf der

Straße getroffen, so hätte ich ihm vielleicht doch alles Elend hingeschüttet, der aber hatte auch den Mut verloren und war fortgeblieben.

Die Weio ist aber immer finsterer und verschlossener geworden, sie hat auch mit mir nicht mehr reden wollen und hat allein für sich gehockt und keine Hand mehr gerührt. Ich weiß noch, wie ich sie einmal angefleht habe, ein neues Mittel zu versuchen, von dem ich aus irgendeinem Grunde bestimmt hoffte, es würde helfen, und sie hat nur so eine Bewegung durch die Luft gemacht und gesagt: „Es ist eben alles aus, Mieze, man will es nicht glauben, man möchte immer noch hoffen, aber eines Tages weiß man: es ist alles aus. Wenn man das aber weiß, mit allem Körper und aller Seele gelernt hat, daß man es nicht nur aus-, sondern auch inwendig weiß, dann gibt es keinen Schmerz mehr, dann ist eben alles aus."

Das hat dieselbe Weio gesagt, die einst das schönste und seligste Mädel auf diesem Erdboden war. Wir mögen eben noch so schön und rein sein, es mahlt uns klein, das ist eine traurige Gewißheit und für die Schiechen und Neidischen ein elender Trost.

An einem Tage aber hat mich Weio beiseite genommen und hat mir wieder so ein Inserat in der Zeitung gezeigt und gesagt, das sei nun bestimmt das Richtige und das hülfe ihr. Ich bin froh gewesen, daß sie doch einmal wieder aus ihrer Starrheit aufgewacht ist, und habe gerne eingewilligt, gleich den weiten Weg in den Norden der Stadt zu machen und das Mittel zu holen. Denn sie hat gesagt, sie könne nun nicht länger warten, sie müsse es noch heute versuchen und fühlen, daß sie frei werde. Sie hat mir eingeschärft, was ich sagen solle und was ich verheimlichen müsse, sie hat mich immer wieder geküßt und mich ihre liebste Miezeschwester geheißen.

Als ich schon weit den Feldweg hinuntergewesen bin, hat ihre weiße Gestalt noch am Tore gestanden und mir nachgewinkt. Ich aber bin richtig meinen Weg nach Berlin gegangen und habe auch zu dieser Frau hingefunden und mein Anliegen hergebetet. Da bin ich freilich mit großen Augen angesehen worden, denn Schulmädchen wie mich hat man im allgemeinen wohl nicht zu solchen Botengängen verwendet, auch nicht so offen und ohne Umwege gesagt, was man eigentlich wolle. Ich bin nicht an der Tür abgefertigt, ich bin in die gute Stube gebeten worden.

Wie diese gute Stube aussah und wie sie roch, das werde ich wohl mein Lebtage nicht vergessen. Alle Schmierigkeit und aller fettiger Schmutz haben dort geklebt, und wenn mich heute jemand fragen würde, ob ich weiß, was Angst ist, so würde ich nur an den Geruch, der dort festsaß, denken und mit dem Kopfe nicken.

In dieser Stube hat sich noch eine dickliche Dame mit hellblonden Locken aufgehalten, über deren Tätigkeit ich seit kurzem auch nicht mehr im unklaren war, und diese beiden Weiber haben nun ein Kreuzfeuer von Fragen über mich ergehen lassen. Aber ich habe nicht den Mut verloren und nichts von dem gesagt, was zu verheimlichen Weio mir geboten hatte. Doch wenn ich auch über Name und Ort wie ein Steinbild geschwiegen habe und den größten Listen eben noch listiger aus dem Wege gegangen bin, so haben die beiden aus meinen Antworten auf eine so tiefgehende und bittere Einzelkenntnis in diesen Dingen geschlossen, daß ihnen Neugierde und Begehrlichkeit ganz in einem echten Mitleid untergegangen sind. Ich bin bei allem Wissen eben doch noch wie ein Kind gewesen, das ein gemeines Wort auf der Straße aufgeschnappt hat und es unschuldig und harmlos wiederholt. Sie haben mir denn auch das Mittel gegeben mit genauesten Sonderanweisungen, und es werde fast sicher helfen, wenn es auch schon reichlich spät sei. Und haben mir nicht viel mehr abverlangt, als in der Zeitung gestanden hat.

Ich aber habe gesessen dort und geantwortet und ein leises Gefühl des Grauens ist immer stärker und bewußter in mir geworden, wenn ich diese beiden, die pudelköpfige Geschminkte und die Dicke, die wie zerfallend aussah vor lauter Fett, anschaute. Grauen, daß diese beiden nun ewig und für alle Zeiten mit meinem Leben und dem Leben der Weio verknüpft gewesen sind. Und es ist mir vorgekommen, als sähe ich diesen Webeteppich Leben ganz von nahem, wo sich die klaren, bunten Farben, die man aus der Ferne schaut, in einzelne Fäden zerlegen. Und alles war viel verwirrter und geheimnisvoller, als ich je geglaubt, und mir und Weio und allen blieb nichts, als nur die Hände in den Schoß zu legen und sich blind treiben zu lassen, weil wir eben doch nichts verstehen konnten und ganz anders gewebt würden, als wir hofften, meinten und dächten.

Aber schließlich bin ich dann doch aufgestanden und habe mich verlegen bedankt und einen Knicks gemacht und bin draußen gewesen in einem häßlichen, nassen, frösteligen Novemberabend. Und als ich noch einmal zurückgesehen habe und hinauf an dem Haus, haben die beiden im Fenster gelegen und mir nachgewinkt, grade wie Weio mir vor ein paar Stunden nachgewinkt hatte.

Da ist mir plötzlich der Gedanke an Weio schwer aufs Herz gefallen, wie sie so viele Stunden schon an diesem trüben, trostlosen Nachmittage allein gesessen hat, und ich habe an den Teppich denken müssen und an die vielen Fäden darin, die ich doch nicht verstehe. Und ich habe zu laufen begonnen und bin in eine Bahn gestiegen und wieder in eine andere und in noch eine, bis ich eben auf der letzten Haltestelle gestanden habe, nur noch zehn Minuten Feldweg vor mir.

Es ist ganz dunkel gewesen, und der Wind hat in den Ästen der alten Bäume gebraust, und Regen ist mir ins Gesicht geschlagen, und ich bin oft auf dem nassen Lehm ausgeglitten. Ich bin gelaufen und gelaufen, die Angst im Herzen, was wohl geschehen sein könne, und die Baumstämme sind eilig an mir vorbeigehuscht, und doch ist mir gewesen, als nähme der Weg kein Ende.

Bis an einer Biegung unser Haus vor mir gelegen hat und ich trotz aller Eile, die mich eben noch trieb, halten geblieben bin. Mein Herz hat ganz schwer und langsam geklopft, als wolle es beim nächsten Male stehenbleiben. Denn, was ich den ganzen Heimweg gefürchtet hatte, das habe ich nun deutlich gesehen: es war etwas geschehen. Das ganze Haus ist von oben bis unten beleuchtet gewesen, und die Gaskandelaber auf der Straße haben gebrannt und zwei Wagen vor der Tür gehalten.

Ich aber habe mich langsam wieder in Bewegung gesetzt, und hätte ich nur gewußt, wohin sonst zu laufen, ich hätte keinen Schritt auf das erleuchtete Haus zu gemacht. Schließlich bin ich vor der Tür angelangt und habe gezögert, ob ich die Kutscher, die dort bei ihren Pferden standen, fragen sollte, und habe vor Angst keinen Ton vorgebracht und bin die Stufen emporgestiegen und habe an der Tür geklingelt.

Zwei- oder dreimal habe ich klingeln müssen, ehe jemand kam, und hörte immer doch Laufen und Reden. Dann hat die Erna mir die Tür aufgemacht. Ehe ich sie aber noch etwas habe fragen können, ist sie zusammengefahren und ist ins Haus gelaufen und hat gerufen: „Die Mieze ist da, die Mieze ist eben gekommen."

Ich bin weitergegangen, wie in einem unsinnigen Traum ist mir gewesen, und als ich auf dem Vorplatz gestanden habe, ist die Tür zum Wohnzimmer aufgegangen und ein großer Herr mit einem weißen Vollbart ist auf mich zugekommen und hat „Guten Abend" gesagt und mich bei der Hand genommen, als kennte er mich, und hat mich in das Wohnzimmer geführt, wie ich ging und stand.

Das ist voll gewesen von Leuten, ein junger Herr noch und Viktor, der ganz bleich war, und ein Herr in Uniform und zwei Krankenschwestern und der Gärtner und andere noch, die ich nicht gekannt habe. Alle aber haben mich angesehen, und ihre Gesichter sind weiß gewesen, und keiner hat einen Laut gesprochen. Und plötzlich hat es einen Schrei getan von irgendwoher, da sind alle zusammengefahren und haben einander angeblickt, als hätten sie Angst, und ihre Lippen haben gezittert.

Aber der Weißbärtige hat ein Wort zu der einen Schwester gesagt, und die ist zur Tür gegangen und dort stehengeblieben und hat gefragt: „Herr Doktor, kommen Sie nicht mit?"

Da hat der Alte wieder eine Bewegung zu dem jungen Manne gemacht, und der ist mit der Krankenschwester hinausgegangen, beide dicht nebeneinander, als ängstigten sie sich allein. Und der Alte hat mich angesehen und hat ganz sanft gefragt: „Was haben wir denn da, mein Kind?", und ich habe ihm mein Paketerl hingestreckt. Er hat es aufgemacht und hat es angesehen und mit den Achseln gezuckt und gesagt: „Das ist nun freilich nicht mehr nötig, kleines Mädchen."

Ich habe ihn angesehen und habe fragen wollen, was geschehen ist und wer vorhin den Schrei getan hat, und habe bitten wollen, daß sie mich zu der Weio lassen, und habe kein Wort sprechen können. Und da habe ich Viktor plötzlich anschauen müssen, und der hat mich so angelächelt, als wisse er vor Tränen nicht, was tun, und ganz sanft hat er da zu mir gesprochen: „Mieze, Miezeschwester, hättest du nur ein Wort gesagt!"

Der alte Herr hat gewehrt: „Sch! Schsch! Das ist doch nur ein Kind! Nur ein Kind!"

Und in demselben Augenblick ist es über mich gefallen, daß wir beide, Violet und ich, viele, viele Wochen wahnsinnig gewesen sind und daß wir immer tiefer in die Finsternis gelaufen sind, wo doch überall Lichter waren und Helligkeit. Da ist es plötzlich aus mir gebrochen, und ich habe schreien müssen und habe nur noch schreien können.

Und erst viele, viele Wochen später, als meine schöne Weio längst unter der Erde lag, habe ich allmählich erfahren, daß sie sich an jenem Nachmittag den Leib mit Benzin begossen und angezündet hat, weil sie nicht mit solchem Kind und Feinde im Grab hat liegen wollen, wie sie geschrieben hat.

3

Es ist mir ein Segen, daß ich heute abend mit der Geschichte von Violet zu Ende gekommen bin, ich hätte sonst wohl auch diese Nacht wieder nicht schlafen können. Nie und nie habe ich das alles auch in dieser Ausführlichkeit erzählen wollen, aber als ich zu schreiben begann, ist mir gewesen, als sei ich wirklich wieder die kleine Miezeschwester von vor dreißig Jahren, und meine schöne Violet sitze einsam und mit all ihrem Elend und Kummer in unserer Stube.

Ich habe ja nur klarmachen wollen, wie es gekommen ist, daß ich für viele Jahre einen Abscheu und einen Ekel vor der Liebe behalten habe, wie sich mit diesem Worte für mich fest der Begriff an einen grausamen, seelenlosen Apparat verknüpft hat, dem wir alle ausgeliefert sind. Wenn ich auch jung war und mein Kopf mit den Jahren weniger an diese schrecklichen Monate gedacht hat, mein Körper und meine Nerven, alle meine Neigungen, die haben nicht vergessen können, die haben sich erinnert.

Und nun muß ich erzählen, wie ich doch, kurze neun Jahre später, geheiratet habe, eine Ehe eingegangen bin mit einem guten treuen Menschen, die heute noch hält, trotz alledem und wegen alledem geheiratet habe, ohne Liebe, aber aus einer sicheren Freundschaft in eine gute Geborgenheit hinein.

Nach dem, was in jener Nacht geschah, und als ich gesund geworden, bin ich wieder zur Schule gegangen und habe meine Selektaprüfung gemacht und bin nach England und Frankreich gereist und habe mein Erlerntes in Sprachen geübt und ausgebaut. Natürlich bin ich für andere kein erfreulicher Umgang gewesen, und mir selbst habe ich mehr zur Last gelegen, als mir lieb war, aber schließlich habe ich doch nicht allzusehr von meinen Mitschwestern abgestochen, ich war eben ein Einzelgänger und ein verschlossener Mensch. Ich habe selber schwer daran getragen und oft versucht, aus dieser Haut, die mir so gar nicht passen wollte, hinauszukriechen, aber damals ist es mir noch nicht gelungen.

Dann habe ich mein Examen gemacht und bin nun wirklich Lehrerin gewesen, einundzwanzig Jahre alt. In den Städten habe ich nicht bleiben wollen, ich bin zu sehr in einem Garten aufgewachsen, um an ihnen Gefallen zu finden, und so bin ich aufs Land gegangen, zu einem Oberförster, dem ich seine beiden Töchter erziehen sollte.

Da habe ich es so einsam und still gefunden und voller Baumpfade, Tiere und Blumen, wie ich es mir nur wünschen konnte, aber es hat mir doch nicht gefallen. Auch an den Kindern war nichts auszusetzen, nur viel zu still und verschüchtert waren sie. Überhaupt kroch alles in diesem Haus voller Angst umher, und das machte der Alte, der Oberförster, der wirklich verdrehter und wilder war, als erträglich schien.

Er soll früher ein ganz umgänglicher, nur etwas trotzköpfiger Mann gewesen sein, aber dann bekam er einmal Streit mit einem Pastor um einen Acker oder um Wild, das im Korn Schaden getan hatte, was weiß ich. Da legte er sich aufs Prozessieren, und als er dabei nicht sein Recht bekam, warf er eine Todfeindschaft auf den Pastor.

So war es eine Weile mit Schurigeleien hin und Schurigeleien her gegangen, bis er wohl einsah, daß dabei nichts Rechtes herauskam, und sämtliche Pastoren in seinen Haß einbezog. Das war ja nun soweit gut, denen tat's nicht weh. Aber nun geriet er darauf, alle Leute zu seinem Glauben bekehren zu wollen und überall zu einem Kreuzzug gegen die Baalspfaffen aufzurufen. Da legte sich wieder seine Behörde ins Mittel und verbot ihm den Mund. Doch ebenso schnell fand er einen neuen Ausweg. Nun wollte er ein Gesangbuch herausgeben, ganz wie das kirchliche, und jedes Lied sollte auch recht schön nach einer kirchlichen Melodie gehen, aber in jedem Lied wollte er eine Schandtat der Pfaffen besingen.

Das trieb er nun schon ein paar Jahre, saß ewig über Büchern und Scharteken, aus denen er Stoff suchte, war brummig, finster und wortkarg und taute nur dann ein wenig auf, wenn er ein neues, recht saftiges Schelmenstückchen seiner Feinde entdeckt hatte. Das servierte er uns allen dann zum Mittag- oder Abendessen und hatte seine rechte Freude daran, wenn er den zitternden Kindern eine gebratene Hexe oder auch nur einen geräderten Bauern, der am Zehnten gespart hatte, in allen Einzelheiten vorsetzen konnte.

Da half kein Gegenreden. Und wenn ich auch nie eine Freundin der Geistlichkeit und christlicher Lehre gewesen bin, solchen Schandredereien gegenüber habe ich den Mund nicht gehalten. Er schrie aber einfach lauter und freute sich über meinen Zorn. Am schlimmsten trieb er es nachts, wenn er seine drei, vier Glas Rumpunsch getrunken hatte, dann sang er durch das schlafende Haus:

„Die Pfaffen fingen ein Jüngferlein,
Halleluja!
Sie zogen ihr aus das Hemdlein fein,
Ehre sei Gott in der Höhe!
Sie legten sie auf ein hölzern Bett,
Hallelulja!
Und schmierten sie ein mit Teer und Fett,
Ehre sei Gott in der Höhe!"

Da sind manches Mal die Kinder in ihrer Angst zu mir ins Bett gekrochen, und wir drei haben Stunden wach gelegen und mit Zittern gewartet, bis endlich sein Rausch über seine Sangeslust Herr geworden ist.

Ich habe immer von dort fortgewollt und habe es doch nicht übers Herz gebracht, die armen Kinder ganz allein zu lassen. Und stets von neuem habe ich mir den Kopf zerbrochen, wie man dem Oberförster den Mund stopfen könne.

Eines Nachts, als das Geheule unten wieder losging, sind wir Hausbewohner alle, Kinder und Mägde und ich, vor seine Tür gezogen und haben dasselbe Kirchenlied angestimmt, das er grölte, aber mit den rechten Worten. Und je lauter er gebrüllt hat, um so lauter haben wir gesungen, und wenn er eine Weile gewartet hat, haben auch wir gewartet, um mit ihm schön richtig wieder anzufangen.

Schrie er: „Ein feste Hur der Pfaffen Glück", so sangen wir: „Mit unsrer Macht ist nichts getan." Sang er: „Das Kind werd ich abtreiben", so sangen wir lauter: „Das Reich muß uns doch bleiben." Es war zum Weinen, zum Lachen und zum Verzweifeln.

Schließlich hat er die Tür aufgerissen und sich unser Singen verbeten. Darauf habe ich ihm geantwortet, wir würden jetzt immer singen, wenn er singe, und ihn allein lassen, wenn er seine wüsten Geschichten erzähle. Da hat er mich groß angesehen und nur „Soso!“ und „Ach was?“ gesagt, und am nächsten Morgen habe ich meine Entlassung bekommen.

So habe ich denn von meinen schluchzenden und jammernden Schäflein Abschied genommen und sie ihrem wüsten Kerl von Vater überlassen. Ich habe mich dann nach einer neuen Stellung umgesehen, und weil ich es dieses Mal ganz gut treffen und vor allen Rüpeleien sicher sein wollte, habe ich gewartet, bis ich etwas sehr „Feines“ bekam, und bin in ein gräfliches Haus als Gouvernante der beiden Komtessen gegangen.

Feiner hätte ich es ja nun sicher nicht treffen können, aber zufrieden habe ich mich dort in all den zwei Jahren nicht eine Stunde gefühlt. Zuerst bin ich auf die äußeren Formen und die große Liebenswürdigkeit hereingefallen, aber es hat nur wenige Tage gedauert, bis ich gemerkt habe, daß gar nichts hinter all dieser Liebenswürdigkeit steckte und daß ich und jeder Bürgerliche hätte sterben und verderben können, ohne daß die ganze Gesellschaft auch nur den Hals nach uns gedreht hätte.

Das Haus wimmelte immer von Besuch, aber unter einem simplen Adligen wurde es nicht getan, und in den zwei Jahren sind der Hauslehrer des jungen Grafen und ich die einzigen Bürgerlichen gewesen, die ihre Füße unter diesen Tisch strecken durften. Geredet aber haben wir alle beide an dieser Tafel kein Wort, außer daß wir etwa einmal den Kindern eine Mahnung zugeflüstert haben.

Bei diesen Mahlzeiten ist mir der Hauslehrer zuerst aufgefallen, denn der Herr Graf hat die seltsame Angewohnheit gehabt, sobald eine Frage offen war oder eine Meinungsverschiedenheit entstand, nach dem unteren Tischende hin zu fragen: „Nun, was meinen Sie, Herr Doktor?“

Dann hat der kleine, blasse, schwärzliche Mann den Kopf wie in schweren Bedenken hin und her gewiegt, hat aber kein Wort gesagt, und der Herr Graf ist auch von dieser Antwort völlig befriedigt gewesen und hat mit seinen Baronen und Freiherren weitergeredet.

Dieser Graf ist überhaupt ein seltsamer Mann gewesen und gar nicht dumm, sondern im Gegenteil höllisch klug, sehr belesen und, wie ich oft genug habe hören können, ein brillanter Plauderer. Aber sein Feinheitstick war so, daß ich über ihn habe lachen und mich noch öfter habe schändlich ärgern müssen.

So einmal, gleich ganz im Anfang, als ich noch nicht gewußt habe, daß der Park von zwei bis vier für die Grafenfamilie reserviert und für alle anderen verboten war, und ich da dem lustwandelnden Grafen begegne, zur Seite trete und ihn grüße. Aber er ist an mir, die vor einer Stunde noch an seiner Tafel gesessen hat, vorübergegangen und hat mich nicht gesehen, weil er doch nicht sehen darf, wie eines seiner Verbote übertreten wird. Oder wie eine große Telefonanlage auf Gut und Schloß gebaut wurde, aber nach einer Woche wieder herausgerissen werden mußte, weil sich herausgestellt hatte, daß die bürgerlichen Beamten den Herrn Grafen anrufen konnten, während er doch nur sie anrufen wollte.

Doch er war am Ende noch erträglich, aber sie! Dann und wann erschien sie zum Schulunterricht und sagte liebenswürdig, durch das Lorgnon äugelnd: „Lassen Sie sich gar nicht stören, liebes Fräulein Schildt, ich will nur ein wenig meine Kenntnisse auffrischen." Und saß da und horchte auf jedes Wort und nahm mich nach der Stunde beiseite und sagte dann: „Liebes Fräulein Schildt, belasten Sie doch das Hirn der Komtessen mit keinem Gedächtnisballast. Fragen Sie nicht, plaudern Sie ihnen den Stoff vor, einem jugendlichen Hirn fliegt alles zu."

Und wie ich mein Knickschen machte und etwas einwenden wollte, fuhr sie fort: „Und dann, liebes Fräulein Schildt, was ich noch sagen wollte: Sie gaben der Komtesse Hildegard den Rat, die Beine unter dem Tisch ruhig zu halten. Solch ein Wort!“ Sie sah mich ernst, betrübt und von Schildpatt eingerahmt an, schüttelte den Kopf und fuhr fort: „Die Komtessen haben keine Beine, Fräulein Schildt! Wenn dieser – Körperteil einmal genannt werden muß, so wollen wir doch lieber Ständer sagen. Guten Morgen, es war sehr anregend für mich.“

Und ich stand dann nach solcher Reprimande zwischen Weinen und Lachen da und merkte, wie wenig es mir half, meine hochgeborene Brotherrin „Pute“ zu titulieren, sie blieb fein, und ich war grob. Da habe ich oft mit Seufzen meine langen dänischledernen Handschuhe angezogen, und wir, die Komtessen und ich, sind in die Gärtnerei gegangen und haben Blumen geschnitten, mit denen wir alle Vasen und Schalen des Schlosses zu versehen hatten. Wir hätten es alle drei wohl lieber ohne Handschuhe getan, aber dagegen lag strenger Befehl vor: die Haut und die Nägel der Komtessen mußten geschont werden, und die Gouvernante hatte mit gutem Beispiel voranzugehen.

So manchen Nachmittag und Abend habe ich da hilflos und verlassen in meinem Zimmer gesessen und hab auf das Grün der Parkbäume und den sonnenglitzernden See hinausgesehen und habe gewußt, daß dies schön und friedlich sei, und habe mich gefragt: und weiter? Werde ich so immer nachmittags und abends auf herrschaftliche Parks und Seen hinausschauen in zehn, in zwanzig, in dreißig Jahren noch? Und werde solch wunderliche *governess* wie in den von Papa geliebten Romanen geworden sein und werde meinen Zöglingen mit Überzeugung sagen: „Komtesse Ruth, Sie haben sich nicht das Bein aufgeschlagen, o shocking! Sie haben sich Ihren Ständer verletzt!“ –?

Und ich habe mit Neid hinuntergehorcht, wenn abends nach dem Souper die Diener und Zofen und Mädchen und Stall- und Gärtnerburschen lachend in den Park gelaufen sind, und hätte zu ihnen gehören mögen und die ganze Feinheit von mir abschütteln.

Ich hätte es dort auch nie zwei Jahre ausgehalten, wenn nicht . . .

Nun, wie ich eines Mittags auf das Tischzeichen warte und ein wenig abseits von den andern in der Halle stehe, da ist der kleine blasse schwärzliche Grafenerzieher auf mich zugetreten und hat mich gefragt: „Nun, Fräulein Schildt, freuen Sie sich auch pflichtschuldigst wie ich auf Ihre sechs mit der Noblesse von sechzehn Ahnen servierten Gänge, die Radieser und den Käse nicht gerechnet –?"

Ich habe erschrocken und belustigt mit einem Blick auf die andern gemurmelt: „Aber, Herr Doktor, Sie werden doch hier nicht angesichts vo vieler erlauchter Ahnen" – denn sie hingen in Öl und teilweise recht scheußlich überall um uns herum – „und bei diesen Zuhörern Spott mit dem Heiligsten treiben!"

Da antwortete er ruhig, ohne seine Stimme ein bißchen dabei zu senken: „Liebes Fräulein Schildt, Sie sind noch zu kurze Zeit hier, um auch nur eine blasse Ahnung davon zu haben, wie vollständig piepe denen ist, was wir sagen und denken. Sie dürften ruhig bemerken, daß unsere Frau Gräfin eine Pute ist", ich fuhr zusammen und er lächelte, „es machte ihr gar nichts, denn sie wüßte es besser. Aber versuchen Sie nur, vor ihr durch die Tür zu gehen . . ." Er lächelte noch einmal. „Und hat das schließlich nicht etwas Versöhnliches?"

Hatte mir schon sein sibyllinisches und ganz und gar nicht befangenes Kopfwiegen bei Tisch gefallen, so sagte mir diese Art zu denken und reden noch besser zu. Und viele Wochen sind mir diese kurzen Schwatzminuten vor Tisch ein wahrer Trost gewesen. Ich hätte gerne einmal ein längeres Gespräch mit ihm geführt, aber er wohnte in dem einen Flügel vom Schloß und ich im andern, und sich da begegnen, das war, als sollten Kurfürstendamm und Wedding zusammenkommen. Im Park aber bekam ich ihn nie zu sehen.

Er hat aber nicht so töricht wie ich darauf gewartet, bis Seine Majestät der Zufall sich selbst einmal herabließ, uns zusammenzubringen, sondern hat mich eines Mittags einfach gefragt: „Wollen Sie nicht einmal mit mir rudern, Fräulein Schildt?“

Und als ich ihn etwas verdutzt angesehen und ganz naiv gefragt habe: „Dürfen wir das denn auch –?“, denn ich habe ja nie erraten können, was eine geborene und auch noch verehelichte Reichsgräfin für unpassend hielt, da hat er ganz verwundert mit dem Kopf geschüttelt und gefragt: „Aber! Aber! Fräulein Schildt! So wenig erst gelernt! Sie können tun und lassen, was Sie wollen, in Ihrer Freizeit heißt das, Frau Gräfin und Herr Graf werden doch nicht die Verpflichtung übernommen haben, für die Moral ihrer Bediensteten einzustehen! Meinen Sie, Frau Gräfin macht sich Sorge, was der Gärtnerbursche Klappsch abends tut? Oder sind Sie so größenwahnsinnig, zu meinen, in den Augen Ihrer hohen Herrin sei ein erheblicher Unterschied zwischen den Wesen Klappsch und Schildt?“

Ich hatte es bisher doch gemeint, wußte aber im gleichen Augenblick, da er sprach, daß er recht hatte, und war ausnahmsweise auch einmal völlig damit einverstanden, da es mir zum Rudern half.

Und so haben wir diesen Sommer und bis spät in den Herbst hinein und den nächsten Sommer wieder die schönsten Fahrten über den großen Storkower See gemacht, häufiger aber noch den Kahn ins Schilf gleiten lassen. Und ich habe in den Himmel geguckt, während er mir nacheinander die „Odyssee“ und die „Ilias“ vorgelesen hat. Und ist eine besonders schöne Stelle gekommen, so habe ich sie auch in Griechisch hören müssen, um „den Zauber der Ursprache zu empfinden", wie man sagt und er auch.

Den habe ich nun freilich nicht empfunden, und manchmal hätte ich mich wohl ohne die Eintagsfliegentänze über dem Schilf und ohne die Wasserhühner mit ihren Jungen und ohne die sachten langsamen Sommerwolken böse langweilen müssen. Aber dann habe ich immer wieder empfunden, was für ein guter, verdrehter, schwärmerischer Junge mein Visavis gewesen ist. Und habe es nicht übers Herz bringen können, ihm zu sagen, daß mir sein Erzfeind Voltaire zehnmal lieber war als der kühle Homer mit seinem Göttergewimmel.

Denn das habe ich ja schnell genug herausgehabt, daß dieser überlegene skeptische Doktor der Philosophie Hans Lauterbach ein sehr verletzliches und empfindliches Menschlein gewesen ist und daß ihm die ganze Graferei mit all ihrem Anhang nur eben darum nicht weh tun konnten, weil sie es eben nicht konnten. Wen er aber einmal einließ zu sich und teilhaben ließ an sich, der konnte ihm höllisch leicht weh tun, und dann wurde er immer stiller und stiller und hing wie eine Topfblume, die man eine Woche nicht begossen hat, den Kopf.

Das war nicht gut, daß wir nie einen rechten Streit miteinander haben konnten. Wenn der eine weiß und der andere schwarz sagt, so kam es eben zu nichts, hier blieb weiß und drüben blieb schwarz, während nach einer recht heftigen Streiterei eine Einigung fast immer erfolgt. Aber er saß nach einem raschen Wort von mir so verschüchtert und vergrätzt da, daß er mir in der Seele leid tat und ich bei mir dachte: laß das dumme Weiß doch schwarz sein, und wenn du es zehnmal besser weißt, du siehst doch, daß du dem armen Kerl eine Freude damit machst.

Und ich hatte ja selbst Freude, wenn ich sah, wie er bei dem ersten einlenkenden Wort wirklich aufleuchtete und dann ganz eifrig wurde, mir seine Gründe darzulegen. Ich mußte dann freilich schweigen, wenn ich nicht die eben geschlossene Versöhnung wieder rückgängig machen wollte. Und ich habe auch meistens geschwiegen. Bekömmlich ist dieses Schweigen aber für beide Teile nicht gewesen.

Das Schlimme war ja eben, daß dies alles gar keine Anstellerei und Tückscherei von ihm war, sondern wirkliche Schüchternheit und Scham. Und je mehr er einen Menschen liebte, um so weniger konnte er gegen ihn einwenden und um so größer wurde seine Empfindlichkeit. Er war eben eine Mimose und ist es auch geblieben, und heute noch habe ich manches Mal den fünfzigjährigen Professor Hans Lauterbach zu trösten und zu begöschen, wenn er meint, einer seiner Bengels in der Schule habe ihm eine ganz persönliche Sottise gesagt.

Doch vorläufig sind ich und er noch an die zwanzig Jahre jünger und rudern über den Storkower See oder fahren Schlittschuh auf ihm und sind die besten Freunde von der Welt. Er hat mir mit rührender Offenheit sein ganzes Leben erzählt und hat nie von mir Vertrauen um Vertrauen gefordert. Vielleicht hat er gespürt, daß der Deckel über dem Kasten Kindheit sehr fest bei mir verschlossen gewesen ist.

Und als er zum zweiten Herbst seine Anstellung in den Staatsdienst bekommen hat, habe ich mich redlich mit ihm gefreut und ihn als einen guten lieben Freund abreisen lassen, habe ihm nachgewinkt und bin nach Haus gegangen. Es konnte eben nicht anders sein. Denn von Liebe ist zwischen uns nie auch nur mit einem Wort die Rede gewesen – und bei mir auch kein Gedanke daran –, und große Verabredungen wegen Briefschreiberei haben wir auch nicht getroffen.

Wie ich dann aber so allein in meinem Zimmer gesessen habe und allein über den See gerudert bin in dem Boot, das er mir vermacht hat, und wie sein Nachfolger eingetroffen ist, der nun glücklich auch ein Adliger war und bei Tisch hat mitsprechen dürfen, da habe ich gedacht, es sei nun mit der Feinheit für ein Menschenleben genug. Und ich habe der Frau Gräfin meinen Wunsch, mich zu verändern, mitgeteilt und habe, als die Stunde gekommen war, ein liebenswürdiges Zeugnis und ein sparsames Abschiedsdouceur erhalten.

Ich aber bin weitergezogen und diesmal ganz ins Hinterpommersche hinein und bin da auf ein Original gestoßen, das in Punkto seiner Einzigkeit dem Förster in Mecklenburg nichts nachgegeben hat. Ich muß überhaupt sagen, daß ich an Originalen, an wirklich sonderlichen Einzelmenschen, nie so viele getroffen habe wie in den norddeutschen Küstenstrichen auf dem Lande. Dort saßen sie und dort sitzen sie sicher auch noch. In der Stadt freilich sind sie nicht zu finden.

Also ich habe da einem Rittergutsbesitzer Walter seine achtjährige Tochter unterrichten und erziehen müssen, soweit er es dazu kommen ließ. Saß mir bisher in der Stunde die Gräfin auf den Hacken und verdarb mir die Laune, so tat es hier der Vater. Mit einem großmächtigen Knösel im Munde, aus dem er unaufhörlich rauchte, saß er im Lehnstuhl, und wenn ich dem Kind etwas erzählte, so knurrte er von Zeit zu Zeit: „Glaub's ihr nicht, Petta, glaub's ihr nicht! Laß dir's beweisen!“

Und wenn ich dann beweisen wollte, daß die Erdkugel rund sei und das Schiff mit seinen Masten am Horizont anbrachte, so stürzte er triumphierend aus seinen Verschanzungen und bewies mir, daß mein Beweis falsch sei.

Noch heute höre ich manchmal im Ohr den scharfen bellenden Ton seiner Stimme, und im Traume schallt es:

„Glaub's ihr nicht, Petta, glaub's ihr nicht! Laß dir's beweisen!"

Das waren tolle Schulstunden. Am Ende saßen regelmäßig das Kind und ich da und horchten auf das, was er uns erzählte, bis er uns mit seinem ewigen: „Glaubt's mir nicht! Laßt's euch beweisen!" aus aller Atemlosigkeit und Zuhörerei riß. Er war schon ein sehr kluger und gar nicht denkfauler Mann, nur daß er den Sparren hatte, keine Hilfe von andern annehmen zu wollen. Da mochte der schönste grade Weg für ihn offen liegen, er suchte sich selbst einen, und mußte er tagelang darüber nachdenken.

„Sehen Sie, Fräulein", hat er mir gesagt, „das ist ja kein bloßer Sport von mir, um Sie zu ärgern und das Kind zu quälen, sondern das Kind soll denken lernen, wirklich von selbst denken. Welcher Mensch kann denn heute noch beobachten, aus Gesehenem selbständig Schlüsse ziehen? Alles wird ja geglaubt, wenn es nur irgendein Affe recht laut brüllt. Faß den Tisch an, Petta!" rief er. „Und Sie auch, Fräulein." Wir taten es. „Und nun die Ofenkachel!" Wir taten auch das. „Was ist kälter, Fräulein?"

„Die Ofenkachel", sagte ich prompt, denn es war Sommer und der Ofen fühlte sich herrlich kühl an.

Er lachte. „Oh, Fräulein Schildt! Denken, denken, denken!"–

„Mein Kummer ist nur", sagte er auch, „daß die Petta einmal schön wird. Sehen Sie das Kind an, es wird einmal sehr schön werden. Und Schönheit ist für ein Weib eine Strafe. Alle Hunde sind gleich hinter ihr her, und wenn sie die Waffen nicht hat, sie zu erkennen, sich ihrer zu erwehren, wird sie die Beute des ersten schlechtesten. So wie Sie muß ein Mädel aussehen", sprach der denkerische Grobian, „weder nach der Plus- noch nach der Minusseite auffallend. Wenn Sie einmal einen Mann kriegen, so können Sie sicher sein, daß - trotz alledem vielleicht nichts in ihm steckt.“

So sprach mein Brotherr und so war er. Ich habe damals oft den Kopf über ihn geschüttelt und mich ein Redliches geärgert, wenn er mein schönes Konzept völlig durcheinander und mich so in Verwirrung brachte, daß ich mit all meiner Schulweisheit nicht aus noch ein wußte. Später aber, als ich meine Kinder und mich erzogen habe - denn wir Frauen fangen ja eigentlich mit unserer bewußten Selbsterziehung erst an, wenn wir eigene Kinder zu erziehen haben -, da habe ich gemerkt, daß vieles von dem, was dieser seltene hinterpommersche Murrkopf erzählt hat, mir eine rechte Hilfe und ein guter Wegweiser gewesen ist.

Dieser Walter war auch ein völliger Heide. Nicht, daß er ein Feind christlicher Kirche und des Christentums gewesen wäre, nein, es gab die einfach nicht für ihn. Und er besaß auch jene löbliche Eigenschaft der Heiden: jeder Bekehrungseifer war ihm fremd. Mochten die andern glauben, was ihnen paßte.

„Wollen Sie dem Kind gern biblische Geschichten erzählen?“ fragte er mich einmal. „Wenn Sie mögen, gern. Aber Sie müssen mir dann auch schon erlauben, daß ich auf meine Art dazwischenrede und die Geschichten der Petta in meiner Beleuchtung zeige. Nicht? Nun, mir ebenfalls recht. Sie sind auch grade keine Freundin davon, haben sich freigemacht vom alten Kinderglauben? Kämpfe gehabt? Nein? Sehen Sie, das ist das Rechte. Wenn man Kämpfe hat, ist noch immer was faul. Bei mir - die Sprüche und Lieder und Geschichten wanderten zum einen Ohr herein und zum andern wieder hinaus. Sie gingen mich einfach nichts an.“ -

Ich erzähle immer vom Mann (wobei ich gestehen muß, daß mir, wie fast allen Frauen, die Männer erheblich interessanter sind als meine Geschlechtsgenossinnen) und vergesse darüber die Frau, die nach außen hin doch als die eigentliche Führerin des ganzen Betriebes auftrat. Das machte aber, ich hatte mit ihr fast gar nichts zu tun. Wenn ich aufstand, war sie fast stets schon aufs Feld geritten, in Stulpenstiefeln und Manchesterjoppe, eine dicke Zigarre qualmend und das Einglas im Auge. Sie kommandierte mit den Leuten herum, daß es nur so seine Art hatte.

Es war eine komische Ehe, in der beide Teile sich gar nicht umeinander zu kümmern schienen. Wie sie einmal zusammengekommen sind, das kann ich mir nicht einmal mit Zuhilfenahme aller meiner Phantasie ausmalen.

Aber mit dem Sich-nicht-Kümmern war es auch nur sehr scheinbar, wenn schon einseitig, wie ich noch merken sollte. Es fing ganz sachte damit an, daß die Frau mich bat, ihr einen eiligen Brief zu schreiben, grade wenn es Essenszeit war – es mache mir doch nichts aus, allein nachzuessen? Oder sie holte mich ins Gewächshaus, wenn die Zeit zum Spaziergange da war, den ich mit dem Kind machte und dem sich fast immer der Mann anschloß, und ließ mich eine Zeichnung durchsehen, in der vom Architekten die Heizrohre natürlich wieder ganz falsch eingezeichnet waren. „Können Sie's zurechtkriegen, Fräulein Schildt? Na also! Die Eva kann ja heute mal mit dem Kinde gehen."

Ich Unschuldslamm habe das ja ein bißchen sonderbar gefunden, besonders als ich, die Erzieherin, einmal zwei Wochen lang auf dem Felde Kartoffelmarken ausgeben mußte, weil eben gar kein Ersatz für den kranken Statthalter aufzutreiben war, habe mir aber weiter keine Gedanken darüber gemacht. Da mußte erst der Mann selber kommen und mir ein Licht aufstecken.

Es war eben an einem Morgen, an dem ich wieder um sechs aufs Kartoffelfeld wollte, da kam er quer über den

Hof auf mich zu. Ich wunderte mich, denn Frühaufstehen war seine Sache gar nicht. Da sagte er schon: „Wenn es Ihnen zu dumm wird, Sie brauchen nur zu winken. Ich mache dem Spuk ein Ende.“

Ich habe ihn wohl nur verständnislos angestarrt.

„Gott, Fräulein Schildt“, lachte er, „Sie in der Wolle weißes Lamm haben wohl noch nicht gemerkt, warum Sie Kartoffelmarken ausgeben?“

„Weil der Möller krank ist“, sprach ich gehorsam wie ein Schulkind. Er hat den Kopf geschüttelt. „Liebes Kindchen, weil die hohe Fürstin auf Sie eifersüchtig ist. Gucken Sie nicht so. Das erleben wir hier nicht zum ersten Male. So, und nun geben Sie die Markentasche her, und dann werde ich eben heute einmal die Marken ausgeben, damit hat es wohl ein Ende.“

Und es hatte damit ein Ende. Am nächsten Tage war ein Ersatz für Möller da, und Wiederholungen gab es nicht. Aber es war eigentlich alles für mich damit zu Ende. Meine Unbefangenheit war fort, der kameradschaftliche Ton mit dem Manne war mir nicht mehr möglich, seit ich wußte, eine gequälte Frau hörte darauf. Ich sah schon, ich würde wieder ein Haus weiter gehen müssen und wieder einmal versuchen, ob ich nicht schließlich doch *die* ideale Stellung erwischen würde. Ich war nun fünf Jahre Hauslehrerin gewesen, ich hatte es recht satt, mich nur um fremder Leute Kinder zu kümmern, und dachte öfter als früher darüber nach, wie es wohl wäre, wenn ich ein paar eigene Bälger auf dem Schoß hätte.

Aber dann kam immer wieder der Gedanke an Violet und die Angst vor all dem Apparat, und ich schauderte. Ja, hätte ich die Kinder ohne Mann bekommen können, ich wäre schon einverstanden gewesen.

Und in eine dieser Stimmungen geriet ein Brief von Hans Lauterbach, ein Brief, bei dem mich Lachen und Weinen mit Gewalt überkam. Ich habe noch genug Briefe in meinem Leben bekommen, aber nie habe ich eine so närrische und hilflose Liebesepistel in der Hand gehalten. Er sei nun fest angestellt, schrieb er, und Oberlehrer und beziehe das und das Gehalt. Dienstwohnung habe er nicht, doch baue man jetzt in den Berliner Vororten sehr bequeme Fünfzimmerwohnungen, sogar mit Kohlenaufzügen und Gaskochern. Und ein Dienstmädchen könne man sich ja bestimmt bei diesem Gehalt leisten. Seine Lehrtätigkeit freue ihn, trotzdem er vorläufig nur bis Obertertia unterrichte, und seine Mutter lasse mich auch grüßen. Wenn ich einmal Zeit hätte, solle ich ihm doch wiederschreiben, und er denke in aller Freundschaft an mich.

Ja, was sollte man da sagen, und was sollte man vor allen Dingen schreiben? Denn daß dieser Unglücksmensch in Berlin sitzen und jede Stunde auf meine Antwort warten würde, das war mir ohne weiteres klar. Ich hatte ihn herzlich gern, aber mir war nie der Gedanke gekommen, daß er einmal mein Mann sein könnte. Wenn ich an Ehe gedacht hatte, so hatte ich immer gehofft, eine ganz stürmische wilde Verliebtheit werde mir eines Tages über meine Hemmungen forthelfen. Und nun so?

Ich konnte nicht zum Schluß kommen und wußte schließlich vor lauter Einwänden und Wenns und Dochs nicht aus noch ein. Da habe ich etwas getan, was ich heute noch nicht bereue: ich habe dem Walter mein Herz ausgeschüttet und ihm alles erzählt.

Er hat sich eine Weile bedacht und schließlich gesagt: „Heiraten Sie, Mädel, heiraten Sie ihn! Sie wollen es doch, sonst würden Sie mich nicht erst fragen. Sie wollen nur mein Ja hören. Und was das andere angeht, so ist es ein Experiment. Aber nicht größer und kleiner als bei jeder üblichen Ehe, wo sich die Kontrahenten gewohntermaßen in diesem Punkte erst nach dem großen Treueschwur kennenlernen. Geht's schief, geht's schief, das gab ich noch jedem Paar auf den Weg nach dem Standesamt, Ihnen nicht anders wie allen andern."

Es war wie immer: ich habe mich über ihn geärgert und gefreut. Gefreut, weil er natürlich den Nagel auf den Kopf getroffen hatte, und geärgert, weil er alle meine schweren Bedenken für gar nichts gehalten hat. Ich weiß jetzt, am liebsten hätte ich mit ihm eine lange Diskussion geführt und mich nach ein paar Stunden schwitzend und widerborstig zu einem Ja bekehren lassen. Er hat mir wieder einmal das Konzept völlig verdorben und hat wieder einmal recht gehabt, so zu tun.

So habe ich denn meine Einwilligung gegeben, habe es aber doch nicht lassen können, dem Hans meine Bedenken darzulegen - denn wenn wir jung sind, sind wir ja noch eitel auf die Schmerzen, die wir erlitten haben, und denken nicht daran, daß jeder sein hübsches Bündelchen davon aufzuweisen hat. Das Ja hat er angenommen, und über die Bedenken hat er rein still geschwiegen, bis ich dann als junge Ehefrau sah, was ich Unglückswurm angerichtet hatte.

Der Hans ist ja stets ein sehr empfindlicher und zarter Mensch gewesen, und wie sehr er mich geliebt hat, das habe ich erst so nach und nach in unserer Ehe gemerkt. Und grade weil er mich so geliebt hat, ist ihm das, was ich von meinen Hemmungen und Bedenken geschrieben habe, so sehr eingegangen, und er hat sich Gedanken über Gedanken gemacht und sich Wunder eingebildet, was er da für ein Ding voller Verkehrtheit sich anheirate.

Und er hat mir um Gottes Willen nichts zuleide tun wollen und ist um mich herumgestrichen wie um eine Wachsprinzessin und hat mich nicht anzurühren gewagt und ist so still und sacht gewesen, als könne ein lauter Ton alle Geister der Hölle in mir entfesseln und mich für immer von seinem Herd und Haus vertreiben. Ich junge Flitterwöchnerin habe das mit angesehen, und meine

Augen sind wohl immer größer und größer geworden, und eine Stunde habe ich mich geärgert und eine Stunde habe ich geweint.

Als ich schließlich in meiner schönen Berliner Fünfzimmerwohnung einen Monat nach meiner Hochzeit noch genauso wie in meinen hinterpommerschen Lehrerinnentagen dagesessen habe, hat der Ärger dann doch in mir überhandgenommen, und ich habe diesem närrischen Theater ein Ende machen wollen. Ja, das war aber schwer, da wurde mir erst klar, daß es leichter war, dem Hans einen Schreck einzujagen, als ihn wieder wegzureden. Er war ja so verschüchtert wie ein verprügelter Hund, und wenn ich bei Tisch alle meine Künste zusammengerafft und ihm einen verliebten Blick zugeworfen habe, so hat er scheu und mit schlechtem Gewissen in den Teller geguckt, und wenn ich ihm ermunternd auf den Fuß getreten habe, so hat er seine Beine schuldbewußt unter den Stuhl gezogen und mich um Verzeihung gebeten.

Manche Stunde bin ich vollkommen verzweifelt gewesen und habe schon geglaubt, das wird nie ein Ende nehmen, bis ich dann schließlich all meine Evaskünste zusammengerafft habe und als eine rechte Potiphar ihm allerecken und allerstunden nachgestellt und ihn Schritt für Schritt verführt habe, bis ich ihn hatte oder er mich.

Das aber weiß er bis zur Stunde nicht, warum ich da plötzlich auflachen mußte und mich gar nicht beruhigen konnte, und er hat sicher gedacht, daß etwas Rätselhafteres als seine junge Frau ihm noch nicht in den Weg gelaufen ist. Denn aus dem Lachen, das ich in meiner Verzweiflung über den albernen Leidensweg, den ich bis hierher gemacht, habe tun müssen, ist bald ein tiefes Nachdenken und ein stilles Verwundern geworden, und ich habe mich staunend gefragt: ist das alles? Davor hast du dich so geängstigt und dir beinahe dein Leben verdorben, und deswegen machen die Menschen so viel Aufhebens? Das ist alles?

Nein, ich bin nicht glücklich gewesen und gar nicht verändert und kein bißchen selig. Als ich am nächsten Morgen das strahlende Gesicht vom Hans sah und gespürt habe, wie stolz er auf mich ist und wieviel sicherer und bestimmter, da habe ich den Kopf geschüttelt und ihn ein wenig lächerlich gefunden und sehr, sehr übertrieben. Ich habe das alles nicht verstanden. Ich habe noch immer traumlos und tief geschlafen, viele, viele Jahre lang, und am Anfang meines Ehelebens hat nach wie vor die kleine Miezeschwester gestanden, die sich vor den Holzschnitten im Lexikon gegrault hat.

Ich habe den Hans gern gemocht, aber ich habe ihn nicht geliebt. All dies Gefasel über Liebe ist mir völlig zuwider gewesen, und ich habe ihm oft seine Übertriebenheit vorgeworfen, wenn ich sein Glück und seine Dankbarkeit gesehen habe. Denn das ist das Seltsame, daß dieser Mann mich die zwanzig Jahre durch ohne Aufhörens geliebt hat. Seit er die kleine Erzieherin in der Schloßhalle angesprochen, hat er mich geliebt, und seine Liebe ist nie schwächer geworden, nie die bequeme sichere Zuneigung des Gatten. Der Fünfzigjährige geht heute noch so leidenschaftlich gern jeden Gang, den er mir abnehmen kann, wie der Dreißiger.

Ich muß ehrlich sagen, mich hat diese schrankenlose Liebe, die nie abgeirrt ist, oft ungeduldig gemacht. Es ist sehr schön, eine Frau zwanzig Jahre durch zu lieben, aber es ist – verzeiht mir, o Dichter! – für die Frau oft recht lästig. Und wer bin ich denn schließlich, daß man mich ein ganzes Leben lieben sollte? So viel ist doch schließlich auch nicht mit mir los!

So hat denn unsere Ehe angefangen, und so ist sie weitergegangen, ein Tag ist wie alle Tage gewesen. Was ich von ihren Stürmen zu sagen haben werde – wenn ich schon das Wort Sturm dafür gebrauchen will –, das wird am Rande der nun folgenden Erlebnisse erzählt werden. Bis ich aber dahin komme, muß ich noch ein kleines Vorkommnis im fünften oder sechsten Jahr meiner Ehe erzählen, das mir auch nicht grade Mut zu Abenteuern gemacht hat.

Ich hatte damals eben den Franz bekommen, und wie ich und das Kind einigermaßen so weit waren, sind wir zwei in den Wald gezogen, in irgendein kleines Pensionat, um Ruhe und gute Luft zu haben.

Die Luft ist gut genug gewesen, nur mit der Ruhe hat es böse ausgesehen. Denn neben uns beiden hat ein Ehepaar gewohnt, das vom frühen Morgen bis in die späte Nacht die ungeniertesten und lebhaftesten Diskussionen geführt hat. Daß ich die Wahrheit sage: *sie* hat geredet. Er hat geschwiegen, und nur ganz selten ist seine milde sanfte Stimme mit einer Vorstellung oder einem beruhigenden Wort vernehmlich geworden. Und da der Franz und ich ja noch keine Ausflüge machen konnten und auf Stube und Veranda angewiesen gewesen sind, so haben wir von früh bis spät diese Unterhaltungen mit anhören müssen. Der Franz hat auch viel geschrien, so habe ich denn in Geduld dieses Kreuz getragen und bin manchmal mit schmerzendem Kopf aus meinem Halbschlaf gefahren und habe mich ängstlich gefragt: geht es schon wieder los? Und es ist immer wieder losgegangen.

Wie ich nun eines Tages an der Tür von den Nachbarn vorbeigehe, springt die plötzlich auf, und ein langer blonder Mensch stürzt heraus, schlägt sie zu, bleibt erschrocken vor mir stehen und ruft verzweifelt aus: „Großer Gott, gnädige Frau, sind Sie auch verheiratet??“

Über diesen seltsamen Schmerzensschrei habe ich lachen müssen, trotzdem der Mann da so verzweifelt und verwirrt und traurig vor mir gestanden hat. Und kaum habe ich losgelacht, so hat sich sein ganzes Gesicht verändert, ist glatt und jung geworden und auch lächelnd, und er hat gefragt: „Nicht wahr, ich bin ein schrecklicher Esel?"

Jetzt war ich aber verwirrt, denn ich habe beim besten Willen nicht gewußt, was ich diesem wildfremden Menschen darauf antworten sollte, und zudem habe ich das Gefühl gehabt, da drinnen stehe jemand an der Tür und lausche nach uns hinaus. Und auch er ist plötzlich ganz förmlich geworden, hat eine Verbeugung gemacht und sich vorgestellt: „Steinlein ist mein Name. Und - entschuldigen Sie nur, gnädige Frau. Und - guten Tag übrigens."

Damit ist er die Treppe hinuntergelaufen und in den Wald hinein verschwunden, wie ich von meiner Veranda gesehen habe, denn nachsehen mußte ich ihm doch. So habe ich die Bekanntschaft des Dichters und Schriftstellers Steinlein gemacht. Er ist aber mehr ein Schriftsteller als ein Dichter gewesen. Als ganz junger Mensch hat er mal mit einer einfachen kleinen Liebesgeschichte einen großen Erfolg gehabt, so mit einer der Art, die ein anderer Dichter später „bittersüß" getauft hat. Und nun hat er immer wieder die gleiche Liebesgeschichte geschrieben, immer mit ein bißchen Herbigkeit und Süße und Sehnen und Heimweh und grünen Bergen, nur den Ort hat er jedesmal geändert, ganz danach, wo er seine letzte Sommerfrische verbracht hat. Es ist nicht direkt Schund gewesen, was er da geschrieben hat, aber es hat wirklich nicht sehr weit davon abgelegen. Und das habe ich ihm auch gesagt.

„Gott", hat er gemeint, „gnädige Frau, ich weiß ja. Aber mein Verleger will's so, und den Leuten gefällt's, und Geld verdienen muß ich auch. Ja, wenn die Frau nicht wäre!" Und hat zu seinen Fenstern hinaufgespitzt.

Ja, dort saß die Frau und schlimm war sie. Er hatte

damals gleich beim ersten großen Erfolg sein Schreibmaschinenfräulein geheiratet. „Und ein frisches lebendiges Mädel ist es gewesen, wenn Sie's mir auch kaum glauben können, Gnädigste! Ich möchte wohl wissen, welcher böse Teufel mir meine blonde Herrlichkeit so ganz sachte unter der Hand in diesen schrecklichen Schrei- und Quatschwanst umgetauscht hat."

Ich habe ihn schnell durchschaut, diesen Steinlein, und er war ja nicht schwer zu durchschauen. Er hat sich ehrlich gegrämt um sein zänkisches Hauskreuz, oft ist er zu mir rübergelaufen und hat mit Tränen in den Augen geschworen, es gehe und es gehe nicht mehr, und er laufe in die Welt, und hat fünf Minuten darauf meinem Franzerl die Klapper geschüttelt und gelacht und gealbert mit dem Kind und all seinen Kummer und seine Sorgen von eben vergessen gehabt.

Ich weiß nicht, wie es gekommen ist, daß ich diesem Mann zuliebe beinahe dem Hans untreu geworden bin. Oder doch, ich weiß es recht gut. Der sachteste und überredendste Verführer ist immer das Mitleid, und er hat mir leid getan, wenn er da in seiner Trostlosigkeit und Zerfahrenheit gesessen hat und zu entzwei war, einen Finger zu heben. Ich habe mir schon gesagt, daß er doch nur ein Luftikus und Windhund ist und daß sein Kummer nicht weit reicht, ich habe gefühlt, daß etwas Gutes in ihm steckte, und es hat mir leid getan, das so zugrunde gehen zu lassen.

Ich bin ehrgeizig für ihn geworden und habe mit dem Steinlein immer von neuem den Plan zu einer großen Arbeit durchgesprochen, ich habe mich erwärmt darüber und bin eifrig geworden, denn ich wollte nun aus diesem Manne trotz allem etwas machen. Und darüber habe ich nicht gemerkt, daß er längst nicht mehr zugehört hat und daß seine Augen mit einem ganz veränderten Ausdruck an meinen Lippen gehangen haben.

Eines Tages ist seine Frau ganz besonders schlimm gewesen, und er hat sie nur dadurch zur Ruhe und vom Halse gekriegt, daß er sie auf die Bahn gebracht und nach Berlin geschickt hat, sich ein neues Kleid zu kaufen. Er aber ist zu mir gekommen und hat sich hingesetzt und geweint wie ein kleines Kind und hat gejammert, er halte es nicht mehr aus, er gehe vor die Hunde, und kein Mensch auf der weiten Welt stehe ihm bei.

Da habe ich mir und ihm nicht anders zu helfen gewußt, ich habe sein Haar gestreichelt und ihm gut zugeredet, und als das nichts geholfen hat, habe ich seinen Kopf an meine Brust gelegt, und als er immer noch weiter geweint hat, habe ich angefangen, ihn auf die Stirn zu küssen. Und so sind wir dann sachte weitergegangen, bis wir Mund auf Mund gelegt und uns so in das Küssen vertieft haben, daß an Trösten und Jammer kein Gedanke mehr gewesen ist.

Nun muß ich gestehen, dieses Küssen hat mir gar nicht schlecht gefallen, und ich habe vergessen, was ich sonst immer klar gewußt habe, wohin dies führte. Denn das hat doch schließlich von der Violet fest gesessen, daß ich nicht an all die süßen Listen und Umwege und Schleichpfade der Liebe geglaubt habe, daß die mich nicht täuschen konnten, sondern daß ich vom ersten Augenblick das Ende gesehen habe. Und daß dieses Ende mir trotz Kind und Mann nicht verlockend gewesen, daß ich's grade habe dulden, aber gar nicht wünschen mögen, das glaube ich auch schon gesagt zu haben.

An diesem Abend aber hat das Grauen geschlafen, und wir beide haben uns in den Armen gehalten und immer wieder geküßt. Und wenn ich ihn angefleht habe, nun in sein Zimmer hinüberzugehen, hat er meinen Kopf nur weiter nach hinten gebeugt und mich vor Küssen nicht zu Worten kommen lassen. Und ich bin Schritt für Schritt zurückgegangen, bis wir an meinem Bett gestanden haben, und ich habe es geduldet, daß er mir die Kleider abgestreift hat, und bin ins Bett gehuscht und bin wild gewesen und habe mich nach ihm gesehnt und ihn nicht erwarten können.

Dann kam er zu mir und zog mich an sich. Und als ich die Augen öffnete und ihn ansah, da sind plötzlich das Grauen und der Ekel in mir hochgeschossen, ich habe beide Fäuste gegen seine Brust gestemmt und habe geschrien: „Geh fort, geh fort! Du bist zu blond! Du bist zu blond!“

Das ist nun freilich ein sonderbarer Rückweisungsgrund für einen Liebhaber gewesen, der schon das Vorgärtchen der Seligkeit betreten hat, und er hat sich auch nicht zufriedengeben und alles für eine junge-frauenhafte Schämigkeit nehmen wollen, doch ich bin wie irre gewesen, ich habe ihm gedroht, Leute zu rufen oder aus dem Fenster zu springen, wenn er nicht sofort gehe, und bin am ganzen Körper vor Entsetzen geschüttelt worden.

Da ist er schließlich still aufgestanden und hat seine Sachen genommen und ist ohne ein Wort aus dem Zimmer gegangen. Ich aber habe hinter ihm abgeschlossen und noch Stunden wie vergiftet gelegen. Zuerst glaubte ich wirklich, all dies komme davon, daß er so blond sei, während ich und der Hans doch ganz dunkel sind, aber allmählich habe ich mich wieder erinnert und habe gewußt, daß es das Alte war, das Große, das Schwere, daß es keine Überlistungen für mich gibt und keine Umwege.

Der Steinlein ist dann auch bald abgereist, er ist mir in den letzten Tagen ausgewichen, ganz wie ein trotziger Junge, den der Bock stößt, und hat kein Wort mehr zu mir gesprochen. Das war mir aber nur recht, denn auch ich habe von dieser Nacht an gar kein Interesse mehr an dem Steinlein gehabt. Und bin dann zu meinem Mann zurückgefahren und habe geglaubt, von aller Neigung zu Eskapaden für immer und ewig geheilt zu sein.

4

Es ist ein seltsam Ding, wenn man einmal in das Nachdenken darüber gerät, wie man Menschen kennenlernte, die später einmal entscheidend für einen wurden, wie Umstände zusammenkamen, ein Ereignis zu ermöglichen. Welche Zufälle! Welch abenteuerliche Romantik! Welch geradezu kinohafte Verknüpftheit!

Wäre Weio nicht an jenem Nachmittage nach Berlin gegangen ... Wäre sie zehn, wäre sie fünf Minuten früher heimgekehrt ... Wäre nicht grade in Storkow eine Stellung beim Grafen frei gewesen ...

Spürt man hinter all dem die Hand eines Lenkers? Die kommen mir vor wie die Wilden, die in Blitz und Donner ihre Götter erkannten und fürchteten. Und ist doch alles nicht mehr und nicht weniger als das Leben, dem wir hilflos ausgeliefert sind, das mit uns spielt, dem wir gleichgültig sind, das von Liebe wie Haß nichts weiß, die Sphinx, die über uns hinlächelt, die große Katze, die kein Herz hat und spielt. Wie feige ich es finde, sich vor dieser Erkenntnis zu verkriechen und aus sich ein ganz spezielles Separatgeschöpf zu machen, um dessen Wohlergehen sich ein Gott höchstpersönlich bemüht!

Ich habe mir nicht träumen lassen, daß grade Hans die entscheidende Wendung in meinem Leben heraufbeschwören würde, und auch er hat natürlich nicht gewußt, was er tat, als er mir auf meinen Geburtstagstisch eine Summe legte und mich bat, mich malen zu lassen. Ich bin gar nicht sehr entzückt davon gewesen, als ich aber sah, wie sehr sein Herz daran hing, habe ich mir gesagt: tu ihm schon den Gefallen.

Und habe gleich an einen Maler gedacht, von dem Bilder mir aufgefallen waren. Seltsame Porträts waren es gewesen, rechte Bilder unserer Zeit schienen es mir zu sein. Es war, als habe sich ein Mensch vorgenommen, kalt und unbeeinflußt, nur nach seiner Vernunft, nur nach seiner verstandesgemäßen Erkenntnis zu malen. Wie die Augen saßen und sich die Stirn darüberfügte, in welchem Punkt des Bildes die Nase saß, all das war wie errechnet, wie die Schwärmerei eines Mathematikers für die Proportionen des goldenen Schnittes.

Und fing ich an, darüber nachzusinnen und die Beziehungen zu untersuchen, die Verhältnisse der einzelnen Teile zueinander, dann war mir, als steige glänzender Nebel auf, in den Augen glühte ein Blick wie aus aller wilden Eiszeit heraus, oder im Winkel des Mundes hing unfaßbar ein Lächeln, oder es fiel nur Haar in die Stirn – und über alle Rechnerei und Klarheit und Vernunft und Erkenntnis erhob sich eine stolze schwärmerische gütige Seele.

Ich wußte nicht, wie alt der Maler war, wo er wohnte, ob er eine Größe war oder ein kleiner Anfänger, aber ich wußte, daß es mich freuen würde, grade von ihm gemalt zu werden, denn auch ich glaubte an den Verstand und erlag ihm mit meinem Gefühl. Ich erkundigte mich und erfuhr, daß er wirklich in Berlin lebte, und schrieb ihm ein paar Zeilen. Ich hatte eine Weile zu warten, aber dann bekam ich doch Antwort, ich möge eines Nachmittags einmal zu ihm kommen, daß man sich kennenlerne. Es werde sich ja dann herausstellen, ob ich noch Lust verspüre, von ihm gemalt zu werden, und ob er Neigung habe, mich zu porträtieren.

Ich ging hin. Man kam durch einen ganz verwilderten Garten, der voll von Gipsschutt lag, überall sahen in ihn die blanken Glaswände der Ateliers – und ich hätte nie geglaubt, daß hinter einer nüchternen Berliner Straßenfassade solch weltenferne Wildnis mit Vögeln und Geäst stecken könne. Ein Mädchen öffnete, nahm mir die Sachen ab, rief etwas durch eine Tür, aus der Stimmengewirr und Zigarettenrauch drangen, und ich stand in einem riesigen Atelier, dessen Scheiben in der späten Dämmerung matt leuchteten. Ich hörte um mich Rascheln, Geräusche, hatte das Gefühl, eine Menge Menschen seien hier, und fühlte mich unsicher und verlegen.

„Mach doch einer Licht!“ rief jemand.

Doch es blieb finster, und das Rascheln dauerte an. Mir fiel auf, daß diese Geräusche alle von der Erde her kamen, als kröche die ganze Versammlung auf glattem Boden, und meine Befangenheit wurde noch größer.

Die Stimme rief von neuem: „Will denn keiner Licht machen? Hertha, du mußt direkt unterm Schalter liegen.“

Eine Frauenstimme sagte faul: „I wo! Ich liege mindestens zwei Meter ab. Da liegen noch ganz andere näher.“

Wieder rief der Mann: „Ist denn kein einziger –? Herrschaften, wir können doch diese unselige Frau nicht im Dunkeln stehen lassen. Sie reißt aus! Das Honorar geht flöten. Denkt an das Honorar!“

Die faule Stimme: „Nebbich, Honorar! Du hast so zuviel Geld.“

Der Mann seufzte: „Ich! Immer ich . . .“

Jemand strich an mir vorüber. Es wurde hell. Ich sah ungefähr ein halb Dutzend Menschen, Männer und Frauen, die auf großen Lagern mit vielen Seidenkissen am Boden lagerten, wie eine altrömische Tischgesellschaft. Mir zu aber wandte sich ein kleiner rotblonder schlanker Mann, der mich munter, ein wenig wie ein Wiesel, ansah, mir die Hand gab und sprach: „Also ich bin denn der Kunstmaler Heinz Delbrück, der Sie malen soll. Und – Kinders schaut her! – das ist die Frau Gymnasialprofessor Lauterbach, die von mir gemalen sein will. – Und nun legen S’ sich hierher, gnädige Frau, und erzählen S’, wer Ihnen die Idee in den Kopf gesetzt hat, daß gerade ich Sie malen soll.“

Kaum lag ich, wurde es schon wieder dunkel. Am liebsten wäre ich ausgerissen. Ich fand alles häßlich, übertrieben, forciert, weil zu salopp. Ich war gar nicht der Ansicht dieses Kunstmalers, der behaglich aufseufzend sagte: „Sehen Sie, nun ist's wieder gemütlich. Und jetzt erzählen Sie!"

Ich hätte beim besten Willen nichts Vernünftiges erzählen können, dafür reizten diese Manieren meine Nerven viel zu sehr. Ich redete also etwas dahin von einigen seiner Bilder, die ich in einer Ausstellung gesehen und die mir gefallen hätten.

Aber er ließ nicht nach. Er war wie ein Zahnarzt, seine Stimme war lieb und sanft, und doch bohrte er weiter: „So, die haben Ihnen gefallen? Und warum haben sie Ihnen denn gefallen?"

Ich war so wehrlos dagegen. Ich hätte wütend werden mögen und grob, aber seltsam, ich hatte gleich in diesen ersten Minuten das Gefühl, hier habe das keinen Erfolg, dieser Stimme und diesem Mann gegenüber. So wurde ich denn nur trotzig und sagte verstockt: „Sie haben mir eben gefallen. Einfach so!"

Der Bohrer knarrte weiter: „Einfach so? Freilich! Freilich! Da sind Sie hingekommen und haben aufgeschaut und haben gerufen: Das sind einmal ein paar feine Bilder, die gefallen mir schon!"

Stille. Irgend jemand kicherte. Eine tiefe Frauenstimme sagte: „Heinz, du bist wirklich gemein!"

Aber der drehte ganz unberührt weiter: „Gehen Sie, gnädige Frau, erzählen Sie doch. Sie wissen schon gut, warum Ihnen die Bilder gefallen haben, warum erzählen Sie's nicht?"

Ich schwieg. Ich weiß nicht, wie es kam, aber ich hätte plötzlich für mein Leben gern gesagt, was mir an den Bildern gefallen, und sei es auch nur um jener schönen klaren Frauenstimme willen, die eben Protest erhoben. Doch ich konnte keinen Ton herausbringen. Schlimmer noch, ich spürte geradezu mit Entsetzen, daß mir das Weinen in der Kehle steckte, und peinigte mich mit dem Gedanken, was in aller Welt es denn eigentlich für mich zu weinen gäbe, daß ich doch eben nur in eine schlecht erzogene, ganz unmögliche Gesellschaft hineingeraten sei . . .

Da sagte die schöne Stimme: „Nun geh, Heinz. Laß die Frau schon zufrieden. Du denkst immer, jeder verträgt deine Art."

Der Mann protestierte: „Meine Art! Was ist hier meine Art? Sie soll doch nur sagen, was sie sich eigentlich gedacht hat, als sie die Bilderchen ansah. Das ist rein eine Verstandessache."

Mehrere protestierten.

„Schon gut! Schon gut! Ich weiß ja schon. Ich bin wieder einmal roh gewesen. Ich geb's auf." Er seufzte schwer. Und sagte plötzlich einschmeichelnd, weich zu mir herüber: „Aber gelt, gnädige Frau, wenn Sie wenigstens was Neues wüßten –?"

Es klang so hinreißend schmalzig, daß mich im nächsten Augenblick schon das Lachen überraschte. Ich lachte laut, ungeniert, wild darauf los, dachte noch: aber so darfst du doch nicht lachen!, und schon hatte mich das Schluchzen überwältigt, ich weinte, weinte unhemmbar und nicht zu halten, schämte mich und war froh, daß es dunkel war.

Heinz Delbrück sagte tief befriedigt: „Na also!" Und plötzlich hielt mich eine Frau in ihrem Arm, die schöne Stimme flüsterte: „Hören Sie nicht auf ihn. Weinen Sie ruhig weiter." Und rief laut: „Nun ist's genug. Drückt euch, ihr alle."

Sie gingen wirklich, und wir waren allein.

Und ich habe richtig geweint, dort im Dunkel des großen Ateliers, im Arme einer unbekannten Frau, und habe nicht gewußt, warum ich weinte, fühlte nur, das müsse so sein. Die Frau aber, die mich hielt, ist still gewesen, sie hat kein Wort mehr gesagt, nur mich gehalten, und doch war sie allein es, die bewirkte, daß mein Weinen stiller wurde und verging, daß in mir ein Gefühl stark wurde, mir sei etwas abgenommen und leicht gemacht, unbestimmt noch, was.

Dann machte sie Licht, und ich habe mein Gesicht gewaschen und mich umgewendet und habe die Frau angesehen. Sie war dunkel und voll, es war nicht schwer zu sehen, daß sie eine Jüdin war. Sie ist nicht besonders schön gewesen, und doch habe ich gemeint, nie eine schönere Frau gesehen zu haben. Sie war so stolz und frei und sicher. Sie hat gelächelt und hat gesagt: „Ich bin also die Frau vom Heinz Delbrück", und mir ist gewesen, als habe sie etwas ganz anderes gesagt, als sei mir von ihr das feste Versprechen gegeben, mir werde geholfen werden, und nicht nur dieses Mal. Ich werde nie wieder allein sein.

Ich habe ihr die Hand gereicht und gedankt, sie sagte: „Später einmal werden Sie verstehen, daß Heinz Sie nicht aus Grausamkeit gequält hat. Er ist gütig. Sie werden noch einsehen, warum dies war."

Und sie hat ihren Mann gerufen, und ich habe mich von ihm verabschiedet, und er hat gelacht: „Kommen Sie wieder, gnädige Frau, wir werden noch einmal Freunde."

Da habe ich gesagt: „Gewiß komme ich wieder", und dabei das Gefühl gehabt, als seien wir schon Freunde, als kenne ich diese Menschen besser und näher als alle andern, und habe ihn gar nicht mehr unmöglich und bohrend gefunden.

Dann ist jene Zeit meines Lebens gekommen, wo ich mit jedem Tag gemeint habe, ich werde freier und sicherer, wo es mir wie der Violet in ihrem ersten Glück ergangen ist, daß ich jeden Morgen früh erwacht bin und mich auf den Tag gefreut habe und alles segnen konnte, was er brachte.

Alles? Doch nicht. Ich habe bezahlen müssen, es ist doch Unfreiheit in mir geblieben, weil es eben nicht nur die im Atelier gab, bei denen ich von jetzt an fast jeden Nachmittag zubrachte, sondern weil da auch der Mann und die Kinder waren. Ich hatte mit beiden zu leben, das hieß nicht ganze Freiheit.

Als ich an jenem ersten Abend nach Hause gegangen bin, fühlte ich, ich dürfe Hans das Geschehene nicht erzählen, er würde es einfach nicht verstehen. Er würde glauben, seine Frau sei von einem verbummelten, sittenlosen Bohemien beleidigt worden, und würde dagegen protestiert haben, daß ich wieder dorthin ginge.

Und könnte ich es ihm schon begreiflich machen, was mir dort geschehen, so würde er nicht verstehen wollen, denn er liebte mich doch. Er liebte mich, und ich weiß, daß ich schon an diesem Abend plötzlich stehengeblieben bin und geflüstert habe: „Aber was ist das denn für eine Liebe?"

War diese Liebe nicht am glücklichsten, wenn sie mich allein für sich hatte, wenn sich alles auf den engen Zirkel ihrer Existenz beschränkte? Er würde das Eindringen fremder Menschen - und noch so wertvoller - als Beeinträchtigung empfinden, er würde fürchten, und vielleicht mit Recht fürchten, daß ich ihm fremder und ferner werde. Er würde unglücklich sein.

Sollte ich lügen und ihn weiter glücklich sein lassen?

Oder sollte ich ihm die Wahrheit sagen und ihn unglücklich machen? Da waren auch die Kinder . . .

Ich habe diese beiden Fragen damals noch nicht klar gesehen, ich habe nicht gefühlt, daß sich hier zwei Wege trennten, ich habe ganz instinktiv entschieden: als ich nach Haus kam, habe ich ihm eine Geschichte erzählt von dem Künstler und seiner Frau, besonders von der Frau, recht nette Leute, und ich würde in den nächsten Tagen wieder hingehen und das Nähere wegen des Bildes besprechen. Ich habe gelogen und vielleicht, weil ich ganz gefühlsmäßig den Weg des Lügens gewählt habe, vielleicht hat darum jene junge Freundin doch recht, die gemeint hat, ich trage auch seelisch einen Zwicker.

Ich habe gelogen, es hat sich ja erst nur um die eine Lüge gehandelt, über grade diesen Abend. Aber dann habe ich wieder hingewollt, und dann habe ich von dem Bild erzählen müssen, das nie gemalt wurde, und dann erklären müssen, warum es nie fertig wurde. Und dann habe ich die wahnsinnige Idee gehabt, den Hans und den Heinz miteinander bekannt zu machen, und der Hans hat natürlich den Heinz und was er seine saloppe Manier genannt hat, nicht ausstehen können und hat mich flehentlich viele, viele Male gebeten, diesen Verkehr aufzugeben. Und hat schrecklich darunter gelitten, bis ich gesagt habe: ja, ich habe ihn aufgegeben. Und dann bin ich weiter zum Heinz gegangen, und dann habe ich die Abwesenheiten motivieren müssen, und Bekannte von Hans haben mich mit dem Heinz gesehen, und ich habe lügen, lügen, lügen müssen. Es hat einen Scharfsinn erfordert und ein Gedächtnis, daß ich manchmal hätte verzweifeln können.

Denn ich habe wirklich nicht gern gelogen, nicht nur aus ethischen Gründen, sondern weil ich einfach wenig Talent dafür gehabt habe. Und die Mühe und der Verstand, die ich an meine Lügengebäude wenden mußte, haben mich gereut, es ist mir alles so dumm und albern und häßlich vorgekommen. Wenn ich abends dem Hans adieu gesagt habe, und er hat mich freundlich über seine Skriptumhefte angelächelt und hat mir viel Vergnügen im Theater gewünscht, und wenn ich ihm dann am nächsten Tage die Einzelheiten von einer Aufführung erzählen mußte, die ich nie gesehen habe, und er ist so ahnungslos gewesen und so zufrieden, da bin ich mir gemein und schlecht und niedrig vorgekommen.

(Warum erzähle ich das eigentlich alles in der Vergangenheitsform? Ist es denn nicht noch so?)

Aber ich habe mich immer damit getröstet: ihn mache ich glücklich, ihm nehme ich wenigstens nichts. Bis ich eines Tages auf die Idee kam: vielleicht handelt es sich gar nicht um ihn? Vielleicht ist es ganz belanglos, ob er belogen wird oder nicht? Vielleicht handelt es sich hier um dich und nur um dich?

Da habe ich eine große Angst bekommen, und die Möglichkeit ist mir aufgedämmert, daß ich vielleicht doch noch einmal den andern Weg würde gehen müssen, den ohne Lügen, und allein meinetwillen.

Ich habe das alles schon jetzt erzählt, trotzdem dies Lügen natürlich nur allmählich groß geworden ist, durch die Jahre hin, bis heute, denn es ist ja nicht nur beim Heinz geblieben, um den zu lügen war. Aber all dies Lügen ist doch nicht mehr als ein kleiner trüber Schatten in einem großen glänzenden Gemälde gewesen. Denn, was ich bis dahin nicht kannte, nun habe ich es kennengelernt: das ganze große Glück, ein freier, ungehemmter Mensch zu sein. Ja, ich bin glücklich geworden und bin glücklich gewesen, soweit man eben glücklich sein kann, heißt das.

Ich habe nicht lange gewartet, bis ich das nächste Mal zu Delbrücks ging, und bin immer öfter gekommen. Zu Anfang ist es die Frau gewesen, viel mehr als der Mann, um derentwillen ich kam.

Es war ein seltsames Leben, in das ich da geriet. Oft bin ich aufgefahren und habe mir gesagt: aber das ist ja unmöglich, daß du, Marie Lauterbach, hier sitzest und dies anhörst und mitlachst und mitsprichst! Dies ist Traumspuk, ein Sommernachtsspiel. Alles, was ich gelernt habe, meine Wehrhaftigkeit, mein Wissen, meine Sicherheiten, sie sind von mir abgefallen, ich habe gespürt, daß ich das alles nur auswendig gewußt habe, wie ein Kind seinen Katechismus auswendig gelernt hat. Und ich habe gemerkt, wie sich in mir ein Mensch leise geregt hat, die wirkliche Mieze, für die es noch keinen Namen gab.

Aber zuerst ist mir doch gewesen wie einem Fisch, den die Ebbe auf dem Lande hat liegenlassen. Ich habe nicht atmen können, ich habe nicht die Gliedmaßen für dieses Leben gehabt. Oh, ich habe mich gewehrt, ich habe die gehaßt und habe sie schamlos genannt und zynisch und gemein. Ich habe mich angeklammert an meine Gewordenheit und habe nicht gewollt, daß die fünfunddreißig Jahre meines Lebens kaum mehr sein sollten als das dumpfe pflanzenhafte Regen eines Triebdaseins.

Und doch habe ich immer wieder darüber nachdenken müssen, warum ich wohl an jenem Abend geweint habe. Und der Delbrück hat mir einmal gesagt, als ich ihn des Hans wegen um das Porträt gedrängt habe: „Ich soll Sie wirklich malen, Frau Mieze? Schauen Sie doch, daß Sie erst ein ander Gesicht bekommen, das sitzt ja alles noch voller Hemmungen, querüber und von links und von rechts."

Und ich habe gewußt, daß die nicht schamlos waren, sondern schamfrei, weil sie eben nichts von Gut und Böse gewußt, sondern das Leben genommen haben, wie es war, ohne Urteil, duldsam, nie als Richter. Nein, sie waren nicht zynisch, sondern aufrichtig und wahrhaft. Nein, sie waren nicht gemein, sondern Freie, die den Stachel nicht mehr im Fleisch spürten.

Da sind lange Abende gewesen, an denen Witz und Laune und Gelächter übersprühten in dem großen Atelier, das warm war von den bunten reifen Farben der Seidenkissen. Und junge Mädchen sind gekommen und junge Männer und haben mitgelacht und mitgesprochen und sind weggeblieben wochenlang und sind wiedergekehrt, als seien sie nie fortgewesen. Und jedes hat in diese Stunden etwas mitgebracht, den Gedanken an ein Buch, ein abenteuerliches Schicksal, die Schilderung eines Bildes. Und wir haben gelegen dort, und das Leben ist ein weites festliches Rund gewesen. Jeder hat reden können oder schweigen, wie es Laune und Stunde mit sich brachten. Und das Leben hat nicht mehr ängstigen können, denn was es auch bringen mochte, es hat eben nichts bringen können wie Leben – und nichts konnte mir mehr geschehen.

Haben die Lampen je düster gebrannt? Ist die Dämmerung ein einziges Mal voll drohender Schatten gewesen? Wir haben gelacht und triumphiert, weil wir gewußt haben. Sind uns nicht Stunden vergangen wie Minuten, und wir haben die Witzworte einander zugeschlagen wie glitzernde bunte Bälle, und sie sind schneller geflogen und leuchtender und haben sich gedreht? Und neue sind gekommen. Und junge Mädchen haben sich auf die Ellbogen gestützt, wie wach geworden, und haben ihnen nachgeschaut, und ehe sie noch in Träumen versunken sind, hat es sie hochgerissen, und sie haben selber auf das Funkeln einen höheren Glanz noch gesetzt und haben dagestanden wie herausgeschwungen aus der öden grauen Muschel ihres alten Seins, und das Haar längs ihrer Wangen hat leise geatmet, und ihre Knie haben gezittert.

Junge Männer haben einen seltsamen schlupfenden schleichenden Tanz getanzt, langsam, hintereinander, düster wie alle Trauer und elendes krankes Wissen und ein immer neues Verzagen. Und der alte Kasten in der Ecke hat in einer blöden, aufreizend jubilierenden, so dumm und töricht jubilierenden Melodie angehoben, aber sie haben ihren Rhythmus dagegengesetzt und sind weiter schlupfend und schleichend geschlichen. Doch plötzlich hat zwischen ihnen eine Frau gestanden, eine volle dunkle Frau, und es ist gar nicht gewesen, als wenn sie sich bewege, aber da war ihr Lächeln und dort ihre Schulter und hier ihre Hand. Und aus dem Schlupfen ist ein Schreiten geworden und aus dem Schleichen ein Eilen, und es ist ein Wirbel gewesen und Hasten und Jagen und Springen und ein ganz dummes und törichtes Jubilieren.

Und haben wir nicht viele Stunden gelegen und haben mit unsern Hirnen geturnt und Begriffe zerfasert und Haare gespalten? Und ist es nicht sicher gewesen, daß alle diese Menschen hierherkamen aus irgendeinem eifrigen und aufrechten Tagewerk, das oft geführt worden ist zwischen Menschen anderer Art und anderen Geblüts, zwischen Menschen, deren ganzes Sein diese Art zu leben und zu denken leugnete, daß sie hierherkamen, sich ein wenig Bestätigung zu holen ihrer Art, und wieder hinausgingen in die fremde Welt, ohne Aufhebens?

Es war wirklich alles meilenfern von der dummen, gefühlsfaulen Duselei der Sonne im Herzen, es war alles andere als weichlich und schlaff, es war sehr mutig, sehr angriffslustig, sehr scharf, sehr ätzend.

Und es war sehr gütig. Wie hätte man sonst die Geduld gehabt, sich so lange mit mir abzugeben, die ich monatelang zu kämpfen hatte, ehe ich diesen freien aufrichtigen Ton fand, und die Dutzende von Malen in die alte trockene stachlige Schärfe zurückfiel? Man war geduldig, aber man war nicht weich. Man griff fest zu. Und als alles nichts half, schloß man ein Bündnis, man verabredete eine Kur. Diese Menschen waren so, daß sie das Unmögliche wagten, und sie siegten bei mir.

Ich muß gestehen, daß ich der Sepherl, der Frau vom Heinz, mein Kindheitserlebnis mit Schwester Violet erzählt hatte. Denn es hat mich doch gequält, daß ich da immer so vergnatzt und stumm zwischen all der Offenheit gesessen habe, gewissermaßen zu meiner Entschuldigung habe ich das erzählt. Und ihr einen Eid abgenommen, daß sie es dem Heinz nicht wiedererzähle. Sie hat es natürlich doch getan, und mir ist es innerlich auch ganz recht gewesen, wenn ich äußerlich noch so heftig protestiert habe, denn das war schon in der Zeit, daß ich gemerkt habe, ich mochte Heinz gern.

Er hat auch ganz unbekümmert mit mir über die Sache gesprochen und hat mir einen seiner „Verstandes-Vorträge“ gehalten, daß ich dieses Ereignis eben nie richtig erlebt hätte, sondern schleunigst in den Hintergrund gedrängt. Ich sei eben sozusagen feige davor ausgerissen, und wollte ich meine Hemmungen lossein und mich wirklich frei fühlen, so müsse ich vor allem das Versäumte nachholen. Wie? Ja, mit dem Durchdenken sei es da eben nicht getan, das müsse durchlebt werden. „Und“, hat er in seiner Manier gesagt, „statt nun grade Nonne zu werden, wie Sie es getan haben, hätten Sie sich auf die andere Seite legen und ein bißchen liederlich sein sollen. Similia similibus, daran glaube ich nun einmal.“

Ich meinte, dazu hätte ich die Zeit wohl versäumt.

„Man soll es nicht verrufen, Mieze. Aber es ist ja auch nicht so einfach mit dem Liederlichsein, selbst dazu muß man eine Ader haben. Nun, wir finden schon einen Weg.“

Und fanden ihn auch.

Wir haben an einem Abend ganz besonders getollt und gelacht in dem alten Atelier und haben getanzt und es hat Wein gegeben, den es sonst dort nie gab, und ich habe einen Schwips gehabt, und die Uhren sind falsch gegangen, und als ich nach Hause wollte, waren die letzten Elektrischen längst fort. Mir ist alles gleich gewesen, und als Sepherl zu mir gesagt hat: „Aber das macht doch nichts, Mieze, du schläfst eben bei mir. Das richten wir schon. Und den Heinz quartieren wir einfach aus“, da habe ich wieder gelacht und bin mit allem einverstanden gewesen.

Und wir beiden Frauen, die ja längst Freundinnen waren, haben uns langsam mit vielen Scherzen ausgezogen und haben uns ins Bett gelegt, und weil es sich so schön geplaudert hat, haben wir das Licht noch brennen lassen und haben weiter geraucht und weiter geschwatzt. Da hat sich die Tür aufgetan, und Heinz hat de- und wehmütig gebettelt, daß wir ihn doch auch hereinlassen zu uns, er halte es vor Langeweile und Verlassenheit nicht aus. Und wir haben übermütig eingewilligt und zugerückt und haben ihn in die Mitte genommen und weiter geschwatzt.

Aber allmählich ist das Plaudern sachte versickert, und ich habe nachdenklich meine Zigarette weiter geraucht und habe zu den beiden hingeschaut, und plötzlich habe ich gedacht: Gott, Gott, kann denn ein Mensch so schön ausschauen! Denn unter dem Gesicht der Frau, das ich gekannt habe, ist ein ander Gesicht hervorgekommen und hat darüberhin gestrahlt und ist so jung und selig und leuchtend gewesen, daß es nicht zu begreifen war. Und eben dann ist die Sepherl eingeschlafen.

Aber der Heinz hat mich in den Arm genommen, und ich habe nur genickt, als er gefragt hat: „Magst du lieber ins andere Zimmer gehen, Miezerl?“ Und ich bin mit ihm hinübergegangen, und das große gütige schöne Lächeln der Sepherl hat uns nachgegrüßt, und ich habe alles Glück und alle Seligkeit erlebt und habe meine Arme um den Mann geworfen. Was gewesen war, ist von mir abgefallen, ich habe nichts mehr von Schauder und Ekel gewußt. Ich bin frei gewesen.

Lange habe ich noch wach gelegen und habe in das schlummernde Gesicht des Mannes neben mir geschaut. Ich habe jener Frau gedacht, die ich auch einst war und die auch in solch einer Nacht wach lag und nicht begriff, daß die Menschen von diesem so viel Aufhebens machten. Es ist mir gewesen, als habe ich viele, viele Jahre nur geschlafen, als sei ich nun erwacht und als fange ich jetzt, fünfunddreißigjährig, erst mein Leben an. Mit Kummer habe ich auf die vergangenen Jahre geschaut, ich habe sie so unbegreiflich versäumt gehabt, es ist mir leid um jeden Tag gewesen, da ich von diesem nicht gewußt habe, und fest nahm ich mir vor, daß mein künftiges Leben ganz anders sein solle.

Ich bin eingeschlafen und am nächsten Morgen in die Wohnung von Lauterbachs gegangen und habe dem Hans, der in tausend Ängsten war, eine Lügengeschichte erzählt von einer Freundin, bei der ich übernachtet. Da war meine Wohnung, mein Heim, und die Kinder mit ihren Wünschen und Hans mit seiner Liebe, und ich habe da gelebt und meine Arbeit getan, und einmal ist eben Waschtag gewesen und das andere Mal Großreinemachen. Strümpfe waren zu stopfen, Besorgungen zu machen, bei Schularbeiten zu helfen, Tränen zu trocknen. Kleine weiche Hände haben ungeschickt in mein Gesicht gefaßt, der Hans war in den Arm zu nehmen, und ich hatte gut zu ihm zu sein. Und ich habe alles gerne getan, und mir ist wohl dabei gewesen. Dies zu tun, habe ich nicht zu lügen brauchen und mich nicht zu zwingen, denn so war ich.

Aber irgendwann am Tage habe ich dieses Heim verlassen und bin langsam erst und schneller schon durch Straßen gegangen und habe Bahnen benutzt, die viel zu langsam fuhren, und schloß eine Tür auf und stand im Atelier. Die Seph hat mir die Hand gegeben, und Heinz hat mich geküßt, und die jungen Künstler sind gekommen, und wir haben gelacht und Witze gemacht und disputiert, und ich habe mitreden und lachen können, denn ich war frei wie sie. Wir haben den Globus auf unserem Finger tanzen lassen, wir haben an das grüne Gewächs geglaubt und an die Schuldlosigeit aller Geschöpfe, wir haben von dem stillen geheimnisvollen Rieseln des Wassers tief in der Erde gewußt, und der Schritt keines, der sie beging, ist uns fern oder fremd gewesen. Ich habe mich nicht zu zwingen brauchen, denn so war ich.

Zwei Welten: eine gewordene – eine errungene. Zwischen ihnen ist der Weg gewesen, der seltsame Weg, auf dem über die kleinen Sorgen hin die Freude angehoben hat, ihr Lied zu singen; auf dem das Lied der Freude sachte verstummt ist, wie ein Sommertag zur Ruhe geht durch den leuchtenden Abend hindurch, und die kleinen Sorgen sind aufgewacht.

Welch Glück! Welch Glanz! Wie habe ich die schöne Frau geliebt, die es mir so neidlos, so köstlich frei geschenkt hat. „Wenn du glücklicher wirst, was nimmt das mir?“ hat sie gesagt. „Wenn er glücklicher wird, werde da nicht auch ich glücklicher sein, da ich ihn liebe?“

Wir sind vereint unsern Weg gegangen, und mein Glück schien immer größer und strahlender zu werden.

Diese raschen Stelldicheins in den Kaffeehäusern der Stadt, wo man inmitten so vieler Gleichgültiger sitzt, gegenüber dem Geliebten, und aus der Musik, dem Geschwätz, dem Teller- und Tassengeklirr erhebt sich plötzlich mit einem sachten Flüsterwort der freudige und triumphierende Klang unserer Liebe!

Dies Wandern durch eine Bilderausstellung, dieses zögernde Verharren vor einem Gemälde und rasche Weitergehen, das Betreten dann des letzten Raumes und die namenlose Enttäuschung, daß er nicht da ist, und das Umwenden dann, da ein rascher Schritt tönt, das stille Stehen und Warten unter der so beruhigenden Maske einer Dame, bis ein Mund die Hand berührt und eine so geliebte Stimme rasch hinfragt: „Nur Schund da, nicht wahr, Miezerl?“

Habe ich den Tiergarten etwa gekannt? Oder Halensee? Der Sand unter den Kiefern war wie Sammet, ich legte meinen Arm in seinen, am anderen Ufer des Sees entdeckten wir grüne heimliche Büsche, wir gingen langsam dorthin und plauderten über Gleichgültiges, doch kaum, kaum spreizten sich die ersten grünen Fahnen zwischen uns und den andern, so ließen wir uns los, wir sahen uns an, hastig wollte ich ihm noch etwas sagen, und schon hatten sich unsere Lippen gefunden, ich schloß die Augen, und es schien, als stehe plötzlich tief aufbrausend die Welt still.

Weißt du schon, was du ihm morgen erzählen wirst? Du hast etwas Glückliches erlebt, du wirst es ihm sagen, und dein Glück wird erst dadurch vollkommen sein. Scheinen nicht plötzlich alle Dichter von ihm und dir zu reden? Siehst du, dies hier bist du und dies er. Seltsam, die Dichter haben schon von uns gewußt, so einzig unsere Liebe auch ist. Gab es sie je?

Ach, sprich nicht davon, laß uns still sein und glücklich!

Du sitzest vielleicht an einem schönen Sommertage im Garten, die Sonne scheint, in den Büschen und Bäumen lärmen die Vögel. Plötzlich ist alles still, alles hält den Atem an, die Sonne wärmt nicht, dich fröstelt. Es war nur ein Augenblick, schon brennt die Sonne wieder, das Gejage und Geflatter der Vögel ist wie je, doch du lehnst dich zurück und sprichst zu dir: der Herbst kommt. Es ist nichts gewesen, es geschah gar nichts, doch du weißt, der Sommer geht zur Neige.

Wann habe ich es zuerst gespürt, daß der Gipfel des Glückes überschritten war, daß die Welle sich neigte, dem Verrinnen zu? Ich weiß es nicht, es ist ein Zusammenschauern gewesen, der Druck der geliebten Lippen schien plötzlich kraftlos geworden, mein Herz jubelte nicht mehr. Es war ein Augenblick, ein Husch, ein Nichts – und ich sah ihn an, und es war alles wie einst.

Wochen vergingen, Tage randvoll von Seligkeit. Ich habe Heinz adieu gesagt, ich bin schon auf der Treppe. Plötzlich bleibe ich stehen. Wie erschrocken ich bin! War das heute alles? Diese rasche Begrüßung, der flüchtige Kuß auf dem Vorplatz und das Schwatzen dann mit den andern, während ich immer in das Nebenzimmer horchte, ob er nun komme? Unmöglich! Warum habe ich plötzlich meine Laune verloren und bin fortgegangen, ehe er noch kam? Wie albern von mir! Ich muß sofort zurückgehen . . .

Ich steige wieder die Treppe hinauf. Und bleibe von einem neuen Gedanken erfaßt stehen. War es denn gestern anders? Oder vorgestern? Oder damals? Wann denn in den letzten Wochen sind wir beisammen gewesen und haben miteinander geplaudert, wie wir es gewöhnt waren, von Mensch zu Mensch? Ich versuche mich zu erinnern, die Tage gleiten mir ineinander, ich möchte sie unterscheiden, aber sie sind so gleichförmig, so einfarbig, ein Einerlei. Einerlei –? Was ist das für ein Wort?

Ich bin auf der Straße, ich gehe langsam nach Haus. Nein, ich bin nicht wieder hinaufgestiegen, ich habe „das Versäumte nicht nachgeholt“. Ich muß das durchdenken, wie es kam, ich muß den Anfang finden. Wenn ich erst den Anfang weiß, werde ich alles begreifen, werde ich es ändern können.

Jetzt gehe ich fürs erste einmal nach Lauterbachs Wohnung. Dort ist alles geordnet und bestimmt, es geschieht nichts Überraschendes. Es ist eine Existenz, der schlichte, zufriedene, rührende Kreis einer Familie, wie es zehntausende in dieser Stadt gibt. Das ist die eine Welt - aus einer anderen komme ich. Ja, komme ich wirklich aus ihr? Bin ich denn in ihr gewesen? Und wenn schon, was heißt das? Bin ich dort nur zu Gast? Habe ich dort nicht vielmehr Eigentum, das ich mir erworben, aus dem ich nicht zu vertreiben bin? Bin ich denn nicht die freie glückliche Mieze, sondern nur die Geliebte von Heinz, die in ihre alte dunkle Existenz zurückgleitet, sobald er sie fallen läßt?

Aber er läßt mich ja nicht fallen! All das ist Unsinn, Spintisiererei. Wir lieben uns. Nur – er ist zuviel beschäftigt, er ist zu sehr gehetzt. So viele Leute kommen zu ihm mit Bitten und Anliegen, immer nehmen sie ihm seine Zeit. Ist es da ein Wunder, daß wir Näherstehende manchmal zurücktreten müssen?

Und ist das nicht vielleicht sogar ganz gut? Ist nicht vielleicht eine Kleinigkeit Wahrheit an den Übertriebenheiten, die ich mir eben eingebildet? Ist nicht vielleicht doch ein ganz klein wenig die Gefahr dagewesen, daß wir uns an dieses große Glück gewöhnten und es wie etwas Alltägliches hinnahmen?

Sicher, es ist vielleicht grade gut, wenn wir uns ein wenig seltener sehen. Und ich nehme mir vor, ihn nicht so oft zu besuchen, lieber eine Woche zu warten, bis ich ihn wiedersehe, und die wenigen Stunden, in denen ich ihn allein haben kann, auszunützen.

Ich wartete fünf Tage. Ich traf ihn. Wir waren zusammen.

Und als ich nach Hause schritt, wußte ich: es ging zu Ende. Vielleicht war es schon da, das Ende. Das Warten hatte uns nicht näher gebracht, es hatte uns noch weiter entfernt. Wir saßen wie zwei gute Freunde am Tisch, wir hatten uns gern.

Ich konnte ruhig wieder in das Atelier gehen und an den Schwatznachmittagen teilnehmen. Es würde mir nicht wehtun, wenn er im Nebenzimmer blieb oder mit anderen plauderte.

Es war die Liebe gewesen, die ganz große, die einmalige. Sie war vorbei. Aber sie war doch einmal dagewesen. Und ich war eine andere geworden, ich war frei.

5

Viele Monate vergehen. Ich habe meinen Schmerz überwunden, ich bin ruhig geworden. Ich weiß nun, ich habe nicht die Liebe, ich habe die Leidenschaft erlebt. Heinz hat mit mir ein Experiment gemacht, meine spitzige junge Freundin hat es mir verraten. Er hat mich befreien wollen von meinen Hemmungen, von all dem Schiefen und Krummen, was mich zwängte, das Experiment ist ihm gelungen, ich sehe anders in die Welt, ich bin eine andere. Daß es aber mit diesem Experiment nicht ganz so ging, wie er sich ausgerechnet, daß auch er ein wenig Feuer gefangen, mir ist es nur recht gewesen, vielleicht dächte ich sonst nicht so gern an diese Zeit zurück.

Ja, ich habe einmal den Globus auf meinem Finger tanzen gemacht, ich war sehr verliebt, nun sind wir gute Freunde geworden. Wir sehen uns gern, wir plaudern miteinander. Aber das Einmalige ist vorbei, und ich schaue mich in meiner veränderten Welt um und richte mich in ihr ein. Ich habe nun wieder mehr Zeit für die Kinder, und das Lügen habe ich nur noch selten nötig.

Ich entdecke Hans neu. Habe ich mich früher nicht ein wenig geschämt und es ein wenig lächerlich und ein bißchen lästig gefunden, daß er mich so liebte und so glücklich über diese Liebe war? Nun finde ich es eigentlich recht nett. Wir erleben einen Spätsommer zusammen, wir lächeln über uns und sagen: wir alten Leute, und gehen abends aus und sitzen in Lokalen, sehen die bunte Welt um uns an und versuchen selber, ein wenig bunt zu sein.

Er interessiert mich eigentlich, der Hans. Ich möchte in seinen Schädel und in sein Herz sehen, möchte wissen, wie es dort zugeht, ob er sich gegrämt hat, daß er elf Jahre eine kühle Frau hatte, und ob er sich gar nicht darüber wundert, daß diese kühle Frau plötzlich leidenschaftlich ist.

Nie kommt mir der Gedanke, ihm zu erzählen, was ich erlebt. Ich weiß ja doch, er würde sich nur schrecklich quälen, namenlos leiden und doch nicht loskommen von mir. Ihn würde der Klang, der von dem Worte „Ehebrecherin" ausgeht, betäuben, mich schreckt er nicht. Was habe ich ihm denn genommen? Ich habe ihn glücklicher gemacht und mich reicher. Er gehört zu den Aussterbenden, die noch die Gefühle ihrer Vorfahren haben, die zu erkennen vermögen, daß diese Gefühle aus längst vergangenen Sittengesetzen entstanden sind, und die doch Sklaven dieser Gefühle bleiben. Er weiß, daß Eifersucht schlecht ist, und wäre doch eifersüchtig.

Seltsam, noch immer geht er an meiner Seite. So viele Jahre hindurch ist er neben mir gegangen, nun denke ich wieder einmal an den Jungen, der mich über den Storkower See ruderte und die „Ilias" griechisch deklamierte, indes ich den Schnakenschwärmen zusah. Es ist nicht zu begreifen, daß dieser derselbe ist, der morgens ein paar spärliche Strähnen über seinen Scheitel rangiert, der dick geworden ist und ein wenig kurzatmig. Ich habe mich an ihn gewöhnt, unmerklich hat er sich verändert, nun ich die beiden nebeneinander sehe, möchte ich mich dieses von heute fast schämen. Wäre ich ihn nicht gewöhnt, lernte ich ihn heute kennen, ich würde ihn nie in mein Schlafzimmer lassen.

Es ist schon wieder vorbei mit der Annäherung an Hans, es war Flackerfeuer, Strohfeuer, der kürzeste Spätsommer, den zwei Eheleute erleben konnten. Ich gehe wieder meine eigenen Wege, ich bin viel fort von Hans und höre nun langsam und in wohlbedachter Ordnung Vorträge, die mich freuen. Ich bringe etwas aus ihnen nach Haus, ich kann Hans davon erzählen und mit Heinz über sie plaudern.

Ich bringe noch mehr aus ihnen nach Haus, etwas, worüber ich mit niemandem rede. Seit ein paar Wochen treffe ich in diesen Vorträgen öfter den gleichen jungen Mann, einen dunklen gepflegten Menschen Mitte der Zwanziger. Er ahnt sicher nicht, wie alt ich bin, mein jugendliches Aussehen täuscht ihn.

Oft gelingt es ihm, den Platz neben mir zu bekommen, dann sitzt er still da und sieht mich von Zeit zu Zeit an. Ich spüre diesen haftenden langen ruhigen Blick, trotzdem ich aufmerksam nach dem Vortragenden oder der weißen Leinewand mit ihren wechselnden Bildern schaue. Nie macht er den Versuch, mich zu berühren, doch ich fühle seinen Willen als einen drängenden Strom, der erhitzt. Er macht schlaff, manchmal schließe ich in der Dunkelheit die Augen, ich lasse mich ein auf diese Wärme, ich spüre sie in den Gelenken wie eine wohlige Schwäche.

Als ich einmal einen Vortrag in einem Zyklus versäumt habe, spricht er mich das nächste Mal in der Pause an, er stellt sich vor, ich verstehe den Namen nicht. Dann berichtet er mir von dem Versäumten, ich merke, er hat sich hierauf vorbereitet, und dieser Gedanke tut mir wohl.

Wir sprechen nun hin und wieder ein paar Worte miteinander, wir grüßen uns. Ich weiß seinen Namen noch immer nicht, aber es ist nun nicht mehr der reine Zufall, wenn wir uns da und dort treffen. Wir besprechen miteinander, welche Veranstaltung uns die meiste Aussicht auf Genuß zu bieten scheint, und danach entscheiden wir.

Ich weiß längst, daß er mich jedes Mal nach Haus begleitet, in weitem Abstande und auf der anderen Straßenseite, gleichgültig, ob mich Hans abgeholt hat oder nicht, und ich weiß, daß diese Zurückhaltung nicht Schüchternheit von ihm ist, sondern erfahrene Klugheit.

Ich weiß das alles, und es ist mir recht so, es prickelt in meinen Adern, und sehe ich ihn das nächste Mal, begrüße ich ihn deswegen genauso ruhig und formell wie sonst.

Wir sitzen wieder nebeneinander. Der Saal verdunkelt sich. Der Vortragende spricht. Ein Bild erscheint, dann erfolgt ein kurzer Ruck, und wieder steht hell leuchtend ein Bild da. Eine Stimme spricht an meiner Wange hin: „Du meine Liebe. – O du meine Liebe. – Du meine Liebe."

Die Stimme schweigt. Ich schließe die Augen. Es ist Taumel, es ist Duft, es macht schwach und es ist süß. Wie hieß es? „Du meine Liebe. O du meine Liebe. Du meine Liebe." Hieß es so –? O du mein Geliebter, begreife ich nun plötzlich, was dies heißt: *ein* Fleisch sein? Ich bin vielleicht sehr weit fort von dir. Aber über alle Abgründe, alle Trennungen, alle Einsamkeit klingt es: „Du meine Liebe. O du meine Liebe."

Siehe Geliebter, ich falle ja! Es ist ein endloser Fall, ich weiß, ich stürze in eine bodenlose Tiefe, niemals werde ich aufschlagen. Das Blut singt in meinen Ohren, an meinen Augen werden schwarze Schleier vorbeigerissen, in deren Falten Sterne funkeln. Ich stürze endlos. Geliebter, neigst du dich etwa eben über den Rand des Absturzes? Oder wo bist du? Sage es noch einmal, was du sagtest an meiner Wange hin, eben oder gestern oder einstmals, jene Worte, die ich nie gehört. Sage sie noch einmal.

Nichts.

Ich sehe auf, in den Saal. Der Vortragende spricht ruhig, hell steht ein Bild auf der Leinwand, nun gibt es einen Ruck, und ein neues Bild steht dort. Eine Beweinung, richtig, eine Beweinung. Es ist nichts geschehen. Ein Vortrag wird gehalten, mit Lichtbildern, neben mir links sitzt eine junge Dame in Blau, vielleicht eine Studentin, neben mir rechts sitzt ein junger, gepflegter, dunkler Mann. Beide Nachbarn verfolgen aufmerksam den Vortrag.

Es ist nichts geschehen. Ich könnte es für einen Traum nehmen oder die mich plötzlich überraschende Erinnerung an eine Zeile, die ich in einem Brief las. Ich bin zu nichts verpflichtet. Ich habe nichts gesagt. Ich habe nichts gehört. Es geschah nichts.

Und doch eile ich mehr als sonst, aus dem Saale zu kommen, ich antworte meinem Nachbarn nur flüchtig auf eine Frage und versichere ihm plötzlich lachend und hastig, daß meine Kinder auf ihr Abendbrot warten (meine Kinder!, und abends zehn Uhr Abendbrot!), ich besteige ganz überraschend eine Elektrische, die schon im Fahren ist, eine Linie, die ich sonst nie benutze.

Und gehe die letzten Straßen durch das halbe Dunkel aus einem Lichtkreis in den andern. Ich zögere mit meinen Schritten. Ich horche nach hinten. Nein, nichts. Gottlob, es ist wirklich nichts geschehen. Auch dieses alberne, provozierende Nachlaufen hat aufgehört. Ich kann beruhigt schlafen.

Ich gehe nicht mehr aus abends, einen Abend nicht, zwei Abende nicht, eine Woche lang nicht. Die Karten zu den Vorträgen verfallen, das kümmert mich nicht. Ich sitze Hans gegenüber, zwischen uns auf dem Schreibtisch steht die elektrische Lampe mit der grünen Kuppel, wie sie auf all solchen Schreibtischen steht. Ich bringe das Unterzeug der Kinder in Ordnung, Hans korrigiert Hefte. Dann schieben wir unsere Arbeiten zurück und machen Sommerpläne. Wir sind in der Mitte des April, und es wird Zeit, Entschlüsse zu fassen. Ich werde mich auf einem Reisebüro nach den Preisen erkundigen.

Ich fahre in die Stadt. Es ist nachmittags, so gegen halb fünf, die beste Zeit für Besorgungen. Ein sonniger warmer Tag, wie ein vorausfliegender Duft des Sommers.

Ich sehe schon so viele helle Kostüme, ich denke mit Schrecken daran, daß ich für den Sommer gar nichts Rechtes anzuziehen habe. Ich beginne zu mustern, was in meinen Schränken hängt, ich bin so eifrig mit Zählen und Kombinieren und Umändern, daß ich kaum bemerke, wie mich ein junger dunkler Mann grüßt. Erst eine Weile später besinne ich mich darauf und grüße flüchtig wieder.

Gut. Ich werde heute lieber nicht ins Reisebüro gehen, ich werde mir bei Wertheim die Frühjahrssachen anschauen. Ich steige aus und überquere eilig die Straße. Als ich die Windfangtür in der Hand habe, spricht mich jemand an: “Gnädige Frau . . .“

Ich bin nicht überrascht. Vollkommen beherrscht sage ich zu dem dunklen jungen Mann: „Im Augenblick habe ich keine Zeit. Erwarten Sie mich bitte in einer Viertelstunde bei Telschow.“

Er sagt einen Dank. Ich werde vorwärtsgeschoben und stehe im Lichthof. Flüchtig mustere ich die Sachen, durchquere das Warenhaus, verlasse es durch den Ausgang bei der Voßstraße und gehe auf ein Reisebüro Unter den Linden. Einmal sehe ich hastig nach meiner Uhr und überzeuge mich, daß er nun bei Telschow wartet. Ich lächele.

Mit der Stadtbahn fahre ich bis zum Zoo und benutze von dort die Elektrische. Ich gehe die letzten fünf Minuten sehr hastig, die Abende sind schon hell und lang, die Kinder spielen lärmend auf der Straße, viele Leute sind unterwegs. Trotzdem höre ich deutlich einen Schritt auf der gleichen Straßenseite, einen Schritt, den ich zu kennen meine.

Ich atme auf, mein Herz jubelt.

Die letzten hundert Meter laufe ich fast, so nahe kam mir der bekannte Schritt, ich schließe die Haustür auf, ich trete ein. Ich drücke sie wieder zu. Nun bin ich vor allen Belästigungen sicher. Ich bleibe eine Weile rasch atmend stehen und sehe auf die Straße hinaus.

Niemand kommt, das heißt, korrigiere ich mich sofort, niemand, den ich kenne, kommt. Vielleicht habe ich mich doch getäuscht? Vielleicht ist er gar nicht klug? Vielleicht sitzt er nun bei Telschow?

Schön, sage ich mir, dann ist erst recht nichts verloren. Und steige langsam die Treppen hoch. Ich bin plötzlich müde und fühle mich abgehetzt. „Die Frühjahrsluft greift doch immer an“, sage ich zu Hans, und er bedauert mich. Er fühlt sich vollkommen frisch.

Nachher spielen wir Schach. Meine Abgespanntheit ist vorüber, ich bin eher ein bißchen aufgeregt. Mein Gehirn denkt klar und überblickt vorzüglich. Ich zwinge Hans zur langen Rochade und zersplittere seine Bauerndeckung. Matt droht ihm. Er denkt lange nach.

Ich stehe auf, trete an das Fenster und schiebe die Gardinen beiseite. Ein Blick trifft mich sofort. Ich habe es gewußt! Ich sehe trotzdem auf die Uhr und sage mir: Gott, es ist wirklich gleich elf. Ich trete an den Tisch. Hans hat einen Ausweg gefunden, er rettet sich noch einmal.

Plötzlich bin ich müde, habe Kopfschmerzen, die Partie interessiert mich nicht mehr, ich will noch einen Augenblick an die frische Luft. Hans ist gleich bereit, mich zu begleiten, ich will aber lieber allein sein und bitte ihn, sich hinzulegen. Ich bin in einer Viertelstunde wieder oben.

Dann steige ich die Treppe hinunter. Ich schalte die Beleuchtung nicht ein, es dünkt mich schöner, wenn ich plötzlich aus dem Haus trete, überraschend, und er noch nicht begreift, daß ich es bin.

Ich gehe grade über die Straße auf ihn zu, es bekümmert mich nicht, daß man mich von unsern Fenstern sehen kann, daß mich alle Leute aus unserm Haus sehen können. Ich bleibe vor ihm stehen und frage nur: „Nun?“ Mein Ton ist herausfordernd und kriegerisch.

Er zieht seinen Hut. Er sieht mich an. Plötzlich weiß ich, daß er mich ganz durchschaut. Ich bin matt und kraftlos, ich habe mich zu lange gewehrt, zu lange habe ich die Süßigkeit der Niederlage hinausgeschoben. Ich bin so müde, ich wollte, er hielte mich in seinem Arm, und ich wüßte von nichts mehr. Noch lieber, ich läge in meinem Bett und schliefe einen tiefen traumlosen Schlaf.

Er fragt sanft: „Wann?“

Ich kann nicht antworten. Plötzlich würgt mich Schluchzen. Ist nicht alles trostlos, und ist es nicht auch trostlos, hier zu stehen und von diesem allen zu wissen?

„Er fragt: „Morgen?“

Ich bewege mühsam bejahend den Kopf.

„Am Steglitzer Rathaus?“

Ich nicke wieder.

„Um vier Uhr?“

Ich nicke noch einmal. „Gute Nacht“, sage ich plötzlich und reiche ihm die Hand. „Gute Nacht“, antwortet er und gibt mir die seine. Nein, es fließt kein Strom. Auch dieser Versuch ist fehlgeschlagen. Während ich über den Damm zurückgehe, denke ich, daß dies alles vielleicht kläglich und gemein ist. Daß es sich nicht lohnt, daß wohl nichts sich lohnt. Ich habe mich viel zu lange gequält, sage ich wieder, und bin böse auf ihn, daß er dem nicht schon lange ein Ende machte, daß er mich nicht zwang.

„Sind deine Kopfschmerzen vorbei, Mieze?“ fragt Hans aus seinem ersten Schlaf heraus.

„Nein, meine Kopfschmerzen sind noch nicht vorbei“, antworte ich, indes er schon wieder schläft. –

Am nächsten Nachmittag richte ich mich auf meinen Ellbogen auf. „Du“, flüstere ich.

„Ja", fragt er leise.

„Es ist so dumm, aber - ich weiß ja nicht einmal, wie du heißt."

„Wirklich!" lacht er. „Ernst. Ernst heiße ich. Und du heißt Marie, nicht wahr? Ich weiß das."

„Und weiter? Wie heißt du weiter?"

„Hartwig. Ernst Hartwig."

Ich lege den Kopf auf das Kissen zurück. Es hat mich all diese Zeit gequält, und ich habe es dumm gefunden, und ich habe mich geschämt, daß es mich gequält hat, und doch - alles haben wir voneinander gewußt, nur seinen Namen habe ich nicht gewußt. Wie dumm das ist!

„Sage es noch einmal", rufe ich, um den dummen Gedanken ein Ende zu machen. „Sage es noch einmal, Ernst."

„Was, Liebste?"

„Was du damals sagtest, im Vortrag."

Und meine Wange entlang klingt es: „Du meine Liebe. - O du meine Liebe. - Du meine Liebe."

Ja, das war es. Ich werde es in einem Roman gelesen haben, es kommt mir bekannt vor.

Und doch - es ist wieder die Liebe. Ich habe geglaubt, es sei vorbei mit ihr, nun ist sie wieder da, und das Leben bunt und bewegt wie je. Vielleicht hat sie sich verändert, vielleicht ist sie skeptischer geworden, nicht mehr voll von der alten Gläubigkeit. Aber dafür wurde sie nur um so genießerischer, sie bereitete sich Feste. Plötzlich verzögerte sie, sie duckte sich, sie war wie nicht da - und schon breitete sie triumphierend von dem höchsten Kamm einer Welle all ihr Weiß und ihren Glanz aus, sie rief Schreie der Lust, sie tobte ohne Besinnung wie die Brandung, und plötzlich war sie still, eine unendliche unbewegte See, ferne, ferne verschimmernd, eine ewige Verheißung, eine trübe, bittere Sehnsucht.

Zwei Welten - nun ist das Abenteuer bei mir eingekehrt, die stets Besonnene liebt jetzt den Taumel, die Ordentliche lebt in der Verwirrung, die Rechnerische streut Geld aus.

Was weiß ich von dem Mann, den ich liebe? Seinen Namen, Ernst Hartwig, wenn es sein Name ist, woran ich zweifeln kann.

Ich gehe langsam aus meiner Wohnung, ich gehe langsam zehn, zwanzig, hundert Schritte, und kaum um die nächsten Straßenecke, nehme ich ein Auto. Ich schließe seine Wohnung mir selber auf, ich gebe dem Diener eine Anordnung, und der Diener antwortet mir als der Hausfrau, ich gehe in mein Ankleidezimmer und öffne den Schrank.

Da hängen all die Kleider, die er mir schenkte, kostbare Stoffe, alte Spitzen, manches Kleid ein Jahresgehalt von Lauterbachs. Ich bade, ich ziehe mich um. Ich setze mich in das Lesezimmer, ich greife nach einem Buch. Doch ich greife nicht zu den Dichtern, die ich zu Haus liebe. Die Seidenwäsche, die sich um mich schmiegt wie eine verwöhntere Haut, der Schmuck und Glanz haben mich verwandelt. Ich bin eine andere, ich führe ein anderes Leben, ich liebe nun die schmeichelnden leisen Töne, die Spielereien des Gefühls, aus denen plötzlich ein Funke aufleuchtet, eine Flamme emporlodert - und man wendet sich, man geht weiter, es war Scherz, es war Laune, es war nichts.

Ich sehe mich im Spiegel. Guter Durchschnitt -? Kaum das -? Nein, ich weiß, ich bin schön. Ich bin schön, weil ich liebe. Ich bin schön, weil ich begriffen habe, daß ich auf die Männer wirke, weil ich meiner sicher bin, weil ich frei wurde. Ich kann meine Stimme tönen lassen, wie ich will, sie gehorcht mir. Ich kann alles sagen, was mir durch den Kopf schießt, ich bin frei.

Ernst kommt. Wir essen eine Kleinigkeit und fahren ins Theater. Unsere Loge ist verdunkelt. Ich sehe im

Parkett Bekannte, mein Herz klopft schneller, und doch freue ich mich, daß ich hierher ging. Dies ist das Abenteuer, dies ist der Weg, der jeden Augenblick mit einem Absturz droht.

Ich lüge ja nun auch wieder, ich lüge viel, und ich lüge mit Lust. Ich ersinne die unwahrscheinlichsten Kombinationen, ich spiele mit den Dingen, ich baue die tollsten Kartenhäuser, und mit einem bebenden Entzücken warte ich, daß ein Windstoß sie umbläst. Sie stehen, und immer kühner gemacht, baue ich sie noch höher auf, ich lache innerlich, indes ich mit ernstem Gesicht Unsinn rede, ich harre auf den Augenblick, daß Hans mit einem Wort all mein Gerede beiseite schieben wird, und merke schon, daß er mir wieder glaubt, und verachte ihn darum.

Und eile zu Ernst und habe ihn vergessen. Bis spät in die Nacht sitzen wir im besonderen Zimmer eines Weinlokals, Herren sind an unserem Tisch in dunkler Abendkleidung mit ernsten verschlossenen Gesichtern und sehr guten Manieren. Sie reden einander mit den Vornamen an und nennen sich alle du. Und auch der Kellner – immer derselbe – vermeidet jeden Namen, sagt höchstens Herr Doktor oder Herr Direktor.

Und es sind Frauen bei uns und Mädchen. Wer weiß, woher sie kommen und was für Geschicke sie erfuhren, bis sie an diesem Tisch landeten. Ich ertappe mich dabei, daß ich prüfe, ob auch sie vielleicht in solch ruhiges Bürgerheim allnächtlich zurückkehren wie ich, und ich finde diese Idee albern und grotesk. Dann begegne ich meinem eigenen ruhigen Blick im Spiegel und finde es auch bei jener, die mich dort mit meinen Augen anschaut, unverständlich, daß sie dieselbe sein soll, die morgen früh ihren Kindern das Brot für den Schulweg zurechtmachen und nachsehen wird, ob auch kein Knopf lose ist.

Die Herren haben sich in einem Winkel zusammengerottet, ich höre halblaut ausgesprochene Zahlen. Das ist Geschäft, das bekümmert uns Frauen nicht, nun reden wir miteinander.

Das Gespräch geht nur langsam und stockend, wir sind uns so rasch einig darüber, daß die Durieux glänzend, wenn auch etwas roh gespielt hat und daß Strindberg immer und ewig dasselbe schreibt. Wir sind so sehr vorsichtig, wir exponieren uns nicht gern. Wir hören interessiert zu, wie eine der anderen eine fabelhafte Quelle für Seidenstrümpfe nennt, wir lächeln nachsichtig, denn wir wissen nicht, ob dieses Gesprächsthema eigentlich zulässig ist, und notieren uns Straße und Nummer genau im Gedächtnis.

Aber in Wirklichkeit sind unsere Gedanken ganz woanders, wir schauen verstohlen und wie gleichgültig nach dem großen Tisch hinüber, den der Kellner zurechtmacht, und atmen erleichtert und erlöst auf, als das Schnurren der Elfenbeinkugel laut wird. Wir nehmen uns nicht im geringsten die Zeit, unser angefangenes Gespräch erst zu Ende zu führen, wir brechen es jäh ab, wir streiten uns um die Plätze, ohne sonderlich auf die Feinheit unseres Tons zu achten, und ich bereite mir dadurch eine Überraschung, daß ich eines Tages endlich empört zu einer Rotblonden, die ich längst nicht mochte, „alte Kuh" rief. Ich schäme mich hinterher auch gar nicht.

Dann sitze ich und spiele. Ernst hat es mir erklärt, er hat mir empfohlen, die Pari- und Drittelchancen zu spielen, ich werde dann bei kaltem Blut und ein wenig Einfühlung sicher jeden Abend gewinnen. „Aber freilich wirst du diesen Rat kaum befolgen."

Nein, das tue ich wirklich nicht! Sich mit dem doppelten Einsatz begnügen, wenn man den sechsunddreißigfachen haben kann? Ich danke.

Ich setze und spiele. Ich vergesse die Zeit, manchmal häuft sich das Geld vor mir, und dann muß ich wieder

Nachschub holen aus meiner Tasche, jenes Geld, das ich um keinen Preis anbrechen wollte.

Nach einer Weile spüre ich dann, daß Ernst hinter mir steht, er setzt über meine Schulter hinweg. Ich bemühe mich, nicht auf seine Sätze zu achten, und merke doch, daß ich nur auf seine Frage warte: „Wenn wir gingen?"

Ich stehe sofort auf und nicke aufs Geratewohl nach rechts und links. Das Auto wartet schon. Wir sitzen stumm in dem geschlossenen Wagen, sehr weit voneinander, als hätten wir Angst, uns zu berühren. Ich habe plötzlich das Gefühl, als sei die Haut meines Gesichtes starr geworden. Ich versuche sie zu bewegen, es ist, als rutsche eine Maske ruckweise über meinem eigentlichen Gesicht hin und her. Nur meine Augen blieben mir, sie brennen.

Auf dem Vorsaal sieht Ernst nach der Uhr, er sagt kurz: „Wir haben noch eine Stunde", und ich beeile mich in meinem Zimmer mit dem Auskleiden. Dann schlage ich den großen seidenen Vorhang zurück und laufe in seine Arme.

Nach einer Weile sagt er: „Es ist Zeit für dich." Und ich stehe sofort auf. Ich lege die Kleidung an, in der ich kam, und mit der Wäsche, den Kleidern geht Stück für Stück die verloren, die ich eben noch war. Kaum, daß ich Ernst beim Abschiednehmen auf die Stirn küsse. Drunten wartet das Auto. Ich steige ein, und mich stört der starke Parfümgeruch, ich öffne das Fenster und halte mein Gesicht der Nachtluft entgegen.

Der Wagen hält in der Nähe meines Heims. Ich husche die Treppen hinauf, trete leise in das Schlafzimmer und fange an, mich zu entkleiden. Hans rührt sich, er fragt: „Bist du schon da, Mieze?", und ich ducke den Kopf aufs Kissen und antworte wie aus tiefem Schlaf: „Längst, Hans. Es muß bald Morgen sein."

Aber das alles ist nichts. Es sind hastige gestohlene

Stunden, Wirbel, in denen das Glück vor uns herflieht, und ehe wir's noch ergreifen konnten, mußten wir auseinander. Es kommen andere Stunden, es kommen Tage und Nächte, da wir uns ganz gehören, da niemand zu mahnen braucht: es ist Zeit für dich.

Pfingsten kommt, und Hans und ich werden mit den Kindern eine Reise zu seinen Verwandten aufs Land machen. Im letzten Augenblick bekomme ich Fieber, eine Halsentzündung, vielleicht Diphtherie: er muß mich zurücklassen, muß allein fort mit den Kindern.

Und eine Stunde später schon verlasse ich unser Heim, ich fahre los und bin bei Ernst. Auch er frei für sechs Tage!

Siehe, Schwester Violet, ich habe stets um dich gewußt und um deine Nacht. Aus ihrem Dunkel traten die Sterne heller und heller hervor, du lagest am Boden, durch das Korn schlichen die Männer davon. Und wie die Bilder über dir immer heller und kälter hervortraten, begriffest du zum ersten Male in deinem Leben, daß du eine Frau warst, eine von Millionen, keine einzelne. Du warst ein kleiner Faktor einer unendlichen Summe von Jammer, Elend und Lust.

Ich, die ich hier liege und in das schlummernde Gesicht des Mannes schaue, der nun auch in ein Dunkel ging, nachdem er eben noch über mir aufleuchtete, unfaßbar schön, ganz unbegreiflich, ich bin vielleicht immer noch die gleiche, der du damals davon sprachst, in der Nacht, erinnerst du dich? Bin immer noch deine Schwester, bin der andere Pol des gleichen Gefühls. Wir haben uns nicht entfernt.

Ich weiß, auch über dieser Stadt hängt der gleiche nächtige Himmel. Er ist milder geworden seitdem, mir scheinen seine Sterne nicht so kalt. Aber fern ist er mir wie dir, ich bin allein, verloren unter Millionen, und ich allein weiß von mir. Wie du damals verwirrt nachsannest über das Geschehene und vergeblich versuchtest, es einzuholen mit deinem Erleben, so habe ich vergeblich versucht, ihn festzuhalten in meinen Armen. Ich habe gewollt, daß er Gestalt annehme in mir, daß er sich decke mit der verzweifelnden Anonymität des Gefühls in mir.

Umsonst. Er schläft. Er ist fort in eine Nacht, in die ich ihm nicht zu folgen vermag. Ich weiß einen Namen für ihn, und riefe ich ihn jetzt mit diesem Namen an, er erwachte, er lächelte mir zu, er zöge mich in seine Arme. Und von neuem begännen wir das Spiel, einander zu halten, wir versuchten, uns ganz in unserm Blick zu konzentrieren und uns so darzubieten, auf der Schwelle unserer Pupille.

Wir hätten uns schon wieder vergessen. Unser Auge hätte nichts mehr gesehen als die plötzliche strahlende Erfüllung des Gefühles in unserm Innern; die eben noch harten Griffe um das nahe geliebte Fleisch wären locker geworden, der Gesang in uns wäre angeschwollen über jedes Begreifen hinaus, und erwacht, hätten wir nichts gesehen als unser einsames Daliegen, Schwester Violet.

Vor meinen Fenstern rührt sich der Morgen, einer von sechs Morgen, die mir gehören. Ich reise. Ich bin auf einer abenteuerlichen Fahrt. Ich kümmere mich nicht um das Segel, ich achte nicht auf den Wind, nicht einmal fasse ich das Steuerruder an mit der Hand. Wo ich landen werde, ob ich landen werde, es ist gleich, ich denke nicht daran. Ich weiß, diese Stunden sind's und keine anderen, dieser hier und er unvertauschbar, dieses Bett und kein anderes ist mir aufgeschlagen.

Ich beuge mich über ihn, ich rufe leise „Ernst!" Er macht eine Bewegung im Schlaf, seine Hand tastet sich blind in meine Wärme, und ich betrachte sie neugierig wie ein rätselhaftes Tier, das an meinen Strand geworfen ist. Auch sie einmal klein, neugeboren, blind, tastend. Und gewachsen und zu einem Werkzeug geworden und zum klugen Diener gemacht, sicher im Erfassen, hart im Festhalten. Ich spiele mit ihr, ich spreize die Finger auseinander, ich schließe sie sachte zu einer Faust. Sie läßt es sich gefallen, ihr Herr ist fern, im Traum sieht er andere Bilder, nach denen er greift und die ihm auch zerrinnen.

Ich rufe noch einmal „Ernst!", und er ist wach. Er zieht mich langsam an sich, schauernd tauche ich in diese bekannte Wärme, ich lasse mich ganz von ihr umspülen, sie macht mich breit, ruhig, langsam dahinfließend als ein großer festlicher Strom. Ich ziehe ihn an meinen Mund, ich flüstere ihm zu: „Sage es wieder. Sage es immer wieder, Geliebter."

Und er flüstert: „Du meine Liebe. O du meine Liebe. Du meine Liebe."

Plötzlich hören wir eine Uhr schlagen. Wir fahren hoch. Wir haben keine Zeit, hier zu liegen, das Leben eilt, wir haben nur sechs Tage für uns, wir haben endlos viel zu tun. Eine Stunde, ehe wir mit Ankleiden fertig sind, das Frühstück, Besorgungen, und schon hält der große offene Wagen vor der Tür, der uns hinausreißt in das Land. Auch das Land hat es eilig. Da sind sanfte Talmulden, von Bäumen umstanden, und sie schwirren vorüber, Dörfer, in denen Menschen ein Leben lang hausen, und in wenigen Sekunden vorbeigehuscht, Wiesen und Acker, dahin und vergessen.

Bis wir schließlich das Ziel erreicht haben und in einem Wirtshausgarten sitzen, noch mit dem Gefühl der Eile in den Gliedern und für eine halbe Stunde doch gar nicht mehr eilig. Wir betrachten verwundert die Büsche und Bäume, die langsam ihre Zweige im Sommerwind bewegen, uns fällt plötzlich ein, daß sie festgewurzelt sind, und ein Gefühl des Mitleids für sie umfängt uns, ungewiß warum.

Und je weniger Tage uns zurückbleiben, um so hastender werden wir. Wir möchten unsere Küsse überstürzen, und kaum von der Sensation ermattet, fühlen wir wieder neu den Stachel und überbieten uns. Wir sehen einander verzweifelt in die starren, geröteten Augen, eines möchte das andere aufbrechen und sich ganz hineinwühlen, in die Leib- und Blutwärme.

Dann lassen wir voneinander ab, wir beobachten uns mißtrauisch, wir wissen plötzlich von Feindschaft. Und versuchen, darüberhin zu plaudern, und haben bei jedem Wort, das der andere spricht, ein böses gehässiges Gefühl von Gereiztheit und Überlegenheit. Bis eine Gebärde gemacht wird, oder ein Wort erklingt, oder nur der verdämmernde Tag so unbegreiflich düster im Zimmer steht, oder das Auge die Zahl auf dem Kalenderblatt liest, und wir an das andere herantreten und es leise anrühren – „du!"

Aber aus dem letzten Abend machen wir ein Fest. Wir bleiben zu Haus, wir schicken den Diener fort, ich wirtschafte in der Küche, er schmückt den Tisch – und wir sitzen einander gegenüber und können nichts essen und wissen nichts zu reden.

Er schenkt Wein ein, aber der Wein schwellt die Adern nur und macht das Blut dick und träge, die Worte quellen im Mund, der Zeiger auf dem Zifferblatt rührt sich nicht. Wir haben das Gefühl zwingen, wir haben es einholen wollen, nun hat es uns eingeholt, es ist weggeflattert, fort.

Um elf Uhr stehe ich auf, ich sage, daß ich nach Haus will.

„Schon?" fragt er höflich und ist erleichtert.

„Sie könnten schließlich mit einem früheren Zug kommen . . ."

„Und wann sehen wir uns wieder?"

Wir verabreden etwas. Ich fahre nach Haus und denke, das ist das Ende. Und was weiter? Einmal mußte es ja zu Ende sein, das habe ich doch von Anfang an gewußt!

Ich bin sehr müde und sehne mich nach Ordnung, Essenkochen, Kindern und Mann.

Ich spüre doch nach wenigen Tagen, ich muß wieder dorthin. Ich mache mich auf den Weg. Ich sehe ihn, wir begrüßen uns, wir reden miteinander. Und über alle Worte, alle Gewöhnung der alten und frischen Gemeinsamkeit hin überkommt mich das Gefühl, daß wir Feinde sind, zwei vorsichtige, kluge Feinde, die sich nicht verraten, die sich belauern, nach der Schwäche des Gegners spähen, um dann zuzuschlagen.

Wir küssen, wir umarmen uns, aber wir suchen uns dabei zu überlisten, wir möchten die Demütigung, die Schwäche des andern sehen, wir sind lauernd und laut, voller Süße halten wir Gift bereit.

Bis eines sich verrät, bis es zu toben anfängt, die Glieder des andern zerbrechen möchte. Wir sind weich, elastisch, Gummi, wir triumphieren noch in der Hingabe, wir verheimlichen unsere Schwäche und schließen das andere von ihr aus. Und wir erleben den Triumph, es mürrisch werden zu sehen und, ohne Übergang, voll einer Liebenswürdigkeit, in der Verrat lauert.

Wir verabreden keinen Treffpunkt mehr, keine Zeit, und doch peitscht mich mein Blut stets von neuem, ihn zu suchen, um ihn endgültig zu demütigen, ihn klein und zerbrochen am Boden zu sehen und ihn dann zu verlassen, mit einem Lachen. Und ihm geht es nicht anders. Ich war zwei, drei Tage nicht bei ihm, da klingelt es an meiner Tür, er steht draußen, er sagt nichts wie: „Unten steht das Auto."

Ich stehe verwirrt, mein Mann ist in seinem Zimmer, Emmi kommt zu mir gehuscht und sieht den fremden Herrn fragend an. Ich stammele etwas von einem Irrtum. Er sieht mich unentwegt an, es ist der dunkle haftende Blick, den nichts beunruhigen zu können scheint. „Also das Auto wartet", sagt er und geht, steigt die Stufen hinab.

Ich schließe langsam die Tür. Emmi faßt mich an, sie fragt, wer das gewesen sei, und ich flüstere wieder etwas von einem Irrtum, einem Mißverständnis, das ich mir nicht erklären kann.

Aber innen klopft's, innen braust es, innen herrscht die Verzweiflung. Was habe ich denn all diese Zeit nur getan? Einem Unbekannten gab ich mich in die Hände, dem schamlosen Abenteurer, der meine Existenz vernichten wird, wann er eben will. Und er will jetzt, er will meine endgültige Niederlage sehen, und sei's um den Preis seiner eigenen. Er läßt nicht nach, sein Geschöpf soll ich werden, Wachs in seiner Hand, jenen Frauen soll ich gleichen, die mit mir abends am Spieltisch sitzen – und bin ich's, dann fort! Ich habe mit dem Abenteuer spielen wollen, ich wußte nicht, daß das Abenteuer mit uns spielt.

Doch – und plötzlich fühle ich, daß ich noch bin –, ich bin ja frei, ich bin unverlierbar ich, mir kann nichts geschehen. Im letzten unzerstörbar ich. Feinde – gut! So wollen wir den rechten Kampf kämpfen. Küssen wollen wir uns, und wenn, wie von Lust überwältigt, das andere die Augen schließt, wollen wir erraten, welch neue List das gesenkte Lid verbirgt, wir wollen die Falschheit überbieten und die Gemeinheit auf die Spitze treiben. Nichts wollen wir uns ersparen, so werden wir uns recht lieben.

Eine kriegerische Melodie singt mein Blut: kämpfen werde ich und werde siegen. Und werde ich nicht siegen, so wird meine Niederlage die gute Niederlage der Kämpfer, nicht das wehrlose Verkriechen der Feigen sein.

Ich ziehe mich um, fröhlich rufe ich zu Hans ein paar Worte, ich küsse die Kinder und achte nicht Emmis trotzige Abwehr: auch für dich habe ich wieder Zeit, mein Kind, wenn ich gesiegt haben werde!

Ich biege um die Straßenecke und trete an den Wagen. Fröhlich lachend rufe ich zu Ernst: „Da bin ich! Wohin fahren wir?“

Meine Fröhlichkeit macht ihn finster: „Da bist du. Und kannst also wieder gehen."

Ich setze mich weiter lachend neben ihn: „Störe ich dich, armer Freund? Wartet die Rotblonde? Werden wir dir zuviel? Ich mache gerne Platz."

„Welche Rotblonde –? Eifersüchtig müßt ihr wohl immer sein, ihr Weiber?"

„Eifersüchtig? Sage ihr doch, Ernst, sie soll die Lokkennadeln nicht auf meinem Frisiertisch liegenlassen."

Der Wagen ist längst angesprungen. Er singt festlich und stark sein Lied durch die sommerlichen Straßen. Ich frage lächelnd: „Oder ist es nicht mehr mein Frisiertisch –?"

Ich schmecke den Sieg. Und kann desto leichter rasch von etwas anderem sprechen, einem Kleid, Blumen, und es kostet mich nichts, beglückt zu scheinen, wenn er endlich wieder ein Wort zu reden geruht. Solch Streit vergißt sich ja, wir ziehen so schnell wieder unsere Masken vor, wir lächeln uns höflich an und sind entzückt voneinander, wir geben ein treffliches Paar ab.

Aber ich vergesse ihm die Drohung nicht, die in jenem Klingeln lag, und er vergißt mir nicht die Niederlage, die ihm die Lockennadeln seiner Freundin eingebracht.

Nun lausche ich achtsam aus dem Damengespräch heraus nach den halblaut geflüsterten Zahlen, ich erhasche Fachausdrücke und lasse sie mir heimlich von einer kleinen Dunklen erklären. Komme ich früher als er in die Wohnung, schleiche ich in sein Zimmer, ich drehe die Taschen seiner Jacken um und suche auf Zetteln und Zettelchen Material. Am Spieltisch lasse ich das Geld aus meinen Händen strömen, mit wilder Neugier spähe ich in sein Gesicht, wenn ich lachend rufe: „Alles blank, Ernst!" Ich warte darauf, daß sich sein Gesicht verzieht, um bedauernd auszurufen: Ach, müssen wir sparen, armer Freund? Aber sein Gesicht verzieht sich nicht.

Und doch spüre ich, daß er anders wurde, unruhiger, so beherrscht er scheint, wilder, so maßvoll er sein will. Er pointiert auch anders, und ich meine, manchmal ein leises, leises Zittern seiner Hand zu sehen, wenn er eine große Note setzt. Grüßen seine Freunde ihn flüchtiger? Wann hat der Kellner ihn zum letzten Male mit Herr Direktor angesprochen? Wie lange schon fand ich keinen Liebesbrief in seinen Taschen?

In einem von ihnen las ich den Satz: „Sie bringt dir kein Glück“, und ich war gemeint. Ich sehe dich dort sitzen, schöner Freund, am Fenster des sachte dunkel werdenden Zimmers. Du sprichst nicht, du läßt nur den Fuß ein wenig auf- und abschaukeln, wie du es bei deinen Träumereien gewohnt bist. Träumst du davon, wie es war, ehe ich noch in dein Leben kam? Als du reich wurdest und das Glück immer noch mehr Erfolg hinzutrug, mehr Geld, schönere Frauen? Sie sind fortgegangen von dir, alle, die du liebtest, nur jene Frau sitzt noch bei dir, die du haßt. Sie sitzt in der dunklen Ecke des Zimmers, du kannst sie nicht mehr unterscheiden; sie hat es immer geliebt, sich ins Dunkle zurückzuziehen. Sie sieht dich an, du spürst ihren Blick, du weißt, sie möchte deine Gedanken erraten.

Ja, du möchtest frei werden von ihr. Doch erst muß sie am Boden liegen, erst mußt du ihr und dir beweisen, daß es das nicht gibt bei dir: eine Frau, die kein Glück bringt. Dann mag sie liegenbleiben, und du gehst weiter, zu neuen Siegen, größeren Erfolgen, schöneren Frauen.

Ich weiß, du denkst so, armer Freund. Du willst es zwingen. Aber ich glaube nicht mehr an dich, und ich bin auf meiner Hut, daß ich nicht in deinen Sturz hineingerate, du sollst allein fallen!

Welch seltsame Nächte! Ist es nicht, als ob sie sich dehnen, dehnen, als ob du in ihnen, zusammengedrängt und ungeheuer verschärft, noch einmal alle Gefühle erlebtest, die du, seit du Kind warst, gehegt? Sogar sanft kannst du sein und rührend zutraulich wie ein Kind. Die alten Worte spricht er deine Wange entlang, und du hörst sie einmal und noch einmal und wieder, und es ist das erste Mal, und damals und dann und nun klingen sie neu, für heute Nacht, und es liegt Trauer in ihnen und ein bitterer Stolz.

Ja, nun flammt dies Gesicht auf und wird schön, die Liebe hat es reingebrannt, ich habe es sonst gesehen, nun sehe ich es wieder. Aber in dem Schlafenden spüre ich ein fremdes Gesicht, ein feindliches. Jedes Gesicht könnte es sein, das dort schläft. Ich taste mich auf, ich sehe zu dem Antlitz zurück, und meine Hand befühlt doch schon Kleider. Da ist die Pistole, die er in den letzten Wochen stets bei sich trägt, da die Brieftasche und nun die Zettel. Ich lese, meine Wangen röten sich, ich habe endlich den Schlüssel. Ich werde frei sein, die Drohung wird von mir schwinden, er wird fallen, ehe er noch nach mir greifen kann, er wird fallen und nicht wissen, von wo der Schlag kommt.

Ich wende mich zu dem Mann, ich flüstere: „Ernst!" Meine Lippen lachen ihm zu, meine Augen leuchten, ich muß sehr schön sein. Ich strecke ihm meine Arme entgegen, ich ziehe ihn an meine Brust.

Und am nächsten Morgen sitze ich in einem Schreibmaschinenbüro und schreibe langsam und voll Bedacht die Anzeige gegen ihn. Ich vergesse nichts, ich nenne seine Decknamen, ich zähle die Schlupfwinkel auf und die Orte, wo er zu den verschiedenen Tageszeiten zu finden ist. Ich schließe, ich schreibe keinen Namen darunter, ich bin die Frau, die aus dem Dunkel nach ihm schlägt. Ich adressiere den Brief, ich frankiere ihn, ich stecke ihn in den Kasten. So.

Ich gehe nach Haus, und ich habe nun nichts mehr zu tun, als zu warten. Einen Tag, zwei Tage, drei Tage.

Nichts. Eine wütende Sehnsucht nach ihm faßt mich, schmerzliche Neugier, die Wunde zu sehen, die ich schlug. Ich komme bis vor das Haus, und erschreckt erinnere ich mich, daß ich nie, nie wieder diese Stufen hinaufsteigen darf!

Ich gehe wieder nach Hause und warte von neuem. Ewig horche ich auf die Klingel, suche in den Zeitungen: nichts.

Bis die Klingel doch einmal anschlägt, ich gedankenlos hinausgehe und der andere dort steht, sein Diener. Er flüstert hastig, daß sein Herr verhaftet ist, der fliehen wollte, doch verraten ward. Ich solle ruhig sein, kein Wort werde von mir laut, kein Schriftstück sei dort mit meiner Hand. Nur nicht in die alte Wohnung . . .

Der Diener steigt wieder Treppe hinab. Ich sehe ihm einen Augenblick nach und ziehe dann die Tür zwischen ihm und mir zu. Ich gehe ich die Küche und nehme die überkochende Milch vom Feuer.

„Frei!“ sage ich dann.

6

Jahre vergehen, zwei, drei, vier Jahre, ich fange an zu vergessen. Einmal bin ich krank gewesen, ich habe Fieber gehabt und in meinen Träumen glänzende und wilde Bilder gesehen, ich selbst war wild und schillernd, nun bin ich heimgekehrt zu Mann und Kindern. Es wäre vielleicht möglich gewesen, dies alles zu verlassen, wirklich wild und opferbereit zu sein, unbegrenzte Liebe zu fühlen und hemmungslos zu folgen, wohin sie lockte – anderen wäre es möglich gewesen, mir nicht. Einst war ich eine Lehrerin, daher habe ich meinen Sinn für Ordnung und Plan. Ich kann vom Abenteuer verführt werden, aber über den Rausch siegt rasch die Nüchternheit, ich kehre heim.

Da sind die Kinder. Sie werden so groß schon, fast bin ich vierzig Jahre. Ich bin ihre Freundin, sie verlassen sich auf mich, sie lieben mich. Ein klein wenig drückend ist die Verpflichtung, stets die zu sein, die sie sehen. Es gab auch einmal eine Zeit, da mich meine Tochter Emmi mißtrauisch ansah, doch das ist ausgeglichen worden, es vergaß sich.

Mißtrauisch war Hans nie, er glaubte. Doch vielleicht fühlte er sich manchmal ein wenig einsam. Er stellt so geringe Anforderungen, ein wenig Interesse, ein wenig Zärtlichkeit, nun hat er wieder alles, wie er es gewohnt ist. Er liebt mich noch immer, in seinem Herzen gespenstern romantische Ideen, sicher ist er davon überzeugt, er sei meiner eigentlich „nicht wert".

Gut. Ist das alles? Nur das Heim? Nur Mann, Kinder, Kochen und Reinmachen und über den Mittagstisch hin das Plaudern, wie es in der Schule ging?

Nein, nun gehe ich auch wieder den alten Weg ins Atelier. Ich war lange fort, das Leben war gefährlich und heiß, nun bin ich wieder hier, und nichts scheint verändert. Die alten Gesichter, der alte Spott, die alte Klugheit, die alte Begeisterung. Vielleicht – sehe ich nun – geschieht nicht eben viel hier, man ist zu zweiflerisch, man sieht zu sehr die beiden Seiten aller Dinge, als daß man sich leicht zur Tat entschlösse. Aber das ist mir jetzt grade recht. Ich bin ja dort gewesen, wo man Taten über Taten geschehen ließ, und ich bin doch wieder heimgekehrt in diese feine geistige Luft, die mein Gehirn erfrischt.

Hier bin ich nun wieder, ich liege auf meinem alten Lager in der Ecke beim Lichtschalter, niemand fragt mich, wo ich war. Ich bin eben hier. Es sind einige neue Gesichter da, und ein paar altbekannte vermisse ich, aber noch immer ist Sepherl schön und noch immer keiner klüger und gütiger als Heinz.

Sieh doch, wir nähern einander wieder. Einmal liebte ich ihn sehr, ich hätte alles für ihn opfern mögen, dann kam die Zeit unserer Freundschaft, in der wir uns sehr sympathisch waren und recht gut ohne einander leben konnten, dann vergaß ich ihn ganz –: nun sitze ich wieder bei ihm. Wir reden, wir lachen, ab und an macht er mir ein Kompliment, das mich freut, oder er versichert mir seine ewige Liebe, was wir beide nicht allzu ernst nehmen.

Wir spielen ein Spiel, ein Spiel, das wir beide nun kennen, wir spielen es ohne Übereifer, lässig, lächelnd, mit viel Freude an jeder kleinen Überraschung. Wir spielen ein wenig das Kuckuckspiel der kleinen Kinder, die sich mit der Hand die Augen verdecken, die plötzlich hervorschauen und jubelnd „Kuckuck" rufen, als seien sie zuvor unsichtbar gewesen. Wir spielen es als Erwachsene, als genießerische Kenner, wir spielen „naiv" und freuen uns, wenn es uns gut kleidet.

Es ist nicht die Liebe, es ist nicht die Leidenschaft, es ist die Lust, eine leichte, spielerische Lust.

Wir denken oft wochenlang nicht an unser Spiel, doch mit einer schläfrigen Sommerstunde, einem Witz, einem Bild ist das Feuer wieder angefacht, wir halten uns in den Armen, wir sehen uns an.

Es ist so seltsam: was wir einstens ein erstes Mal empfanden, wir spielen es nun bewußt nach. Träge hingegeben, träumerisch flüstere ich die Worte, die ein anderer mir sagte: „Du meine Liebe . . ." Ich lausche ihnen nach, wie damals schließe ich die Augen, ich meine, ewig zu stürzen, ich glaube, die schwarzen Schleier zu sehen, aus deren Falten weiße Sterne funkeln, und bin wach und lächele über die Komödiantin, und doch schwebt es in mir wie eine sachte Erinnerung an das Aroma dieses Gefühls.

Wir machen die Lust zu einer Kunst, wir führen voller

Bedacht und auf Umwegen Wirkungen herbei, und wir jubeln wie über einen betölpelten Feind, wenn an einem bestimmten Punkte unserer langwierigen Kombinationen sich jenes Gefühl nun wirklich einstellt, das wir längst theoretisch errechnet.

Ja, ich war draußen, wo es wild und unzähmbar wächst, wo Schatten und Sonne regellos miteinander wechseln, nun gehe ich durch einen gezierten, gestutzten Garten, den ich kenne. Der Weg macht eine Biegung, ich weiß, gleich werde ich vor einer Taxuswand das marmorne Bild der Venus sehen. Ich schließe die Augen, ich taste mir mit der Fußspitze meinen Weg, nun blicke ich vor mich und stoße einen Schrei der Überraschung aus: da steht ein marmornes Bild der Venus!

So verläuft mein Leben. Es ist das spärliche, eingerichtete Leben der Angekommenen, die sich keine großen Sensationen mehr verspricht, die dafür sorgt, daß ihr die kleinen Freuden nicht ausgehen, da sie die großen einmal nicht mehr haben kann.

Und in der ein wenig künstlichen Windstille dieser Zeit lernte ich bei Heinz einen Dichter kennen, einen ganz jungen Menschen. Es war Abend, es dämmerte. Wir alle sprachen sachte und zögernd, er kaum ein Wort und auch dieses wenige noch gequält, krank. Ein peinigendes Gefühl überkam mich. Als säße ich dort, als wäre ich es, krank, gequält, mit tausend Hemmungen, die dort sprach. Wie er die Stimme nicht meisterte, wie plötzlich in einem Schmerz unbeherrschte Bitterkeit laut ward, wie ein Schmerz umschlug in Gelächter –: das hätte ich sein können, das war ich einmal.

Ich sah in das blasse Gesicht, das stets zuckte, nie ruhig war, in die Augen, die vor jedem Blick angstvollfeige abirrten, und ich hätte ihn streicheln, ihn zur Ruhe bringen mögen. Mir war es, als sei er dieser nicht nur hier, nein, ständig, bei den andern, bei sich allein, noch im Schlaf gehetzt von unfaßbaren Phantomen. Ich dachte leise, ob ich ihn würde gern haben, ob ich ihn würde lieben können.

Plötzlich sprach er. Es war ein Ausbruch, ein Sturzbach von Worten, Dinge angefangen und schon vergessen, das wirre Worttoben eines Gefangenen, der durch Jahre nicht hat sprechen können und einmal, einmal das Herz auftun muß, hörten ihn auch nur Steine.

Ein Dichter, der noch nichts geschrieben hatte, der mit der Form kämpfte, dem die Größe der Vorgänger die Kraft lähmte, der so von Zweifeln und Gewissensbissen gequält war, daß er am Morgen zerriß, was der Abend ihm eingetragen hatte. Ein Dichter, der noch nichts gespürt hatte von der Segnung des Erschaffens, doch alles vom Neid und Haß der andern, die fremd sind. Der kleine Bankbeamte dort, der tagsüber auf seinem Kontorbock hockte, ungestaltete Träume im Herzen, der sich schlecht nährte und kleidete, um ersehnte Bücher besitzen zu können, der bei Straßenmädchen nach jener Liebe suchte, von der seine Träume voll waren - welch klägliches, schwaches, lebensuntüchtiges Geschöpf war er doch, und wie gläubig, wie zäh, wie schwer endgültig zu entmutigen!

Er wurde so plötzlich still, wie er zu reden begonnen hatte, er senkte die Stirn, nun schämte er sich wohl. Dann horchte er gierig auf das, was die anderen ihm sagten, und senkte die Stirn von neuem, weil er kein Wort hörte, das ihm half. Sicher, er glaubte noch an Worte, die helfen können.

Nun hätte ich wohl mutig und unbedenklich sein mögen wie die Sepherl: zu ihm hinhuschen, ihn in den Arm nehmen. Doch nicht nur der Mut fehlte. Mehr noch der Glaube, dies fortführen, ihm das lang währende Geschenk der Liebe geben zu können, das ihm not war.

Ich sah den Weg vor mir, und es war ein bekannter

Weg. Breite du nur die Arme aus, sprich nur ein Wort, ja, laß deinen Blick nur ein wenig wärmer auf ihm ruhen: du weißt, was am Ende von allem diesem steht, und dir fehlt die Spannkraft, wissend dies alles noch einmal zu unternehmen, was du ahnungslos früher eingegangen.

Doch ist mir die schwärmerisch-traurige Gestalt dieses Jünglings nachgegangen, ich habe an ihn gedacht wie an ein schönes Buch, dessen schmerzlicher Schluß immer ist: das Leben geht weiter. Ich habe ihn gesehen so schwach, so haltlos, so jedem bösen Wort ausgeliefert, und schlecht fand ich mich, daß ich meinem Herzen solche Arbeit ersparen wollte. Ging ich abends durch die Straßen und sah an mir vorbeigleiten die geputzten und gemalten Gesichter der Mädchen, alle mit einem Lächeln um den Mund und alle mit demselben, so dachte ich daran, wie entscheidend für jede Jugend ist, wer sie die Liebe lehrt, und ich hätte ihn weniger bitter gemacht, als er bei diesen werden mußte, leichter und – vor allem – gläubiger.

Ich sah ihn wieder, ich wollte ihm wärmer die Hand geben, ihn näher anschauen und konnte doch nicht die seltsame Erstarrung meines Innern überwinden. Fröstelnd stieg Kälte in mir auf, und zum ersten Male seit langem dachte ich wieder jenes düster drohenden Kinderbegriffs vom Apparat der Liebe.

Und da glaubte ich zu merken, daß eine andere den Entschluß, zu dem ich nicht kam, schon gefaßt hatte –: zog ihn die Sepherl nicht an sich? Sie tat es sachter als sonst, sie hatte wie ich die unendliche Verwundbarkeit dieses Herzens begriffen, doch tat sie's. Da wollte ich plötzlich, da konnte ich. Zuviel Raum hatte ich diesem schon in mir gegeben, zu wichtig war mir sein Werden, es eine andere gestalten zu lassen. Ich sah den ganzen Weg vor mir und seine Länge, ich wußte, was ich tat, doch tat ich es.

Bei diesem langen unterirdischen Kampf, den Sepherl und ich ohne Neid und lächelnd bestritten, wagte ich kein lautes Wort, scheute ich jedes zu warme Gefühl, denn der Einsatz war aus vielen Erfahrungen scheu, verbittert, stets mißtrauisch, stets bereit, sich als Opfer eines Scherzes zu sehen, stets auf der Flucht.

Doch manchmal gingen wir zusammen ein Stück des Heimwegs, und ich konnte ihn sprechen machen von einem Buch, das er gelesen, von dem Plan, den er eben gefaßt. Ich hörte zu. Ich suchte ihm die Gewißheit zu geben, daß eine da sei, die ihm stets zuhöre. Dann, an einer Straßenecke, immer der gleichen, trennten wir uns. Als ich einmal, zurückblickend, ihn im Nachschauen versunken sah, jubelte ich Sieg.

Plötzlich fehlte er bei Delbrücks. War er krank? Ich hörte die Antwort: „Der Tredup kommt nicht mehr."

Ich fragte nach dem Grunde, und zögernd hieß es: „Er mag eben nicht mehr. Gott, wie er halt ist, hat sich über was geärgert, wer weiß warum!"

Ich wartete. Ich wußte bestimmt, etwas war geschehen. Würde Sepherl es verschweigen? Nein, sie verschwieg es nicht. Nach ein paar Tagen war ihr Ärger verwunden, und lächelnd sagte sie mir, daß sie, des sachten Vorgehens müde, eine Überraschung versucht habe, ähnlich wie einmal bei mir, und daß er geflohen sei, nicht gutzumachen verscheucht. „Nun hast du freien Weg."

Freiheit genug, den Weg sah ich noch nicht. Er kam nicht mehr. Wo war er zu finden? Wie zu erreichen? Ich baute Pläne über Pläne, abenteuerlich einer wie der andere, und mußte lachen über mich, als ich mich so auf der Jagd sah, wie ich nie in meiner Jugend gewesen.

Schließlich hat uns dann der Zufall – und niemand als der – in demselben Stadtbahnabteil zusammengeführt. Wir haben uns guten Tag gesagt, und ich habe gleich seine verkniffene Spannung gespürt, ob ich von Delbrücks reden werde, ob ich den Grund seines Fernbleibens wisse.

Ich habe ihm die längst zurechtgelegte Geschichte von ein paar Papieren erzählt, die mein Mann verkaufen wolle, und habe ihn um Rat gebeten. Bei der ruhigen und sachlichen Antwort dieses eben noch so gehemmten Menschen habe ich ein wenig von der Rüstung und dem Halt begriffen, die ein gleichgültiger und vielleicht verhaßter Beruf ihm gaben. Nun verstand ich jene Maske des jungen Kaufmanns, der gleichgültigen Maschine, die tagsüber hinter der Barriere ihres Schalterraums steht, Auskünfte erteilt, Formulare beschreibt und Eintragungen in Bücher macht. Die Art der Verbeugungen, der halblaute, ein wenig beflissene Ton, selbst das leicht Vertrauliche gegenüber Stammkunden ließ sich erlernen. Es deckte so nahtlos den, der sich darunter verbarg. Der wurde frei mit der Abendstunde, da er auf sein Zimmer eilte, das Buch aus dem Regal griff – und eine schöne, bunte, lockende Welt tat sich vor ihm auf.

Nun hörte ich ihn sprechen, diesen Einsamen, von seinen Büchern. Auf alle Menschen, auf alle Güte hatte er verzichtet, in ihre Blätter allein sich zurückgezogen. Dort, die Stirn über dem weißen Blatt, im engen Lichtkreis der Lampe, hatte er sein Leben geführt, seine Siege und Niederlagen erfochten.

Buch, mit welcher Liebe sprach er dies Wort! Er rechnete seine Tage danach, wann dies oder jenes Buch in sie eingetreten war, er erinnerte sich mit Beschämung der Zeiten, da er noch „schlechte" Bücher geliebt hatte. Sie waren oft streng, aber die klaren und reinen Geschicke, die sich in ihnen vollzogen, waren notwendig. Schmerz und Lust mußten so kommen und nicht anders, es wäre sinnlos gewesen, sich gegen sie aufzulehnen. Er sann ihnen nach. Am Ende war es sich gleich geblieben, ob das Gefühl Schmerz oder Lust geheißen, da sie beide doch nur Mittel dazu gewesen, tiefer in das eigene Ich zu dringen.

Doch wenn er das heiß gewordene Gesicht von den Blättern aufgehoben und ins Leben geschaut hatte, so war es ihm fremd und beängstigend. Alles, was um ihn wirbelte, suchte ihn seinem Ich zu entfremden, sein überzartes Empfinden, das an die klare Bedingtheit ersonnenen Geschehens gewöhnt war, fühlte sich verletzt von diesem dunkel drängenden Chaos.

Und während er von diesem allen erzählte, sah er nicht mich, noch die Welt, die, immer weniger erhellt, an unsern Fenstern vorüberglitt, kaum unterscheidbar mehr, auch sie vielleicht voller Gefahren, auch sie sicher voll Lockung und - in irgendeinem Winkel - voller Glanz. Bis wir beide hochfuhren von unsern Sitzen, als man draußen eine Endstation ausrief, weit über unser Ziel hinaus, und wir eilig den Wagen verließen, er mit echtem, ich mit gespieltem Erstaunen.

Wir verließen uns. Und am nächsten Tage holte ich mir an der Tür seines gerade schließenden Büros die endgültige Auskunft in Sachen jener Papiere. Wir gingen nebeneinander, und ein wenig zögerten wir beide, ehe wir in den Tiergarten einbogen. Wieder ging ich jene Wege, die ich mit einem andern schon gegangen, ich horchte auf die leise, behutsam hinredende Stimme an meiner Seite und dachte eines andern, der hier zu mir gesprochen. Der Wind, der aus den Ästen zu uns hinabsprang, schien mit sich Sätze heranzuwehen, die ich damals gehört. Ich vernahm den Tonfall wieder. Plötzlich sah ich Heinz deutlich, wie er mein Gesicht zwischen die Hände genommen und meinen Kopf zurückgebogen hatte. Ich blickte auf die Hand des Mannes neben mir und überlegte, ob sie meinen Kopf so würde halten und zurückbiegen können. Ich prüfte mich, ob es mich freuen würde.

Ich hatte eine Frage überhört, er machte eine mutlose Gebärde, er schwieg. Und ich vergaß den Vergangenen über dem, der neben mir ging, ich war wieder sachte und klug und riß ihn aus seinen Grübeleien. Ich gab ihm, nach vielen Schwankungen und Rückfällen, das Gefühl einer verläßlichen Kameradschaft, ich verlangte nie etwas von ihm, ich schwieg, wenn er seinen Tag hatte, an dem er sich selber zerriß. Ich wollte nichts jetzt, als daß er wisse, zu jemandem könne er von allem sprechen. Ich war so klug geworden. Ich wußte, daß das Bedürfnis nach Aussprache der Sucht der Morphinisten gleicht, die mit ihrer Befriedigung stets stärker wird.

Ach, welch langen, verworrenen, törichten, schönen Weg habe ich gehen müssen, ehe ich mir das einsame, verstockte Herz dieses Kindes gewann! Welche Listen, Mitleid nicht spüren, Güte nicht bemerkt werden zu lassen! Welch Aufwand von Gleichgültigkeit! Einen ganzen Sommer bis tief in die windigen nassen Herbsttage hinein sind wir Seite an Seite gegangen, manchmal redend, öfter noch stumm.

Bis ich schließlich soweit war, daß ich die Treppe zu seinem Zimmer hinaufsteigen durfte. Er stand schon in der Tür, er hatte gewartet, ob ich denn auch wirklich komme. Sein zages, zweiflerisches Herz hatte wieder an Enttäuschung geglaubt. Ich sehe ihn dort am Ofen seiner Stube, ein wenig hastig redend, ungeschickt eifrig den Wirt machend, ich sehe die Blumen auf seinem Tisch, die er meinetwegen gekauft und dort hingestellt, und muß doch tun, als glaubte ich, dort ständen stets welche. Er holt Tee und Kuchen, er tuschelt draußen eifrig mit seiner Wirtin, und da er mich an seinem Bücherregal sieht, meint er sich schon wieder entschuldigen zu müssen, daß sie so aufgestellt sind und nicht anders. Dann holt er Alben aus seinem Schrank mit sorgfältig eingeklebten und datierten Bildern seine Verwandten, der Eltern und Geschwister. Einen seltsamen Einsiedler sehe ich, jung noch, der von all diesen Lebenden spricht, als seien sie längst gestorben, da er sie doch nicht mehr lieben kann.

Und es wird stiller. Langsam steigt der Rauch einer Zigarette in die Höhe, eine Elektrische klingelt draußen, Regen schlägt gegen die Scheiben, ein Kind weint auf der Treppe. Ich wende meinen Kopf, ich begegne seinem Blick. Er senkt ihn scheu, schuldbewußt, und auch ich neige den Kopf, damit meine Augen mein stolzes Lächeln nicht verraten, daß ich endlich sah, was ich ungeduldig erwartet: die Liebe.

Sie war endlich gekommen. So sah er mich an, voller Angst, ich könnte diesen seinen Verrat an unserer Freundschaft entdecken, beleidigt werden durch seine Vermessenheit. Und ich hatte weiterzusprechen, als sei nichts geschehen, als sei nicht eine Sekunde zwischen tausend grauen feurig aufgeflammt, ich hatte meine Hände, die sich nach seinem Haar sehnten, fest übereinander zu legen im Schoß, ich hatte in geziemender Zeit aufzustehen und für seine Bewirtung zu danken.

Und stand draußen. Der stößige Wind fiel mich kalt und feucht an, daß ich erschauerte. Ein feiner Regen fiel. Die Leute hasteten. Auf einem kleinen Kirchplatz sah ich das Gras gelb, wie krank. Laub trieb feucht, schwer und lehmfarben über den Weg.

Alles ist trostlos. Alles so trübe und kalt. Und ich habe es unternommen, einen Einsamen aus seiner Klause zu locken, ich will ihn den langen Weg der Güte und Liebe, den ich selbst nicht gehen konnte, lehren. Und die Verpflichtung, die ich eingegangen, legt sich schwer und drückend auf mein Herz, ich muß an den Blumenstrauß zurückdenken und das glücklich verwirrte Gesicht des Gastgebers. Die Tränen steigen mir hoch, weil dies so schlicht und kindlich und alles Leben nie schlicht und kindlich ist, daß dort oben alles so hoffnungslos umsonst ist, daß die Niederlage mit allen Tränen und Schmerz doch kommen wird und daß ich sie herausgefordert habe.

Hier stehe ich, Marie Lauterbach, einundvierzigjährig, in einer Novembernacht auf einem kalten, nassen Kirchplatz, ich zittere vor Trostlosigkeit, vor der Verantwortung um jenen, für den einzustehen ich mit meinem ganzen Herzen und Sein übernommen habe. Ich habe einen Mann, ich habe Kinder, ich habe einen Geliebten, aber ich möchte jemanden haben, zu dem ich jetzt hinflüchten könnte, in dieser Stunde meiner Angst, der gütig zu mir wäre, überlegen lächelnd gütig, so, wie ich zu jenem verwirrten Jungen gütig zu sein habe.

Man geht schließlich immer wieder nach Haus, zu irgendeinem Zuhaus, das nichts ändert. Der Krampf löst sich, am nächsten Morgen mag man kaum noch an ihn denken, schämt sich seiner vielleicht. Aber seltsam, daß ich dort so gestanden habe in einer Novembernacht, das hat mich später, als all diese vorgehabte Güte und Liebe sich mir so ganz versagten, als ich niemandem mehr helfen konnte, nicht einmal mir selbst, das hat mich stolz gemacht und in mancher Stunde getröstet.

Ich bin wieder zu Tredup gegangen und wieder. Ein Zauber hat in diesen stillen Abenden eines Gläubigen und einer Zweiflerin gelegen, ich mußte dort sein. Er stand immer an der gleichen Stelle, am Ofen, wir plauderten ein wenig, dann nahm er ein Buch zur Hand und las vor. Eine schmerzliche Eifersucht ergriff mich auf diese Frauen, die aus den Seiten der Bücher erwachten, deren Geschicke wir sich vollziehen sahen auf einer imaginären Bühne, wir Zuschauer, wir Akteure. Mich reute die Verschwendung seines Herzens, ich hätte es ganz auf mich zugewendet sehen mögen, Stirn und Auge sollten einem näheren Ziele sich zuwenden.

Und mit den verrinnenden Tagen besann er sich darauf, daß er eigene Dichtungen in einem Fach seines Schreibtisches hatte, und zögernd nahm er die Blätter und begann, auch sie vorzulesen. Einer, der gelebt hatte wie man träumt, schuf Leben, einer, der das Leben nur aus Büchern kannte, erschuf sich seine Welt. Sie war jung und sanft, aber mit äußerster Betroffenheit sah ich, wie dieser Menschenscheue die Menschen erriet, wieviel dieser, der die Frauen floh, von ihnen wußte.

Und aus dem Gelesenen und unsern Gesprächen wuchs ihm langsam der Plan auf zu dem Buche, das er schreiben wollte, seinem ersten Buche. Wenn ich nun abends zu ihm kam, war sein Haar verwirrt, und sein Gesicht leuchtete wie von einem, der geschlafen und glücklich geträumt hat. Seine Rede war sicherer, sein Gang fester. Er behauptete sich, er stellte sich in die Welt, und gegen sie alle zwang er sein Ich, da zu sein. Ich war es, die ihm den Mut dazu gab. Und ich das Beharren und die Kraft.

Doch dann kam der Abend, da alles verloren schien. Ich trat ein bei ihm und fand ihn finster, verkniffen, voller Argwohn. Er antwortete kaum, er sah mich an mit einem Blick von unten, der scheu war wie von einem verprügelten Hund. Ich fragte nichts. Eine unendliche Trauer faßte mich, eine namenlose Trostlosigkeit hielt mich gebannt. Soviel Monate, soviel gemeinsame Abende, so lang der Weg und so mühsam, und nun alles wieder verloren, unfaßbar warum. Noch einmal anfangen? Ich hatte die Kraft nicht mehr.

„Lesen Sie das", sagte er endlich und schob mir ein Buch zu, das er gleich wieder fortriß. „Ach, wozu lesen! Sehen Sie, das ist ein Dichter, ein wirklicher Dichter, ich habe ihn heute erst entdeckt. Und er hat alles gesagt, was ich sagen wollte, und er hat göttlich gesungen, wo ich gestammelt habe."

Er sah mich plötzlich böse und feindlich an. „Und ich habe mein Manuskript in den Ofen gesteckt und verbrannt!"

Plötzlich mußte er schluchzen. Er schrie auf, leise und ganz verzagt: „Und nun ist alles vorbei!" Er brach zusammen, er lag im Sofawinkel und weinte wild und fassungslos.

Ich wollte sprechen. Aber was nützte da sprechen –? Wieder glaubte er nicht mehr an sich. Er würde nie an sich glauben. Und das Schluchzen ging weiter, floß endlos dahin, er zog fort aus meinem Leben, all meine Hoffnung, meine Jugend, mein Glück. Er weinte sich fort in eine grenzenlose, bittere Einsamkeit hinein, in die ich nie würde reichen können.

Ich trat zu ihm. Ich streichelte sein Haar. Das Weinen ging fort. Da tat ich das einzige, was blieb, ich nahm seinen Kopf, ich lehnte ihn an meine Brust, ich küßte ihn, ich flüsterte: „Mein Junge . . . Mein lieber Junge . . ."

Und da das Weinen stiller wurde, eine Hand um meine Schulter tastete, ein Mund sich leise und zag unter dem meinen öffnete, sah ich ferne, fern eine andere sitzen, auch mich, die gleiche, immer die gleiche und das gleiche, immer das gleiche tuend, die letzte Rettung, das einzige. Wieder ging ich den Weg, und irgendwo an seinem Ende, heute, morgen, irgendwann, würde das Bett aufgeschlagen sein, immer das Bett. Dieses Bett, das kein Ausweg, keine Rettung war, für das alles andere schließlich ein Vorwand gewesen, sich selbst allein Zweck, wir Puppen nur. Ich küßte diesen Mund, und ich meinte, alle Münder zu küssen. Und ich sah in die Ecke, wo es stand, und der kurze Weg dorthin schien mir grauenhaft schwer.

Aber dann verschwand das alles wieder, ich sah das Gesicht unter mir erglänzen von der Morgenröte eines nie erwarteten Glückes. Eine leise volle Stimme fragte bebend: „Ist es wahr? Liebst du mich wirklich?" Eine

Hand, ein Arm drängten empor an mir. Nein, es war doch wieder das Glück, lange erwartet, lange ersehnt. Es kam zögernd und leise, es war so sacht. Es überraschte nicht, es bestürmte nicht. Leise, leise ging es uns den Weg voran zu jenem Winkel, die rührende Unbeholfenheit eines Knaben gab ihm seinen alten Glanz von Reinheit wieder. –

Ich bangte davor, wie ich ihn danach finden werde, am nächsten Tage, ob das Mißtrauen nicht wieder Sieger geblieben sei. Und ich fand ihn glücklicher noch, strahlender, von einer ihm sonst fremden Sicherheit. Vorsichtig erst, dann mutiger sah er sich in einer veränderten Welt um, er ergriff Besitz von ihr, wurde ihr Bürger. Die Gewißheit, einen Menschen lieben zu dürfen, ohne Verhehlen, ganz wie er war, die machte sein Glück aus.

Seine Liebe war so jung, so opferfreudig. Er war unerschöpflich in kleinen Überraschungen, er dachte nur an das, was mich erfreuen konnte. Er lebte von Wiedersehen zu Wiedersehen. Alles bekam Wert erst durch mich. Verse, die er liebte, ich mußte sie erst schön gefunden haben, mit ihm hatte ich die Wege zu gehen, die er als Einsamer gegangen war, und es erhöhte sein Glück, daß er an meiner Seite sich des Elends von ehemals erinnern konnte.

Die begonnene Arbeit wurde neu in Gang gesetzt, doch ihr Plan war geändert, da sich doch alles geändert hatte, aus dem Skeptiker ein Gläubiger geworden war. Er wollte die Welt erobern, alle wollte er bezwingen. Er ersehnte nicht Ruhm noch Erfolg, aber je höher er stieg, um so mehr hätte er mir zu danken gehabt. Und der Erfolg, das Geld . . . Einmal erriet ich ihn. Er träumte von einem Haus auf dem Land, wo wir beide allein leben sollten, ein ganzes Leben.

Hoffte er dies wirklich? Er wollte es so. Er hatte sich auf ein Gefühl vereinzelt, und er wollte nichts von der

Welt als dies. Ich sah die Gefahr, die darin lag; der Rückschlag, verlor er mich, war nicht zu ermessen, und ich ging meinen Weg weiter mit ihm, auf das Leben hoffend, das ihm andere Frauen, jüngere, zuführen würde.

Er war zu glücklich. Er fand wie auch ich einst Abbild unserer Liebe bei den Dichtern, in den Büchern. Ich hörte die Worte, mir klangen sie nicht neu. Es war immer dieselbe Melodie, stets das gleiche Erlebnis. Im Anfang täuschen wir uns. Solange wir noch emporsteigen, erscheint uns alles neu. Aber ein Tag kommt, wo der Schimmer verblaßt ist, wo wir um uns sehen in eine graue Welt.

Langsam zerging alles. Ich sah seine Liebe stets größer und aufopfernder werden, sie war blind für alles, sie hätte immer um mich sein mögen, sie war der Zärtlichkeiten nie müde.

Ich aber war es. Ich wußte von der Verpflichtung, die ich übernommen, als ich dies anfing, und ich konnte nicht hindern, daß mein Ton matter wurde, meine Umarmungen gleichgültiger. Ich ging zu ihm und dachte: schon wieder. Ich ging von ihm und freute mich, daß er mich noch einmal nicht erraten hatte.

Ach, die Küsse, die Verzückungen, die Schmeichelworte, sie waren immer die gleichen, mein Gefühl kannte sie, es erledigte sie, ohne meine Seele zu bemühen. Nur noch die Schalen waren geblieben: die Bewegungen, die Zappeleien, das schreckliche Abstreifen der Kleider, das beschämdende Anziehen. Und hinter allem standen die nächtigen, unmenschlichen Gesichter, die über uns lachten. Wir waren nichts als Teilchen einer großen gleichgültigen Maschine, sie schnurrte los, wir näherten uns, wir machten unsere Mätzchen und Kapriolen. Doch am Ende war es nichts wie der grausame Apparat der Liebe, den schon das Kind im Lexikon studiert hatte.

Ich war seiner müde.

Und allmählich merkte Tredup es. Er bot all seine Liebe auf, mich noch einmal einzuholen, er erlag. Ich ging von ihm, ich sah ihn zerbrechen, und ich hatte nicht einmal Mitleid mit ihm. Ich begegne ihm noch da und dort. Bleich, kummervoll und verkniffen mustert er mich aus der Ferne, ich könnte das Glück aufleuchten machen in seinem Gesicht, ich kann es nicht mehr. Ich bin der Täuschungen und Umwege müde, ich mag mich nicht mehr narren lassen vom Apparat der Liebe. Ich bin müde.

Die andern mögen ihre sonderbaren Tänze aufführen, ich sehe ihnen zu, wie ich als Mädchen, in einem Kahn liegend, den Schnakentänzen zusah. Meine Kinder sind bald soweit, auch sie werden mittanzen, aber auch über sie wird eines Tages, früh oder spät, diese Lähmung fallen.

Immer das gleiche. Nichts Neues unter der Sonne.

Du hast schon recht gehabt, Schwester Violet, damals, als du unter den Sternen liegend dieses fühltest, aber es war umsonst, als du den Feind im Leibe verbrennen wolltest. Er tanzt über uns, unsere Grabplatten noch benutzt er als Lager.

Im Blinzeln der Großen Katze

1

An die Schmalseite des Hauses stößt der Garten. Zwischen zwei Weidenbäumen ist die Lattentür; durch sie trete ich, und nun bin ich im Garten, einem bäuerlichen Garten, in dessen buchsgesäumten Beeten allerlei Gemüse wächst: Spinat, Kohlrabi, Erbsen, Bohnen, und da und dort ist der Salat schon geschossen. Haselsträucher, das Summen eines Bienenstandes.

Der Weg wird enger zwischen Flieder, Jasmin, Jelängerjelieber; hier sind Blumenbeete gewesen, aber die Rosen sind erfroren, und Tulpen wie Vergißmeinnicht sind von Majoran und Dill verdrängt. Kein aufregender Garten, nichts Liebliches, nein, ein Nutzgarten, in dem der Bauer abends noch eine halbe Stunde vor dem Schlafengehen sitzt.

Ich sitze dort nicht: es ist nur ein Schritt, ein Schritt vom Wege durch die Büsche hindurch –.

Und ich bin auf einer Parkwiese, auf der verwunschenen Wiese eines verzauberten Parks. Der unbeschnittene Weißdorn wuchert wild in den Himmel hinein, die Bäume sind mit dem Gebüsch ein wenig zurückgetreten, um dem Gras Platz zu machen, in dem Tausendschönchen und Tulpen und Rittersporn und die blaue Iris wurzeln. Hier - ruhest du - singt die Sonne, die Bienen summen viel lauter, und die durchs Geäst schlüpfenden Vögel sehen dich mit ihren Augen blank an und frei.

Dies ist der andere Garten, der Blühegarten, der Duftgarten mit Zauberei, einen Schritt vom Wege ab. In dem

Bauerngarten habe ich lange gelebt, ewige Jahre, im Garten des Rauschs einen Tag.

Gut, dort habe ich geschlafen und geträumt, einen Tag. Bereuen? Und wenn ich es mit dem Tode bezahlen muß, wie sie sagen, bereuen –?

Kerlchen, ich sage dir: ein lebenslänglich Verurteilter lag in dunkler Zelle, viele Jahre lang. Das Wasser tropfte auf seine Hand, die er nicht sah, das war die Interpunktion seiner Zeit; die Schlüssel des Wärters klirrten einmal und dann in endloser Schwärze lange nicht, das war der Sabbat seines Ohrs.

Dieser Gefangene erhob sich eines Tages und erschlug den Wärter. Er ging durch seine Tür und einen Gang, und er tat eine andere Tür auf, und der blühende Sommer sprang ihm ins Gesicht und auf seine Brust.

Der Gefangene fiel auf seine Knie, und er segnete die Sonne und das Himmelsblau, die flatternden Flügel der kleinen Vögel segnete er und die nickenden Blütenkelche.

Dort ergriffen sie ihn, den auf den Knien Segnenden, sie taten ihn wieder in seine Zelle und setzten ein Gericht über ihn, das ihn vom Leben sprach. Er saß im Dunkeln, das Tropfen des Wassers hörte er nicht, nun kühlte der goldschimmernde Fittich des großen Sommervogels im Streifen seine Stirn; das Klirren des Schlüssels fiel nicht in sein Ohr, in ihm wohnte der leise Laut, mit dem sich eine Knospe erschließt.

Als sie ihn zum Richtblock bereiteten, wußte er, er würde wiedersehen, nun. Er sollte sich nach seiner Zelle sehnen?

Er sollte bereuen?

Er segnete, Kerlchen, noch das Sandkorn segnete er, das sein Fuß trat, und den erschlagenen Wärter segnete er, dessen Tod ihn reich gemacht hatte, über jedes Hoffen.

Einen Tag, vierundzwanzig Stunden, bin ich in dem andern Garten gewesen . . . und von Reue reden nur die, die ihn nie betraten.

2

Die Fülle des Lebens ist verrauscht, aus der Ferne höre ich sie noch wie sickern, doch verrauscht ist sie. Eingetan bin ich nun zwischen den weißgekalkten Wänden einer Zelle, die braunrot gesprenkelt sind von Blutsaft zerdrückter Wanzen, eingetan, sieben Schritt auf, sieben Schritt ab, und wenn ich hervorgehen werde, wird es nur sein einmal, um den Spruch über mich zu hören, das andere Mal, ihn zu vollenden. Das Leben ist vorbei. Da ziemt es sich, zu bedenken, wie alles kam, noch einmal das Lockende sich zu zeigen und den Rausch, die einsame Stunde, da das Purpurzelt des Blutes über mir aufgeschlagen war mit seiner zähe tropfenden Stille, noch einmal sich alles aufzuweisen - und dann das rasche Dahin, das nicht schmerzhafter sein kann als die Lösung, die der Frost dem Baumblatt zufügt vom Ast.

Als ich hier eintrat, war das Leben aus. Ist dies noch Leben? Ich esse und gehe, ich bette auf und bette ab, ich wische den Boden, wenn die Wanzen mich beißen, töte ich sie, nun flüstert mein Nachbar endlos durch die Tür: „Du, zweiunddreißig!“

Und wieder: „Du, zweiunddreißig.“

Und noch einmal: „Du, zweiunddreißig.“

Endlos.

Ich entschließe mich. Ich gehe an die Ritze und flüstere: „Ja?“

„Schläfst du schon?“

„Nein.“

Das ist alles. Nun ist es still. Es wird Abend. Man hat mir Feder und Papier gegeben, man ist nicht schlecht zu mir, ich darf schreiben. Freilich weiß ich nicht, ob der Untersuchungsrichter mein Geschreibsel revidiert oder nicht; ich werde jedenfalls vorsichtig sein. Nein, ich werde nicht vorsichtig sein.

Nun schreibe ich dir, mein Bruder Etz, dem ich so Übles tat, die Beichte meines Herzens. Du hast alles durch mich verloren: Stellung und Geliebte, Freiheit und den Bruder, Leid tragen mußt du für mich; soll ich dir nicht sagen dürfen, wie alles geschah?

Vielleicht kann ich dir den einen Trost doch geben, daß du nicht wirst hassen müssen oder gar verachten, du Opfer wie ich, ich nicht Treiber, nein, getrieben Wild wie du.

Höre mich, Bruder Etz.

3

Ich bin ein ängstlicher Mensch. Als ich am Fahrkartenschalter Bahnhof Zoo anstand und mein schweifendes Auge auf das rotgeränderte Plakat fiel mit seinem verwischten Foto, als ich noch nichts wußte, da ahnte mein Herz schon, und es zitterte.

Nicht den Mörder, sie hatten die Ermordete fotografiert. Ich fühlte schmerzhaft, wie sich dieses banale, verpuderte Kokottengesicht aus meinem Erinnern löste, ich sehe den trüben, haftenden Blick, den sie mir beim Fortgehen gesandt –: dieses Bild schwellte eine als belanglos fast schon Vergessene in mir an; sie hatte erlebt, ihr war Ungewöhnliches geschehen, das schien ihr recht zu geben auf ungewöhnliche Stelle in meinem Erinnern. Der verwischt schwarze Fleck auf der Kimmung der Oberlippe, dieser Kuchen geronnenes Blut: von meinem Kuß konnte er sein wie von der Hand des Mörders.

Aber – und nun wandte ich mich rasch fort, drängte unter die Menge, wogte mit ihr aus dem Tor auf die Straße –, aber jenes halbkreisförmig Verfärbte unter dem linken Auge: das hatte ich nicht gesehen, das hatte ich nicht getan. War es seine Faust, war es der Absatz seines Schuhs? Ah, hatte er sie erst bei kleinem gemartert, ehe er das Große tat und sie ganz leer machte von Leben? Welche Lust ...

Ich möchte das Zimmer sehen. Und das Bett. Es muß endlos süß sein, die ersten Minuten danach dort zu sitzen, die Vorhänge, die Sessel, das zerwühlte Bett, sie alle wissen von der Tat, sie beschützen sie durch ihr Schweigen, durch ihr abschließendes Hängen, sie machen kein Aufhebens. Sie sind weiter da, und auch du bist weiter da, du merkst es schon an dem sachten Gang deines Herzens, der köstlich gelösten Ruhe der Glieder. Du bist weiter da, doch nun bist du Gott, denn du schufest, als du zerstörtest.

Habe ich etwa zu lange vor dem Plakat gestanden? Man liest solche Plakate nicht in der Großstadt, man überfliegt sie. Man zuckt die Achsel: so ist das Leben. Man geht weiter. Nein, ich habe an den Text so gut wie gar keine Erinnerung. Gewiß: „Die, welche in der Nacht vom 10. zum 11. ... zweckdienliche Angaben ... hohe Belohnung ...“ Nein, der Text haftete nicht, aber dieses Gesicht ...

Ah, ich erinnere, ich erinnere! Als ich, schon die Klapptür des Wartesaals in der Hand, morgens um drei Uhr noch einmal auf sie zurücksah, die dort hinter geleerten Gläsern, beschmutzten Tassen saß, traf mich jener gleichgültige, so wesenloser Verachtung volle Blick, der mich erschauern ließ.

Leugnete sie bereits alles gemeinsam Erlebte, die schwatzvertrauten, schnellen Gespräche, den Kopf an der Schulter, die geschwellte Kuhle, den Griff ins Haar?

Sie ließ ihn auf mir ruhen, lange, sie nahm ihn mir nicht ab und machte ihn in nichts leichter, aber so, wie sie es, gleichgültig genug, ganz bei mir stehen ließ, ob ich ihn durchfühlen wollte oder nicht, so hatte sie auch jene Nachtstunde mit mir verbracht, erfüllt von einem anonymen Gefühl, das nicht mir galt und keinem.

Und nun ging der Blick über mich hin, als sei ich nie gewesen. Nun fing er sich den trinkerischen Kellner mit dem weißen vollen Gesicht hinter dem Buffet, fing ihn sich, bettelnd, schien's, zum Zechenerlaß zweifelsohne. Der Dicke blickte zu mir, lächelte böse – und die Tür fiel zu, und sie war fort aus meinem Leben.

Nun ist sie zurückgekehrt, mit dem unerhörten Schaugepränge einer Ermordeten hat sie sich Einlaß in mein Sein verschafft, sie füllt mich ganz und alles Geschehene und alles, was kommt, es war um ihretwillen, wird um jener willen sein, die dort irgendwo liegt, in einem beschmutzten Zimmer.

Das Zimmer – oh! Das Zimmer! Was gäbe ich darum, wenn ich dort hätte sitzen können, danach, in der plötzlich eingefallenen Stille, die sich noch vertieft in dem langsamen Tropfen des Blutes, das seine prachtvollen scharlachenen Muster immer weiter ausbreitet. Ich hätte mich neben sie gekniet, ich hätte jeden Nerv nachgezeichnet mit der lustzitternden Spitze des Fingers, angestarrt hätte ich das Gesicht und angestarrt, bis ich es *gewußt* hätte, immer in der tiefsten Tiefe meiner Seele: du bist allein, und ich bin allein.

Oder . . .

Es ist vorbei. Sie sind alle dort gewesen, die Nachbarn, die Polizei, die Gleichgültigen sämtlich, die nie etwas zu lernen haben gegen die Trägheit ihres Herzens. So ist das Leben –? Gar nicht! Immer anders ist es.

Sie haben das Wissen ausgelöscht, es ist fortgetragen, es ist nicht mehr zu erreichen. Und wer denn hätte den Mut, dies auf eigene Rechnung zu versuchen, da er solchen Fingerzeig empfing?

Ich nicht . . . ein ängstlicher Mensch.

4

Hier ist eine Bank. Ich will mich still hinsetzen auf sie und überlegen, was zu tun. Plötzlich bin ich geheimnisvoll verstrickt, und es ist mir, als läsen die Vorübergehenden auf meinem Gesicht; ihre betroffenen Blicke oder ihre wissenden Lächeln scheinen mich immer tiefer hinein zu treiben in einen irren Zaubergarten, in dem alles unwahr ist, doch mit Blüte und Frucht sich greifbar vor mich stellt.

Aber das wirkliche Wasser treibt so einlullend vorüber, die tief hängenden Zweige fächeln leise mit ihren Blättern, kaum, daß einmal, dort hinten, auf dem Hauptwege, der Kies unter dem Schuh eines Passanten knirscht.

Es ist keine Viertelstunde, daß ich jenes Plakat las, noch ist es nicht zu spät, meine Schritte seitdem und vorher nachzuprüfen, ob ich einen Fehler beging. Jetzt wäre er noch zu korrigieren. Dies ist das erste Stadium, nichts Unwiderrufliches geschah. Ein kleiner Fehler etwa - nun, er wird sich gutmachen lassen, jetzt noch.

Mit dem Plakat begann es. Habe ich einen Ausruf getan, eine rasche Geste gemacht, als ich es sah? Mag sein, ich bin ein wenig hastig aus der Schlange vor dem Schalter getreten, ich vergaß dann auch, meinen Platz wieder einzunehmen, die Karte zu lösen - doch wer hatte Zeit, darauf zu achten? Sie wollten ihre Züge erreichen, sie hasteten, es war ihnen einen Augenblick angenehm, daß ich meinen Platz ziemlich vorn opferte, dann war ich vergessen.

Von dieser Seite ist nichts zu befürchten, hier werfe ich mir keinen Fehler vor.

Doch! Doch!!

Ich vergaß ja dann, die Karte zu lösen, ließ den Zug fahren, lief sinnlos fort. Was wird es im Geschäft heißen, wo man mich schon auf dem Wege nach Amsterdam glaubt? Es braucht mich nur einer hier zu sehen, es gäbe Worte, Fragen; ich müßte erklären und könnte doch nicht ... Denn wie begreiflich machen, daß ich geflohen bin vor einem Plakat, daß ich heute nacht mit einer Frau zusammen war, die ermordet wurde heute nacht ... ich nicht der Mörder und doch in Flucht ... unschuldig in irrer Angst, über jeden Einwand hinaus beschuldigt zu werden –?

Nun geschah, wovor ich mich oft gefürchtet. Eng zog ich meines Lebens Kreis, bedachte lange etwaigen Ausgang eines jeden meiner Vorhaben ... Wie ist es denn? Jeder kann mich beschuldigen, jede Minute! Wie Einwendungen machen? Wie sich verteidigen? Wie beweisen, daß man es nicht war?

Und ich will sprechen: die Zunge versagt mir; ich will ihn beschwören, doch der heisere Laut aus meinem Munde ist eher das Geständnis eines Ertappten als der Aufschrei der Unschuld. Ich werde fortgeführt. Verkettet.

Hundertmal habe ich dies ausgemalt, die Angst ging vorüber; daß nichts geschah, war Rettung. Nun bricht es herein, aus dem Hinterhalt, an meine kleinsten Geheimnisse knüpft es – kein Ausweg.

Sie werden mir nichts glauben. Sie werden mich anhören mit jenem Lächeln auf der äußersten Haut ihres Gesichtes, das der ungeduldig bewahrte Rest ihrer Lebensart ist, dann werden sie winken und fort ... Der Richter wird fragen, und:

Ja, ich kenne sie.

Ja, ich bin bei ihr gewesen, in dieser Nacht.

Ja, ich kenne das Zimmer.

Ja, ich bin nicht ganz normal veranlagt.

Nein, ich habe mich um drei von ihr getrennt.

Nein, das kann ich nicht beweisen.

Und sie werden zu Ria kommen, meiner schönen, meiner stillen Frau, sie werden der Ahnungslosen Fragen stellen, die in ihr Gesicht Schamröte treiben, sie wird das Geheimnis von meiner Geschlechtsnot hören, sie, die Reinheit selbst, der ich all dies verbarg, mühsamst. Am Ende werde ich selber es ihr sagen müssen, ins Gesicht, auf dem Termin; sie wird meine heimlichen Gänge zu den Weibern der Straße erfahren, unsere entweihte Ehe, ihr zerbrochenes Glück. Beschmutzt ihr Leib und das Bett, das erwartete Kind, die Räume, in denen sie glücklich war, das Kleid, das sie trug . . .

Unser ganzes Leben zu zweien . . . wie viele Gesichter plötzlich zwischen uns, auseinanderdrängend, entfernend.

Ich will dich umarmen, an meiner Brust will ich dich bergen vor dem Einbruch des Ekels, doch unser Schatten an der Wand: er macht die obszönen Gebärden der andern. Du reißt dich los, du willst fliehen. Aber ihre Taten stehen um dich, sie werden zu deinen, das schöne Antlitz der Vergangenheit entdämmert, und jener eilige Hände leuchten mit Fackeln in ekle Winkel.

Das war dein Glück, das dein junges Jauchzen.

O meine Ria! O entblößte Vergangenheit!

Ich kann nicht! Ich kann nicht!

Ach, glaubten sie mir schließlich, fände sich selbst der wahre Mörder - alles wäre zerbrochen, nichts würde wieder gut. Nach soviel ausgestandener Qual müßte doch Flucht sein, in einem Weltwinkel mein Gesicht zu verbergen. Und dort noch, aus dem Gedränge der Bäume, träte immer von neuem ihre zermürbte Gestalt, wie ich sie zuletzt auf der Bank des Zeugnisses sah. Sie riefe mich, sie klagte, sie klagte an . . .

(Ach, daß man je einmal geliebt hat! Immer sind die Wunden das Ende, immer der Schmerz.)

Ich kann nicht!

Lieber sofort fliehen. Ich bin bereit, der Paß ist in meiner Tasche, von Amsterdam komme ich leicht nach Rio oder Veracruz. Soweit reicht auch das Geld. Und dort werde ich ein neues Leben aufbauen, der den Liebgewordenen Gestorbene wird noch einmal von neuem beginnen, nahe Reinheit in den wüsten Zirkel seines Lebens zu beschwören, die Gestalten hier werden blasser werden und blaß ...

Es ist nicht wahr! Es ist ja nicht wahr! Ich träume doch nur!

Sitze ich hier im Park, eines Mordes verdächtig, meine Hand gegen alle Welt, aller Welt Hand gegen mich?

Wie kann so Unerhörtes geschehen sein? Gestern noch ...

Der nicht erfolglose Beamte einer Bank, habe ich mit Mühe meinen Weg aufwärts gemacht, gegen häßliche Triebe in mir unermüdlich gekämpft, drängte sie fort in den finstersten, fernsten, unbeachtetsten Winkel meines Seins, ich habe mir ein reines Glück gerettet, trotz und trotz ... und alles soll umsonst gewesen sein? So viel Kampf für nichts gekämpft? Wie der erstbeste Schwächling liege ich hier, zitternd vor jeder Uniform, fluchtbereit, mordverdächtig, ein zertrümmertes Leben – es kann ja nicht sein! Es ist so!

Die große Katze hat mich angesprungen, sie hat ihre Krallen in mein Fleisch geschlagen, ich blute, alles schmerzt.

Einen Entschluß gibt es, und er heißt Flucht. Ich gehe fort. Ich will nicht Verachtung in den Gesichtern derer sehen, die mich liebten. (Nein, ich habe Angst vor ihnen; sie sind imstande, sie trauen mir zu ...)

Ich lösche mich aus. Friedrich Lütt ist nicht mehr. Ein anderer löst die Karte nach Amsterdam, ein anderer holt den Handkoffer aus dem Wartesaal, der dort viel zu lange schon unter den Augen des Kellners stand.

Des Kellners!

Aber da ist ja der Beweis! Da ist ja der Zeuge! Er hat gesehen, daß ich mich heute nacht um drei Uhr von ihr trennte.

Er muß sich meiner erinnern, erinnere ich mich doch so gut seines weißen vollen Gesichtes! Er wird es bezeugen. Ich werde mit ihm reden, und er wird es bezeugen!

Ich bin gerettet.

5

Ich weiß noch, wie leicht mir war, als ich von der Bank aufstand. Die kleinen Zickzackblätter an den Zweigen wehten plötzlich ganz froh. Auf dem trägen Wasser des Kanals glänzten bunte Reflexe von Öl, ich dachte an den Glanz südlicher Perlmuttermuscheln, ich sagte zu mir: Dorthin werde ich nun nicht kommen.

In dieser leichten Stimmung tat ich etwas Unbesonnenes, etwas ganz und gar Verkehrtes, das mir nun zeigt, wie die Angst, von der ich mich schon frei glaubte, tief in mir saß, daß sie mein Hirn, meine Fähigkeit zu denken, mich vorzusehen, schon zersetzte. Ich war gar nicht mehr Herr meiner Entschließungen, „es" tat aus mir, ich wurde völlig überrascht, höchstens sah ich mit einem dumpfen Staunen zu, wie geschickt und sicher dies Fremde in mir handelte, sich benahm. Aber mit dem Denken war es vorbei.

Ich war an einer Anschlagsäule stehengeblieben, zum zweiten Male überflog ich das Plakat, das auch hier, frisch aufgeklebt, prangte. Ich sah das Gesicht.

Dann streckte sich meine Hand aus, die Finger bogen eine Ecke des Plakates um, es ging ganz leicht. Vorsichtig ziehend und hebend löste ich Rand um Rand. Da der Kleister noch frisch war, gelang es, den Zettel unbeschädigt von seiner Unterlage loszumachen.

Ich habe dabei keinen Augenblick an Beobachtung durch Passanten gedacht. Nicht ein bißchen nahm ich mich in acht. Ich stand da wie das fernste Kind der Natur, das von keinem Verbot was weiß, und faltete meinen Raub, als ein Polizist mich am Arm faßte. „Sie, was tun Sie da! So was ist verboten, Sie! Zeigen Sie mal her."

Plötzlich war alles Leichte aus mir fort, ich fühlte wieder die Angst, die mich hetzte, in den Knien, im irrsinnigen Schlagen des Herzens, im Blut, das zu Kopf drängte und trieb.

Meine Finger knitterten am Plakat. Zuerst kam das Gesicht.

„Was heißt denn das? Wozu haben Sie . . .?"

Da, in der äußersten Gefahr, als ich sein leeres, räumiges Gesicht schon hintasten sah auf einen Verdacht zwischen Zettel und mir, lächelte ich ihn an, sanft, als merkte ich seine Strenge nicht. „Ich sammele, Herr Oberwachtmeister, ich sammele Mordplakate. Was wollen Sie? Jeder hat seinen Fimmel, der sammelt Münzen, der Liebigbilder oder Briefmarken oder Versteinerungen. Ich sammele Mordplakate. Sie sammeln vielleicht auch?"

Er beharrte. „Wo es doch verboten ist!"

„Ich weiß das natürlich. Ich weiß. Dieses Abreißen . . . Aber die Leidenschaft! Als Junge hatte ich einen Lehrer, solch ordentlicher Mensch! Und wie Gott den Schaden besieht, sammelt er Zöpfe, schneidet den kleinen Mädchen auf der Straße die Zöpfe ab.

So was überschreitet natürlich die Grenze, ist schon mehr krankhaft. Aber solch Plakat. Wenn Sie mir freilich ein Mandat schicken müssen, hier ist mein Ausweis."

Er nahm ihn nicht. „Ich sammele auch", sprach er, „ich sammele Briefmarken."

Er schaute bieder in mein Auge.

„Habe ich auch getan", beeilte ich mich, „aber es

kostet viel Geld, nicht wahr? Wenn man Familienvater ist ... Als das Dritte kam, verkaufte ich meine Sammlung. Plakate kosten nichts. Höchstens mal ein Strafmandat."

„Dieses nicht." Er lächelte menschlich. „Es ist nicht, daß man seine Pflicht nicht tut. Aber hier draußen liest es doch keiner. Guten Morgen."

„Die blaue Mauritius, was? Guten Morgen."

Diese Stunde ist die Trennung von meinem früheren Leben. Es ist, als sei in ihr aller anerzogener, erworbener Respekt vor Obrigkeit, Gericht, Strafe, Polizei zusammengebrochen. Sie waren auch Menschen. Sie waren so sehr Menschen. Man konnte sie überlisten. Und es machte eine tiefe Freude, es war eine höchste Lust, sie zu überlisten. Dieser Kampf, in dem man selbst Einsatz war, beseligte, steigerte Leben ins Zehn-, ins Hundertfache.

Ich stand auf der Straße, ich sah ihm nach, grinste. „Doof bleibt doof", sagte ich.

Hier bin ich nach den Begriffen von Moral und Bürgertum schlecht geworden. Ich hatte den einen Schritt vom Wege noch nicht getan, aber durch die dichten Zweige des Buschwerks sah ich den Glanz des anderen Gartens, ich roch seinen Duft.

6

Vielleicht ist es, daß man ein Gesicht sterben sah. In der düsteren Halle, so fahl im grauen Morgendämmern, überdonnert von eiligen Zügen, umhockt von dem Stumpfsinn verdrossener Schläfer, dort sprach ich ihn an: „Herr Ober, ich ließ hier einen Koffer ..."

Und es geschah, daß sein Gesicht erstarb: welkend das Blühende, in graue Falten das Fette, auf der Flucht Auge, bebend die Hand. Zitternde Lippe lallt sinnlos: „Einen Koffer –? Ja, einen Koffer ..."

Sieh doch, da ist die Angst, die große Angst. Schon las er das Plakat, erinnerte sich meiner, und seine Phantasie schuf neu die Tat vergangener Nacht, beugte mich übers Bett jener, drückte das Messer in meine Hand. Sucht er den Glanz in meinem Auge, den Widerschein ihres letzten Leuchtens, wittert er nach dem bittern Aroma jener Küsse, die ein Mund empfing, den jäh der Tod verkalkte?

Er lehnt sich so weit zurück, ich sehe die Unterseite seines Kinns, noch die Schlaffheit seiner Hände fleht um Flucht vor dem Mörder. Und ich begreife, daß ich mein Spiel, den einzigen Zeugen schon halb verloren habe, ich muß mich aufs äußerste zusammennehmen . . . Und ich sehe ihn an, mit einer flehenden Demut im Blick.

Vielleicht tat es dieser Blick; er reißt sich zusammen, leidlich sicher spricht er: „Der Koffer? Ja, er ist hier. Sie können ihn haben."

Und wieder wie irr: „Nur der Koffer –?"

Ich verstehe, ich beginne, ihn zu verstehen. Und langsam greife ich in die Tasche meines Sakkos, ich fühle die Glätte des Papiers am Innern der Hand, ich ziehe es hervor, ich entfalte eine Ecke. Dann schlucke ich, räuspere die Kehle frei und flüstere mühsam: „Nicht bloß der Koffer . . ."

Ich habe den Blick nicht zu seinem Gesicht erhoben, nicht zu jener Gesicht geneigt, doch strömt ein Strom, des Kühle ihn wie mich erstarrt. An der Stille . . .

Einmal sagt er: „Ja . . . ja . . .", als hole er es sehr mühsam von tief unten herauf.

Dann wieder die Stille. Unten auf dem Boden sehe ich die Spitze seines Schuhs. Sie macht eine Bewegung, als ziehe sie sich vor mir zurück. Ich fühle das Schaudern.

So still, so still, so allein. Nun müßte man sprechen, doch kann man nie sprechen, wenn man muß. Stille, allein . . .

Über uns donnert ein Zug. Zwei Herren am Nebentisch sind aufmerksam geworden. Ich merke, wie dumm, wie auffällig ich dastehe, mit dem entfalteten Plakat. Es wird in die Tasche gesteckt. Aber anderes hat zu geschehen.

„Schön, Ober", sage ich sehr laut, „bringen Sie denn einen großen Kognak dorthin."

Ich bezeichne ihm einen Ecktisch in der Nähe der Tür.

Möglich, daß vor meinen Reden die Angst zerging; heller der Saal, sicherer seine Stimme: „Sofort, mein Herr."

Ich setze mich wartend. Dies bißchen Aufschub - noch wird nichts gesagt - tut so gut. Eine Weile ist Ruhe jetzt, eine Weile hat er zu bedienen. Jedesmal, wenn er an meinem Tisch vorüber muß, sieht er fort, aber aus dem äußersten Winkel des Saals fühle ich sein Auge auf mir. Und dann spüre ich die Angst, die er in sich trägt, die Angst vor mir.

Wieder streicht er vorbei, ich winke ihm, der gehorsam ruft: „Sofort, mein Herr", und auf dem Rückweg: „Ein großer Kognak. Kommt sofort."

Er schenkt ihn ein, markiert an der Kasse, bringt ihn, will weiter.

„Einen Augenblick, Ober."

„Ja, entschuldigen bitte . . ."

„Einen Augenblick nur."

„Ich muß eben noch . . ."

„Wenn ich doch sage, eine Sekunde!"

Er bleibt, das Gesicht vorgeneigt zu mir, mit einem tauben Ausdruck, als mühe er sich vergebens, zu verstehen. Ich bewege die Hände einmal, will sprechen, zaudere wieder und nehme in der Verlegenheit einen kleinen Schluck Kognak. Dann stürze ich den ganzen Inhalt des Glases in mich.

Sofort begreife ich, daß meine Lage nicht halb so

verzweifelt ist, wie sie schien. Grade seine große Angst spricht dafür, daß er sich hüten wird, mich zu reizen.

Da wage ich es. „Sie haben mich wiedererkannt?"

„Wiedererkannt? Möglich!"

„Nun, ich war doch heute nacht mit dieser Frau hier."

„Hier verkehren viel Weiber. Wer die alle kennen soll!"

„Sie haben aber gehört, was ihr mittlerweile passiert ist?"

„Wenn ich darauf hören wollte, was die Leute alles reden! Unsereiner hat mehr zu tun."

„Aber sie wissen doch noch, daß ich mich von ihr trennte um drei Uhr? Sie blieb sitzen hier."

Doch nun schweigt er ganz. Seine Verdrossenheit ist in ein wartendes Aufhorchen umgeschlagen. Zwischen der Schwere der Tränensäcke und den verschwollenen Lidern lauern die Augen, der hilflose Mund wurde fest.

Etwas änderte sich, aber ich begreife nicht, was. Ich möchte zurück, fort, am liebsten gleich aufbrechen. Und doch läßt es mir keine Ruhe: ich muß sein Schweigen brechen.

„Sie haben vielleicht gar gesehen, mit wem das Mädchen nachher fortging?"

Es bleibt still, weit und lange still. Ein lastendes Schweigen herrscht, in das die Geräusche von oben, von der Seite her hastig hineinschwiegen, als seien sie schon vor langem geschehen und müßten sich nun beeilen, zur Ruhe zu kommen.

Noch einmal: „Nichts? Nein?"

Kann er nicht mehr sprechen? Beinahe bekomme ich Furcht vor diesem starren, reglosen Gesicht, das nur schaut, ohne Blinzeln. Ich muß zur Seite sehen, verlegen lächeln. „Es ist schließlich egal. Es interessierte mich nur so, wissen Sie . . ."

Und stehe schon auf. Es ist alles gleich, ich will gehen, ich will fort, da macht er eine Bewegung. Ich sehe hin und verstehe den veränderten Ausdruck seines Gesichts nicht.

Wo war dieser Mensch indes? Was geschah ihm, um solchen Haß begreiflich zu machen, der jetzt sein Antlitz krönt. Er ist rückgekehrt aus unbekannten Bezirken. Mit einer Wut ohnegleichen stößt er gegen mich vor: „So ist das also ... so ..."

Und ganz nahe an meinem Gesicht - ich sehe die Lippen sich öffnen, Speichel, eine Bewegung der Zunge zu den Zähnen -, ganz nahe flüstert er: „Du Mörder du!"

Ich beuge mich zurück. Mir ist, als fiele ich, schnell, schneller. Da ist das Wort, und alle anderen Geräusche sind zurückgetreten vor ihm, Platz zu machen seinem Widerhall. Nun spreche nicht ich's mehr zu mir, es ist laut geworden, ander Fleisch schreit es, ander Hirn glaubt es, die Wände sagen's schon, wie lange noch und meine eigenen Finger haben's erlernt und tun's.

Mörder. Mörder.

Und er, heftiger: „Ich soll's Ihnen bezeugen, was? Schön, um drei bist du weggegangen, aber eine Minute drauf war's Mädel hintennach. Alles recht schön gefingert, aber ..."

Am Nebentisch ruft es ungeduldig: „Ober! Herr Ober!" Er wendet sich fort, spricht mit ganz manierlicher Stimme: „Sofort, meine Herren."

Und zu mir: „Ihren Koffer? Sie wollen wohl ausreißen? Daraus wird nichts. So faule Sachen unterstütze ich nicht. Seien Sie froh, daß ich keinen Schutzmann rufe. Und nun ..."

Er sieht nach der Tür. Wie besinnungslos, ganz ohne Willen bin ich aufgestanden, flüstere nur noch: „Aber das ist doch nicht so. Das ist doch anders. Erlauben Sie mal ..."

„Gar nicht. Bezahlen Sie erst Ihren Kognak. Und dann ab Trumeau."

Ich halte die Brieftasche in der Hand, schiebe ihm einen Markschein zu. „Wenn sie nur hören wollten! Einen Augenblick, ich erkläre Ihnen . . ."

„Für eine Mark? Bei dir piept's wohl!" Er reißt mir die Tasche aus der Hand, wühlt darin. „Hat sich gut vorgesehen. Schon ausländisches Geld, du kriegst die Motten. Nee, mein Lieber, da lassen wir die Finger von. Gehen Sie man zum nächsten Schutzmann und fordern Sie sich Ihr Geld. Von mir - nicht in die Hand, Sie . . . Mörder."

Er faßt mich an der Schulter, schiebt mich zur Tür. Noch bewege ich flehend die Lippen, da klappt sie schon hinter mir zu.

7

Ohne Besinnung bin ich herumgelaufen. Ich habe nicht die geringste Erinnerung daran, wo ich in diesen Stunden gewesen bin, was ich in ihnen gedacht, was mein Herz gefühlt hat.

Als ich im Tiergarten, ganz in der Nähe jener Säule, an der mich früh der Schutzmann festgehalten, klar wurde, da war in meinem Innern die große Wandlung geschehen. Das ruhige, bürgerliche, geborgene Leben, das ich geführt, ekelte mich an; der Mann, der tagaus, tagein in sein Banklokal gegangen war und ohne ein Gefühl von Versuchung mit den größten Summen hantiert hatte, war gestorben.

Jenes Lustgefühl, jener Rausch, die ich bei Überlistung dieses kleinen, minderwertigen Ordnungsbeamten gefühlt, sie hatten ganz von mir Besitz genommen. Die öde, regelmäßige Beeteordnung des Alltagslebens war verlassen, meine drängenden Schultern hatten die Blütenbüsche gestreift, nun stand der durchsonnte Duft fremden Gartens voll um mich.

Was der Kellner meiner Seele auch Böses getan, nun frohlockte sie darüber. Nicht gewitzt genug war ich gewesen, nicht hinreichend gerissen! Was mir zuleid getan, die andern sollten's entgelten, und ein schönes, betörendes Spiel schien es mir, in dem der Klügste Sieger bleiben mußte, der Unbedenklichste um den Erfolg nicht gebracht werden konnte.

Dabei fühlte ich mich nicht leicht, ich war nicht glücklich. Ein ungeheuer komplizierter Mechanismus schien in mir zu sitzen, über den ich keinerlei Kontrolle besaß. Und selbst in den übertriebensten Minuten habe ich wohl geahnt, daß er zum Glücke mich nicht hintrieb.

Doch damals habe ich kaum an all dies gedacht. Das Erleben hatte solch ein Tempo angenommen, daß mir irgendwie die Zeit knapp wurde, Gefühle wirklich zu empfinden. Erst jetzt, in der Einsamkeit der Zelle rückblickend, habe ich mir diese halben Erklärungen zurechtgelegt, diese Entwicklungsabschnitte zu unterscheiden geglaubt.

Vielleicht war alles anders. Vielleicht steckte der Keim zu dem, was geschah, von je in mir, erstarkte durch das Bemühen, meine Veranlagung um Rias willen zu unterdrücken, und trieb übermächtig aus zu schwüler Blüte, als ein blöder Zufall mich und eine ermordete Frauensperson durch ein Plakat zusammenbrachte.

Es mag so gewesen sein oder so oder vielleicht, was am wahrscheinlichsten ist, ganz anders; eines kann ich dir in dieser Stunde ehrlich versichern, Etz: ich habe nichts von dem gewollt, was geschehen ist, ich habe nichts von dem begehrt, was ich erreicht habe.

Mein Bewußtsein erinnert sich erst dessen wieder, daß ein Kind, ein gut gekleidetes Kind von etwa vier Jahren, vor mir stand und etwas zu mir sagte. Ich fuhr hoch von der Bank, auf der ich halb liegend geruht und sah mich um. Der Platz war einsam, das Kind schien völlig allein.

Die Sonne wärmte schon, stand aber noch nicht sehr hoch; es mochte kaum zehn Uhr sein.

Ich sah plötzlich meinen Hut vor mir auf dem Kies liegen und bückte mich nach ihm. Während ich nach ihm griff, verstand ich plötzlich die Worte, die das Kind sagte; es gefiel sich offensichtlich in ihrer hartnäckigen Wiederholung, indem es mich groß dabei anstarrte.

„Mann besoffen“, sagte es. Und noch einmal: „Mann besoffen.“

Ich zögere nicht. Die scharfe, verkrampfte Stimmung in mir löste sofort die Tat aus: ich schlug das Kind einmal nicht derb, aber sicher sehr fühlbar ins Gesicht.

Es starrte mich an. Seine Augen weiteten sich im Erschrecken, sein Gesicht verzog sich, aber direkt vor mir loszuweinen wagte es nicht. Es drehte um und lief, nun aus vollem Halse brüllend, auf ein Gebüsch zu.

Von dort war meine Tat beobachtet worden, denn eine sommerlich gekleidete Frauengestalt kam hastig auf mich zu. Noch aus einiger Entfernung begann sie zu reden: „Das ist unerhört! Wie können Sie wagen, solch Kind . . .“

Es war ein ganz junges Mädchen, die Bonne wohl, kaum achtzehn Jahr alt. Ihre Wangen waren dunkelrot vor Entrüstung, ihre Augen flammten, sie sah wunderschön aus unter ihrer hellblonden Haarkrone. Ich bewunderte ihren entschiedenen, räumigen Schritt.

Sie stand vor mir und sah mich zornig an.

„Einen Augenblick“, sagte ich bestimmt. „Ehe Sie weitere Vorwürfe machen, beantworten Sie mir bitte eine Frage, gnädiges Fräulein: sind Sie mit diesem heulenden und von mir gezüchtigten Kinde verwandt, oder sind Sie seine Erzieherin?“

Sie sagte böse: „Das geht Sie gar nichts an! Sie waren so feige, ein kleines, wehrloses Kind zu schlagen . . .“

„Bitte! Ich bin zu jeder Rechtfertigung bereit, aber

beantworten Sie erst meine Frage. Sind Sie die Erzieherin oder eine Verwandte?“

„Sie schlagen das Kind und wollen ein Examen ... Einfach verwirren wollen Sie mich ...“

„Ich bedauere außerordentlich, gnädiges Fräulein, mich einer Unterhaltung entziehen zu müssen, die, würden Sie nur meine kleine Frage beantworten, sicher für beide Teile höchst befriedigend enden würde.“

Ich erinnere mich genau, daß ich derart schwülstig und verstiegen redete und daß ich dabei mit atemlosen Entzücken in dieses kühne, stolze Mädelgesicht schaute.

Auch sie sah mich fest an, auf ihrer Stirn stand rührend eine flache, weiche Falte, ihre Zähne nagten an der Unterlippe.

„Ich glaube, daß Sie einfach frech und unverschämt sind. Sie würden anders sprechen, wenn ein Mann bei mir wäre. Aber ich bin einigermaßen gespannt, wie Sie Ihre Roheit entschuldigen wollen: also meinethalben: ich bin die Bonne.“

„Sehen Sie! Sehen Sie! Und zweifelsohne schlagen Sie das Kind, wenn es ungezogen ist! Nein, sagen Sie jetzt nichts. Ich bin nämlich in genau derselben Lage wie Sie: ich bin nicht mit dem Kind verwandt und habe es geschlagen, weil es ungezogen war. Ich habe ganz das getan, was Sie taten. Also –?“

Ich sah sie triumphierend und spöttisch an. Grade die grenzenlose Albernheit meiner Verteidigung entzückte mich. Ganz herrlich schien mir's, dieses Mädchen zu erzürnen, seinen Stolz zu quälen, seine nicht eben entwickelte Intelligenz zu verblüffen.

Sie hielt ihren Blick noch einen Augenblick fest in dem meinen, ihre Lippen bewegten sich leise, als flüsterten sie etwas. Dann nahm sie das Kind bei der Hand, machte kehrt und eilte den Weg hinunter. Ihre flüchtige

Gestalt glitt rasch an den Bäumen vorüber, wieder fiel mir auf, wie leicht ihr Gang war.

Dann war ich noch einmal neben ihr. „Einen Augenblick, Gnädigste, bitte!"

Sie lief jetzt fast, indem sie das von neuem schreiende Kind hinter sich herzog, und sah krampfhaft zur Seite.

„Es ist weiter nichts von Belang, gnädiges Fräulein. Nur zu Ihrer Menschenkenntnis wollte ich mir erlauben Ihnen zu gratulieren. Selbstverständlich haben Sie recht. Ich würde nicht so mit Ihnen sprechen, wenn ein Mann in der Nähe wäre. Denn wie alle Unverschämten bin ich feige.

Sehen Sie, dort kommt jemand. Und sofort schlage ich mich in die Büsche."

8

Dieser Zwischenfall hatte mich sehr aufgeheitert. Indes ich eilig meiner Wohnung zuging, lachte ich mehrmals vor mich hin. Jedermanns Hände gegen mich –: recht schön und gut, aber vorläufig waren erst einmal meine Hände gegen jedermann, und daß ich dabei meinen Vorteil wahrnehmen würde, schien mir gewiß. Was konnte mir denn noch geschehen? Das Schlimmste drohte schon und konnte durch nichts, was ich tat, verschlimmert werden.

Es wundert mich heute, daß mich in jener Stunde nicht das Gefühl grenzenloser Einsamkeit überschauerte. Ich bin stets das gewesen, was man einen umgänglichen Menschen nennt, ich habe viele Freunde gehabt, und die Nähe einer Frau, mit der ich plaudern, mit der ich mich schmücken konnte, ist mir stets Bedürfnis gewesen. Ich habe sehr viel Sinn für Familienleben und den Zauber eines behaglichen Heims besessen. Weiß Gott, wie schwer es mich stets bedrückt hat, vor meiner

Frau Ria meine Besonderheit, die mich übrigens ihr gegenüber nie geplagt hat, geheimzuhalten. Die kleinen Lügen, die deswegen notwendig wurden, sind mir sehr schwer geworden.

Kurz und gut: ich war ein Geselligkeitsmensch, meinethalben ein Herdentier gewesen.

Nun aber stand ich doch ganz allein. Auf der ganzen Welt hatte ich niemanden, dem ich mit meinen Sorgen und Nöten - und nun hatte ich wirkliche! - kommen durfte. Ich mußte lügen und betrügen, hatte schlecht zu sein - und all dies beschwerte mich nicht, nein, es steigerte meine Spannkraft, meine Unternehmungslust, meine Kombinationsfähigkeit.

Denn ich hatte, als ich mich von diesem Blondhaar abwandte und den Weg nach Hause einschlug, meinen Plan bereits fix und fertig im Kopf. Wann ich ihn entworfen, wann ich jede Einzelheit bedacht habe, ist mir nicht erfindlich, es müßte denn unbewußt in jenen Stunden geschehen sein, die ich besinnungslos umherirrte.

Man hätte denken sollen, daß mir meine Lage jetzt, da ich durch den diebischen Kellner ohne Geld und Ausweispapiere war, viel schlimmer als vorher erscheinen mußte. Im Gegenteil! Ich würde mir Geld verschaffen und nicht nur so ein wenig, wie ich in der Brieftasche gehabt, sondern viel, sehr viel - und ich wußte auch schon wie. Dann würde die Beschaffung von Ausweispapieren, falls überhaupt notwendig (ich dachte an eine Flucht im Flugzeug) - solche Beschaffung würde keinesfalls schwierig sein. All das waren aber spätere Fragen, die Hauptsache war das Geld. Mit Geld war alles zu erreichen, für Geld konnte ich Berlin nackt tanzen, für Geld konnte ich mir warmes Wasser in den Arm pusten lassen ...

Es ist vielleicht bezeichnend, daß ich, der ich niemals eine Vorliebe für die Zote besessen habe, dem jeder gemeine Ausdruck zuwider war, in diesen, genau diesen Wendungen gedacht, ja, sie vielleicht gar halblaut vor mich hin gesagt habe. Ich erinnere mich ihrer bestimmt.

Nicht als ob ich nun wirklich etwa vorgehabt hätte, in Berlin Orgien zu feiern. Das lag mir vollkommen fern. Was mir vorschwebte, war rascheste Flucht in einen südamerikanischen Staat.

Dieser Gedanke hatte sich bei mir festgesetzt. Ich hatte dabei recht dunkle Vorstellungen von Palmen, Blockhäusern, Urwald, einem stillen Leben, fern allen Menschen.

Dort war noch einmal, und nun endgültig, ein Leben aufzubauen in Stille und Reinheit, denn nur Mittel zum Zweck durfte dieser wüste Taumel sein. Er mußte überwunden, durchgehalten werden, und daß meine Art dazu die richtige sei, daran zweifelte ich nicht. Doch dann war so schnell wie nur irgend möglich rückzukehren in die meinem Urwesen gemäße Lebensart.

Ich habe dabei keinen Augenblick an die Möglichkeit gedacht, daß meine Sache sich doch schließlich ganz glatt würde lösen können, daß meine Unschuld ans Tageslicht kommen müsse und daß ich dies nur abzuwarten brauche. Hatte ich vor meinem Versuch im Wartesaal in dieser Richtung vielleicht noch leise Hoffnungen gehegt, so waren sie danach völlig vergangen. Ich sah im Plakat wie im diebischen Kellner eine unwiderrufliche Schicksalsfügung, eine Art Fingerzeig Gottes, dem zu folgen war ohne Auflehnung, ja, selbst ohne Frage nach dem Warum. Ich war ausgeliefert worden, dies stand fest; dies mußte durchlitten werden, wenn denn Leiden überhaupt das rechte Wort war für jenes gesteigerte Lebensgefühl, das mich spannte.

Als ich vorhin von meinen Plänen für ein stilles Leben auf einer Kaffeefarm Südamerikas sprach, unterließ ich zu erwähnen, daß mir der Gedanke, meine jetzigen Angehörigen, Bruder etwa und Frau, daran teilnehmen zu lassen, fernlag. Schon waren sie meinem Herzen entfremdet. An meine Frau dachte ich etwa, wie ein Greis an seine erste Jugendliebe denken mag, mit einer leisen Rührung, aber doch als an ein sehr Fernes und Fremdes. Ein anderer hatte sie geliebt, der nicht mehr war. Mein neuer Erlebenskreis war ein so anderer, daß ich ganz unwillkürlich verstand, jenen sei der Schritt in ihn nicht zuzumuten.

Aber wahrscheinlich habe ich bewußt all solche Erwägungen kaum angestellt. Mit Bestimmtheit aber erinnere ich mich daran, daß ich auf meinem Wege mit einer deutlichen Mißstimmung daran dachte, daß meine Frau zu Haus sein würde. Für ihren vormittäglichen Spaziergang war die Stunde noch zu früh. Ich würde also eine Menge Lügen erzählen, vor allem aber Liebe heucheln müssen, denn unser Verhältnis war ein sehr zärtliches gewesen. Wenn mir Ria auch alles aufs Wort glaubte, im Punkte Zärtlichkeit und Liebe würde ich meinen ganzen Scharfsinn aufbieten müssen, ihr Feingefühl zu täuschen.

Und ich sah voraus, daß dies sehr schwer, vielleicht das Schwierigste von allem sein würde. Wenn ich daran dachte, daß ich den Arm um meine Frau legen, sie küssen würde, runzelte ich wie unter schwerer Qual die Stirn. Das Bild einer Einsamen auf zerwühltem und purpurn gefärbtem Bett trat vor mich, ich sah die zerdrückten Röcke, die weiße Unterwäsche, ein Stück Bein ...

Ich sah dies und gleichzeitig sah ich den Mund Rias, der sich mir entgegen auftat, ich hörte das dumpfe, zähe Tropfen von Blut und den kleinen Laut der Lust aus ihrer Kehle.

Ich will es kraß sagen, wenn es schon übertrieben klingt und sicher auch übertrieben ist: ich war in die tote, nicht in die lebende Frau verliebt.

All dies schwirrte mir durch den Kopf, als ich den Weg zu meiner Wohnung zurücklegte. Ich benutzte den Drücker zu meiner Etagentür möglichst leise, da ich die vage Hoffnung hatte, unbemerkt in mein Zimmer zu gelangen. Doch mußte mich das Mädchen trotz aller Vorsicht gehört haben, denn es kam sofort aus der Küche und sagte mir, daß bereits seit einer Stunde ein Herr in meinem Zimmer auf mich warte. Er habe sich trotz ihrer bestimmten Angabe, die ihm auch die gnädige Frau bestätigt habe, ich sei verreist, nicht fortweisen lassen, sondern habe behauptet, dies wisse er besser.

Das kam mir höchst fatal, denn ich mußte in mein Zimmer, aus dem ich einige mir höchst notwendige Sachen zu holen hatte. Ich fragte das Mädchen, ob meine Frau zu Haus sei, es verneinte dies zu meiner Erleichterung.

So entschloß ich mich, den lästigen Besucher rasch abzufertigen und ging in mein Arbeitszimmer.

Ich hatte nicht die geringste Ahnung von jener Überraschung, die dort meiner harrte:

Der Herr, der sich bei meinem Eintritt mir zuwandte, war der Oberkellner vom Bahnhof Zoo!

9

Meine erste Bewegung war zur Tür: Flucht! Dieser Mann hatte eine so unheilvolle Rolle in den Ereignissen des heutigen Morgens gespielt, er war es gewesen, der mir meine letzte Hoffnung genommen hatte, so fürchtete ich ihn wie keinen andern. Wieder fühlte ich die Demütigung des Wehrlosen, dem ein frecher Griff die Brieftasche entrissen; und neben der Furcht stieg der Haß in mir auf, jener Haß, den der Schwache stets gegen den Starken hegen wird.

Doch zu all diesen ganz klaren Gefühlen kam noch eines von fast mystischer Angst, als ich in dies glänzende, runde Gesicht schaute, das mir mit einem freundlichen Lächeln entgegenkam. Über alles Geschehene hinaus meinte ich diesen tiefer, abgründiger mit mir verknüpft. Da war ein Schleier, hinter den ich noch nicht zu sehen vermochte, eine fette Hand griff schauerlich zu, und ich wußte nicht wonach, ein Licht brannte, aber was beschien es?

Alles ist vorüber, ich höre mich reden, und da ich spreche, weiß ich schon, wie töricht meine Worte sind. „Woher wissen Sie denn überhaupt, wo ich wohne?"

„Ihr Koffer, Herr Lütt! An Ihrem Koffer war doch 'ne Karte! Sehen Sie, ich habe mir das nun so überlegt. Man ist ja auch nur ein Mensch. Was soll ich Ihnen Schwierigkeiten machen? Also: da habe ich ihn hergebracht."

Er machte eine Geste gegen den Fuß meines Schreibtisches, und dort stand er wirklich, mein Koffer. Seine Beschläge blitzten, und sofort schoß mir der Gedanke durch den Kopf, daß, wenn der Koffer nicht beraubt war, sich meine Geldgewinnungspläne wesentlich vereinfachten. Doch gelang es mir, meine Freude zu verbergen, und ich fragte ziemlich scharf: „Da Sie sich mit dem Koffer besonnen haben, zweifele ich nicht, daß Sie mir nun auch meine Brieftasche mit Inhalt wiedererstatten werden. Eine auf die Sachwerte beschränkte Einkehr würde recht sinnlos sein, nicht wahr?"

Sein volles Gesicht legte sich in kummervolle Falten. „Dies nun nicht, Herr Lütt, Ihre Brieftasche nicht. Sagen Sie bloß, was wollen Sie mit dem Geld? 'nen Hasen machen. Sehen Sie! Es ist ja direkt meine Pflicht, Sie an so 'ner Dummheit zu hindern. Sie denken, Sie kommen in Verdacht. Aber gar nicht, Herr Lütt, gar nicht! Sie sind doch um drei Uhr aus dem Wartesaal gegangen und haben das Mädel, die Erna, dort sitzen lassen. Das habe ich sehr gut mit meinen eigenen Augen gesehen.“

Eine rasende Ungeduld überkam mich bei dieser schwülstigen, verlogenen Rederei. Hier stand dieser dicke Mensch und stahl mir meine kostbare Zeit, und ich konnte ihm nichts tun, nichts! Ich mußte geduldig und ergeben warten, bis er sich entschließen würde, nach all diesen Lügen die Wahrheit zu sagen. Die Wahrheit, warum er eigentlich kam, was er schon wieder von mir wollte.

So rief ich ziemlich ärgerlich: „Ja, jetzt sagen Sie, Sie haben es mit eigenen Augen gesehen, aber das nützt mir nichts, weil Sie es nicht bezeugen wollen.“

„Das ist alles anders geworden seitdem: ich halte die Finger hoch.“

„Sie wollen es bezeugen?!“

Er blinzelte mich listig an. Plötzlich glitt, als er meine Aufgeregtheit sah, ein böses Lächeln über sein Gesicht. Er sagte geärgert: „Vielleicht habe ich’s schon bezeugt.“

„Sie haben es –? Sie lügen! Sie lügen ja schon wieder! Sagen Sie die Wahrheit, Mensch!“

„Ich lüge –? Möglich. Aber vielleicht ging einer heute früh auf die Polente und gab’s denen schriftlich, daß er Sie um drei Uhr nachts mit der bewußten Erna Habermann im Wartesaal Zweiter Zoo gesehen hat.“

„Und –? Weiter!“

„Na ja, was man weiter sagt, das ist so oder so. Entweder, wie Sie’s möchten, sagt man aus, daß das Mädel, wie Sie weg waren, mit ’nem andern getürmt ist. Oder man sagt, daß Sie um drei Uhr fort sind und das Mädel zwei Minuten später Ihnen nach.“

„Und was haben Sie gesagt? Mensch, was haben Sie –?“

Plötzlich trat er ganz nahe an mich heran. Er hob eine Hand und legte sie auf meine Schulter, hielt mich fest. Er sah mich nur an, grade, ernst, mit einer fast traurigen Bosheit. Er blieb still. Und ich fühlte diesen Blick, unter dem ich erschauerte, fühlte, wie er mir ein Geheimnis verraten sollte, das ich, mich angstvoll quälend, doch nicht erriet.

Und schon lachte er mir laut ins Gesicht. Er hatte die Frechheit, mich auf die Schulter zu schlagen, einmal, zweimal.

„Was ich gesagt hab, möchten Sie wissen? Aber wer sagt denn, daß ich überhaupt was gesagt hab? Ich habe doch nur von vielleicht gesprochen, von einem jemand, der's machen könnte auf der Polizei. Nein, mein Lieber, so schnell schießen die Preußen nicht."

Meine Geduld verließ mich ganz, meine gereizten Nerven gaben nach. Jetzt war ich es, der ihn anfaßte, derb am Arm, und ihn schüttelte. „Sie sind also gar nicht auf der Wache gewesen, Sie gemeiner Lügner, Sie!"

Er riß meine Hand von seinem Arm, hielt sie fest. „Selbstverständlich bin ich auf der Wache gewesen, mein Guter. Selbstverständlich. Rege dich bloß nicht auf!"

Aber diese letzte Frechheit gab mir den Rest. Mit einem Ruck befreite ich meine Hand. „Fassen Sie mich nicht an", brüllte ich, „lassen Sie mich auf der Stelle los! Sofort gehen Sie aus meinem Haus! Nicht eine Minute dulde ich diese Schamlosigkeit länger! Sagen Sie, was Sie wollen! Immer rennen Sie auf die Polizei! Dies lasse ich mir denn doch nicht gefallen ..."

Ich schrie immer lauter und stieß ihn vor mir her gegen die Tür meines Zimmers. Noch sehe ich sein kreidebleiches, plötzlich ganz verfallenes Gesicht, das angstvoll flüsterte: „Nicht so laut, Herr Lütt. Bitte doch leise! Die Nachbarn ..."

Irgendwie ging die Tür auf, ich drängte ihn durch den Vorsaal, mir war, als sähe ich die erschrockenen Gesichter von Köchin und Mädchen. So stoße ich ihn bis zur

Entreetür und halte ihn dort mit der einen Hand fest, während ich mit der andern nach der Klinke taste.

Plötzlich dringt in mein Bewußtsein der eindringliche Tonfall seiner Stimme, die immer von neuem dasselbe spricht. Ich horche hin, da verstehe ich: „Ich kenne den Mörder von Erna, den wirklichen Mörder . . ."

Meine Wut ist fort, ich sehe ihn an, lange. Er hält meinen Blick aus, ohne Zwinkern, ohne Abirren. Da erinnere ich mich jenes Blickes von vorhin, eines Blickes, der verraten zu wollen schien: ein Geheimnis. Hatte jener Blick diese Worte sagen wollen?

Ich glaubte ihm. „Kommen Sie", sprach ich und zog die Tür meines Zimmers fest hinter uns zu.

10

Er setzte sich und trocknete die Stirn, die von Schweiß feucht war. Er steckte das Taschentuch ein und sah mich an, der vor ihm stand. Die Uhr tickte leiser, leiser. Die Stille zwischen uns wuchs. Ich verschob einen Fuß, und das kleine streifende Geräusch auf dem Teppich hallte lange in mir nach.

Dann glaubte ich, Tuscheln zu hören auf dem Flur. Aber auch das verging, und die Stille wuchs, wurde unermeßlich, ich versank in ihr.

Dort stand der Waschtisch, hier das Bett. Ich reichte ihr das angefeuchtete Handtuch, die mit buntem Band verzierte Rute lag auf dem Kopfpolster. Sie beugte sich vor, sie griff nach dem Tuch, und ich überraschte in ihrem Blick einen abschätzenden Blick böser Verachtung. Ich griff . . . nein, meine Finger . . .

„War ich es nicht? War ich es wirklich nicht?"

Er sagte finster: „Nein, Sie waren's nicht. Weil ich nämlich den wirklichen Mörder kenne." Und nach einer

Pause: „Ich habe ihn auch schon gesprochen, danach ...“

Wie sinnlos das alles ist! Pforten springen auf, und Tore fallen zu, eben Erlebtes gilt nichts, aber der verlassenste Traum triumphiert. Und nun sind auch die geträumten Wege nicht, und die gegangenen Wege sind auch nicht - was denn ist?

Er flüsterte: „Sie dürfen nicht so laut schreien, Herr Lütt. In Ihrer Lage ist das nicht klug.“

„Meiner Lage –? Fangen Sie schon wieder so an?“

„Ich fange nicht wieder so an.“

„Also!“ Später: „Wie heißen Sie überhaupt? Daß man Sie doch anreden kann.“

„Anders, Herr Lütt, ich heiße Anders. Ziehen Sie mir kein Gesicht. Es gibt Leute, die wirklich so heißen. Sie können's mir schon glauben.“

„Schon gut. Aber sagen Sie mir nun endlich, warum sind Sie gekommen? Wozu dies Versteckspielen, das mich reizt? Was wollen Sie noch von mir?“

Er lächelte und lächelte wieder sein hinterhältiges, feiges, listig-fettes Grinsen. „Vielleicht ist das mein Zweck, Sie zu reizen.“

„Was sollte das für Sinn haben?“

„Daß Sie sich verraten, mein lieber Herr Lütt, daß Sie sich verraten!“

„Verraten ... ich warne Sie, Herr Anders, reizen Sie mich nicht zum zweiten Male. Ich habe nichts zu verraten.“

„Daß Sie der Mörder sind, nicht?“

Ich stand auf. „Ich denke, wir machen nun Schluß. Für solche Dummheiten habe ich keine Zeit. Bitte, Sie wissen wohl noch, wo die Tür ist.“

Er ging ganz folgsam zu ihr. „Mir auch so recht. Meine Zeit ist nämlich ebenfalls knapp. Nicht wahr, die Banken schließen um zwölf?“

Er öffnete die Tür, ging hinaus, schloß sie hinter sich. Ich hörte seinen Schritt auf dem Flur, die Entreetür klappte.

Ich war allein, endlich.

Und eilte zum Koffer, schloß auf, schnappte die Schließen zurück. Der Inhalt lag genau, wie ich ihn verpackt, vor mir. Gottlob, eine Furcht, die mir bei seinen letzten Worten aufgestiegen, war unbegründet: es fehlte nichts.

Da ging wieder meine Tür auf, und der längst fortgeglaubte Anders steckte seinen Kopf hinein. Als er mich am Koffer hantieren sah, verzog ein breites Grinsen sein Gesicht.

Ich war gegen seine Frechheiten schon so abgestumpft, daß ich nur sagte: „Machen Sie, daß Sie fortkommen. Ich bringe Sie sonst selbst."

„Gar nicht nötig, daß Sie wieder mit Schreien anfangen. Ich gehe von selbst. Ich wollte Ihnen nur noch sagen, daß ich Sie mit dem wirklichen Mörder bekannt machen kann. Wir werden von drei bis vier Uhr im Café Daber am Alexanderplatz sitzen!"

„Lassen Sie mich endlich mit Ihren Frechheiten zufrieden."

„Oh, Sie kommen schon. Da hab ich gar keine Bange. Sie möchten sich doch gar zu gern einen wirklichen Mörder anschauen."

„Danke."

„Er heißt auch Anders. – Nein, werfen Sie den Aschenbecher nicht. Er fliegt bloß gegen die Tür. Sehen Sie! Wer nicht hören will, hat Gold im Munde."

„Raus!"

„Er heißt nämlich darum Anders, weil er mein Bruder ist. Deswegen sage ich ja auch nicht gegen ihn aus. Also bestimmt zwischen drei und vier, Daber, Alexanderplatz."

„Scheren Sie sich ...“

„Ich gehe schon. Mich braucht keiner drängeln. Auf fröhliches Wiedersehen.“

11

Ich setzte mich auf einen Sessel, tiefe Unlust, gänzliche Willenlosigkeit überkamen mich. Auf dem Zifferblatte die Zeiger schoben sich näher und nahe an zwölf, ich sah es, ich wußte, dies sei auch für mich eine wichtige Stunde, nicht zu versäumen –: ich ließ sie wandern.

Es schien so süß, ein wenig taub in allen Gliedern hier zu sitzen, zu warten auf das Schicksal, das draußen Menschen verschob, Pferde jagte, Autos anspringen ließ, auf mich zu, der harrte, die Hände flach im Schoße. Mochten sie kommen, mochten sie an der Tür klingeln, schon an der Klinke meines Zimmers fingern: ich fühlte, mir war nicht vorbestimmt, daß dies das Ende war. Ein Brand würde aufflammen, das Haus stürzen; Geretteter, entschritte ich dem Trümmerhaufen, alles eher, als daß ich jetzt schon, der Polizei ausgeliefert, Ende so seltsamen Abenteuers finden würde.

Da hinten, fern dem rastlosen Sausen Berlins, standen schweigend die Palmen eines wärmeren Landes. Sie warteten schon. Unter ihrer einer war's mir bestimmt, zu rasten auf der Fahrt nach neuer Heimat. Die Vögel schreien schriller als hier, und die von Sonne grelle Luft blitzt da und dorten von dem schimmernden Fluge eines Kolibris.

Ruhe schon, du! Dies vertrocknete Grün riecht herbe. Der Wind in den Palmenwedeln atmet noch einmal und schläft ein. Schöne Augen, Namenlose. Ich möchte, nein, ich bitte dich: gestatte mir nur einmal, die äußerste Spitze deines Fingers zu küssen.

Sei nicht böse, Herrin. Runzele nicht die Stirn. Ich bin

so vermessen nicht. Wenn ich den Saum deines Kleides mit den Lippen berühren dürfte –?

Ach nein, ich sehe ein, daß auch das zuviel ist. Wenn du mir aber das Ende, das kleine glühende Ende deiner Zigarette gönntest! Ich würde es bewahren, nach langer Zeit noch würde ich es gerührt betrachten und deiner gedenken und der Palme und der Stunde, in der dies gesprochen ward.

Auch das nicht? Du trittst den Rest mit dem Absatz deines Schuhs in die Erde?

Ich danke dir, meine Königin. Ich danke dir von meines Herzens Grunde, daß du meine Worte nicht an deinem Ohr vorbeigehen ließest, daß sie auf dein Handeln Einfluß haben durften. Du hast mich königlich beschenkt.

Sieh, das Leben meint es noch nicht schlecht mit mir, da es solche Gaben bringt. Ich erinnere mich einer Zeit, da schienen die Gaben größer zu sein, aber ich genoß sie vielleicht nicht so stark. Ich erinnere mich einer Nacht, da ich, ferne von hier, an dem Bett einer Frau saß. Sie starb, daß ich mich Herr fühlen könnte.

Heute fühle ich mich Sklave und bin tausendfach beglückter.

Damals war ich stolz. Ein Traum hatte mir die Kraft gegeben, meine Fesseln zu zerreißen, ich verließ meine Heimat und eine schöne Frau um dessen willen, was die Menschen eine Einbildung nennen.

Und es ist gut so, denn es führte mich zu dir.

Vielleicht erzähle ich dir diese Geschichte heute abend beim Feuer, und du wirst mir zum andern das Geschenk deines Gehörs bereiten. Ich sehe, jetzt möchtest du schlafen. Die Schatten sind so kurz geworden, es geht nahe auf zwölf . . .

„Es geht nahe auf zwölf!“

Mir war, als habe eine Stimme mahnend diesen Satz

gerufen, ich sprang auf und sah um mich. Die Uhr wies fast dreiviertel, auf dem Tisch stand mein offener Koffer.

Alle Unlust war von mir abgefallen, das Hindämmern hatte mich erfrischt, Zweifel plagten mich nicht mehr: klar stand vor mir, was zu tun war.

Ich nahm die Aktentasche aus dem Koffer, öffnete sie und tastete blind nach dem Scheckbuch. Und eine freudige Gewißheit überrieselte mich, als ich es beim ersten Griff fand: es war noch einmal gut gegangen!

„Nein, es ist nicht gut gegangen."

Ich hörte mich diese Worte laut vor mich hin sprechen. Vernichtet starrte ich an die Stelle, wo zwei Schecks über hohe Summen gesessen hatten. Sie waren ausgerissen.

Ich beschaute blöd die Talonstreifen. Dann blätterte ich wild das ganze Heft durch, als könnten sie an einer andern Stelle sitzen, ließ es fallen, durchwühlte die Aktentasche, den Koffer . . .

Es war ja nicht möglich!

Ich hielt inne, ich starrte vor mich hin.

Es ist möglich, mehr, es ist geschehen. Dieser Schurke, dieser Anders, der natürlich ganz anders heißt, hat mir in aller Seelenruhe die beiden größten Wertstücke aus dem Koffer gestohlen. Und weil er doch nicht ganz sicher ist, ob ich die Schecks nicht habe sperren lassen, horcht er mich hier aus. Nun ist er natürlich längst auf der nächsten Filiale gewesen.

Aber ich lasse ihn nicht laufen. Er soll recht behalten! Heute nachmittag im Café . . . Quatsch, auch so eine Finte, mich sicher zu machen! Er wird sich hüten, dick voll von meinem Geld sich mir noch einmal zu präsentieren. Mein schönes Geld . . .!

Ich sah wütend vor mich hin. Und wußte schon, daß noch immer nichts verloren war. Ich mußte nun eben meinen ersten Plan, den ich vor Rückgabe meines Koffers gefaßt, ausführen.

Rasch füllte ich einen Scheck aus. Beim Ausschreiben der Summe zögerte ich ein wenig, nach kurzem Besinnen wählte ich sie nicht übermäßig, aber doch so stattlich, daß sie mir glatte Überfahrt und einen behaglichen Anfang drüben sicherte.

Ein Stempel, von mancher Nachtarbeit her, lag im Schreibtisch. Der war schnell darunter gedrückt. Die eine Unterschrift konnte ich als Zeichnungsberechtigter selbst vollziehen.

Aber die andere!

In meiner Aktentasche hatte für die Hollandreise ein Beglaubigungsschreiben meines Direktors gelegen, ich suchte es aus dem Papierwust hervor und malte nach dieser Vorlage ein paar Unterschriften zur Probe.

Es ging gut, für einen Anfänger sogar recht gut. Außerdem kam nicht allzuviel darauf an. Ich war auf der uns befreundeten Bank, wo ich ihn präsentieren wollte, gut bekannt – arbeitete doch mein Bruder dort! –, man würde kaum nach den Unterschriften sehen.

Ich setzte grade die Feder zur endgültigen Niederschrift an, als sich die Tür auftat, und meine Frau eilig hereinkam.

12

Im selben Augenblick, als ich Ria so liebevoll aufgeregt hereinkommen sah, glücklich, mich wieder da zu haben, und ein wenig besorgt wegen des Warum, wußte ich, daß ich noch so scharfsinnig lügen mochte, das würde mich nicht vor ihr retten. Und sofort war mir klar, ich mußte ganz anders mit ihr reden, ich mußte eine Sprache sprechen, die sie noch nie gehört hatte, auf die sie gar keine Antwort wußte . . .

Das war nicht einmal schwer. Gott, Ria war noch keine zwanzig Jahre alt, sie hatte in ganz bestimmten Kreisen gelebt, die ihre ganz bestimmte, fest vereinbarte Ausdrucksform haben; geht man nicht auf die ein, so wissen diese Leute überhaupt nichts mehr zu antworten, man macht sie tot, ihnen bleibt nichts, als zu schweigen. Diese Hilflosigkeit wollte ich benutzen.

Die Methode hatte auch den Vorzug, daß sie rasch ging. Ich sah auf die Uhr: sie wies neun Minuten vor zwölf; in vier Minuten mußte die Sache erledigt sein.

Sie war auf mich zugeeilt und hatte mir ihren Mund zum Kuß geboten. Dabei sprach sie eilig und erregt auf mich ein: „Du bist nicht abgereist, Fritz? Schon wieder da oder noch immer da? Und Ärger hast du gehabt? Die Mädchen sagen . . ."

Eine verzwickte Gedankenverbindung brachte mir in diesem Moment meine Idee von der Sprache, die Menschen von Rias Art nicht verstehen können, in Erinnerung. Ich unterbrach sie. „On ne parle pas", hier küßte ich sie flüchtig auf den Mund, „avec les domestiques."

Ich vergesse nicht die grenzenlose Verblüffung, mit der sie mich anstarrte, als ich ihr diese Albernheit in meinem schrecklichen Schulfranzösisch präsentierte. Sie war vollkommen auf den Mund geschlagen, fassungslos, und es reizte mich, diesen Eindruck noch durch einen stolzen, schulmeisterlichen Blick zu verstärken.

Innerlich war ich prallvoll von Gelächtern. Es kitzelte mich, was für ein fabelhafter Schauspieler ich war. Und ich tat, als merkte ich von ihrer Verblüffung nichts, ich wandte mich zu meinem Koffer und hantierte in der Wäsche.

Als mir das Schweigen lange genug gedauert hatte, äußerte ich: „Diese weißen Kragen sind auch ewig schmutzig."

Nun mußte ich doch wieder hochsehen. Sie stand noch an der gleichen Stelle und sah auf mich. Jetzt trat sie mit dem Fuß auf. „Fritz!" rief sie nur. Und noch einmal: „Fritz!!"

Was schwang alles in diesen Ausrufen mit! Aber ich brauchte mein Herz nicht zu verhärten, mein Herz war weit fort von mir.

„Ach so“, fragte ich sacht, „weshalb ich nicht abgereist bin? Mein Koffer war gestohlen.“

Sie setzte sich in einen Sessel, ließ aber nicht einen Moment das Auge von mir. Als sie in ihrer unbekümmerten, ganz unbewußten Art ein Bein überschlug und dabei den Rock am Knie etwas hochzog, durchrieselte mich ein leises Entzücken.

„Erzähle nur weiter“, sagte sie. „Ich höre zu.“

Sie schien zu dauerhaftem Bleiben entschlossen, abzuwarten, wie dies Unverständliche sich entwickelte. Ich war für Beschleunigung. Einen Schlips hob ich aus dem Koffer, hielt ihn gegen ’s Licht, besah die Vorder-, die Rückseite, klappte die Bügelfalten auf.

„Ich vergleiche eben die Sachen. Ob sie auch alle da sind.“

Ein Taschentuch wurde entfaltet. „Ich habe meinen Koffer nämlich wieder. Ein Detektiv hat ihn mir eben gebracht.“

Sie fragte sanft. „Sicher der Herr, der so lange auf dich wartete?“

Und ich eifrig. „Genau der! Da hast du’s!“

Und sie noch sanfter: „Als Belohnung hast du ihn aus dem Zimmer geworfen –?“

Einen Ton höher: „– am Hals gepackt –?“

Ganz sanft. „Mit der Polizei bedroht –? Ihn, den Detektiv?“

Ich hatte einen Moment lang ein ganz klares Gefühl für das Gemeine dieser Situation, eine Sekunde schien das Bedürfnis, vor sie hinzustürzen, ihr alles, alles zu sagen, unüberwindlich geworden – doch indes ich nach Worten für diese Aussprache suchte, ward es schwächer schon, verebbte, verging.

Ich durchbohrte eine Socke mit dem Finger. „Willst du nicht den Mädchen sagen, Kind, daß sie meine Strümpfe etwas besser nachsehen? Wenn ich in Rotterdam mit dieser Lochstickerei gewesen wäre!"

Sie stand mit einem Ruck, nein, sie sprang auf. So dicht stand sie vor mir, daß ich mich ein wenig zurückbeugte. Ihre Nase schnoberte. „Nein, du bist nicht betrunken. Wenn du es wärest ... Also willst du mich beleidigen. Was soll das? Was ist dir geschehen? Meinst du, ich vertrüge die Wahrheit nicht?"

Und brach ab. Irgendwoher, durch die Wände klang die Folge einer stillen, fernen Melodie. Sie schwoll, sie schwoll, und siehe, wie die Wimper ihres Auges bebt! Meinst du, ein Herz ertrüge dies lang? Wie dieser Ton schwillt und schwillt, bebt es schon vor dem Augenblick, wo er dunkler, ferner, verschollener einsetzen wird ... Dies ist Liebe noch, nun verrauschtes Erleben, du hältst nichts ...

Und sagte: „Das Wetter ist heute für Juli nicht heiß. Wenn du in den Tiergarten gingest?"

Sie sah mich an.

Dies ist wie schreckhaftes Erwachen aus einem Traum, da wir noch nicht wissen, ob wir nicht schlimmer schon träumen.

Sie ging hinter mich. Ich mußte eine kleine Drehung machen, den Scheck auf dem Schreibtisch zu decken. Die Uhr wies sechs Minuten vor zwölf.

Dann machte sie die Tür zu, leise.

Tönte ein Schrei? Fiel etwas?

Diese Frau schreit nicht.

Ich unterschrieb den Scheck.

13

Im Fortgehen gab meine Stimmung nach. Sollte ich umkehren, sollte ich schnell vor dieser Trennung zu Ria ein Wort sagen, daß alles gutmachen würde? Und ich lachte. Es gab keine Worte, die alles gutmachten, es gab auch keine Taten, die dies bewirkten: es gab nur Alleinsein. Jeder stand für sich. Jeder kämpfte für die eigene Sache, und dem Siegbegierigen war keine Zeit gegönnt, milde zurückzuschauen zu jenen, die versagend am Wege blieben.

Zwölf! Ich hörte es schlagen, ich mußte mich beeilen, ein paar Minuten länger blieben die Schalter wohl noch offen für die Abfertigung wartender Kunden. Es mochte glücken.

Und ich eilte doch nicht. Ich blieb sogar stehen am Fenster einer Blumenhandlung und betrachtete lange einen Strauß frischer Rosenknospen. Ich erwog den Gedanken, ihn Ria zu senden, und erinnerte mich, daß ich nicht einen Pfennig bei mir hatte.

Ich ging weiter, wie schlendernd, ich blieb noch einmal stehen und zündete mir eine Zigarette an. Erstaunte ich etwa, als ich da einen leichten Schritt neben mir haltmachen hörte? Als eine Stimme, nahe bei mir, flüsterte: „Verzeih! O verzeih!“

Und trotz allem erschüttert, sagte ich leise: „Ria! Meine Ria!“

Ich nehme ihren Arm, wir gehen weiter, wir sind ganz still, doch nun fühlt eines das andere.

Der Garten, Ria, nun denke ich noch einmal des alten Gartens.

Verzaubert die Büsche in der grausilbernen Dämmerung, das sachte Zur-Ruhe-Rauschen des Windes, ein letztes Nachtgeflatter verspäteter Vögel – und dein Arm lag um meine Schulter. Ich spürte seine Kühle, wir gingen ein paar Schritte und verhielten vor einem Beet, wir hörten das Blut strömen wie einen tiefen, schweigsamen Fluß, und alle Sterne uns zu Häupten schienen nichts zu meinen wie unsere Liebe, nichts wie unsere Liebe ...

Wieder sehe ich dein Profil gegen das sacht leuchtende Firmament, meine Ria. Du träumst ... stille! Diese rührende Neigung deiner Stirn – ist es dein einsames Leben in einem verwunschenen und verwachsenen Garten, dem du zuhörst? Sieh die kleinen Steine, die weißen und die schwarzen, aus denen du als Kind Himmel und Erde bautest, eine Wohnung für dich, eine für den Prinzen, den du träumtest. Du träumst ihn noch heut, an meiner Seite. An meiner Seite!

Weißt du noch die Kühle, hocktest du am Waschsteg über dem quicken Wasser? Und die Sommergeräusche der Bienen in den Linden, das Geflatter der Vögel, ihr früher Gesang, und immer um die Mittagsstunde aus all den Wiesen jenseits des Wassers das Wetzen einer Sense ...

Lauschest du dem Leben von damals, das in dir wuchs, stärker von Tag zu Tag, sich bewurzelte, verzweigte? Du bist hineingegangen, zögernd, eines blauen Tages lag auf der Wiese zwischen Löwenzahnsonnen ein Kind. Es schloß die Augen im strahlenden Licht, da hörte es eine ferne Melodie, eine Flöte erscholl, eine Lust schwellte dein Herz: Pan spielte, ganz hinter den Hügeln.

Du konntest sie nicht vergessen, die ferne Flöte aus den Weidengebüschen der Wiesen am andern Ufer des Bachs; du hast sie näher gehört in mancher festlichen Stunde: als deine Hand die schwarze Beeterde auseinandertat, das Samenkorn bloßlegte, und du den kleinen Keim sahst, der hervorspitzte, als der frische Duft des Bodens voll um dich stand, damals klang sie so nah, daß du nicht mehr wußtest, ließ sie einer singen hinter dem Baum dort, sang sie dein Blut.

Laß uns ein paar Schritte tun, Geliebte. Zieh deinen Arm durch meinen, schau mich von der Seite an mit deinen seltsam hellen Augen, und nun laß mich schwärmen. Ich will die Raketen meiner Liebe in diese warme Nacht aufschießen lassen, ihre fern endende leuchtende Hyperbel soll mich das ganze Lächeln um deinen Mund ahnen lassen, das sich ein wenig fürchtet vor diesem so andern Leben, das kaum jenem geträumten gleicht, als du dem Prinzen seine Wohnung aus hellen Steinen legtest.

Alle Sterne wollen wir verdunkeln, die jauchzende Glorie unserer Liebe soll selbst über jenem strahlen, der dort, schwer und rötlich, seine Stirn aus Baumkronen aufhebt.

Verteilen wir die Gewänder der Fürstin? Werfen wir Brokat um uns und verschmähen den zu matten Purpur der Seiden? Wir wollen die Edelsteine nichtsachtend in den Bach gleiten lassen und einem Glühwürmchen nacheilen, dein Haar damit zu schmücken, Geld gilt nichts, aber den glänzenden Reflex auf deinem Nagel will ich küssen.

Das ist der Garten, aus dem du kamst, Ria! Dort wurdest du. Ich denke an den alten Garten. Die Rosen duften dort wie je, der Rasensteig zum Bach wurde noch verwachsener und verwunschener, der Wind weht noch immer die Melodie herüber vom Wetzen einer Sense – kann ich dafür, daß niemand sie mehr hört? Ist es meine Schuld, daß Pan floh?

Es hat sich erwiesen, daß wir allein waren. Die holde Täuschung ist vorüber.

Ich will leise gehen, nun, da ich allein bin. Vielleicht geschieht es, daß ich, tiefer verirrt in die schattigen, sonnengefleckten Steige, auf einer Rasenbank jene Schlafende überrasche, die mein nächster Traum war. Ich kniee vor sie hin, eine Sense wird gewetzt, eine Flöte hebt ihren Gesang an: du schlägst die Augen auf, und du lächelst.

Alle Liebe. Alle Liebe.

Ich will leise gehen.

„Verzeih, o verzeih!"

„Was ist zu verzeihen? Dir, Armes? Nichts."

„Doch! Liebe soll glauben. Liebe soll nicht zweifeln. Ich war klein."

„Du Kind. Liebe soll ... Liebe soll ... Aber Liebe ist anders, sie ist hier und dort, aber schon ist sie nirgend. Liebe ist da und wieder ist sie nicht da. Liebe zweifelt, Liebe eifert, Liebe haßt, Liebe tötet."

„Von welcher Liebe sprichst du? Nicht von der, die wir meinen."

„Ich habe eben an den Garten gedacht, Ria, mein Mädchen, an den alten Garten. Wir haben einen Traum dort geträumt. Wir haben uns sehr liebgehabt."

„Wir haben uns sehr liebgehabt –?"

Stille. Und wir gehen weiter. Nun ist das Ziel nahe. „Willst du nicht umkehren, Ria? Ich muß hier gleich in die Bank."

„Wir haben uns sehr liebgehabt ... Und nun soll ich gehen, nicht wahr? Nein, du kommst nicht wieder, sage nichts. Ich sehe doch ... ich sehe doch, daß du vertauscht bist; ich gehe neben dir her, und du bist weit fort; ich halte deinen Arm, einen Augenblick war es, als wärest du da, aber nun fühle ich nichts mehr. Du sagst, du warst im alten Garten, mag wohl sein, doch du warst dort als einer, der Abschied nimmt. Du sprichst zu mir, als wäre ich schon weit fort von dir. Noch halte ich deinen Arm, Fritz ..."

„Kind, Kind, was regst du dich so sinnlos auf! Du siehst Gespenster ..."

„Du kommst nicht wieder, ich weiß es. Du kommst nicht wieder. Könntest du mir nicht ein Wort sagen, ein kleines Wort, daß ich ein wenig verstehen könnte? Alles schiene leichter.“

„Du, nun sind wir glücklich zu spät gekommen! Das sind schon die Leute von der Bank. Einen Augenblick bitte, Herr Labs. Du entschuldigst schon, Ria. Du siehst ... Ich komme dann sofort zu dir. Und werde dir alles sagen, alles. Ich verspreche es dir.“

Sie lächelte, wie von ferne her.

„Wenn du nur kommst ...“

Sie sah mich noch einmal an, sie neigte ganz langsam den Kopf, sie ging.

Aufatmend wandte ich mich an Labs, der zur Seite gewartet hatte.

14

Ich sah Etz sofort in dem mir von Labs bezeichneten Lokal. Mein Bruder saß über eine Zeitung gebeugt, bei meinem Anruf blickte er auf. „Was! Du bist noch nicht in Holland?“

„Gestatte, daß ich dir beim Essen helfe, aber als dein Gast. Ich bin nämlich blank.“

„Passiert auch dir so was?“

„Mir passiert noch mehr: ich habe mir meinen Koffer stehlen lassen.“

„Nicht doch, Fritz! Darum bist du noch nicht abgereist?“

„Ja, darum. Ich mußte zum Direktor. Ekelhaft.“

„Ist dir Geld fortgekommen?“

„Auch das. Na, es läßt sich tragen. Immerhin mußte ich die Reise aufschieben und erst einen Scheck auf euch holen. Wir hatten nämlich auch nicht mehr viel da. Große Auszahlungen.“

„War Strahlendorf unangenehm?“

„Solche Beichte ist nie schön. Vor allem mußte ich

auch zwei Schecks sperren lassen, die mir gestohlen waren."

„Ich erledige die Sache gleich um drei Uhr. Gib den Scheck her, ich schicke dir das Geld in die Wohnung."

„Nein, nicht in die Wohnung. Ich gehe nachher mit dir. Hier übrigens."

Ich esse hastig, ich sehe nicht auf. Kann's nicht lassen: „Er ist doch in Ordnung?"

„Ja, das schon." Zögernd: „Ihr zieht ein bißchen viel auf uns, meinst du nicht, alter Junge?"

„Viel?" Ich versuche zu lachen. „Das ist doch nicht grade viel."

„Nein, das nicht. Aber zusammen mit den beiden großen Schecks heute früh . . ."

Ich bücke mich ganz nahe über den Teller. Ich zittere. Wird er merken, wird er erkennen in dem, was ich eben so ganz unnötig gesagt . . .? Und weiß schon, es ist zu spät, da er hochfährt . . . „Die beiden Schecks! Sagtest du nicht, dir seien zwei Schecks gestohlen? Ein fetter, glattrasierter Mann? Vielleicht vor einer Stunde! Aber sie waren doch nicht gesperrt, sie waren nicht gesperrt, ich erinnere mich genau!"

Ich wage nicht aufzusehen. Ich bin sehr eifrig mit meinem Essen beschäftigt, ich bin ja so hungrig! Und verfluche den Oberkellner, der mit seinen Schecks grade in die Filiale meines Bruders geraten mußte – freilich, es ist die nächstgelegene. Dann suche ich möglichst gleichmütig zu reden: „Zwei Schecks – von uns? Doch, das kann stimmen. Ich hörte so was, wie ich beim Direktor war."

„Du hörtest . . . Nein, jetzt fällt mir ein, ich wollte noch anrufen, es kam mir so seltsam vor, daß er zwei Schecks . . . Ich habe es dann gelassen, der Mann trat so sicher auf . . ."

„Aber es wird stimmen. Etz. Ich glaube sicher gehört

zu haben ... Und was das Überziehen angeht, ich werde mit unserer Zentrale sprechen wegen Abdeckung ... Womöglich noch morgen früh ..."

Er achtet nicht auf meine Worte. „Du hörtest –? Aber du mußtest wissen, wenn es stimmt! Deine Unterschrift stand darunter und die von Direktor Strahlendorf. Ich weiß sicher ..."

Ich bin ein Laie, bin ein wüster, blöder Laie. Ich kann nicht lügen, nichts erfinden, gleich sitze ich fest. Und versuche es doch weiter, versuche es noch einmal. „Richtig, Etz, jetzt erinner ich mich. Du kannst dir denken, ich war ziemlich aufgeregt, als ich beim Direktor war. Er bat mich zu unterschreiben. Ich hatte es ganz vergessen. Es fällt mir eben erst wieder ein."

„So. So." Etz ist sehr ruhig geworden, er legt den Scheck vor sich hin und streicht mit der flachen Hand darüber. „Ich denke, es wird das beste sein, du ißt in aller Ruhe fertig und erzählst mir dann, warum du meinst, diesen Scheckdieb decken zu müssen. Ich bin überzeugt, du bildest dir da wieder etwas ein. Hast dich mit deiner bald schon pathologischen Gewissenhaftigkeit in die Sache verrannt und meinst, in der Hand des Mannes zu sein. Das werden wir schon klären. Lächerlich, solchen Lumpen laufen zu lassen ..."

„Aber ich versichere dir, Etz, er ist kein Dieb. Die beiden Schecks gehen in Ordnung."

„Soll ich vielleicht Strahlendorf anrufen und fragen? Nein, schon gut, ich weiß, du wirst dich besinnen, du wirst mir die Geschichte erzählen, und ich werde dir helfen. Ehe du mir nicht erzählt hast, gibt es kein Geld." Er lacht fröhlich. Dann sagt er zärtlich: „Mein kleiner Bruder Fritz! Mein kleiner dummer Fritz!"

„Aber ich brauche das Geld, Etz! Sofort!"

„Junge, Junge! Der Zug nach Holland geht erst abends. Zeit genug, sich zu besinnen."

Ich errege mich. „Lieber Etz, solltest du die Sache nicht etwas zu verwandtschaftlich behandeln? Es ist eine rein kaufmännische Angelegenheit. Ich habe dir einen Scheck gegeben und verlange den Gegenwert."

„Wollte ich die Sache kaufmännisch behandeln, so ließe ich dich vom nächsten Schutzmann unter dem dringenden Verdacht festnehmen, mit einem Scheckdieb gemeinsame Sache zu machen."

Sehr gereizt: „Tu, was du für richtig hältst."

Sehr bestimmt: „Ich werde tun, was für dich gut ist. Sonst würde ich, weiß Gott, etwas anders handeln."

Es fällt Schweigen zwischen uns. Ich starre durch die Scheiben auf die Straße. Die Menschen treiben vorüber, rastlos immerzu. Sie haben ihre Ziele, Pläne, Hoffnungen, bloß ich bin am Ende. Mir bleibt nur eines: auf die nächste Wache zu gehen und mich anzuzeigen. Denn ich bekomme das Geld nicht, zur Flucht, von ihm nicht. Und ich hasse ihn darum, daß er es mir verweigern kann, daß er ein Verwandter ist, der das Recht hat, Vorwürfe zu machen.

Vorwürfe -? Verwandter -?

Eine tiefe Ruhe überkommt mich. Ja, er ist mein Verwandter, mein Bruder, aber nun weiß ich ja, daß ich ihn nicht liebe, nie geliebt habe, daß alles Einbildung, Angelerntes, Eingeredetes war. Ich brauche ihn nicht zu schonen. Ich kann kämpfen mit ihm wie mit jedem. Und grade, weil ich weiß, daß er mich liebt, grade darum werde ich ihn besiegen. Schlechte, böse Mittel? Nur die Mittel sind schlecht, die nicht zum Ziele führen. Ich habe schonend lügen wollen, aus einem feigen, weichlichen Gefühle heraus, darum bin ich unterlegen. Nun werde ich ohne Schonung lügen oder gar - wer weiß! - die Wahrheit sagen.

„Gib mir einmal die Zeitung, Etz."

„Die Zeitung -? Er fragt zögernd, seine Stimme hat

andern Klang. Schon hat es sich übertragen, schon fühlt auch er, daß nun der Ernst kommt, die Stunde, wo das Zweifeln aufhört. Und es ist, als klinge etwas wie ein zurückweichendes Erschrecken, wie die Furcht vor der Wahrheit aus seinen Worten: „Die Zeitung –?"

Ich höre es mit triumphierendem Entzücken.

„Ja, die Zeitung . . . Oder nein, laß, ich kann auch so . . ." Ich taste in meiner Tasche nach dem Plakat. Ich nehme es, ich reiche es ihm gefaltet. „Du willst die Wahrheit, Etz. Dies ist sie. Aber überlege noch einmal. Es ist besser, du weißt nichts, du fragst nichts. Du bezahlst mir den Scheck aus. Ich verspreche dir auf mein Ehrenwort, du wirst keine Unannehmlichkeiten davon haben."

Ich hielt den Zettel noch immer in meiner Hand. Ich weiß, in meinen Augen muß ein trüber, schuldbewußter Ausdruck gelegen haben, beinahe völlig hatte dieses Schuldgefühl schon von mir Besitz genommen. Aber innen, ganz innen war eine tiefe, wahnwitzige Freude in mir, daß man so lügen, so ein anderer sein konnte. Es war jenem Gefühl, das ich heute schon einmal empfunden, nahe verwandt: ich leugnete die ganze Welt, ich schuf eine andere, und ich zwang sie, wahr zu sein.

Ich war Gott!

Siehe doch, wie hoch ich stehe. Merke, wie allein ich bin. Vielleicht wandert meine Seele jetzt in mir durch geheime Gänge, die stets verschlossen waren. Nun springen die Türen auf: dies sind die wahren, unbegrenzten Möglichkeiten, dies ist die rechte Freiheit von allen Fesseln!

Dort sein Gesicht! Es ist ein schönes, männliches Gesicht, das Gesicht eines Menschen, der fest in der Welt zu stehen meint. Ich habe ihn entwurzelt, ich habe seine Welt vertauscht, er meint, *gegen* mich nach diesem Plakat zu greifen, und weiß nicht, daß er, da er's tut, meine Welt bestätigt.

Ängstlich: „Halte es so, daß es niemand sieht, Etz."

Und dann warte ich. Hört alle, ich warte. Nun steht die Welt eine Weile still, wie die Sonne stillstand zu Gibeon und der Mond im Tale Ajalon! Immer stehen sie still, wenn ein Schicksal sich vollzieht, die große Wendung eintritt.

Er hat aufgehört zu lesen. Er faltet das Blatt ganz langsam zusammen. Er legt es vor sich auf den Scheck. Nun will er reden, ich spüre, er will reden, und lächele innerlich, da ich merke, daß er sich schämt, sich vor mir, seinem Bruder, schämt.

Es hat ein Mord stattgefunden, Entblößungen sind geschehen, Häßliches trieb zu Blüte und Frucht, und dein Bruder tat es - wohlan! Schäme dich für ihn, schäme dich vor ihm! Der lacht.

Er räuspert sich. „Und?"

Ich sage: „Ich muß fliehen."

Und wieder eine Pause, er scheint zu überlegen, vielleicht setzt er sich schon mit dem Geschehenen auseinander, akzeptiert es, berechnet Möglichkeiten.

„Du willst dich nicht stellen?"

„Ich will fliehen."

„Aber . . ."

„Ich will fliehen, sage ich dir!"

Er steht auf, nimmt seinen Hut. „Komm."

Ich folge ihm, wir sind an der Tür. Nun geschieht etwas Lächerliches, ein kleiner, alberner Vorfall, durch den es mir gelingt, ihn aus dem Konzept zu bringen, etwaigen Vorwürfen, die ich ahne, vorzubeugen.

Der Kellner stürzt herbei, hält den Türgriff fest. „Die Herren haben vergessen zu zahlen. Wollen die Herren bitte zahlen!"

Mein Bruder dreht sich unwillig um, der Kellner rechnet, und Etz wirft ihm irgendwelches Geld hin. Er geht wieder an die Tür.

Doch der Kellner hält sie wieder fest. „Das sind nur drei Mark, und es macht ...“

Ich sehe, wie Etz vor Ungeduld vergeht, er kann sich kaum noch beherrschen, er gibt noch einmal Geld, und nun gehen wir.

Auf der Straße sage ich: „So kann man in so was geraten! Das war Zechprellerei, nicht wahr? Hätte der Ober nicht aufgepaßt, wärest du jetzt ein Verbrecher, Etz.“

Er macht eine wütende Bewegung nach mir hin, als wolle er mich schlagen. Ich weiche ihm aus und höre ihn murmeln: „Verfluchter Mumpitz!“

Wir gehen weiter.

15

Plötzlich fragt Etz: „Der Scheck ist natürlich falsch?“

Ich antworte: „Natürlich.“

Kein Wort weiter. Wir gehen an seiner Wohnung vorbei, er macht kehrt, aus Nachdenken erwacht, und nun sagt er noch einmal: „Also komm.“

Wir steigen die Treppe hinauf, wir gehen in sein Zimmer. Seine Wirtin - mein Bruder ist Junggeselle, aber verlobt - will ihm etwas sagen, er geht einfach an ihr vorbei und schließt hinter uns die Tür ab.

Dann setzt er sich an den Schreibtisch und starrt vor sich hin. Eigentlich tut er mir leid. Aber ich kann nicht mehr zurück. Da sind die fehlenden Schecks, die nicht gemachte Reise, die Schmach vor allen Bekannten, vor Ria. Ich würde in *solchem* Prozeß Zeuge - nein, ich verstehe schon: besser ist es, wegen eines großen Verbrechens angeklagt zu sein als um einer kleinen Dieberei willen. Und ich will ja gar nicht angeklagt werden, ich fliehe doch in jenes Leben hinaus, das mit tausend Möglichkeiten lockt. Ich habe ja nie gewußt, daß es so viele gibt. Ich habe mich stets ängstlich behütet; aber nun weiß ich, daß es gar nichts schadet, wenn man sich verliert. Nein, daß man sich überhaupt nicht verlieren kann, nur die Beziehungen zur Umwelt ändern sich. Ich kann alles wagen, denn mir kann nichts geschehen.

Und, ungeduldig geworden, frage ich den noch immer Reglosen: „Also –?"

Er steht langsam auf, er dreht sich nach mir um. Ich verstehe den Ausdruck seines Gesichtes nicht, aber ich bekomme Furcht vor ihm. Doch zu meiner Überraschung spricht er ganz sanft. „Natürlich. Du willst wissen. Du willst fort. Für dich ist noch nicht alles zu Ende wie für jene dort hinten. Du kannst weiterleben. Du willst weiterleben. Willst du es wirklich?"

Ich mache nur eine Bewegung.

Er versteht mich. „Nein, ich zwinge dich nicht. Und doch, du mußt daran gedacht haben, es kann nicht anders sein. Ich habe versucht zu verstehen ... Ich kenne dich doch, seit du jung warst. Du bist oft schwach gewesen, und dann, dieser böse Trieb. Es schien doch vorbei zu sein, seit du Ria kanntest? Du hast es selbst gesagt."

„Ich schämte mich. Auch vor dir, Etz. Es schien mir, du müßtest Ria mit andern Augen ansehen, wenn du wüßtest ... Es ist immer weiter gegangen, seltener vielleicht, aber soviel stärker ..."

Ich weiß noch, was wir sprachen, Etz, Wort für Wort. Und es mischte sich mir Wahrheit und Lüge so ineinander, daß ich selbst nichts mehr unterscheiden konnte. Aber ich habe in dieser Stunde geglaubt, wahr zu sein, wissend habe ich dich nicht belogen, Etz.

„Dieses Mädchen ...", begann er stockend. Und brach ab. Warf einen Blick auf das Blatt vor sich. „Diese Erna Habermann, hast du sie schon früher gekannt –?"

„Nein, erst da ..."

„Hat sie - verzeih, aber es quält mich so, ich muß dich fragen -?“

„Mir ist es gleich, frage nur.“

„Hat sie sehr gelitten?“

„Nein. - Nein. Es ging ganz schnell.“ Und nun, war es wirklich? Hatte ich es nur geträumt? Nun: „Es war schon vorbei. Ich gab ihr das Handtuch. Da überkam es mich. Ihr Hals . . .“

„Und als es geschehen war, erschrakst du nicht? Dachtest du da nicht an den Tod?“

„Es ist so lange her. Viel geschah seitdem. Warte, laß mich nachdenken. Ja, ich saß lange dort. Ich träumte. Ich war sehr glücklich. Nie habe ich mich so frei gefühlt. Der Tod? Er war von meiner Hand gekommen, aber nicht zu mir. An ihn dachte ich nicht. Ich dachte an das Leben.“

„Du warst sehr glücklich.“ Und nach einer Pause: „Du warst sehr glücklich. Sieh, Fritz, ich kann das nicht verstehen. Mir scheint es so schrecklich. Aber du sagst, du bist glücklich gewesen. Sollte dir das Glück nicht genügen. Es kann keine Steigerung mehr geben danach.“

„Keine. Kaum.“

„Sieh hier.“

Er zog eine Lade des Schreibtischs auf, er wies auf die Waffe, die mattschimmernd dort lag. „Nimm. Fahre hinaus. Irgendwo in den Grunewald. Es ist nicht schwer. Du zuerst mußt wissen, daß es nicht schwer ist. Denke an Ria, denke auch ein wenig an mich. An den Gestorbenen können wir denken als an einen traurig Verirrten. Wie sollen wir an den Flüchtling denken?“

„Lieber Bruder, nein, dies nicht.“ Und ich machte den Kasten wieder zu. „Grade weil ich dies erlebt habe, will ich weiterleben. Und die Idee, daß ich, damit du und Ria nur hübsche Gedanken haben, mit töten soll, ist - verzeih - einfach lächerlich. Ich bin doch ich, auf mich muß es mir also am ersten ankommen.“

Er blieb ganz ruhig: „Wer so mordet, muß wohl feig sein. Ich dachte es mir."

„Wie du mich mißverstehst! Ich wollte, ich könnte dir erklären ..."

„Danke. Ich zweifle nicht, daß du eine Erklärung gefunden hast, die dir ausreicht. Aber es gibt noch einen andern Ausweg: die Irrenanstalt. Es wird gelingen, dich bei einigen Bemühungen für geisteskrank erklären zu lassen."

„Und daß ich meine Lebzeiten in Anstalten sitzen muß. Ich danke bestens."

„Also bleibt nur, ich besorge dir Geld, und du reißt aus. Du machst es dir leicht. Die Last liegt auf mir."

„Allein deine Schuld. Ich warnte dich. Du brauchtest nicht zu wissen, daß der Scheck falsch war."

„Freilich. Freilich. Du bist im Recht, bist vollkommen im Recht. Noch eins: wirst du schon verfolgt?"

„Ich glaube nicht. Da der Ober sein Geld bekommen hat, wird er nicht unnötig reden."

„Der Ober?"

„Ja, der Kerl, der Anders, mit den beiden Schecks." Erklärend, mir selbst erklärend: „Ihr Zuhälter."

„Gut. Also gut. Warte hier. Geh nicht aus dem Zimmer. Ich will mich auch noch erkundigen. Vielleicht gibt es eine Gelegenheit nach Polen oder Rußland. Das ist am sichersten."

„Ich danke dir, Etz. Ich werde nie vergessen ..."

„Unnötig. Vollkommen unnötig." Und er ging.

16

Ich habe gesessen im Winkel des Sofas, ich bin aufgestanden und hin und wider gegangen, ich habe das Plakat auf dem Schreibtisch neu gelesen und jenes Gesicht betrachtet. Und dann ...

Sie saß in der Ecke. Ihre Finger malten in Bier- und Schnapsresten. Nicht sah sie auf, als ich herantrat. Als ich um Platz bat, nickte sie nur und schob zögernd, aus einer Versonnenheit heraus, das Glas von sich fort. Einen Augenblick meinte ich, die Kurve ihres gesenkten Nackens zeige den völligen Verzicht auf Hoffnung, die endgültige Unterwerfung unter die Gnadenlosigkeit ihres Schicksals . . .

Dann hob sie den Blick, starrte mich an, ihr Gesicht verzog sich zu einem Lächeln, das grinste, die breit auseinandergezogenen Lippenwülste entblößten braunschwärzliche, angefressene Zahnstumpen, ihre Zunge glitt vor, bläulich, ein erschreckendes Tier. Sie hob die schnapsfeuchte Hand gegen mich, als wolle sie mich abwehren, sie lallte mühsam: „Bist du schon wieder da, Willi?"

Ich starrte erschreckt. Ein namenloses Grauen erfaßte mich vor diesem banalen, verpuderten Gesicht einer ältlichen Kokotte; ich begriff, daß sie weit fort war von hier, ohne Gefühl, ohne Menschtum, in einer ewigen Trance . . . Sie schnellte ihr Gesicht näher, ich roch den betäubenden Ätherqualm ihres Schnapses, sie machte eine Geste nach meinem Haar, sie stammelte: „Wir wollen uns süß lieben, du!"

Ihr Ärmel glitt zurück. Ich sah den schwärenden Totenarm einer Morphinistin, köstlich mit den blauen, eitergelben und eiterbraunen Mustern der Abszesse bestickt; ich beugte mich nah an ihr Auge, mein Gehirn tickte rastlos, ein tönernes Echo schrie in ihm: Jetzt gilt es. Jetzt gilt es. Jetzt gilt es.

Ja, es gilt. Plötzlich ist die Welt weiter gerauscht, schwarze Schleier sanken endlos, und aus dem sterilen grauen Sand der Wüste sah ich einen Baum aufschießen, mit fleischigem, fleischfarbenem Schaft. Seine wie grünlackierten Blätter glänzten in dem unbestimmten Lichte eines verschleierten Gestirns. Mich gelüstete nach diesem Baum, ich verging danach, seinen ätherduftenden Saft zu schmecken, sein Geschlecht zu erkennen, die glatte Haut der Rinde an der meinen zu spüren.

Und ich tat es, und sie schwoll unter meiner Hand. Schaft wurde Hals, Rinde war Haut, was ich gefaßt hielt eine krampfhaft schluckende Kehle, und Ernas brechendes Auge war's, das mich ansah. Noch meinte ich, den erstickten Laut ihres Mundes zu hören, dieses krampfhafte Gebaren der Zunge, die eine letzte, äußerste Zärtelei sagen zu wollen schien – und viel Blut war da. Es kroch überall hin. Es malte helle und dunkle, seltsam verschlungene Muster auf Decken und Polster . . .

Was sitze ich hier? dachte ich mühsam. Etz hat recht gehabt. Dies ist das Letzte. Höre doch . . . all die Geräusche. Draußen geschieht die Welt immer weiter, hier ist sie völlig zu Ende gekommen.

Ich stand auf, trat an die Kommode und zerdrückte das Glas der Weckuhr, brach die Zeiger ab, aber das Werk tickte weiter. Ich sah mich hastig um, als habe jemand mir hinterm Rücken über mein Tun gegrinst, aber das Gesicht der Toten war unter dem faden, wasserstoffgebleichten Haar verborgen.

„Blonde werde ich nun nicht mehr lieben", sagte ich laut.

Die Uhr tickte hörbar. Es schien so sinnlos, sie ging weiter und wies keine Zeit, immer ging sie weiter, aber es geschah nichts mehr.

„Nein, es geschieht nichts mehr, aber sie geht weiter. Alles ist fertig, aber wenn Zeit auch Unsinn geworden ist, sie geht weiter."

Ich meinte, ein Räuspern gehört zu haben, ich fuhr herum: wie kam jene Frau dort an den Schreibtisch? Ihr Haar war schwarz, über dem dunklen Auge bebte die lange dunklere Wimper, die Bleiche ihres Gesichts zerriß ein schmaler, wie blutiger Mund. Sie hielt es gesenkt auf ein Papier in ihrer Hand. War es das Plakat? Ja, es war das Plakat.

„Pübe, bist du es?“ fragte ich langsam.

„Ich bin es, Fritz“, antwortete jene.

17

„Bist du es wirklich, Pübe, oder ist es noch Traum?“

„Ganz wirklich. Wenn du aufstehst und meine Hand nimmst, wirst du es fühlen.“

Ich tat, wie sie sagte. Ich stand auf von meinem Sofa, ich ging nahe an sie heran, ich nahm ihre Hand, ich beugte mich über sie zum Kusse. Es war eine kühle feste Hand, aber sie schien zu zittern unter dem Streifen meiner Lippen. Ahnte sie –? Oh, dieses Plakat, dieses unselige Plakat . . .

Und schon begann sie auch: „Was für eine seltsame Lektüre sich Etz da auf den Schreibtisch gelegt hat! Ich möchte schon wissen . . . Hast du es gesehen?“

„Was? Dies Plakat? Ich habe es ihm sogar mitgebracht!“

„Du? Und warum?“

„Das Gesicht interessierte mich. Gestatte bitte, ich will mein Eigentum wieder an mich nehmen. Ehrlich gesprochen: ich sammle so etwas.“

„Tust du das? Nein?“

„Denke dir! Kein gefahrloser Sport. Als ich dieses abriß, hielt mich ein Grüner fest. Ich besänftigte ihn mit Zigaretten und Kognak.“ Lachend, unter ihrem dunklen Blick, der sich nicht erhellte: „Sie sind so schlimm nicht, die Grünen . . .“

„Warum tust du das? Der Gefahr oder des Inhalts wegen.“

„Beides . . . Das heißt . . . Es ist so ein Sport, weißt du?“

Ich schwieg. Sie trug einen kleinen, schwarzen, hohen Hut, ganz schlicht, nur an der Stirnseite mit einer Art Schild aus hellen und dunklen Perlen verziert.

„Du hast da einen hübschen Hut. Er erinnert ein wenig an den Helm der Pallas Athene.“

„Ja? Sonst habe ich leider wenig von der Göttin. Ich bin gar nicht ‚eulenäugig‘. Die Schärfe meines Blicks im Dunkeln ist nur mäßig.“

Und wieder Stille. War dies nun eine Anspielung? War es keine?

Oh, ich möchte hineinsehen können in dich, die du dort wie unbeteiligt sitzt, ich möchte wissen, was du denkst, was du von mir glaubst, der ich eben dies Plakat in die Tasche stecke. Du bist so fern, alle sind so fern. Und ich möchte euch nahe haben, ich möchte wispern mit euch, ich möchte mit euch tuscheln; auf eurem Gesicht möchte ich lesen, wenn ihr wißt, seinen urplötzlich veränderten Ausdruck erfassen, wenn ihr begriffen habt . . .

„Wartest du eigentlich auf Etz, Pübe?“

„Etz ist doch im Geschäft! Ich hatte ihm nur ein Buch gebracht.“ Lächelnd. „Ich darf also wieder gehen? Du hast keine Angst mehr?“

„Angst? Ich? Warum–?“

„Du riefst im Schlaf. Du nanntest einen Namen, einmal, viele Male.“

„Wen rief ich? Welchen Namen?“

Sie drehte sich zum Fenster.

„Pübe! Welchen Namen?“

Sie wandte sich rasch um. „Du weißt ihn nicht? Vielleicht weißt du auch nicht, wer unten wartet? Sieh doch . . .“

„Die Polizei . . .“

Und da . . . da . . . Nein, ich will nichts sehen . . . ich

mag nicht an das Fenster ... ich mag nicht ... ich gehe doch ... Da ist die Angst wieder, die große, unermeßlich wie das Meer, die die Knie schwach macht und den Mund so süß, sie bedrängt mich, sie ist überall, vielleicht falle ich jetzt, sie schlägt über mir zusammen, dunkle Wogen, purpurne Wogen, Angst ...

„Pübe!“ flüstere ich. „Pübe.“

„Ich halte deine Hand“, spricht es leise an meinem Ohr, „komm, wir sehen zusammen. Es ist nur eine Frau, siehst du, jetzt ist es nur deine Frau ...“

„Was will sie noch? Ich bin fertig mit ihr. Ich habe ihr alles gesagt. Nein, ich wollte wiederkommen.“ Verzweifelt. „Ich weiß nicht mehr. Nichts weiß ich mehr.“

„Laß sehen. Laß. Sieh nicht mehr hin. Es geschieht nichts. Sie geht auf und ab. Unsere Blicke sollen ihr nichts sagen. Sie wird nicht heraufkommen.“

„Nein! Sie soll nicht. Nein!“

„Das Haus hat einen Ausgang über den Hof. Du brauchst sie nicht zu treffen. So still. Still. Lege deinen Kopf an meine Schulter. Niemand kommt. Alles ist still. Wir sind allein. Nun geht auch die Angst fort. So ... nun ...“

„Es ist das Bett, Pübe, nur das Bett! Und die Vorhänge, die so steil hängen und so still. Ich hatte gemeint, daß das gut sei ... Aber es ist nicht gut. Die Dinge stehen auf gegen mich. Es muß dort eine Uhr stehen auf der Kommode, sie hat immer weiter getickt, ohne Zeiger. Eben noch in meinem Traum ... Wenn ich wüßte, sie stände still ...“

„Sie steht still. Glaube schon.“

Ihre Stimme wird ganz dunkel. „Ich habe einmal eine Hündin gehabt, damals noch, als ich bei Papa auf dem Gut war, eine große, schwarze Hündin. Ich liebte sie über alles, sie schlief bei mir, ich nahm sie auf jeden Weg mit. Wie habe ich sie geliebt!

Einmal konnte ich sie nicht finden, ich rief sie, ich lockte, ich pfiff: sie kam nicht. Der Diener sagte, sie sei wohl auf dem Wirtschaftshof, und lachte häßlich.

So ging ich auf den Hof. Da war Hella mit einem häßlichen, struppigen Köter zusammen. Ich rief sie, ich schrie, ich schlug nach ihr. Sie konnte nicht kommen, sie kam von dem Köter nicht los. Sie sah mich immer an mit ihren hellen braunen traurigen Augen. Die Leute lachten über meine Wut.

Da ging ich auf mein Zimmer und setzte mich hin und weinte. Ich hatte immer selber ihr Fell gekämmt. Nach einer Viertelstunde kratzte Hella an der Tür, ich legte ihren Kopf neben mich und schoß sie durchs Ohr. Meine Hand war ganz voll Blut und Hirn."

„So ist das also, Pübe?"

„Ja, so ist es, Fritz."

Nach einer Weile: „Es ist aber nicht wahr, Pübe, mit den Vorhängen und der Uhr! Nichts ist geschehen. Es hat mich nur geträumt."

„Ja, du hast schlecht geträumt."

„Welchen Namen habe ich gerufen im Traum, Pübe? Welchen Namen?"

„Erna hast du gerufen. Und noch einmal: Erna. Und immer von neuem: Erna!"

„Es ist ja nicht wahr, Pübe! Glaube nur du mir: es ist nicht wahr. Sie bedrängen mich alle, sie sehen mich alle so an, der Oberkellner, Etz, und auch Ria sieht mich schon so an. Ich habe es ja selbst gesagt; ich habe mit dem Gedanken gespielt, dann war er geschehen. Aber nicht durch mich! Doch nicht durch mich! Warum bin ich plötzlich so allein? Warum verlassen mich alle? Und warum verlasse auch ich alles? Du bist so still, Pübe. Sage doch du . . ."

„Ich habe gelesen, in den Mittagszeitungen habe ich gelesen . . . davon."

„Und was schreiben sie? Sage doch!“

„Man ist dem Täter auf der Spur, schreiben sie.“

„Und wer ist der Täter?“

Sie sah mich nur an. Sie sah mich lange an. Nein, *sie* hatte keine Furcht vor mir. Sie antwortete nicht, sie betrachtete still und schweigend mein Gesicht, das an ihrer Schulter, halb in die junge Wärme ihrer Brust geborgen, lag. Da schrie ich noch einmal auf: „Ich war es nicht, Pübe! Glaube mir doch!“

Sie sprach: „Du mußt nicht meinen, daß ich Furcht habe vor dir, Fritz.“

„Ich will dir alles erzählen, Pübe, wie es kam. Ich will nichts vor dir verbergen. Du wirst mir glauben. Nur nicht, daß sich auch dein Gesicht so verändert.“

„Nein. Nein. Später wirst du erzählen. Jetzt ruhe erst aus.“

„Sie werden kommen, Pübe. Ich muß fort.“

„Sie kommen nicht. Wir werden vorher gewarnt. Eine geht auf und ab, eine steht Wache.“

„Ria? Weiß auch Ria?“

„Auch Ria hat die Zeitung gelesen. Dann sind sie bei ihr gewesen in der Wohnung.“

„Ich muß mit Ria sprechen, Pübe!“

„Auch mit Ria wirst du sprechen. Warte noch. Erst mußt du schlafen, ruhig schlafen. Welche sind da, dir zu helfen.“

„Ich bin *doch* allein.“

„Du bist nicht allein. Du schläfst an meiner Schulter. Fühlst du nicht schon, wie alles verdämmert. Nun wird das Licht sacht wie jeder Laut. Es ist so still . . .“

Sie sprach weiter, und vielleicht wurde die Welt wirklich einen Moment undeutlich für mich. Aber das kann nur kurz gewesen sein, gleich war ich wieder hellwach und horchte auf den Atem unter meinem Ohr, fühlte das Weiche ihrer Brust unter meiner Wange. Ich habe wohl kaum über dies nun still gewordene Mädchen nachgedacht, habe mir nicht klarzumachen versucht, wie die – nur flüchtig gekannte – Braut meines Bruders dazu kam, solchen Mörder trostreich in ihren Armen zu umfangen.

Was ich aber fühlte, was mich mit bebendem Entzükken erfüllte, das war die gute Nähe der Frau. Irgendeiner. Gleichgültig, welcher. Machte sie schwach, diese Frau? Vielleicht nun, da sie mir mein Schicksal abnahm und mich einfach warten hieß und ruhen. Aber es schien mir, als würde ich aus ihren Armen diesem Schicksal gestärkt, fast ein anderer und neuer, entgegengehen.

Und nun geschah es, daß ich ihre Hand ganz leise in meinem Haar spürte. Es war das Zarteste einer Liebkosung, die vom Winde herzugetragene Ahnung von einem Blumenduft, und sie überwältigte mich.

Ich tastete nach dieser Hand, ich zog sie herab an meine Lippen, ich bedeckte sie mit meinen Küssen. Zitterte sie noch? Sie schwellte, sie gab sich dar, die Kühle ward heiß unter der Lippe.

Ich hörte sie murmeln, ein sachtes, sanftes Murmeln: „So. So. So. So."

Siehe da: die Liebe! Noch einmal die Liebe! Es hat nicht der Palmen Amerikas bedurft, keiner außerordentlichen Begebenheit, quer über den Weg ist sie zu mir gekommen, sie hat mich nicht vergessen. Sie tröstete mich in ihrem Arm.

So fand uns Etz.

18

Ich habe das Schließen nicht gehört, noch seinen Schritt. Wie es mit Pübe war, weiß ich nicht. Heute, da ich sie zu kennen meine – aber wie kenne ich sie schließlich? –, zweifle ich fast, daß auch sie überhörte. Sie hat vielleicht all das gewollt, was kam, aus einer trüben, tiefen Lust am

Schmerzmachen und Schmerzleiden. Doch was weiß ich! Ich, der ich sie am besten kennen sollte, wie alle meinen, ich weiß am wenigsten von ihr auszusagen. Von mancher Situation dämmert mir noch der Umriß, der Ausdruck ihres Gesichtes.

So die Geste, da sie nun meinen Kopf von ihrer Brust hochhob und ihn, mit den Fingerspitzen an meinen Schläfen, gegen die Tür drehte. „Da ist Etz", sagte sie.

Und ich wiederholte gedankenlos: „Da ist Etz."

Er stand in der Tür und blickte auf uns. Sein Gesicht war sehr bleich und verzerrt, kaum zu kennen. Er machte einen Schritt auf uns zu – und ich richtete mich rasch auf, hob unwillkürlich die Hand schützend vors Gesicht. Da hatte er schon kehrtgemacht, ich dachte erstaunt: Will er schon wieder fort?, aber er zog nur leise die Tür ins Schloß und wandte sich wieder uns zu.

„Da bin ich ja", sagte er, „und für den einen von beiden kaum überraschend." Seine Stimme klang nicht so fremd, wie ich nach dem Gesicht erwartet hätte, so wurde es mir leicht, ihm zu antworten: „Ja, ich habe auf dich gewartet. Ich bin ein wenig eingeschlafen dabei."

„Sanft, ja."

Das war ein Hieb, und ich konnte ihn nicht parieren. Er kam mir zu überraschend, ich erwartete ihn nicht. Ich fand keine Antwort, so nötig sie uns in solcher Lage scheint.

Für mich stand Pübe auf, sie ging auf ihn zu. „Willst du mir nicht guten Tag sagen, Etz?"

„Nein, ich will dir nicht guten Tag sagen. Ich will dir nur noch adieu sagen."

Einen Augenblick war es ganz still. Dann drehte sich Pübe kurz zum Fenster. Kälter konnte keine Stimme klingen: „Also adieu denn, Erich."

Alles stand still. Alles stand still.

Aber dann tat er einen Schrei, einen wütenden Schrei;

es klang wie: „Nicht so! Nicht so!“, und er sprang auf mich ein. Er schlug gegen mein Gesicht, und ich fing den Schlag ab. Dann faßte er mich um die Hüften, hob mich hoch vom Boden und warf mich gegen die Erde. Ich hielt mich an ihm fest, mein Fall zog ihn mit sich.

Und nun lag er über mir, ich wehrlos unter ihm, ich, der ich schon immer der Schwächere gewesen. Er hielt mich am Hals, er drückte meine Kehle zu, da flüsterte ich noch mit dem letzten Atem: „So hielt ich Erna. Genauso.“

Und ich war frei. Er stand vor mir. Er sah auf mich herunter. Ich werde nie die grenzenlose Verachtung in seinem Blick vergessen. Noch jetzt, denke ich daran, beiße ich die Zähne zusammen, die Fingernägel bohren sich in meine Handflächen: ich schäme mich.

Aber doch ist es mein erstes, daß ich mich umdrehe nach Pübe. Blieb sie gegen das Fenster gelehnt oder hat sie sich umgedreht, hat dem Kampf zugesehen und sein kaum geflüstertes Wort gehört: „Feigling!“ –?

Ich sehe sie noch dort stehen. Vornübergeneigt, eine Flechte glitt in die Stirn und streifte die Wange, der Mund ist halb geöffnet, atmet heftig, und ihren Blick hat sie auf uns gerichtet. Plötzlich verstehe ich diesen Blick. Voll letzter Ahnung begreife ich, warum er verachtungsvoll wird, als Etz unter ihm die unsagbar törichte Bewegung angeschauter Männer macht: er greift an den Schlips.

Und ich tue einen Schritt gegen sie. Streife ihren Arm. Er rückt nicht fort. Ich habe recht verstanden.

Und indes ich noch, erschauernd, künftiges neues Erleben grüße, hat Etz wortlos kehrtgemacht und das Zimmer verlassen. Wir horchen auf seinen Schritt, der sich entfernt, die Flurtür klappt zu, unbestimmte Geräusche noch auf der Treppe – und wir sind allein.

Wir sehen uns an. Wir senken die Lider. Pübe räuspert sich. Ich flüstere: „Nein, ich will doch ...“

Und sie, ebenso leise, ohne mich anzusehen: „Ja?"

„Ich denke, ich gehe. Ria wartet, nicht wahr?"

„Pst! Er kommt zurück!"

Wir wagen wieder, uns anzusehen. Der Mut ist wieder da, die Scham ist gewichen.

Sie fragt hastig: „Wohin wolltest du denn?"

„Zu Ria!"

„Und ich?"

„Pübe!"

„Ich sagte dir doch: es ist so!"

Die Tür öffnet sich. Er kommt, geht an den Tisch, sieht nicht auf zu uns. Er greift in die Tasche. Einen Augenblick denke ich: Er wird schießen, weiß schon, wie töricht dieser Gedanke ist . . . Ich bemerke, wie eingefallen seine Schläfen aussehen . . . Und bin höchlichst erleichtert, als er dort Geldbündel neben Geldbündel häuft. Ich sage mir: Anständig bleibt er, Gottseidank. Aber ein wenig kindlich bleibt solch Anstand doch.

Er sagt laut: „Das Reisegeld."

Ich fühle, wie schwer ihm diese beiden Wort werden, wie sein Haß ihn doch zu ihnen zwingt. Er wendet sich zur Tür, da macht er plötzlich eine unbeholfene Geste über das Geld hin, seine Stimme bricht, aber trotz aller nahen Tränen schreit er: „Für euch beide!"

Er ist fast aus dem Zimmer, da tönt Pübes klare Stimme: „Dritte stören auch nur."

Die Tür fällt zu. Sein Schritt verklingt. Wir sind allein.

Ich hasse sie.

19

Ich fragte böse: „War das nötig?"

Und sie, ganz ruhig: „Ja."

„Man soll aber einen Besiegten nicht noch in den Staub treten."

„Wie du redest! Glaubst du ein Wort, was du sagst? Man muß auch böse sein können."

„Ja, es war schlecht von dir. Er litt genug."

Sie beugte sich über den Sessel zu mir. Sah mich doch nicht, sah zur Erde und sprach ganz langsam: „Er soll aber leiden! Mehr. Und immer noch mehr. Wenn er unten liegt, will ich ihm weh tun, und wenn er um Gnade fleht, werde ich ihn schlagen. Hast du sein Gesicht gesehen? Wie er verzweifelt ist! Wie er litt! Begreifst du, daß er auf der Schwelle noch zögerte, daß es eines Wortes von mir bedurft hätte, und er wäre zurückgekommen?"

Triumphierend: „So ist er fortgegangen. Ich habe ihn fortgeschickt. Nun geht er sinnlos einen Weg und versucht zu fassen, daß alles zu Ende ist. Ich weiß, er denkt an den Tod und will doch erst verstehen, wie alles kam, wann es anfing zwischen uns ... Jetzt geht er seinen dunklen Weg, aber plötzlich sieht er im Flammenschein die Umarmungen, die wir uns nie gegeben haben, er sieht auf unseren Lippen die Küsse, die erst kommen werden ..."

Sie steht da. Ihr Gesicht ist kaum gerötet, ihre Hände sind so fest um das Holz des Sessels geschlossen. Wer ist sie? Eine Braut, die beliebige, gleichgültige Braut meines Bruders, ein Mädchen aus guter Familie? Oder ist sie eine Falle des Schicksals, eine große Verführerin, gesandt, mich zu verlocken?

Und ich frage: „Wer bist du, Pübe? Wer bist du?"

Ihr Blick kommt aus einer großen Ferne zurück zu mir. Er scheint noch schwer zu sein von der Erfülltheit erschauter Bilder. Dann ist es, als erwachte er, sie mit ihm. Sie schüttelt den Kopf, das Haar gleitet von ihrer Stirn zurück, über die die Hand streift.

„Wer ich bin? Gibt es einen, der mich besser verstehen müßte als du? Machst auch du nicht leiden und siehst es mit Lust? Sieh, als ich klein war, da waren es die kleinen Tiere, im Verborgenen fing ich, quälte sie. Mein Blick schärfte sich so, ich konnte aus dem Zucken eines Beins, dem helleren oder dunkleren Schimmer der Facetten eines Auges das äußerste Maß des noch tragbaren Leidens berechnen.

Hast du je die Fliegen gesehen, die kleinen Fliegen, die mit zusammengedrehten Flügeln über eine heiße Herdplatte laufen? Sie laufen eilig gradeaus, immer gradeaus, und plötzlich bleiben sie stehen. Sie scheinen vor sich hin zu sehen. Aus einer leichten Bewegung ihrer Beine errate ich, daß sie auffliegen möchten, sie strengen all ihre Kräfte an, ihr Blick beschlägt sich trübe mit dem Dampf äußerster Anstrengung. Und wieder eilen sie fort, sie stoßen gegen andere, die Glut der Herdplatte versengt ihre Füße, sie fallen um, sie liegen reglos da. Ich berühre sie mit einem Finger, und sie nehmen den gleichen Weg von neuem auf, sie eilen, sie eilen."

„Schweig stille, du. Mein Herz schmerzt."

Sie lächelte ganz von ferne her. „Man kann sie auch mit einem Messer durchschneiden: das Vorderteil, nur der Kopf und zwei Beine, laufen, laufen. Es verliert das Gleichgewicht, stürzt . . ."

„Nun sei still. Mir graust."

„Später begriff ich, daß solche Lust sinnlos ist, nichts wert. Ich wurde größer, es kamen die größeren Tiere, und ich lernte in der Stille, daß sie sich zur Wehr setzten, sie brachten mir Wunden bei, und solches Leidenmachen über eigenem Erleiden war tausendmal wertvoller. Die Lust wuchs.

Doch alles geschah in der Stille, abseits im Winkel, die Welt wußte nichts davon, auf der Welt gab es dies nicht. War es nicht wie ein geheimer Makel, den ich vor allen verbergen mußte? War es nicht ein Ding, dessen Offenbarwerden solche Scham bringen mußte, daß Tod einzige Lösung blieb?"

„Sprich nicht mehr davon. Ich gehe fort."

„Kamst du auf einem anderen Weg hierher? Seltsam, ich habe nie daran gedacht, daß ein anderer Weg sein könnte. Wenn der Herbstwind die Blätter von den Ästen löste, fühlte ich ihren Schmerz. Mir tat der Baum weh, in den sie, den Gartenzaun zu halten, einen Nagel schlugen, die Kandare meines Reitpferdes schmerzte in meinem Mund. Ich habe nur gelitten. Ich beobachtete die Lebensäußerungen alles Seienden, doch ich erlebte von ihnen nur das Leid. Ich war grenzenlos allein mit mir.

Dann kam eine Sekunde, und alles um mich wurde hell. Ich stand an einem Schreibtisch, ein Schläfer träumte schwer, ich las ein Plakat, ich sah ein Gesicht –: und alle Schleier vor der Welt zerrissen. Dies gab es. Ihnen allen zum Trotz trieb es seinen wilden Stamm gegen den Himmel. Sie hatten es leugnen wollen vor mir, ich hatte es schamvoll verborgen, da kam der gleichgültige Mensch und tat die mir nächste Tat. Du hast Erna ermordet –"

„Nicht so, Pübe! Doch nicht so!"

Wild: „Wie denn! Nicht so? Geht etwa draußen Ria nicht auf und ab, auch mit dem Wissen im Herzen, voller Angst, voller Qual, und du läßt sie gehen und leiden, du sitzt bei mir und du freust dich an ihrem Leid?

Sage nicht, daß du vergessen hast! Sage nicht, daß du aus Gleichgültigkeit unterließest, zu ihr zu gehen! Du wärest das Gemeinste auf Gottes Erdboden, wenn du dies alles nicht um der Lust willen tätest. Alles ist gut, was du der Lust zu Willen tust.

Liebe ich dich etwa? Liebst du mich? Lügner! Aber wenn du meinen Arm berührst, so durchschauert mich das Leid, das ich ihm tue, wenn du meine Hand faßt, wie jetzt, so denkst du an den Schmerz, den die dort draußen fühlt."

„Nein, nein, geh weg!" schrie ich wild. „Ich habe Angst vor dir! Wohin willst du mich führen? Ich sehe den düsteren Weg, aber ich gehe ihn nicht. Du erst, du bist das große Schlechte, das mich übel zu Ende bringen wird. Ich will dich nicht. Geh fort!"

Und blieb doch in ihren Armen, die mich so fest umschlangen, ich trank ihre Küsse in mich hinein, mein Herz zersprang fast vor Qual, und gierig lauschte ich doch ihren Flüsterworten: „Denke an Ria! Sie wartet und du . . . Wie du leidest! O Dank, wie du leidest! Laß mich deinen Blick sehen . . ."

Leise: „Wie du leidest . . ."

20

Sie flüsterte: „Du wirst mit Ria sprechen, ja?"

Ich schwieg.

Und wieder sie, dringlicher: „Du wirst mit ihr reden? Laß mich in der Nähe sein, daß ich ihr Gesicht sehe. Sage ihr alles, sprich ihr von mir, mach, daß sie mich sieht in dem Augenblick . . ."

Da war es, daß meine gute Zeit noch einmal zu mir kam, mit all ihrer Gartenwildnis und ihrem Schattengeflüster. Seltsam, ich sah plötzlich das „Schloß", kindlich von jener andern aus hellen und dunklen Steinen erbaut, unten für sie selbst, oben für den erträumten Prinzen. Ihr war nichts von ihrem Traum geschehen. Und nun sollte ich die Blässe ihres Gesichts einer Quälerin, einem wilden, erbarmungslosen Tier ausliefern? Sie gehörte mir allein, sie war mein in Lust und Leid.

Und es geschah, daß ich meine Hand aufhob und Pübe im Gesicht traf.

Und hielt inne und sah sie an. Denn auf diesem Gesicht geschah unter meinem Schlage die höchste von mir erschaute Verklärung menschlicher Schönheit. Dieses ernste, bleiche Gesicht ward sinnvoll zerlegt von den Linien des Schmerzes. Gern ertragenes Leid, mit Lust begrüßtes Leid, das war es, was ich auf ihm las. Und der Mund flüsterte voll Demut: „Noch ein Mal! Wie wir leiden! O, wie wir leiden."

Ich aber wandte mich um, wie träumend stieg ich die Treppe hinab, ich ging eine Weile, und in alten, längst verschlossen geglaubten Gärten war es, daß ich ging. Nun waren sie viel verwachsener, viel verwunschener, viel, viel hinreißend schöner, denn je geträumt. In ihnen erfüllte sich jeder Wunsch. Und die äußerste Demut noch war dort schamfrei möglich vor dem sachten, strahlenden Aufgange einer gänzlich unerwarteten Blüte ...

Und ich ging an der Seite der andern Frau, meiner Frau. Und fiel, fiel. Sie sagte: „Endlich, Fritz! Haben dir Etz und Pübe nicht gesagt, daß ich wartete?"

Aus der ärgerlichen Gereiztheit ihres Tons erriet ich, daß Pübe gelogen hatte, daß Ria noch nichts wußte. Und die plötzlich eingetretene Notwendigkeit, Erklärungen geben, womöglich neue Lügen ersinnen zu müssen, machte mich böse. „Natürlich haben sie's gesagt. Wenn ich dich doch warten ließ, wird es schon seine Ursache gehabt haben, gnädige Frau."

„Wie redest du! Ich habe dir doch nichts getan ..."

Ich blieb stehen. Ich sah um mich. Einen Augenblick begriff ich das Grün des Tiergartens um mich, das Vogelgeflatter, den hellen Kies auf dem Wege um ein Boskett – und wollte ruhig bleiben. Doch schon kam die Woge zurück zu mir, die dunkle, wilde Woge sinnlosen, feigen Zorns, der noch Zeit hatte zu denken: Gut, daß keine Menschen in der Nähe sind. Ich brauche mich nicht zusammenzunehmen.

Und ich trat mit dem Fuß auf, ich riß mein Gesicht fort von ihrem angstvollen. „Geh fort! Begreifst du nicht, daß du zuviel bist! Ich kann deinen Anblick nicht ertragen. Deine Stimme ekelt mich. Nein, du sollst nicht nach meiner Hand fassen. Ich bin ein Mörder, hörst du! Fasse mich nicht an. Ich habe einen Lustmord begangen."

Da zerreißt alles. Noch einmal ist das Grün um mich und die Sonne, die hellen Wege laufen so fröhlich zwischen dem Blumenbunt, eine Frau beugt sich über meine Hände. „Verzeih, o verzeih! Wie du gelitten haben mußt! Wie du leidest!"

Mein Gott! Es sind dieselben Worte! Ich habe sie schon einmal gehört. Ich danke dir, daß ich sie noch aus diesem Mund, von dieser Stimme hören durfte. Vieles ist schlecht. Ja, ich bin in die Irre gegangen, aber daß mir diese Neigung eines schlichten Herzens zuteil ward, das bestätigt und bezeugt mein Bemühen um Bessersein.

Und ich stammele, die Hände fortziehend: „Laß, Ria, laß. Du weißt nichts. Kind . . . Du darfst nicht zu mir . . ."

Da erscheint, im Rücken der Frau, an der Biegung des Weges das böse, bleiche Gesicht der andern. Ich kann seinen Ausdruck nicht erkennen, aber ich weiß, daß sie über uns beide lächelt, aus Hohn, aus Schmerz und aus Verachtung. Sie liebt sie nicht, diese billigen Rührungen, ihr Herz wird nicht schwach bei fremdem oder eigenem Leid. Sie geht in die Weißglut des Schmerzes.

Ich reiße brüsk meine Hände fort. „Laß das, Ria! Ich will das nicht! Wenn Leute kämen!"

Und sie, sehr ruhig: „Was machte es? Liegt nicht all das hinter uns?"

„Hinter uns? Wieso? Ich will weiterleben."

„Du –? Ich verstehe dich nicht. Schon Etz sprach so seltsam. Er hatte etwas für dich zu besorgen? Was war es?"

„Geld, Ria. Nichts wie Geld. Reisegeld. Geld zur Flucht."

„Das tust du nicht!“

„Was denn sonst, Ria? Es gibt endlose Länder, in denen ein neues Leben zu beginnen ist.“

„Du schleppst das alte mit dir.“

Mir war, als hörte ich einen bekannten Schritt hinter uns, mir war, als flüstere eine andere Stimme in mein Ohr. Und es war so aussichtslos, hier zu reden, und doch mußte geantwortet werden. „Es vergißt sich alles. Schon liegt das weit hinten. Immerzu geschieht Neues und schiebt dies stets weiter zurück.“

„Neues? Geschieht seitdem etwas in dir? Steht nicht alles still?“

„Du redest wie Etz. Nein, nichts steht still. Aber es hat keinen Zweck, davon zu reden. Was meinst du denn, soll ich tun? Mich der Polizei stellen?“

„Dich stellen? Nein. Es gibt etwas anderes. Du weißt es. – Ach, rede ich auch jetzt wie Etz?“

„Wie Etz.“

„Aber ich gehe mit dir. Sieh mich an. Furcht? Nein.“

Ich sah sie an. Ich glaubte ihr. Sie wäre gegangen. Und einen Augenblick schwankte ich. Da hörte ich eine Turmuhr schlagen, fern, fern, ich suchte die Schläge zu zählen, ich verglich: gleich halb vier. Das Café, der wirkliche Mörder! Ich hatte zu tun. Ich durfte mich nicht versäumen.

Und ich beugte mich zu Ria. „Ich soll jenen Weg mit dir gehen, dir zuliebe, den ich nicht mag. Aber hinter uns geht eine andere Frau, eine mutige, die nicht mit mir sterben, die mit mir leben will.“

Sie hielt. Sie sah mich an, wie zweifelnd. Sie wandte sich um. Den Weg hinauf, langsam uns nach, ging Pübe. Sie hob den Blick nicht. Sie kam näher, langsam, langsam. Ich flüsterte: „Diese schlug ich. Diese jagte ich fort. Sie geht mir nach. Muß ich auch dich . . .“

Pübe stand vor uns. Sie hob das Auge, sie sah die

Schwägerin an, sie fragte still und dunkel: „Nun, willst auch du weiterleben mit solchem Mörder?"

Nicht den leisesten Laut hörte ich von Ria. Sie wandte sich von uns fort. Fast lief sie die Allee hinab. Ihr langes Kleid hinderte sie am Gehen, sie machte ungeschickte rudernde Bewegungen mit den Armen, um rascher vorwärts zu kommen. Sie sah kläglich aus, ein wenig lächerlich. Und so ist sie mir in der Erinnerung verblieben: eine lebensfremde Träumerin, ein wenig lächerlich, doch rührend.

Ich aber faßte Pübe am Arm. „Nun gehören wir beide zusammen. Du weißt es. Und jetzt werden wir den wahren Mörder Erna Habermanns suchen."

Sie sah mich an. Sie machte mit der Schulter eine Bewegung, als sei schon alles gleich. Wir gingen der Stadt zu, die heller aufbrauste im nahenden Abend.

21

Sie lassen mir keine Ruhe. Heute war der Oberinspektor bei mir und fragte wieder, ob ich nicht arbeiten wolle. Ich meinte, was für Arbeit? Nun, Holz sägen, Werg zupfen. Es bestehe bei Untersuchungsgefangenen zwar kein Zwang, immerhin, da ich wohl noch länger . . . Ich lehnte kurz ab. Nein, für solche Arbeit fehlte es mir an Zeit.

„Zeit?" Er sah mich verständnislos an. „Zeit ist im allgemeinen am wohlfeilsten in Gefängnissen."

„Ich arbeite für mich. Ich schreibe. Sie gaben selbst die Erlaubnis."

„Sie schreiben für Ihren Rechtsanwalt, nicht wahr?"

„Gar nicht. Nur für mich."

„Für sich." Er dachte nach. „So Memoiren?"

„Wenn Sie so wollen, ja. Memoiren."

„Aber das ist doch ganz sinnlos! Ich sah neulich hinein, als Sie zur Freistunde waren. Das ist ja alles verstiegenes Zeug."

„Sehr möglich – für Sie, Herr Oberinspektor."

„Meinen Sie, Sie können sich damit retten, vor einem Gerichtshof?" Er schnaufte schwer und kummervoll, sah mich prüfend an. Plötzlich blitzten seine Augen auf. „Wollen Sie vielleicht den Geisteskranken markieren?"

„Diese Frage ist entweder zu naiv oder zu raffiniert. Trotzdem antworte ich: nein, ich will nicht den Geisteskranken markieren."

Er wiegte den Kopf hin und her. „Das sagen Sie jetzt. Aber dann, wenn es zur Verhandlung kommt –", er sah trübe vor sich hin, „– dann heißt es, wir haben nicht aufgepaßt. Hat man alles schon erlebt." Er dachte nach. Schließlich: „Besser, ich schicke Ihnen einmal den Arzt."

„Ich brauche keinen Arzt."

„Doch. Doch. Es ist schon besser." Er ging gegen die Zellentür, wandte sich noch einmal um. „Wollen Sie etwa jemanden von Ihren Angehörigen sehen? Der Untersuchungsrichter erlaubt es vielleicht."

Und ich flehentlich: „Nein, nein, das nicht. Lieber den Arzt."

„Überlegen Sie es sich. Vielleicht Ihre Frau?"

„Bitte nicht!"

Die Zellentür fiel zu, der Schlüssel schloß, der Riegel klapperte. Ich setzte mich wieder, haltlos verloren in eine tieftraurige Träumerei. Die sind draußen, dachte ich, sie sorgen sich um mich, sie glauben, ich erwarte noch etwas von ihnen. Sie wissen nicht, daß alles fertig ist, alles geschehen, daß ich nichts mehr erwarte, nur noch das Ende.

So leicht sind sie ja getäuscht. Draußen wimmeln die Menschen, immer tun sie etwas, haben etwas vor –: wie verführerisch das ist! Bin nicht auch ich diesem Zauber erlegen, als ich noch draußen mitwimmelte?

Es besticht so, einen Weg zu laufen, mit einem Menschen zu schwatzen, eine Tat zu tun: da fühlt man sich leben! Nur, daß solch Erleben wertlos ist. Hier sitzen, das Versickern der Zeit zu spüren, wie der Sand durch ein Stundenglas sickert, immer neu, und es geschieht nichts. Wie du wächst! Du reichst über die ganze Erde, dein Schatten deckt die grünenden Bäume zu und macht den Umriß der Kathedralen vage und düster, kaum, daß du noch an seinem äußersten Rande das Lächeln eines bleichen Antlitzes aufleuchten siehst. Schon ist es erloschen.

Freilich, wenn sie dann eintreten, wenn sie dich zu sich in Beziehung setzen, braucht es deine ganze Kraft zur Beharrung, daß du nicht alles Errungene verlierst. Am besten, du tust, als gingest du auf sie ein. Du gibst ihnen die Antworten, die unter ihnen gang und gäbe und die so leicht zu erlernen sind. Unschwer, sie zu täuschen.

Eine aber ließe sich nicht täuschen.

Wenn ich denke, Ria käme hier herein, spräche zu mir, versuchte anzuknüpfen an jenes vergangene Sein – nein, ich will nicht. Ich habe abgeschlossen. In meiner Erinnerung lebt sie als jene, die dort ungeschickt und rührend eine Allee hinabeilte. Sie soll kehrtgemacht haben, wieder zurückgekommen sein?

Nein. Nichts. Es ist besser so. Hier allein in der Zelle, in diesem seltsam hallenden, tönenden Haus, das voll sein muß von den gierigsten Wünschen, den verzehrendsten Hoffnungen. Nichts reicht bis zu mir. Manchmal, daß einer über mir endlos auf und ab geht, Tag für Tag, von morgens fünf bis nachts elf. Aber das wechselt so schnell. Sie haben ihren Termin gehabt, sie sind verurteilt und kommen in die Gemeinschaft der andern Bestraften, sie sind freigesprochen und eilen in die Welt.

Mir tut das alles nichts.

Mein Termin steht aus. Wie lange sitze ich schon hier? Durch das gerippte weißliche Glas meines Fensters ist helleres, fast strahlendes Licht gefallen, das war der hohe Sommer; dann kam das Licht zögernder, spärlicher, in mancher Nacht war es still, ich hörte den Regen draußen rauschen; nun sind die Tage so kurz geworden, ich liege lange wach im Dunkeln und denke an das, was ich schreiben werde.

Kaum an den Termin, kaum an das doch immerhin nahe Ende. Warum steht dies noch aus? Warum kommt es nicht? Der Untersuchungsrichter ruft mich nicht mehr zu sich, es wäre auch sinnlos, habe ich doch „alles gestanden“. Aber sie lassen mich warten, sehr lange warten ...

Mein Nachbar beginnt wieder zu klopfen, endlos, gegen die Wand, dann ist er eine Weile still, horcht auf Antwort, und dann klopft er wieder. Bin ich froher Stimmung, so mache ich ihm die Freude und klopfe auch, nur ein paar kurze Schläge, aber das macht ihn lebendig. Hörst du, ein Mensch hat ihm geantwortet, seine Einsamkeit ist durchbrochen, und nun klopft er rastlos.

Er beginnt erst, er steht noch auf einer niederen Entwicklungsstufe. Er glaubt noch an die andern. Hätte er die grenzenlose Einsamkeit, in der er lebt, begriffen wie ich, er ließe diese Vertröstungen und kleinen Scherze. Klopfen gegen die Wand hilft zu nichts, ebensowenig wie Frauen helfen.

Darum war es natürlich auch Unsinn vom Inspektor, mir von meinen Angehörigen zu sprechen. Ich habe gelebt, ich habe Taten getan und mit ihnen Kreise um mich gezogen, wie ein Stein, der ins Wasser fällt, Kreise um sich zieht - hat der Stein darum etwas mit dem Wasser zu tun?

Also Angehörige - ja, hörig möchten sie einen. Ich aber bin für mich allein.

Ich verbitte mir solche Besuche, Herr Strafanstaltsoberinspektor.

22

„Wohin gehst du?“ fragt Pübe.

„Wirst du schon sehen, warte nur. Und du wirst hören. Ah! Auch du wirst erfahren, daß du dich geirrt hast. Alle werden es erfahren ...“

Sie sah mich an, etwas wie Haß lag auf ihrem Gesicht. „Sollte ich mich doch geirrt haben?“ fragte sie leise. „Sollte ich mich doch getäuscht haben? Wie du zu quälen weißt! Nein, nein, es ist unmöglich. Du hast nur immer noch Furcht vor mir. Ich werde dir erzählen ... Nein, dies kann kein Irrweg sein. Ich hätte einem Unschuldigen so von mir gesprochen?“

Sie schwieg. Sie blickte zur Seite, und ich sah, wie das Blut, leisester Hauch, in ihre Wangen trat. Ihre Augen glänzten heller, sie schaute vor sich auf einen glänzenden Weg, schien's. „Wir gehören zusammen. Du hast es gesagt. Ich habe es gefühlt, und auch du fühlst es. Es ist das Ungewohnte nur, jetzt im Anfang. Nicht wahr, immer glaubte man allein zu sein, man hat sich so an das Verstecken gewöhnt. Nun lernt man mühsam, daß man selbst Teil eines andern ist; noch schämt man sich, aber auch das wird vergehen ...“

Ihre Stimme wurde strahlend. „Denke doch, man wird über alles sprechen können, es gibt keine Heimlichkeiten mehr, kein Verbergen. Verrichtungen, die man versteckte, heimliche Regungen des Körpers, die man so angstvoll verbarg, sie sind sinnvoll und schön geworden, die darauf abzielen, die Einsamkeit, die einen immer umgab, zu vernichten, eine Gemeinsamkeit zu schaffen, die erhebt ...“

Sie sah mich an, selbst von einer grenzenlosen Hoffnung erhoben. Das in der erzwungenen Sonderung ihrer Kindertage kalt gewordene Gesicht schien zu schmelzen vor dem plötzlichen Aufgange solchen unverhofften Gestirns. Diese Quälerin hatte Güte zu verbergen gehabt, Güte gegen einen nur, Güte gleichviel . . .

Ich bewegte leise den Kopf, zweiflerisch. Ich dachte an Ria, die fortlief, als ihr die Lüge solch vermeintlicher Geborgenheit plötzlich klar ward; dann steilte sich in mir die schauerliche Stille jenes Mordzimmers auf, in der auch der schaffende und zerstörende Gott aufschreien mußte vor Qual der Einsamkeit. Alles erworbene Gemeinschaftsgefühl blieb vorläufig, immer wurde seine Täuschung von bitterstem Alleinsein eingeholt.

Ich überwand mich, ich versuchte ihr von diesem zu sprechen.

Sie hörte mir zu, ein leises, zweifelndes Lächeln um die Lippen. Sie sagte am Ende: „Vielleicht ist es so. Deine Gemeinschaft war vorläufig, aber auch deine Einsamkeit ist nichts wie vorläufig gewesen. Was wir erleben werden, das wird das Endgültige sein.

Hast du es etwa bei Erna geglaubt? Gar nicht! Sie ist stumm gewesen, sie hat nie sprechen können." Mit einem schönen, stolzen Lächeln: „Glaube mir, es gibt wenig Frauen, die sprechen können."

Ich sah auf die Menschen, die vorübertrieben, ihre Gesichter schon leugneten jener Hoffnung. Hätten sie je solches erlebt, ein Abglanz davon wäre auf ihren Gesichtern geblieben. Pübe war so jung, so jung! Sie glaubte noch.

„Was hast du denn von Erna gewußt?" fragte sie neu. „Nichts. Mit dieser einen heftigen Tat hast du sie einholen, sie an dich reißen wollen, und hast sie und dich uneinholbar vereinzelt."

Sinnend: „Wenn ich daran denke . . . Es muß einen Augenblick gegeben haben, wo die Erfüllung schon ganz nahe war, ihre Morgenröte muß dir schon auf Ernas Gesicht geschienen haben, zitternd fühltest du sie kommen. Aber sie erlosch, schnell und schneller, du standest allein. Und dann kam die große Stille, alles endigte. Wie die Welt den Atem angehalten haben muß. Hast du dein Herz klopfen hören, oder war auch das verstummt?"

Sie sah mich fragend an; ich schwieg, erschüttert von der wahren Verwandtschaft dieser. Und doch schauerte ich vor ihr. War diese Verwandtschaft nicht zu nah, war es nicht mein eigenes Fleisch, mit einer andern Benennung, das ich begehren sollte, das mich begehrte?

Ich sah eine seltsame Verbindung, meine Phantasie schuf eine wilde Verkrampfung ...

Mich schüttelte Ekel. Doch zwang ich mich, ihre Hand auf meinem Arme zu sehen, eine schmale, bleiche, längliche Hand mit feinen Knochen; ihre Finger bewegten sich leise auf dem dunklen Stoff meines Ärmels.

Und mir grauste vor ihnen. Auch sie waren, wie die meinen, von der Lust beseelt, sich um ein Lebendes zu schließen, Nachgeben, Krampfen, Vergehen und die letzte Entspannung zu fühlen. Böse Finger. Grausame Hände.

„Antworte doch."

Ich brauchte es nicht. Auf dem Potsdamer Platz die Zeitungsfrauen schrieen die neueste Sensation aus. Pübe sah mich an. Sie kaufte von dieser, von jener. Am Tisch dann des Cafés saß sie über den Blättern, indes ich rauchte. Plötzlich hob sie den Blick, sie wies mir ein Blatt, ein Bild, mein Bild. Dort waren sie beide: der Mörder und die Ermordete. In dem schlechten Druck einer Abendzeitung waren sie noch einmal verkoppelt, sie, deren Leiche fern unter den Messern der Gerichtsärzte zerfallen war, und er ... Nein, ich; nein, nicht ich ...

Ich spürte den Blick eines Herrn. Er sah mich prüfend an. Dann fühlte er mein Auge, griff nach der Zeitung, sah doch wieder herüber.

Wenn er mich erkannte!

Ich flüsterte mit Pübe.

Doch sie: „Nach *dem* Bild erkennt dich keiner. So sehen Tausende aus. Hast du Angst?"

„Nein, nicht Angst. Es ist nur dies: alle sehen mich an, prüfend wohl, ob ich es bin. Wüßten sie meinen Namen, sie sprängen auf, sie glaubten, den Mörder zu halten. Alle meinen, daß ich es bin, bis zu Etz, bis zu Ria, bis zu dir. Und ich bin allein. Ich bin allein mit dem Wissen meiner Unschuld gegen alle. Bald glaube auch ich –"

„Wieder redest du so! Soll ich immer zweifeln? *Ich* zweifele nicht, du!"

Doch plötzlich hatte ich es wiedergefunden. „Nein, ich bin nicht allein. Einer ist, der um den Täter weiß . . . Und dann, dann . . . Der Täter selbst! Sie warten auf mich, lange schon. Ich muß ihn sehen, sein Gesicht; seine Hände, die dies taten, will ich zwischen den meinen fühlen: mich, mich kann man nicht täuschen. Es ist viel geschehen, seit heute morgen. Ich bin alt geworden in dieser Erfahrung und weise, der Anders wird seinen Gegner finden. Jetzt will ich wissen. Und auch du sollst wissen. Es ist höchste Zeit, fahren wir!"

„Wohin?"

„Zum Mörder! Zum Mörder!"

„Leise doch!"

23

Das Auto sprang an, glitt eilend fort, ward gehemmt in einem Wagengedränge, und plötzlich tat es einen hellen Schrei: frei geworden schoß es die spiegelnde Asphaltbahn dahin, in die der strahlende Himmel droben einen dunkleren Abglanz geworfen zu haben schien. Pübes Stimme ging sacht neben meinem Ohr, und die Häuser glitten vorbei und die Menschen. Schneller dahingetrieben unterschied ich kaum das viele verschiedene Weiße ihrer Gesichter, und näher als sie, näher als jene neben mir war mir in dieser Stunde ein kleines Mädchen, das irgendwann irgendwo gelebt hatte.

Irgendwo?

Ich begriff den Garten so wohl, der an des Kindes Schlafzimmer stieß. Es waren Läden an den Fenstern, aber wer konnte sie schließen? Wein war darübergewachsen; nachts sah die Kleine die dunklen Umrisse seiner Blätter gegen den helleren Himmel, dessen Tiefe nur durch die Sterne zu erraten war. Vielleicht schwankte der Wein in einem sachten Nachtwind.

Dann konnte es wohl geschehen, daß ein Mädelkind aufstand und sich gegen das Fensterbrett lehnte; seine Hand wurde des Tastens nicht eher müde, bis es eine jener Ranken gefunden hatte, die sich leise und fest, wie eine Reihe geheimnisvoller Ringe, über den Finger streifen ließen. Und nun lauschte es, etwa nach dem Rinderstall hinüber, wo eine Kuh nach ihrem Kalbe brüllte. Wie seltsam das war: eine Kuh brüllte nach ihrem Kalbe!

Doch dies ereignete sich erst später, sehr viel später, als die Tür zum Schlafzimmer der Eltern stets geschlossen wurde, wenn sie zu Bett gingen. Und kein Gedanke war daran, statt des Rebengeringels etwa nach der Hand der Mutter zu rufen. Der böse Traum war bös genug, aber hätte man geschrieen und dazwischen nach drüben gelauscht, würde man vielleicht wieder jene Geräusche gehört haben . . .

Nein, nein. Nun war man beinahe groß und sehr tapfer. Man ging aus der Wärme des Betts an das Fenster, schon fühlte man, wie der böse Traum dahinten blieb; und nun lauschte man nach der Kuh hin.

„Hör doch, die ganze Nacht ist still, aber die Kuh schreit. Sie ist ganz allein, auch zu ihr kommt niemand, sie schreit. Dafür bin ich Mensch, ich schreie nicht. Ich lehne mich hier aus dem Fenster, und wenn ich Angst habe und vieles nicht verstehe, ich weiß: nur warten muß ich, bis ich groß bin, dann werde ich bestimmt verstehen. – Nun ist die Kuh still geworden, vielleicht ist Gott zu ihr gekommen und hat sie getröstet, aber das mit Gott bleibt ungewiß, und an Trost glaube ich nicht mehr. Mir hat Muttis Trost auch nicht geholfen in jener Nacht, als sie mit dem Licht kam. Und ihr Gesicht war doch so schön."

Das Kind bemüht sich, nicht an dies Gesicht zu denken, dessen überirdische Schönheit einer Kerze Flackerschein in das angstschreidurchzitterte Finster der Nacht stellte. Es hat schon gelernt, daß man Erinnerungen nicht rufen darf, daß man sie ins Dunkel zurückjagen kann, wenn man nur ganz scharf an etwas anderes denkt. Es lehnt sich weiter aus dem Fenster, und vielleicht scheint grade der Mond und malt die zierlichen gezackten Schatten der Weinblätter auf den weißlich hellen Kies.

„Den hat Retzlaff geharkt, kurz vor Feierabend noch, ich kann die Striche sehen, die sein Rechen gezogen hat. Aber nach unten, zu der Gruppe mit dem großen Rhododendron, ist er natürlich nicht hingekommen. Davon hat ihn Minna abgehalten, das eklige Biest. Wenn er die sieht, ist es mit jeder Arbeit vorbei. Ich mag sie nicht leiden, die, mit ihren grellen Augen."

Das Kind muß wieder an die Kuh denken. Es hat von Mutti wissen wollen, was „fromm" ist. „Sieh dir doch die Augen von den Kühen an, die sind fromm." Es ist auf dem Futtergang hin und wider gegangen und hat den Kühen zugeschaut beim Fressen und Wiederkäuen, beim Melken und beim Schlampesaufen. Es ist wiedergekommen. „Nun weiß ich, was fromm ist, aber dann hat der Pastor keine frommen Augen." – „Nein, die hat er wohl nicht", und Papa mußte lachen. – „Aber Krümel hat welche." Krümel war der Dackel, ein Teckeltier mit langen, rotbraunen Haaren, die ihm über Stirn und Augen hingen und zwischen denen er listig und frech hervorblinzelte. Ja, das ging: listig und frech konnte man sein wie Krümel oder böse wie Cäsar, der Bulle, aber das steckte nur in den Winkeln der Augen oder obenauf, tiefer drinnen waren sie ganz überzogen von frommer Trauer. Das verstand sich leicht. Man konnte ja auch einen Tannenzweig in die Hand nehmen und sich anschauen, wie die Nadeln aus ihm herauswuchsen, jede mit einer kleinen Schuppe am Ende. Das war natürlich ein Spaß, wie sie da als Borsten um das kleine gelbbraune Astrund saßen, aber fromm waren sie doch. Sie sahen so gut in die Welt. Mit Minnas Augen war das ganz anders, die waren nur frech. Und man mochte suchen und suchen: es kam nichts darunter.

„Natürlich ist das Stück ungeharkt geblieben, sie haben sich einfach in die Büsche gedrängt. Und da lecken sie einander ab. Und dann kommt das andere ... Bei Retzlaff und Minna kann ich das verstehen, aber wie es Papa und Mutti tun können ... Vielleicht ist es so, wie wenn ich Fliegen quäle. Ich bin dann böse, und es tut mir weh, und ich muß hinterher lange weinen ... Ob sie auch weinen? Nein, sie sehen glücklich aus, und Muttis Gesicht war so schön!"

Das Kind macht ein paar Schritte gegen die Schlafzimmertür der Eltern, denn es hat ein Geräusch gehört. Es steht da, vorgebeugt, möchte lauschen, und dann macht es kehrt und läuft zitternd wieder ans Fenster.

Es will nicht! Es will nicht!

Es kann ja wieder an die Kuh denken oder an die Schafe. Schafe alle zusammen, wie sie aus dem großen Stall trotten, sind natürlich etwas schrecklich Dummes. Aber nimm ein Lamm mit dir in deinen Garten, sieh, wie es munter zu werden beginnt, und nun versucht es gar zu springen! Daraus kann im Leben nichts werden. Die Beine sind viel zu dünn und der Kopf zu dick und schwer, es war vorauszusehen, daß es hinfallen würde. Aber hast du das Erstaunen in seinen Augen gesehen, das Erstaunen, das selbst noch so sanft ist?

Und ein Lamm hat nie Furcht. Es ahnt überhaupt nicht, daß ihm jemand etwas zuleide tun könnte: es geht grade auf Jef los, und Jef ist so verdutzt, daß er es nicht einmal anblafft.

Oder das Lamm und die Blumen. Es hat natürlich nie so eine Blume gesehen, ein goldenes Chrysanthemum etwa, aber es meint, daß sie doch schmecken müsse, und beißt sie einfach ab. Aber plötzlich fällt ihm ein, daß diese Blüte in seinem Munde doch eine ganz andere Farbe hat wie das Gras; es bleibt stehen, hält sie zwischen den Zähnen und schielt die Nase entlang darauf hinunter. Sicher, sie hat eine ganz und gar auffallende Farbe, eine völlig ungewöhnliche Farbe. Und das Lamm sieht sich die goldene Blüte lange an; es sieht sie so lange an, daß es das Warum ganz vergißt, und nun frißt das Lamm das Chrysanthemum.

„Gott! Das Bett hat wieder geknackt. Lieber Gott, ich will es noch einmal versuchen. Lieber Gott, hilf mir, daß ich nicht wieder an die Tür schleiche und lausche!“

Draußen schwanken leise, leise die Weinblätter und Reben im sachten Nachtwinde. Der Mond ist noch heller geworden. Aber das Kind sieht ihn nicht. Es muß dahin. Es muß dahin. Wieder steht es an der Tür und lauscht, es zittert, seine Tränen laufen lautlos über das bleiche Gesicht: es steht da und lauscht.

Nun ist die Nacht wieder da, die böse Nacht, da dies alles begann. Puppikind ist noch klein, es ißt noch nicht bei Tisch mit, Puppikind geht zeitig schlafen. Aber plötzlich ist es hellwach, es starrt in die Finsternis und versucht zu begreifen, was es gehört hat. Es ist ganz still, nicht einmal der Schaukelstuhl knackt, der doch sonst nie ruhig ist. Aber nun hört Puppi drüben, im Schlafzimmer der Eltern, ein Streifen, ein Streifen, es hält lange an, und dann ist es wieder ganz still. Sie versucht sich dies zu erklären, sie weiß noch von Angst nichts. Es hat so geklungen, als würden Betten hin und her bewegt, aber wer wird im Nachtdunkel Betten machen?

Puppi lauscht. Und nun hört sie ein Flüstern, ganz laut knackt plötzlich das Bett, das ist Papas Stimme, der ganz, ganz rasch etwas sagt, und nun tönt ein langer Seufzer. Aber die anderen Geräusche werden immer lauter, das Bett hört nicht auf, Lärm zu machen. Die Kissen werden hin und her gewälzt, und Mutti stöhnt immer mehr.

Wie sie stöhnt! Ja, es gibt böse Menschen, oder vielleicht ist Papa wild geworden wie der Tell damals, der jeden biß? Was tut er Mutti? Wie sie seufzt! Ach, sie flüstert auch, sie redet so sanft zu ihm, sicher bittet sie ihn, daß er ihr nichts tun soll.

Puppi beginnt leise zu weinen, ganz leise für sich in ihre Kissen. Nun geschieht Mutti etwas. Und plötzlich wird der Lärm ganz stark. Papa sagt rauh und böse etwas, was nicht zu verstehen ist, und nun tut Mutti einen Schrei. Pübe hört es deutlich. Mutti schmerzt etwas, Mutti schreit sonst nie, aber nun schreit sie, ganz leise, als hätte sie Angst.

Des Kindes Herz klopft so sehr. Es lauscht. Es lauscht. Noch einmal knackt das Bett, und alles ist still. So still. Es rührt sich ja nichts. Mutti sagt ja nichts mehr. Mutti ist tot! Mutti ist tot! Nie wieder wird Mutti ein Wort sagen. Da tut Puppikind einen Schrei, einen grenzenlos wilden Schrei, und es fühlt, wie dieser Schrei etwas in ihr zersprengt.

Mutti neigt ihr Gesicht über sie, und Muttis Gesicht ist so schön.

Ja, ja. Es ist alles gut. Sie sagen es dir natürlich nicht. Es ist nichts geschehen. Und es vergißt sich auch. Nur daß man später, viel, viel später, in der Nacht einmal wach liegt, eines überladenen Magens wegen vielleicht, und die Finsternis singt um einen. Da knackt drüben ein Bett. Und nun grübelt man: Früher war die Tür zwischen den Zimmer doch nicht zu? Früher konnte ich doch Mutti rufen? Jetzt hängt eine Klingel neben dem Bett, und wenn ich drücke, kommt Elsebe. Früher kam Mutti. Warum ist das anders geworden?

Puppi richtet sich auf. Und nun steht sie an der Tür und lauscht. Da ist die Nacht wieder da . . . Nein, sie hat nichts vergessen. Und nun muß sie selbst zu verstehen suchen Muttis Seufzer und dies so wundersam geschluchzte „Oh du!". Da waren Schmerzen, und Papa hat ihr wehgetan. Vielleicht ist es ein Zufall, vielleicht hat sie ein Tier sterben sehen, und der Todesseufzer, das Strekken der Glieder haben sie dunkel an diese Nacht erinnert. Und nun geht sie schon ihren Weg. Sie geht ihn ganz einsam, niemand weiß davon.

Sie lernt, daß sie böse Tage hat, da sie quälen muß, und andere sanfte. Und immer kommen die bösen Tage, wenn sie an der Tür gelauscht hat. Und nun beginnt der Kampf. Niemand weiß davon.

Weiß niemand etwas? Da ist ihr Name, wie seltsam hat er sich gewandelt! Aus dem einfachen, ein wenig läppischen Puppikind wurde Pübe, ihr Name, ein Name ganz allein für sie. Sie konnte lange stillsitzen im Sonnenschein und immer vor sich hin Pübe sagen. Dann begriff sie sich näher. Pübe, das war sie allein, Pübe, das war das Lauschen, Pübe, darin klangen die bösen Tage, aber Pübe konnte auch gut und übermütig sein. Pübe, das war so ganz anders wie die andern Ilse und Marie und Mieze und Arabella. Pübe, das war sie. Wußten die andern nichts von ihr? Nein, sie ahnten nur.

„Aber einer soll nicht ahnen, einer soll wissen: du!"

„Ja, Pübe. Ja."

„Wer ist der Mörder, sprich!"

„Ich bin der Mörder, Pübe."
„Du wirst dich nie mehr vor mir schämen, nein?"
„Nie mehr."
Das Auto hielt vor dem Café. Wir traten ein, den wahren Mörder Erna Habermanns kennenzulernen.

24

Wir betraten das Café, dessen erster, mäßig großer Raum dicht mit Gästen gefüllt war. Er hallte wider von dem Geklapper der Löffel und Tassen, von Gelächter, von Geschwätzen; am Buffet riefen die Kellner ihre Bestellungen, die Kontrollkassen ratterten und klingelten, und in diesen Wirrwarr mischten sich von irgendwoher die langgezogenen Töne von ein paar Geigen, die eine Schlagermelodie spielten. Ich unterschied zuerst in dem Zigarettenqualm nur allgemein das Weiße, Rosige und Rote von Gesichtern; mich zwischen den Tischen durchdrängend, näher hinsehend, suchend, sah ich lächelnde Münder, blinzelnde Augen, ein Mädchen warf den Arm hoch, und seine glatte Weiße, die ein himmelblauer Ärmel zurückgleitend enthüllte, stand einen Augenblick wie eine schön Marmorsäule gegen die Decke. Das Gesicht einer Frau schob sich dazwischen, ich sah aufmerksam auf ihren Mund, der mehrmals böse das gleiche Wort wiederholte, und ich bemerkte in einem Winkel einen glatten runden Schädel, der Anders zu gehören schien. Ich drängte mich durch, stieß an Stühle und Schultern, ein Kellner, unter Tabletts keuchend, drängte mich zur Seite, ich schob mich weiter, der Dicke wendete mir sein Gesicht zu, und ich erkannte meinen Irrtum.

Ich flüsterte zu Pübe: „Hier scheint er nicht zu sein", und wir drängten uns durch eine Glastür auf einen Gang, der mit Teppichen belegt war. Hier war es stiller. Der

Lärm ebbte hinter uns ab, der Gang machte eine Wendung, und wir betraten ein unübersichtliches Gemach, das matt von einer Reihe bunt verhängter Lampen erleuchtet war. Hier saßen in Korbsesseln und auf Polstersofas nah aneinandergedrängt Liebespaare, die bei unserm Anblick auseinanderrückten und plötzlich verstummten. Ich überraschte Hände, die sich scheu zurückzogen, Münder, die ein töricht gleichgültiges Lächeln schwellte, und ein Mädchen steckte bei unserm Nahen hastig seine Brust in das Kleid. Man sprach leise, flüsterte, die Musik sang kaum hörbar hinein. Ich ging hin und wider, unsicher, ob ich auch alle Tische gesehen, kam an schon besuchte, von bösen Blicken oder offenen Spottworten begrüßt, die vielen Schirmwände, das Vage der Beleuchtung, die Vermischung zahlreicher Frauenparfüms verwirrten mich.

Schließlich ging ich fort, und gemeinsam mit Pübe stieg ich die Treppe ins obere Stockwerk empor. Man verlangte unsere Garderobe und Eintrittsgeld in den Blauen Saal. Ich bedeutete, daß ich nur einen Bekannten suchte; ich mußte trotzdem bezahlen. Wir entledigten uns der Überkleider, Pübe blieb einen Augenblick vor dem Spiegel, indes ich Kleingeld suchte. Ich traf ihren Blick im grünlichen Glase, er war trübe und schwimmend, wie belastet von bösen Ahnungen. Wir gingen einen Gang hinauf, dann wurde ich zurückgerufen, weil ich meine Garderobenmarke vergessen hatte.

Rechts und links vom Gang lagen Telefonzellen, durch ihre erleuchteten Fenster sahen wir Gesichter auf Sprechtrichter gebeugt oder, den Hörer am Ohr, immer von neuem das gleiche Wort in einen Winkel der gepolsterten Zelle rufend. Die Stimmen der Männer und Frauen vermischten sich, ihr gedämpftes Gemurmel klang wie ein bizarres Begehren nach Lust.

Ein Diener in Eskarpins öffnete uns die Saaltür. Der

Raum war verdunkelt, von der Bühne fiel ein grünliches Licht auf Reihen von Gesichtern, die aus Gräbern gezerrt, von Totenbetten hergeschleppt schienen.

Eine Frau im Rokokokostüm wandelte oben auf und ab, sie sang stimmlos ein paar Verse, plötzlich warf sie die Röcke hoch, die Scheinwerfer surrten, und rotes Licht beleuchtete ihre Beine, die nackt erschienen. Der Vorhang fiel, das Publikum applaudierte, es wurde wieder hell. Ein Kellner wies uns einen Tisch an, ich drängte durch die Reihen, geriet in die Weinabteilung, wurde zurückgerufen und kam schließlich an eine kleine Bar, wo, auf hohem Stuhle hockend, ein bebrillter, geistlich aussehender Jüngling eine Blondine bekurte, die seine Mutter hätte sein können.

Ich erinnerte mich, daß ich Pübe verloren hatte, ich machte kehrt, ging um eine Säule und geriet in die Toiletten. Ein bleicher, vermickerter Mann wollte mir Präservative, dann Pillen aufreden, ich wies ihn zurück, stieg ein paar Stufen empor und war in den Billardsälen.

Der grelle weiße Lichtschein fiel auf das grüne Tuch, von dem er, einer Schimmelschicht ähnlich sehend, festgehalten wurde, die Bälle eilten, torkelten, klapperten, ab und zu knipste sich einer eine Serie an. In den Winkeln saßen wie Verschwörer mit bleichen, kummervollen Gesichtern Kartenspieler, ihre Finger bewegten sich spinnenfüßig, Schachspieler schienen erstarrt. Ich konnte Anders nicht entdecken.

Durch ein offenstehendes Fenster kam ein frischer Luftzug, ich trat heran, sah hinaus. Der dunkelblaue Himmel wurde im nahenden Abend matter, weißlich, von der auf der Straße sich drängenden, eilenden, schwatzenden Menge stieg Gemurmel auf. Die Autos schrieen.

Ich wandte mich um und kam in einen großen Saal, in dem Blechmusik spielte, Bürger tranken Kaffee und aßen Kuchen, während zwischen den Tischen Kinder umherliefen, die einander scheu und schweigend betrachteten. Ein Mädchen berührte meine Schultern. „Nun, Bubi, wie ist's mit einem Likörchen?" Und zurückfahrend: „Nein, was für ein Gesicht!"

Ich glaubte wieder die Billardkugeln klappern zu hören, ich ging dem Geräusch nach und geriet an das Buffet. Schließlich besann ich mich auf den Namen Blauer Saal. Ich wurde zurechtgewiesen. Da ich durch einen andern Eingang gekommen war und mein Billet nicht finden konnte, mußte ich noch einmal bezahlen.

Der Saal war wieder verdunkelt. Auf der Bühne stand eine Frau im Pelz, sie besang in schlecht gereimten Versen diesen Pelz, dann zog sie ihn aus: sie schien darunter nackt zu sein. Wieder flammten die Scheinwerfer auf, und ich entdeckte Pübe, an einer Säule stehend, sehr blaß, mit dunklen Schatten unter den Augen.

Sie wandte mir langsam ihr Gesicht zu, in ihre Augen trat das Zarteste von Erkennen.

Ich fragte: „Gehen wir?"

„Gehen wir."

Im Gang die Telefonzellen waren wie vorher beleuchtet und besetzt, es schienen dieselben Menschen zu sein, die dort ihre Verbindung verlangten, noch immer ihre Rendezvous verabredeten, mir kam es vor, als seien sie verdammt, dort ewig das gleiche aus Männer- und Frauenstimmen gemischte Gemurmel der Lust zu verbreiten, das nie über die Begierde hinausreichte.

Wir bekamen unsere Garderobe zurück, die Frau wies uns einen direkten Ausgang auf die Straße. Schon treppab steigend, in der frischen Luft, umspielt vom grauen Dunst des Abends, fiel mir ein: „Wenn er unterdessen ins Café eingetreten wäre!"

Und: „Entschuldige, Pübe, gehen wir lieber vorne hinaus!"

„Aber . . ."

„Er könnte unterdes gekommen sein."

„Aber . . ."

„Ich darf ihn nicht verfehlen."

„Also zurück!"

Wir passierten die Garderobe und kamen wieder in das Zimmer mit den Liebespaaren. Auch sie schienen dort zu sitzen wie vor einer halben Stunde, die Hände hatten wieder ihr Bein oder ihre andere Hand gefunden, die Brust war wieder aus dem Ausschnitt geschlüpft, zärtliches Lächeln fror unter unserm Blick.

Wir gingen den mit Teppichen belegten Gang hinauf, die Glastür öffnete sich, und das Geklirr, das Geklapper, das Gegeige, das Geschwätz, das Geklingel umtönten uns von neuem.

„Nichts."

„Also können wir gehen?"

„Ja, wir sind zu spät gekommen."

Wir standen auf der Straße. Während wir uns in die Menschenströme eingliederten, die den Bahnen des Alexanderplatzes zuschoben, während wir näher um uns ihre Berührung, ihr Lachen, den Schall ihrer Schritte hatten, sagte Pübe aufatmend: „Gottlob, das war wie böser Traum."

Ich fragte: „Und was tun wir nun?"

„Muß immer etwas getan sein? Lassen wir uns treiben. Wir werden ja sehen, wohin uns der Strom trägt."

„Ich habe stets das Gefühl, als versäumte ich etwas."

„Du hast nichts mehr zu versäumen."

25

Ich weiß wirklich nicht zu sagen, warum mich der Gedanke an Anders nicht losließ. Dieser Mann hatte mich belogen und bestohlen, er hatte mich in der schlimmsten

Weise vor mir selbst gedemütigt, und doch wuchs nur mein Verlangen, ihn zu sehen, mit ihm zu sprechen. Was ich mit ihm sprechen wollte? Ich wußte es nicht. Glaubte ich noch daran, daß er mir den Mörder Ernas würde zeigen können? Ich hatte nie wirklich daran geglaubt.

Aber dann erschien sein feistes, blasses Gesicht mit den blinzelnden Augen vor mir. Sein Blick schien verraten zu wollen, und ich erriet nicht. Seine Hand machte eine Gebärde, aber ihre weichen, kurzen Finger ekelten mich so, daß ich fortsehen mußte. Da war ein so trübes Licht, und doch machte es den Blick krank. Schleier über Schleier - ein mystisches Dunkel, eine mystische Angst - und ein tolles Begehren nach dieser Angst. Lehne dich weit hinein in dieses fette Gesicht. Du vermagst es nicht zu überschauen. Diese Trübheit dampft aus Niederungen -.

Worte ... Wörter ... Ach, was ich auch schreibe, was ich auch fühle jetzt (und diese Gefühle scheinen stärker zu mir zurückgekehrt, als ich sie vielleicht selbst in jenen Stunden gehabt), ich kann nur Sinnbilder zeigen, durch Umschreibungen dieses ziehende, quälende Gefühl andeuten, das mir mit Gewißheit sagte, Ruhe sei erst des Kellners Gesicht.

Darum - wäre Pübe nicht gewesen, ich hätte kehrt gemacht, mich wieder in das Café gesetzt und sinnlos, zeitlos, planlos auf ihn gewartet. Aber sie ging neben mir. Sie durfte ich nicht auch noch verlieren. Sie war der Mensch, an den ich mich klammerte. Mit ihr durch die Straßen zu gehen, ohne Frage, ohne Gedanken an die Zukunft, das war alles, was ich noch leisten konnte.

Jenseits des Alexanderplatzes verloren wir uns in das Gewirr der engen, hohen Arbeiterstraßen. Und um das Schweigen zu brechen, um meine Seele von dem Druck zu befreien, der auf ihr lastete, begann ich, zu Pübe von Anders zu sprechen. Ich erzählte ihr von dem ersten Sehen im Wartesaal, von dem Blinzelblick zu Erna, von dem zweiten Treffen sodann, da ich den Koffer seiner Sorge anvertraut, schließlich von dem frechen Brieftaschendiebstahl, dem noch frecheren Besuch bei mir.

Ich bemühte mich, ihr das Gefühl mystischer Angst und Anziehung zu zergliedern, das mich ihm gegenüber peinigte. Aber grade dabei scheiterte ich. Denn diese Gefühl wurden gänzlich unerklärlich, wenn ich nicht mein Teil an der Toten dort hinten leugnen konnte. Ich hatte nichts getan, aber durfte ich das Pübe sagen? Sie ging neben dem Mörder, der Unschuldige war ihr ein feiger Betrüger, erst der wahre Schuldige, der wortlos verlassen werden mußte. Wußte ich mich nicht schon selbst abgründiger mit dem Geschehenen verstrickt? Pübe durfte nicht wissen, und doch sehnte ich Anders herbei, der Wissen auch ihr geben sollte.

Nein, sie verstand mich nicht. Für sie war er nichts wie ein sehr gerissener Gauner, der sich sofort mit seltenem Geschick meine schwache Stelle zunutze gemacht hatte. Ich mußte mich freuen, ihn losgeworden zu sein, da ein Wink von ihm genüge, mich der Polizei auszuliefern.

Über unserm Gespräch war die Dämmerung eingefallen, wir hatten viel Zeit auf unsern Spaziergängen, bei den Aufenthalten in den Cafés versäumt. Es war schummrig, die Scharen heimkehrender Arbeiter hatten sich verlaufen, der Abendverkehr noch nicht begonnen. So war die Straße, in der wir gingen, fast leer.

Pübe sagte abschließend: „All deine Erklärungen scheinen mir Tüftelei. Entweder verbirgst du mir etwas, oder deine Sehnsucht, diesen Anders noch einmal zu sehen, ist Feigheit. Willst du ein Ende machen und scheust dich, selber auf die Polizei zu gehen, möchtest einen andern dazu zwingen? Nein, sei froh, daß du ihm entgangen bist. Dieser Anders ist ein durch und durch gefährlicher Kerl."

In diesem Augenblick geschah es.

„Anders!" gellte es hinter uns. Und noch einmal: „Anders!"

Ein Junge schoß hinter uns vor, stieß hart an mich, raste die Straße hinab. „Anders! Anders!"

Pübe und ich blickten uns in die bleich gewordenen Gesichter. Wir blieben stehen. Unsere Hände lösten sich voneinander.

„Sagte ich es nicht?" murmelte Pübe.

Und faßte mich, der ich mich nach dem im Dämmer entschwindenden Jungen umschaute, am Arm. „Komm", sagte sie leise. „Lauf!"

Wir liefen. Noch entsinne ich mich der leichten, beinahe fröhlichen Melodie ihrer Schritte neben mir her. Es ist ein Zufall, dachte ich, ein blöder Zufall. Aber sie ist vom Lande. Von den Feldern kommt sie her. Von den Wiesenwegen. Sie hat die ganze Weite um sich gehabt, hinten war der Wald: wer ist am ersten da? O Hunde, all ihr vierfüßig Getier, das ihr Lehrer ihrer Schritte wart!

Und wieder: Natürlich hat er hinter uns gehorcht, den Namen aufgeschnappt. Er wollte sich einen Spaß machen, uns erschrecken. Wir sind erschrocken.

Ich sagte es im Laufen zu Pübe. Sie schüttelte nur den Kopf. Dann rief sie: „Auto! Auto!"

Wir saßen nebeneinander, noch bleich, hastig atmend.

Ich sah ihr Gesicht: der Kopf war zurückgelehnt gegen das Polster der Rückwand, über ihren Augen lagen tief, tief die Lider. Ich glaubte ein Lächeln zu sehen um ihren Mund, ein Lächeln, das, weder traurig noch froh, etwas Geheimnisvolles war, und mit nahem Hinschauen zerging's.

„Nun fängt es an", sagte sie.

„Was, Pübe?"

Sie machte nur eine Bewegung. Sie schlug die Augen voll auf, ihre Schwärze war ganz erfüllt von Leid. Sie zog meinen Kopf an sich; sie küßte ihn mit Lippen, die kalt waren.

„Das Ende kommt“, flüsterte sie, „weißt du es nicht?“

Und wieder küßte sie mich.

Das Auto hielt an der Stadtbahn. Wir faßten den Zug nach Spandau. Auf der nächsten Station, im Augenblick der Abfahrt, stürzte Pübe in den gegenüber haltenden Zug nach Charlottenburg. Ein Fahrdienstleister, der mich hindern wollte, den fahrenden Zug zu besteigen, hätte uns beinahe getrennt.

Die Untergrundbahn donnerte mit uns durch Tunnel. Wir wiederholten überraschendes Umsteigen in Züge der Gegenrichtung, wir benutzten die schwankenden Omnibusse, hastig atmend sahen wir von ihrer Höhe in das Menschengewoge, das den Feind bergen konnte. Autodroschken trugen uns durch stille Straßen, in der gedrängt vollen Elektrischen musterte einer des andern bleiches Gesicht. Schließlich betrachteten wir mitten im Tiergarten, in einer unbelebten Allee auf und ab gehend, die wenigen Passanten. Pübe sagte: „Kein Mensch beobachtet uns. Es sind stets andere Gesichter.“

Und ich: „Sagte ich dir nicht gleich, es sei Zufall? Wir haben nie Beobachter gehabt.“

Aber sie, sehr ruhig: „Du warst ebenso blaß, hast ebenso gezittert wie ich. Du hattest keine Lust mehr, Stelldicheins mit Herrn Anders abzuhalten. Du warst froh genug, zu fliehen.“

Und dann lachend, so froh lachend: „Aber jetzt habe ich Hunger. Und ich weiß im Westen eine kleine gemütliche Weinstube. Ich schlage vor, wir nehmen noch einmal ein Auto und fahren dorthin.“

Wir taten es. Und als wir in einer Nische des stillen, abgelegenen Lokals an dem weißgedeckten Tisch saßen, den Blumen schmückten, fiel von mir Angst und Unrast des heutigen Tages ab. Ich hob mein Glas grüßend gegen Pübe. „Auf dein Wohl."

Sie hob ihres dagegen. „Mein Wohl?"

Eine Stimme schnarrte neben uns: „Möchten die Herrschaften nicht Herrn Anders sprechen?"

26

An unserm Tisch stand eines jener verkrümmten, verarbeiteten Weiber, die, Kehricht der Großstadt, bei flüchtigem Zusehen eines dem andern zu gleichen scheint. Sie hielt uns in einer gelblichen, krallenähnlichen Hand einige Schachteln mit Streichhölzern entgegen, wobei sie, weil der Oberkellner, zweifellos durch unser Erschrecken aufmerksam gemacht, näher trat, bettelte: „Nur eine Schachtel, die junge Frau."

Ich zögerte. Ich sah in dies farblose, von Falten durchzogene Gesicht, dessen Augen mir frech und doch demütig zublinzelten, eine Erinnerung dämmerte ... Es schien mir, als habe ich dies Weib schon gesehen, als habe ich diese schnarrende Stimme, von der die einzelnen Worte ineinander verwischt wurden, schon einmal vernommen, ich strengte mein Hirn aufs äußerste an, und einen Augenblick meinte ich, auf einem dunklen, übelriechenden Vorplatz zu stehen, jemand neben mir, und aus dem Düster der Wand stößt sich etwas vor, schnarrt, eine Tür öffnet sich ... nichts, nein, sie öffnet sich nicht. Es ist nichts. Irgendein Traum. Wann auch hätte man mit solchem Wesen Berührung gehabt?

Der Kellner sagt: „Gehen Sie weiter, Sie sehen doch, daß die Herrschaften nichts brauchen ..."

Ich mache eine Bewegung: greife in die Tasche nach Geld. Mein Blick fällt auf den Tisch. Ich sehe dort eine

Hand leise geschlossen um den Stengel eines Weinglases liegen, und als mein Blick sie trifft, löst sie sich von dem grünlichen Kristall, die Finger werden schlaff, ihr Leben scheint zu erbleichen, zu schwinden, und mit einer ungeschickten, tolpatschigen Bewegung wendet sie sich und dreht die Innenfläche nach oben.

Ich erinnere mich wieder, daß ich über Pübe gebeugt stehe und sie atemlos und leise rufe. An einem Nebentisch macht der Kellner ganz unsinnigen Lärm beim Einschenken eines Glases Wasser. Etwas entfernt stehen ein paar Damen und Herren, die in einer Mischung von Bestürzung und Neugierde zu uns herüberschauen. Ich blicke wieder in ihr Gesicht. Die kalkige Blässe weicht, ich fühle das Straffen der Nackenmuskeln gegen meinen Arm, und der aufgehende Blick ist gleich voll da, als sei er nie fortgewesen. Vielleicht erschreckt sie die Nähe meines Gesichtes, ich sehe und fühle ihren Schauder. Dann richtet sie sich ganz auf. „Habe ich dir sehr angst gemacht, Lieber?"

Ich lächle nur mit den Augen. Sie sieht sich um. Beruhigung ist eingetreten, die Gäste sitzen wieder an ihren Tischen, der Kellner tut diskret beschäftigt, die Alte ist fort.

Pübe fragt nur: „Wir müssen hin zu ihm?"

Ich nicke.

Und sie ergreift das Glas, sie dankt meinem Gruß. Wie klingt ihre Stimme, als sie ihn noch einmal, zweiflerisch und mit lächelndem Spott, wiederholt: „Mein Wohl!

Wir haben", sprach sie, „Zeit. Unser kluger Freund wird draußen warten. Laß uns noch einmal essen und trinken und fröhlich sein. Das wartet und das kommt. Mittlerweile –"

„Ich werde selbstverständlich allein zu ihm gehen, Pübe."

Sie lächelte wieder. „Wie wenig du noch weißt, Armer.

Wäre nicht alles sinnlos, wenn ich dich allein gehen ließe? Wohin habe ich denn noch zu gehen als den Weg mit dir?“ Sie fragte rätselnd noch einmal: „Wohin?“

„Aber ich versichere dir, er hat es nur auf mein Geld abgesehen. Es ist ganz zwecklos, daß du dich gefährdest.“

„Richtig, dein Geld. Nein, so leicht werden wir es Anders nicht machen. Während wir jetzt reden, wirst du unauffällig einen Teil deiner Geldpakete dort unter mein Jackett schieben. Nicht alles, doch das meiste. Wir Frauen haben bessere Möglichkeiten als ihr, etwas am Leibe zu verstecken, Stellen, die kein Mann zu durchsuchen wagt.“

Hat ihre Stimme sich verändert? Ist ihr Gesicht böse geworden? Ich sehe sie dort vor mir, mit etwas Lauerndem in den zu gespannten Zügen, das ich hasse; ich traue der sachlichen Kühle ihrer Stimme nicht, ich spüre eine Glut, und ich weiß, daß ich sie spüren soll.

„Anders wagt es, Pübe. Anders tut es.“

Ich senke meinen Blick von ihren Augen zu ihrem Mund, zum Ausschnitt ihres Kleides. Sie lehnt sich ganz zurück, sie streckt sich. „Ah, also er tut es? Er tut es? Er würde wagen, meine Unterkleider ...“

Wie sie genießt! Wie sie mit einer angstvollen, lüsternen Begierde schon rohe, fühllose Hände an ihrem Leibe tasten fühlt, Hände, die das Verknüpfte der Kleider sprengen statt entknoten, zartes Gewebe zerreißen statt streicheln.

„Pübe!“ rufe ich. „Pübe!“

„Ich liebe das Leiden“, sagt sie, „und ich weiß: so wird einmal Ende sein. Du, der du in all dies verstrickt bist, du weißt nichts. Du gehst den Weg, aber du gehst ihn blind. Man muß aber wissen. Ich will nun den Mut haben zu jeder Regung, und ich werde ihn haben. Schämen? Wer wird sich schämen!“

Sie trank ein Glas Wein. Eilig: „Ich hätte dir soviel zu sagen, Dinge, die nicht vergessen werden dürfen. Warum meine ich, wir wären nicht lange mehr beisammen? Mir ist, als wäre ich schon sehr alt. Nun ist meine Kindheit zu mir zurückgekehrt, meine unbekannte Kindheit, in der nur du gefehlt hast. Muß ich nicht noch einmal von ihr sprechen, zu dir?"

Nach einem Bedenken, noch eilender: „Vielleicht warst du in ihr. Vielleicht hast du nur abseits gestanden irgendwo . . . Vielleicht ist es, daß die wahren Gefährten immer in unserer Nähe sind, aber erst in einer hohen Stunde . . . Kurzer Weg? Mißt man solche Wege nach Zeit?"

„Pübe!"

Das Fieber ist vorbei. Wie sie geeilt ist! Wovor fürchtete sie sich? Was floh sie? Ich weiß es nicht, wie ich nie etwas von ihr weiß. Doch nun sprach sie langsam und sanft. (Hatte es ihr solche Mühe gemacht, diese schlichte, beinahe banale Geschichte aus sich heraufzuholen? Oder erzählte sie vielleicht eine ganz andere Geschichte? Ich weiß nichts.)

„. . . du natürlich wärest an jenem Ostwindabend winters nicht mit mir gegangen. Der Schnee lag so hoch. Es hatte einmal getaut, dann war er wieder gefroren und trug nun zuoberst eine klingende Eisschicht, durch die man bei jedem Schritt brach. Der Förster war bei Papa gewesen und hatte gebeten, das Wild noch stärker füttern zu dürfen, es käme todmatt mit blutenden Läufen an die Futterstellen. An jenem Abend, als der Ostwind feinen Staubschnee unermüdlich durch die Luft jagte, schlich ich mich allein in den Wald. Ich mußte das Wild sehen. Du wärest nicht mitgekommen. Zehnmal brach ich in Schneewehen ein. Ich zerriß mir Hände und Gesicht mit Eissplittern, meine Röcke ließ ich liegen und ging in Gamaschen und Hosen weiter.

Ich kam an die kleine Lichtung, den Futterplatz. Es war Heu und Stroh aufgesteckt gewesen, aber das Wild hatte es längst herabgezogen und aufgefressen. Nun zogen die Tiere in schwankenden, unbeholfenen Konturen um die leeren Raufen, mit den blutenden Hufen scharrten sie im Schnee. Wenn ich näher ging, machten sie ein paar kümmerliche Schritte von mir fort, dann senkten sie den Kopf wieder auf die Eisdecke und suchten kläglich nach Äsung.

Ich sah ein Reh abseits liegen, das selbst zu solcher Bemühung schon zu schwach schien. Ich trat heran. Ich glaubte, selbst in dieser von Schneelicht kaum dämmerigen Dunkelheit die sanfte, klagelose Trauer seines Blickes zu spüren. Ich senkte meine Hand auf sein Fell, das naß und zottig war, es erschauerte leise unter der Berührung. Dann senkte es den Kopf tiefer. Ich hatte ein wenig Brot in der Tasche, ich nahm es und hielt es unter seine Nüstern. Es machte eine leichte Bewegung darauf zu, aber es öffnete die Lippen nicht. Ich sprach sanft mit ihm, ich hielt immer das Brot hin.

Ich sah es, frei und leicht, hurtig wie der Wind, sommers die Waldtäler entlang eilend, und so schön, so schön! Ich sah es in die Kleeäsung treten, den Kopf aufmerksam erhoben, den milden, stolzen Blick um sich sendend. Es hatte von der Sonne den Glanz, von dem Morgentau waren seine Hufe schwarz und fest, seine Nüstern waren so weich von all dem Blütenstaub.

Eine sinnlose Wut packte mich, es hier so entwürdigt, verhungert, krank, am Verenden liegen zu sehen. Ich schlug es mit der Faust gegen die Stirn. Es machte eine kleine Bewegung, als wolle es den Kopf fortziehen, aber diese sanfte Bewegung vergrößerte meine Wut nur. Ich trat nach dem Tier, ich schlug es, unter wildem Schreien und Schluchzen bearbeitete ich es mit Händen und Füßen. Einmal machte es den Versuch, sich aufzurichten, es streckte die Vorderbeine, hob den Kopf und brach gleich darauf wieder zusammen.

Immer weiter weinend lief ich nach Hause. Ich fror, ich war naß, mein Gesicht, meine Hände schmerzten und bluteten, Mutti starrte mich verständnislos an, als ich bei ihr eintrat. Ich sagte kein Wort, ich weinte nur. Sie ging mit mir in mein Zimmer, sie zog mich selbst aus, sie wärmte mein Bett: es half nichts, ich zitterte fort. Da setzte sie sich an das Fußende, sie öffnete ihr Kleid, und nun erwärmte sie meine eisigen Füße mit ihrem eigenen Leibe. So schlief ich ein.

Du darfst nie vergessen, daß Mutti dies getan hat. Es ist mir, als müßtest du mich besser verstehen, da dies mir geschehen."

Sie sah vor sich hin. Ihre Hand tastete nach dem Jackett. „Das Geld –?" fragte sie ganz leise.

Ich fuhr auf. „Das Geld! Oh, ich habe ganz vergessen –"

Auch dieser Blick ist der Erinnerung nicht vage, unbestimmt. Unter ihm verließ mich meine Sicherheit, ich fühlte plötzlich, daß ich nichts, nichts von Pübe wußte und daß sie mich haßte. Ja, mit Liebe, ja, leidvoll haßte. Und die Idee kam mir, daß ich besser allein, besser selbst noch mit dem verräterischsten Anders zusammen wäre als mit dieser Frau . . .

Und ich sah, wie schön sie war. Wieder sah ich ihre Hände an, die über den glatten Scheitel strichen. Ich rätselte an ihrem Gesicht. Aber tiefer, tiefer . . .

Sie fragte böse: „Warum erzähle ich dir so lange Geschichten, die jeder Spion hören darf?"

Erschüttert bat ich: „Aber doch nicht darum, Pübe! Nicht darum!"

„Wenn du je begreifen wolltest, daß dies kein Spiel mehr ist! Vornehmtun, Blasiertheit, ‚Nicht-nötig-Haben' – o Gott, wo bleibst du dann?!" Und als ich, das

Versäumte nachzuholen, in die Tasche tastete: „Hier nicht. In der Tür wartet jemand."

Wir standen auf. Wir zahlten. Wir gingen.

27

Ein Jüngling verbeugte sich und öffnete uns die Tür des Autos. Von innen schnarrte es uns entgegen: „Sie lassen sich Zeit, die jungen Leute. Aber es macht nichts. Um so besser werden sie zahlen."

Wir setzten uns auf den Vordersitz, die Alte hockte uns gegenüber. Die Tür schlug zu, und der Wagen fuhr leise, tief summend, an. Durch die Fenster fiel huschend das Licht der Straßenlampen, es spiegelte sich in den Augen des Weibes, die unverwandt auf mich gerichtet blieben. Ich faßte nach Pübes Hand, ihre Finger schlossen sich eisig und krampfhaft um die meinen.

Wieder schnarrte die Alte: „Und wir haben keine Fragen zu stellen? Wir gehen wie die Lämmer zur Schlachtbank?"

Wir schwiegen. Draußen trieben die Menschen vorüber, sie konnten gehen, wohin sie mochten, dort in das Café, in die Bar, sie brachen wieder auf, sie verweilten noch, zögerten, schwatzten, tranken – und wir, unsagbar Vereinzelte, irren nun schon Stunden, aber die Kreise werden enger, es saugt uns an, dort inmitten steht das noch verhüllte Schicksal, wir fühlen die eisige Kühle, die von ihm ausgeht, wir entrinnen ihm nicht mehr.

Dank, daß ich deine Hand noch halten darf. Nein, du bist sanft. Auch der Tag war sanft wie diese milde Sommernacht. Nun blühen in allen Gärten die Blumen. Und wir, die wir durch diese heißen, überlauten Steinstraßen eilten, wir sind in Wahrheit vielleicht andere Wege gegangen . . . Mir ist's, als spürte ich Rasen unter meinen

Füßen. Alle Blumen stürzen das Ufer hinab der sachten See entgegen. Siehst du die Blütenbüsche überhängen? Sie triefen von Weiß, ihr Rosa und Gold leuchten hell selbst solchen Abend. Alle Liebe geht in Gärten. Wir sind wieder unschuldig, du. Unter den Wurzeln des wilden Rosenstrauches hat das gequälte Tier seinen Gang gegraben, die versäumten Glückstunden, die man „zu tun" hatte, warten im hohen Strandhafer. Daß ich deine Hand halte, das ist's. Daß mein Arm bei deinem ist, daß mein Atem bei deinem weht - das ist's. Alle Liebe ... alle Liebe ...

Weit fort höre ich Püse fragen: „Aber wie haben Sie uns finden können?"

Das Weib lacht. „Das möchten Sie wissen ... Ihr glaubtet, wir würden euch nachlaufen? Neinnein, wir finden euch so. Anders ist ein kluger Mann, ein sehr kluger Mann. Nachlaufen? Er hat nur gelacht. Wenn sie genug gefahren sind, wenn sie sich ganz abgehetzt haben, dann gehen sie in den Westen. Solche Liebespaare gehen zum Abendessen immer in den Westen. Man stellt einen Posten am Nollendorfplatz aus und einen am Kurfürstendamm und läßt sie in aller Ruhe kommen." Ihre Stimme kreischte von Gelächter: „Seid ihr nicht gekommen, meine Kleinen? Ich hätte euch sehen mögen auf der Flucht, und wir so ruhig warten."

Püse sagt: „Dieser Anders ist ein sehr kluger Mann."

Und die Alte: „Glauben Sie das unbesehen, Kind. Sagen Sie nicht nein, wenn er ja will. Reden Sie Ihrem Freund zu, daß er keine Dummheiten macht. Anders liebt Umstände nicht. Er macht die Hand zu, und es ist aus mit euch."

Sie glaubte, was sie sagte. Ich sah dies fette Gesicht, ich wollte meine Hand ballen, ich konnte es nicht. Der Motor sang, sang; fahren wir durch Wald? Es ist so dunkel.

Da wirft sich Pübe auf mich, ihre Arme liegen um meinen Hals. Ihr Mund sucht den meinen. Ihre Tränen brennen auf meinem Gesicht, ihre Rufe erfüllen trübe und klagend den Wagen: „O du, den ich liebe! Geh nicht weg, bleibe bei mir. Halte mich. Küsse mich noch einmal . . ."

Und die Knarre der Alten: „Sachte, Kindchen, sachte. Nein, was für ein Temperament! Er wird dir ja nicht weggenommen, du bekommst ihn ja wieder . . ."

Und Pübe: „Du darfst nicht fortgehen, Liebster. Du darfst mich nicht verlassen . . ."

Da fühle ich, mit von Schauern gemischtem Entzükken, Pübes Hände in meinen Taschen. Ihre Tränen überströmen mich, ihre Stimme bricht, ihre Küsse saugen und brennen, aber ihre Hände durchsuchen mich nach Geld.

„Bleibe bei mir. Küsse mich noch einmal, Liebster."

Und das Geld.

Heute, da ich dies niederschreibe, an einem trüben Winterabend, begreife ich die schmerzliche Ekstase solch äußerster Liebe. Wie sie gelitten haben muß! Wie sie gejubelt haben muß, tief drinnen! Sie scheute sich nicht, Komödiantin zu sein, sie war nicht das feine Mädel, das es nicht nötig hatte, sie stellte sich gleich mit Anders, mit einem verkommenen Bettelweib, sie nahm deren Waffen.

Und die Ekstase verebbte, leise schluchzend saß sie noch in der dunkelsten Ecke des Wagens, und wieder wußte ich, sie weinte nicht nur, sie verbarg auch. Hörte ich ihre Kleider rascheln, ahnte ich im Dunkel eine Bewegung? Nichts. Sie weinte, leise, schon lind. Der Wagen sang sanft fort, unbekannte Straßen, unbekannte Siedlungen.

Die Alte meinte: „Mit solchem Teufel im Leib wird man nicht alt, Kindchen. Sie müssen sich bezähmen."

Und Pübe: „Ich will gar nicht alt werden, Sie Schaf!"

Dann die Alte, beinahe zärtlich: „Sachte, nur sachte, mein Engel. Wie das gleich überkocht!"

Wir halten. Die Alte steigt zuerst aus. Eine dunkle Straße. Ich wundere mich nicht, daß die Gaslaternen nicht brennen. Anders, denke ich nur. Die Haustür geht auf. Dunkel liegt der Flur vor uns.

„Nehmen Sie meine Hand", sagt das Weib. „Hier brennt kein Licht."

Ich nehme mit Widerstreben ihre Finger, die andere Hand reiche ich Pübe. Wir tappen im völlig Finstern gradeaus. Dann kommen Treppenstufen.

Und plötzlich ist der Geruch da, den ich kenne, und auch die Finsternis ist bekannt. Wann? O, wann? Angst, o Angst! Ich will nicht mehr vorwärts, ich halte an, reiße meine Hand von der der Alten. Jemand stößt mich in den Rücken. Eine Männerstimme murrt: „Gehn Se weiter! Machen Se keinen Quatsch!"

Ich taumele vorwärts. Eine Tür öffnet sich vor mir. Ein übler Vorplatz. Jemand steht neben mir. Aus dem Düster der Wand stößt sich etwas los, eine Stimme schnarrt, eine Tür geht auf ...

Da ist das Zimmer im Licht ... Da ist das Bett ... Die Vorhänge hängen so steil ...

Liegt da jemand ...? Oh, liegt da eine ...?

28

Ich habe fünf Tage lang nicht schreiben können. Als ich von der Freistunde heraufkam am Dienstag, war mein Manuskript fort. Ich suchte unsinnig. Es gab nicht viele Möglichkeiten, wo es sein konnte. Schließlich klingelte ich. Ein Wachtmeister kam. Der Inspektor habe sich meine Schreiberei eingefordert. Ich verlangte, dem Inspektor vorgeführt zu werden. Er war nicht da, später hatte er keine Zeit.

Ich bin auf und ab gerast, ich habe getobt, mit mir geredet, geflucht. Es geschah nichts. Da sind Wände aus Stein, ein blindes Fenster, die Tür ist mit Eisenblech beschlagen: was soll auch geschehen? Du staust es an in dir bis zum äußersten, nun ziehst du die Wehre deines Schmerzes, du meinst, donnernd müsse der Gießbach herabstürzen –: nichts. Siehe, er verharrt in der Schwebe, aus der Minute wird Stunde und Tag: nichts. Er schwebt. Er stürzt nicht. Steinwände, blindes Fenster, Eisentür, das ist alles. Du –? O schweige doch!

Wie lang solch leerer Tag ist! Die grauen Stunden, und immer ist noch eine übrig, wartet auf dich und zieht so langsam durch dein Herz. Und die endlose Dunkelheit . . . Ich fühle, wie sie zu summen beginnt, ein tiefer, todtrauriger Ton, der nie wieder aufhören wird. Um meine Zelle rauscht nun das Haus, sie rauscht mit. Ich erlausche Ausrufe, Schreie, das Schlüsselbund des Wärters klirrt immer näher und vorbei.

Schließlich bin ich ruhig geworden. Ich nahm den Putzkasten und putzte meine Bombe. Sieh, das ist eine Beschäftigung. Du tust etwas, du führst eine Veränderung herbei. Man kann einen Menschen erschlagen, auch das ist eine Veränderung. Aber hier nun die Bombe. Sie ist rund, aus Zinkblech, bestimmt, deine Bedürfnisse aufzunehmen. Sie glänzt nicht, ist nicht glatt. Eine Art weißer Rost beschlug sie, fraß sich in sie hinein. Nun nehme ich Rotstein, einen Lappen, Wasser, und ich beginne, sie zu putzen.

Ich werde warm dabei. Ein Wachtmeister schlägt gegen meine Tür und schreit, das Pfeifen sei verboten. Habe ich gepfiffen? Ja, ich habe über meiner Arbeit ein weniges gepfiffen, ganz leise nur, ich war froh dabei geworden. Nach drei Stunden ist die Bombe schon ein wenig blank. Auch das ist eine Veränderung, es ist etwas geschehen.

Aber es genügt mir nicht, und nach dem Mittagessen beginne ich von neuem. Da ist eine Stelle am unteren Rand und eine am Deckelgriff, die mir Kummer bereiten. Ich sehe sie an und summe nachdenklich. Sie sind schwarz, diese Stellen, kein Rotstein macht sie glänzend. Schließlich habe ich eine Idee. Ich nehme meinen Löffel, dessen Stiel ein Vorgänger so scharf gemacht hat, daß ich Brot mit ihm schneiden kann, und kratze das Schwarze ab. Und nun glänzt meine Bombe schön.

Am Morgen, beim Kübeln, belobt mich der Hauptwachtmeister, er sagt, daß ich nun vernünftig werde. Da bin ich traurig und wünsche meine Bombe ganz mit weißem Rost überzogen. Nein, das Putzen war nicht das Rechte, es war Opium, Haschisch. Und nun sitze ich trübe da und tue gar nichts mehr. Die Welt geschieht an mir vorbei, vielleicht geschieht sie in meiner Achselhöhle, aber davon will ich natürlich nichts merken.

Es ist in der Dämmerung dieses Tages gewesen, daß Pübe zu mir kam. Plötzlich war sie bei mir, trübe, verschleiert, ohne Glanz. Sie blickte vor sich hin in den Schoß, sie sah sehr müde aus. Sie kam wohl von ferne her. Wir saßen schweigend beieinander, ich hörte ein Herz klopfen und klopfen, doch das wird mein Herz gewesen sein. Ich schwieg lange. Endlich fragte ich leise: „Bist du froh dort, wo du nun bist?"

Sie sprach kein Wort, sie sah vor sich hin, trübe, müde, bleich. Dann entschwand sie mir, es war, als träte sie hinter mich; ich strengte lange meine Augen an, drehte sie und den Kopf im äußersten Winkel, dann sah ich immer wieder noch ein Stück Arm von ihr oder eine Flechte, die dunkler war als das Dunkel, in dem sie stand.

In der Nacht kam sie wieder. Sie lehnte an meinem Ofen und sah böse und angespannt auf mich. Ich erwachte von diesem Blick. Natürlich war sie böse, daß ich geschlafen hatte, als sie kam. Aber es freute mich doch, daß sie da war. Ich sprach sie diesmal nicht an, ich hatte Angst, sie zu verscheuchen, ich sah nur zu ihr hin. Sie trug das Haar schlicht, auf eine Weise, die ich nie an ihr gesehen hatte: es ging in zwei großen, leise welligen Scheiteln ganz über ihre Ohren hinab und war im Nakken zu einem Knoten zusammengefaßt. Wenn ich die traurige, fast tierliche Bosheit ihres Blickes abrechne, war sie lebendiger und blutvoller als am Abend vorher; sie wechselte einige Male ihre Stellung, ohne den Blick von mir zu lösen. Als der Morgen dämmerte, war sie fort; sie ging irgendwann mit den Schatten meiner Zelle.

Zum dritten Mal war sie zwei Tage später bei mir. Es war nach dem Schüsselabnehmen, ich wollte schlafengehen und klappte das Bett herunter, da lag sie darin. Ich sah deutlich ihren Kopf auf dem Kissen, das schwarze Haar war in zwei lange Zöpfe geteilt und lag über die Bettdecke hin wie zwei lange dunkle Schatten. Ich sah sie genau an, ich sah nur den Kopf und die zwei Zöpfe, die Bettdecke lag glatt auf den Matratzen, unter ihr war kein Leib.

Ich betrachtete sie schweigend, plötzlich verzog sie den Mund und begann, lautlos und böse zu lachen. Ich wurde zornig und rief: „Nein, mach dich fort, du!“, aber sie lachte nur stärker. Ich ging ganz nahe an sie heran, ich glaube, ich sprach etwas davon, welch ein Unsinn es sei, in anderer Leute Betten zu liegen, um sie zu erschrecken, aber das störte sie gar nicht, sie lachte immer stärker. Schließlich begriff ich, daß sie mich nur reizen wollte, doch ich hütete mich, sie zu schlagen. Ich tat das Klügste, ich ging in den Winkel und sah zur Wand. Es sollte ihr schon über werden. Als ich mich nach langer Zeit umdrehte, war sie fort.

Natürlich weiß ich, daß dies nur Halluzinationen sind,

Projektionen meines unruhigen Hirns, die für mich allein Wirklichkeit haben. Aber was geht mich die Wirklichkeit der andern an? Ich habe mich Jahrzehnte nur mit der Wirklichkeit der andern abgegeben, es ist nicht viel für mich dabei herausgekommen. Nun halte ich es mit meiner Wirklichkeit. Sie gefällt mir ganz gut so, wie sie ist.

Am andern Morgen wurde ich zu den Ärzten gerufen. Sie saßen drei Mann hoch in der Krankenzelle und musterten mich streng und geschäftsmäßig. Ich war ihr Geschäft, es war ihr Geschäft, meinen Geisteszustand zu untersuchen. Sie taten es. Sie ließen mich das Wort „Flanell-Lappen" sprechen, ich mußte rechnen, dann zeigte mir der jüngste ein Bild, nahm es mir wieder fort, und ich mußte erzählen, was ich darauf gesehen. Es kam mir alles unsäglich albern vor. Das große Tier, der Geheimrat, sprach ab und zu ein lateinisches oder griechisches Wort zu den beiden andern, die dann ernst mit dem Kopf nickten. Einer schrieb immer etwas auf. Der Wachtmeister in der Tür war ganz Diensthaltung. Übrigens hatten sie mir keinen Stuhl angeboten.

Dann erwähnte der Geheimrat meine Aufzeichnungen. Ich hatte sie längst auf dem Schreibtisch liegen gesehen, und mein Herz war erglüht. Ja, er habe sie gelesen. Sie seien sicher sehr interessant, aber sowohl für Verteidigung wie für den Arzt völlig wertlos. Ich versuchte ja immer, die Schuld von mir abzuschieben.

„Tue ich das?"

„Selbstverständlich. Sie wissen es doch am besten. Schließlich ist Ihr Bruder, seine Braut, der Kellner an allem schuld."

Sie ekelten mich. Es war grade wie beim Untersuchungsrichter. Schuld? Ich habe nie an Schuld oder Nichtschuld in diesem Sinne gedacht. Ich sagte müde: „Ja, das ist wohl so."

„Nein, das ist nicht so. Sie allein tragen die volle strafrechtliche Verantwortung für das, was geschehen. Glauben Sie nicht, daß wir Sie auf Ihre Niederschrift hin für unzurechnungsfähig erklären. Sie sind gänzlich intakt. Übrigens widersprechen Sie sich ständig."

„Ja?"

„Ständig. Mal behaupten Sie, am Tattage namenlos glücklich gewesen zu sein, aber man merkt recht wenig von Ihrem Glück. Sie wollen für Ihren unglücklichen Bruder schreiben und haben ihn auf der nächsten Seite schon vergessen, denken gar nicht mehr an ihn. Sie erzählen ganz unkontrollierbare Geschichten von seiner Braut –"

Ich schrie: „Sie sollen auch nicht kontrolliert werden!" Erschrocken: „Entschuldigen Sie, meine Herrn, ich lege keinen Wert darauf. Ich schreibe ja nur so . . . für mich . . . die Zeit hinzubringen."

Ich wurde endlos weiter gefragt. „Wie haben Sie sich das gedacht? Was haben Sie dabei empfunden? Welche Gründe hatten Sie zu diesem Vorgehen?"

Mein Kopf wurde ganz leer und öde. Schließlich händigte man mir das Manuskript wieder aus. „Ich behalte mir natürlich vor, jederzeit darin Einsicht zu nehmen", sagte der Geheimrat.

Ich erwiderte: „Selbstverständlich, Herr Geheimrat. Sie brauchen mich auch nicht vorher zu benachrichtigen. Sie können es ohne weiteres fortnehmen lassen."

Sie haben nicht einmal das verstanden.

Nun sitze ich wieder über diesen Blättern. Ich habe alles noch einmal durchgelesen. Und das Leben geht weiter, Veränderungen geschehen, es geht immer weiter . . .

Ich sitze über diesen Blättern. Das ist das Leben.

29

Es ist das Zimmer. Es ist das Bett. Die Vorhänge sind gelb, auf der Kommode tickt der Wecker, seine Zeiger weisen die elfte Stunde, denn Zeiger sind da. Und im Bett rührt es sich, grausig, langsam, es bewegt sich, die Kissen schieben sich auseinander, und es erscheint der dicke weiße Schädel von Anders.

Ich starre ihn an. Ein namenloses Entsetzen schüttelt mich. In diesem Bett . . .

„Seid ihr da? Seid ihr endlich da? Das hat hübsch lange gedauert." Gähnend: „Nun, es macht nichts, diesmal. Ich habe herrlich geschlafen unterdes."

Er richtet sich auf. Sitzt, nur mit Unterhose und Hemd bekleidet, auf dem Bettrand. Er blickt vor sich hin. Sein Gesicht, dieses verschwollene, gedunsene, bleiche Gesicht, straft seine Worte Lügen. Er schlief wohl nicht, in diesem Bett einer Ermordeten. Wer weiß, welche Wege sein Herz ging, von denen sein Fuß nichts weiß. Auch er unrettbar vereinzelt. Auch er gnadenlos angesaugt von diesem Bett, das die Tat sah.

„Das ist nun so", sagt er langsam und trübe. „Aber von den Geldgeschichten reden wir später. Habt ihr eine Ahnung, was solch ein Apparat kostet? Das Zimmer hatte die Polente natürlich versiegelt. Egal! Morgen sind wir doch alle weg, so oder so."

Er wiegte den Kopf hin und her, er schaute nicht auf uns. Sein Herz war wohl ohne Angst. Aber eine tiefere, fast tierhafte Betrübnis, etwas von der Trauer aller Kreatur klang in seiner Stimme.

Ich sehe Pübe, weit über den Tisch gebeugt, die Augen fest auf Anders geheftet, mit einem so gespannten Zug im Gesicht, so fessellos wild . . . Vielleicht fühlt sie meinen Blick, denn sie bewegt die Lippen, und ich errate das gehauchte Wort: „Betrunken."

Anders blinzelt ins Licht. „Die Olsch soll Wein bringen. Dann kann sie abtreten. Und daß sie nicht lauscht!" Er grinst. „Nun lauscht sie natürlich erst recht. Auch das ist nun gleich. - Du kannst hierbleiben, Franz. Du gehörst dazu - unter uns Mörder."

Er lächelt giftig.

Nun erst erinnere ich mich, daß noch ein Mann im Zimmer ist. Er steht hinter mir, und ich drehe mich nach ihm um. Es ist der Jüngling, der uns das Auto öffnete. Käsig, sehr lang, mit einem schiefen, bösen Blick, sehr viel Kinn und fast keine Stirn, so steht er dort, folgsam auf Anders schauend und jedes seiner Worte verschlingend. Als er jetzt meinen Blick fühlt, sich angeredet hört, macht er ein paar Schritte ins Zimmer. Er ist verlegen und frech, sein Blick ständig auf der Flucht. Er glaubt sich verpflichtet, etwas zu tun: er faßt einen Stuhl und setzt ihn vor Pübe hin. „Da, Fräulein."

Pübe lehnt ab: „Danke nein." Dann zu mir, und ich bewundere die Klarheit ihrer Stimme: „Bitte, gib du mir einen, Fritz."

„Das ist die Stimme!" Anders hat wieder zu sprechen begonnen. Aber er hält dabei die Augen geschlossen, sein riesiger Oberkörper schwankt hin und her. „Das ist die Stimme. Das ist das Mädchen. Das ist das Kind. Sie hat keine Furcht. Und darum geschieht ihr nichts. Nicht von mir. Und von keinem."

Er atmet schwer, beinahe lächelt er. Plötzlich richtet er sich mit einem Ruck auf, seine Augen sind weit offen, sie sehen nicht mehr blinzelnd, sie sind wild. Er brüllt: „Franz, hau das Aas in die Fresse! Haust du das Aas in die Fresse!! Wie kann sie ‚danke nein' sagen zu dir!"

Er steht da, schwankend, unsäglich wild. Pübe lehnt im Stuhl, sie sieht ihn an. Und ich bemerke noch in aller Eile die Alte, die in der Tür mit ein paar Weinflaschen und Gläsern steht, auch ihr Gesicht geisterhaft gespannt.

Dann macht Franz einen Satz auf den Sessel zu. Er steht dicht davor, den Körper zusammengebogen zum letzten Schwung, die Hand hoch zum Schlage ...

Pübe wendet langsam zu ihm das Gesicht. (O fremde Fürstin aus unbekanntem Reich! Es ist nur das Leiden in diesem Gesicht, nur das Leiden.)

Die Hand zittert und fällt. Die Gestalt verkrümmt sich noch mehr.

Anders' Lachen dröhnt. „Habe ich es nicht gesagt? Ihr tut keiner was. Weil sie ohne Furcht ist. Selbst der feigste Louis vom Oranienburger Tor hat nicht gewagt, sie ins Gesicht zu schlagen. Wenn das deine Nutten wüßten, Franz! - Stell den Wein hin, Olsch! Und jetzt raus!"

Franz murrt: „Übertreibe es nicht, Willi. Ich lasse mir viel sagen von dir, aber es kann auch mal zuviel werden." Plötzlich wild: „Wie soll ich solch feines Aas ins Gesicht schlagen, wo ich immer im Dreck gelebt habe!"

„Es ist nicht das, Franz. Es ist nicht das. Schenk Wein ein, darauf verstehst du dich besser."

(In mir hallt es wider: Willi! Willi? Willi -?)

Anders faßt schwer das Glas, hebt es. „Auf dich, Mädel!" Sinnend: „Dir tut keiner was. Aber schon da, als ich dich so hinter ihm aus dem Haus kommen sah, als du ihm durch den Tiergarten nachschlichst, habe ich gewußt ..."

Pübe lehnt sich vor und sieht ihn fest an. „Still! Davon sprichst du nicht."

Er sagt still: „Man spricht davon. Man spricht nicht davon. Gut. Glaubst du, solche Männer verstehen so? Sieh dir den Franz an. Selbst der weiß mehr."

Pübe lächelt zu ihm. „Verstehst du mehr, Franz?"

Franz grollt noch immer. „Das ist die Sorte Männer, die nie wissen, woran sie sind. Denen möchten's die Weiber sagen sollen, daß sie verliebt sind. Und dann hätten sie's am liebsten noch schriftlich, vom Gericht. Die und was tun? Sie haben keine Ahnung. Kerle ..."

Und Anders: „Du meinst, nun sind sie soweit. Aber da ist ein Staubkorn auf ihrer Weste oder eine Fliege im Zimmer. Sie müssen doch erst pusten und das Fenster aufmachen ..." Wild: „Vergessen sie denn sich?" Und plötzlich ganz ruhig, triumphierend: „Also!"

Wovon reden sie? Von mir etwa? Ich verstehe kein Wort. Aber sie beide verstehen sich, dieser häßliche, widerliche, betrunkene Koloß mit dem traurig-gedunsenen Gesicht und die Frau, die so fremd, so schön ... Warte! Ach, ich weiß, er trägt eine Maske nur, diese schimmlige Häßlichkeit wird durchbrochen werden, und was hervorgeht ist das nackte Gesicht alles Seienden. Wie sprach Pübe von den frommen Augen der Tiere? Wut und List sitzen nur obenauf oder in ihren Winkeln?

Und auch sie ist maskiert. Ich habe es eben gesehen, als sie Franz anlächelte, veränderte sich ihr ganzes Gesicht. Muß man denn noch fragen, ob sie Kinder liebt? Sie stand ja in einem Dorfe, ein Bauernkind lächelte zum Bauernkinde, und alle grünen Saaten laufen bergauf gegen die Birkenstämme hin. Die hellen Bäume im Frühjahr und die erste Blume in den Gärten ... so lächelte sie.

Anders hat die Gläser von neuem gefüllt, er hebt seines schon wieder. Plötzlich mit ganz anderer Stimme: „Und nun trinken wir noch eines auf uns Mörder. Wir sind doch alle Mörder, wir drei, er und er und ich. Fräulein, Prost!"

Wir trinken. Und er wieder, rastlos redend, mit immer schwererer Zunge, rastlos trinkend mit immer bebenderem Munde: „Er hat es Ihnen erzählt, was? Und dann ist er wieder feige geworden und hat zurückgezoppt? Ich kenne sie doch, diese Kerls auf Lackbotten! Aber das ist das Zimmer hier. Wenn Sie in dem Bett schlafen, riechen

Sie das Blut. Es ist aufgeräumt, es ist gescheuert. Aber wenn es ganz still im Haus ist, dann hört man ihre Stimme noch. Ganz leise und von weit weg hört man sie. Hat er Ihnen gesagt, wie sie schrie? Ganz leise . . . Nicht? Nein, daran hat er natürlich nicht gedacht. Erzähl du es ihr, Franz. Hab keine Bange. Du kannst alles sagen. Das Fräulein bleibt stieke. Die gehört zu uns. Und er? Geh doch."

Ich senke das Haupt. Ich blicke nicht auf, trotzdem ich weiß, daß Pübe mich nicht ansieht. Es ist da. Die Stunde der Lügen ist vorbei. Da ist der Mörder. Und ich . . . o Pübe . . .

Franz spricht finster: „Wir dachten schon lange, sie wäre hin. Sie lag quer übers Bett, mit dem Kopf und allen Haaren auf der Erde lang. Wir dachten, sie ist tot. Plötzlich fängt sie an zu schreien, ganz leise, Fräulein, wissen Sie, wie ein Vogel schreit. So hell . . . wie ein Kind. Es ist ganz leise, und doch muß man es durch alle Wände gehört haben . . ."

Anders nickt. „So einen Ton gibt es nicht wieder. Ganz hell . . . wirklich, als freute sie sich . . . wie ein Kind . . ."

„Als freute sie sich . . ."

Pübe ist aufgestanden. Ja, sie geht auf Franz zu, aber es ist, als sei alles Leben in ihr erloschen vor etwas Grauenvollem, das kommt, näher und näher . . .

„Hat sie lange geschrieen so, die Erna?"

Franz zögert, blickt zu Anders. „Lange? Drei, vier Minuten vielleicht. Wir haben nachher ein Tuch über den Mund gehalten, wir konnten's nicht mehr anhören."

Pübe steht starr. „Drei, vier Minuten nachher . . ." Plötzlich beinahe schreiend: „Hast du das getan, du?"

Franz blickt zur Erde. „Nicht ich."

Und Pübe: „Hat es der Anders getan?"

Und Franz: „Er nicht."

Es ist eine Pause. Auch ich sehe jetzt auf den Boden,

wo die Dielen entlanglaufen, Rinnen, Holzmaserungen, ein Stück Teppich. Ich merke doch, sie zeigt auf mich. „Hat er es denn getan, Franz?“

„Nein, auch er nicht.“

Stille. Lange Stille.

Und eine Stimme bebt, eine Stimme klingt so wehe. O die Frage, die Frage: „Wer hat es denn getan, Franz?“

Und die unwillige zögernde Stimme: „Sie haben es doch getan, Fräulein. Aus Eifersucht haben Sie es getan.“ Ich lehne mich ganz weit nach hinten. Ich will nicht fallen. Und nun falle ich doch.

Diese schreckliche Stimme: „Sie haben es doch getan, Fräulein . . .“

30

In ihren Armen bin ich aufgewacht. Nein, es hat mich nicht vor ihr geschaudert. Es war das Zimmer, in dem gemordet war, es war das Bett drüben: es hat mich nicht geschaudert. Ich habe gefragt: „Warum hast du das getan, Armes? Oh, warum hast du das getan?“

Ihr Mund flüstert leise an meinem Ohr: „Warum? Du fragst warum? Weiß ich es denn? Warum tut man so etwas?“ Und ganz sanft, ganz singend: „Weil ich dich liebe . . . Weil ich dich liebe . . . Weil ich dich so liebe . . .“

„Der Franz sagt, aus Eifersucht . . .“

„Der Franz sagt . . . Der dumme Franz! Was weiß der Franz! Warum sollte ich auf das arme Mädel eifersüchtig sein . . .“ Sie sann: „Weiß ich es denn, warum? Hier halte ich dich in meinen Armen, das ist über jeden Traum und jede Hoffnung hinaus . . .“

„Wo sind die andern, Pübe? Sind wir ganz allein?“

„Hast du Angst? Hast du wieder Angst? Sie sind draußen.

Sie kommen nachher wieder. Gib ihnen das Geld, das

du noch hast. Sie sind nicht schlecht, aber sie glauben noch an Geld." Lächelnd: „Auch ich glaube noch daran. Das Geld, das ich versteckte, wollen wir behalten für unsere Zukunft."

„Und ich habe nichts geahnt! Nichts! Ich glaubte, daß Anders –"

„Habe ich es dir nicht mit tausend Worten gesagt? Ich habe dir doch alles gesagt. Denke an das Schlafzimmer der Eltern, an Hella, an das Reh, die Fliegen! So viele Morde, aber sie meinten nur den einen."

„Ich habe nichts verstanden."

„Ich aber habe es erreicht. Wir sind beisammen. Ich habe die Verknüpfungen so stark gemacht, daß uns nichts mehr trennen kann. Wie ich alles haßte, was Teil hatte an dir, und ich hatte keinen Teil! Kannst du die endlos vielen Abende dir denken, an denen ich dir nachschlich? Du hast nach Frauen gesucht, aber mich hast du nicht gesehen; du bist mit ihnen hinaufgegangen, aber ich stand unten.

Nun halte ich dich in meinen Armen.

Vielleicht hat es mir geträumt, daß ich so tun mußte. Anders hat gesagt, ich habe es sehr klug gemacht. Er wäre, wie die Polizei, auf den Lustmord hereingefallen, hätte Franz mich nicht auf der Treppe gesehen. Ich weiß nichts mehr. Doch, ich erinnere mich, wie ihr altes häßliches Gesicht zerging und plötzlich ein Kindergesicht herausschaute, das Angst hatte. Ich weiß noch –"

„Wie hast du es getan, Pübe? O diese Qual! Diese Quälerei! Wie sie uns hetzen werden!"

Ihre Stimme klingt verwundert: „Es ist nichts Außergewöhnliches geschehen. Wie seltsam du bist! Dies geschah immer und wird ewig geschehen. Du mußt doch nicht glauben, daß ein Unterschied zwischen einer Fliege und einem Menschen ist. Da liegt es nicht. Das ist nur Rederei. Es ist ganz woanders."

Sie grübelt. Sie ist weit fort. Dann: „Mit einem Messer habe ich es getan. Es ging so schnell. Ich habe geglaubt, sie wäre tot. Sie machte eine Bewegung mit der Hand, sie schüttelte sie gegen mich, als winke sie mir fortzugehen. Dann lag sie ganz still. Ich wartete eine Weile, aber sie blieb still. Da ging ich. Und sie hat noch geschrieen, eine halbe Stunde später, vier, fünf Minuten lang? Das ist nicht wahr. Das hat sich der Anders ausgedacht, mich zum Sprechen zu bringen. Freilich, es klingt nicht wie ausgedacht. Ich kann mir denken, daß man so schreit, als freute man sich."

„Wird Anders schweigen? Und der Franz?"

„Wir geben ihnen das Geld, das du hast. Sei klug, verrate nichts von meinem. Sie werden schon schweigen. Morgen sind wir alle weit fort."

„Aber wohin, Pübe? Was soll denn mit uns werden, hier, noch?"

„Wohin? Ich weiß nicht." Sie hielt die Lider gesenkt, sie atmete ruhig, kaum hörbar, wie im Schlaf. Sie murmelte: „Es wird sich ja etwas finden. Es ist nie zu Ende. Wie oft habe ich schon gedacht, es ist das Ende da, aber es geht weiter, immer weiter . . ."

Ihre Lippen streiften meinen Mund. Ihre Arme verwirrten mich so sanft. Der Wind stieß leise die Stäbe der Jalousie aneinander. Wir waren ganz allein.

Alle Liebe . . .

Hinter den Büschen, jenseits des Flusses spielt Pan. Er hat seine Flöte angesetzt, seine trauerfrohe Melodie fliegt durch die Zweige der Gebüsche. Der Rasenweg zum Waschsteg. Weinranken an deinen Fenstern im Mond.

Ich will leise gehen.

31

Anders trat ein, nun im Cut, den steifen Hut auf dem Kopf, einen Koffer in der Hand. Hinter ihm zog Franz die Tür zu und blieb in ihrer Nähe stehen.

Anders hatte sich wieder völlig verändert, sein Wesen war kurz, entschlossen, drängend. Von seiner Trunkenheit merkte man nichts mehr. Sein Gesicht schien kleiner geworden, das Fleischige zusammengedrängt, fest. Die Mundpartie trat stark vor. Er sagte: „Es wird Zeit. Die Polizei kann jeden Augenblick kommen. Haben Sie nun einen Beschluß gefaßt?"

Pübe bewegte nur den Kopf.

„Ich habe es Ihnen gesagt, Fräulein. Er begreift es nicht. Sie müssen es ihm direkt sagen." Und zu mir: „Verstehen Sie doch endlich. Sie sollen den Mord auf sich nehmen . . ."

„Ich soll . . .?"

Ich blickte auf Pübe. Sie hielt den Kopf gesenkt, sah völlig unbeteiligt aus.

„Ja, das sollen Sie. Die Geschichte ist doch klar. Wenn wir alle vier ausreißen, werden wir wahrscheinlich alle geschnappt. Stellt sich einer, so ist die Polizei vorläufig beschäftigt, die andern gewinnen Zeit. Sie möchten doch nicht, daß das Fräulein gekitscht wird, nicht wahr?"

Ich weiß nicht, was in mir vorging. Alles wogte durcheinander. Da war nichts Festes. Nur das eine wußte ich: dies konnte ich nicht. Gestehen, das hieße ja Trennung von Pübe, und das war mir sicher, ich würde sie nie wiedersehen. Gestehen, das war Ende dieses Lebens, das war Rückkehr zu Zwang und Regel! Diesen Mord auf mich nehmen, jetzt?

Ich sah vor mich hin.

Anders' Stimme bekam etwas ungeduldig Überredendes. „Sie riskieren ja nichts dabei. Sie haben es nicht getan, wie? Also! Wenn eine Woche vergangen, das Fräulein im Ausland ist, widerrufen Sie alles."

Ich schwieg.

„Man wird Ihnen schon glauben. Mensch, seien Sie doch ein bißchen Kavalier. Wegen einer Woche Untersuchungshaft. Stellt der sich an! Ich sage Ihnen, Fräulein, den Unbrauchbarsten von allen haben Sie sich ausgesucht."

Wir schwiegen.

„Also, was wird nun? Tun sie es, oder tun Sie es nicht?"

„Nein, ich tue es nicht. Alles, was Sie wollen, nur das nicht."

Anders lachte kurz. „So sind sie. Alles, nur das nicht. Sie sehen, da kann man nichts machen. So was wird nur immer störrischer. Und wenn ein Engel vom Himmel käme und spräche zu ihm: gar nicht. Aber nun, Fräulein?"

„Wie lange geben Sie uns Zeit?"

„Um sieben, spätestens acht schicke ich Ihnen die Polizei auf den Hals. Ich muß freie Bahn haben."

„Sieben ... Sagen wir acht. Schön, bis dahin ist es geschehen."

Stille.

„Denken Sie nicht, daß Sie noch auskneifen können. Sie nicht, Fräulein, Sie machen schon keine Dummheiten. Aber er. Übrigens riskieren auch Sie nichts, Fräulein. Sie werden einfach für verrückt erklärt. Paragraph eindundfünfzig. Das ist alles."

„Eben darum. Ich sage wie er: alles, nur das nicht. Aber ich meine auch alles."

„Schön. Ich will sagen acht Uhr. Und nun –"

Ich griff schon nach dem Gelde.

Er fährt auf. Die Klingel draußen hat angeschlagen, Schlüssel im Schloß ... Ein Satz, er hat mich beim Arm.

Ich sehe noch Päbe, zurückgestoßen, gegen das Bett schlagen, fallen, dann greift sie Franz.

„Polente!" keucht er. „Polente!"

Anders reißt mich am Arm in einen Gang. Er stößt eine Tür auf. Drüben meine ich, für einen Augenblick grüne Uniformen zu sehen, Stimmen ertönen. Dann sind wir ganz im Dunkeln, eilen über einen Gang, eine Treppe hinab. Räume: mir ist, als ginge ich durch Schlafzimmer, in denen Atmen ist, dann Küchendunst, wieder dunkel, wieder Treppe, ein Hof (und der kühle, düstere Himmel ist in seiner Frische so tröstlich). Und noch einmal Dunkelheit. Schließlich halten wir in einem kleinen Laden, den eine Funzel erhellt. Anders steht keuchend an einer Tür.

„Die geht auf die Straße."

„Und Päbe?"

„Für die sorgt der Franz. Hier geht's raus. Erst einmal aber . . ."

„Ja –?"

„Geld!"

Ich zögere einen Augenblick. Er macht eine Bewegung, und ich entleere meine Tasche. „Da! Das ist alles, was ich habe."

Er wirft nur einen Blick darauf. „Quatsch. Ihr Bruder hat achtzig geholt. Dies sind höchstens zwölf. Wo ist das andere?"

„Aber wenn ich Ihnen sage . . ."

„Wo – ist – das – andere?" Eine Waffe schimmert matt in seiner Hand. „Idiot, meinst du, mit dir mache ich Umstände?"

„Päbe . . . Das Mädchen trägt es auf dem Leibe."

Er reißt die Tür auf und stößt mich hinaus. Ich taumele ein paar Stufen abwärts. Ich bin auf der Straße. Allein.

32

Es möchte wohltuend sein zu wissen, wo man denn eigentlich hingehen soll. Ich betrachte mein Gesicht im Spiegel eines Rasierladens, soweit die nächste Gaslaterne Licht dazu hergeben will, und finde es verkniffen. Die Nase so schief . . .

Nun, was soll man machen? Man hat beispielsweise ein Heim mit Frau und - zu erwartendem - Kind, dort brennt eine Lampe und steht ein Bett, Dinge, die man ja zum Leben für notwendig hält –.

Du hast also vier oder fünf Stunden vor dir, bis die Sonne neu aufgeht, und du weißt beim besten Willen nicht, was du in ihnen ohne Bett und Geld anfangen sollst? Schön. Ich stelle mir also vor, ich wäre ein Bettler, ich habe flauen Geschäftsgang gehabt, keinen Pfennig in der Tasche, wo schläft man? Im Asyl schläft man. Sehr richtig! Das ist doch ein Anfang.

(Und wo schläft Pübe? Um Gottes willen, sagt mir bloß, was ist mit Pübe?)

Nein, daran denken wir jetzt nicht. Vorbei ist vorbei. Aber im Asyl soll es Ungeziefer geben, Läuse und so was. Auch bekommt man keinen Raum für sich, sondern schläft auf einer endlos langen Pritsche mit tausend Stromern zusammen. So ist das, aber nicht für mich.

Wo, sagen Sie um alles in der Welt, schläft man fünf, sechs Stunden ohne Geld?

Muß denn überhaupt geschlafen sein? In den Anlagen? Dort taut es, und wenn man grade eingeschlafen ist, weckt einen der Schutzmann. „Weitergehen, mein Herr; hier wird nicht genächtigt.“ Nein, natürlich nicht. Unter freiem Himmel? Wozu hätte denn Gott die Mauer- und Zimmerleute erschaffen, die ganz genau wissen, wie man ein Dach macht und eine Decke zieht? Wozu, sage ich?

Verfluchter Quatsch! Ich bin am Ende. Völlig am Ende. Ich soll Scherze machen?

Ich sehe diesen Morgen noch; noch weiß ich, daß ich einmal, zweimal begriff, warum die Blätter grün sind, Blumen blühen, ein Wasser still und stetig zieht. In der Sonne schwammen bunte Reflexe darauf, die Kinder liefen umher und jauchzten, eines von ihnen schlug ich. Die Menschen gingen ab und zu, Häuser bauten sich in den Himmel, aber hinter ihnen ahnte ich das weite Land mit seinen Gebüschen und Wiesen. Habe ich das Ufer nicht gesehen und die Blütenbüsche, die der See entgegenstürzten? Und wußte ich dahinter nicht ein Land, von heißerer Sonne beschienen, anderen Pflanzen bestanden, fremderen Frauen bewohnt? Stieß meine Sehnsucht nicht darauf hin?

Wie ist es gekommen, daß ich hier noch stehe, in diesen staubigen, sinnlosen, dummen Steinstraßen, zwölf Stunden später, und noch nichts ist geschehen? Warum denn bin ich nicht geflohen? Welches Verhängnis hielt mich, daß ich nur einen Fleck umkreiste?

Keine großen Worte! Reden wir nicht von Liebe. Es ist nicht Liebe gewesen. Es ist kein Mitleid gewesen, es war auch nicht Furcht.

Sieh, es ist vielleicht nichts gewesen wie ein kleines bißchen lüsterne Neugierde. Ich dachte an ein Zimmer. Ich glaubte an dies Zimmer und die darin starb . . .

Nein! Vielleicht waren es auch das Zimmer und die Ermordete nicht. Vielleicht schwärte es an diesem Morgen in meinem Hirn, meine Arbeit langweilte mich, meine Lieben langweilten mich, ich las ein Plakat: spielen wir doch den Mörder. Wir spielen ihn ja nur, es ist ungefährlich, am Abend werden wir sagen: es war nur ein Scherz.

Doch sich schon die Grimassen auszumalen, die sie schneiden mußten, wenn sie den Mörder sehen . . . ihre Veränderungen, ihr Zittern, ihre Hast . . .

Es ist kein Spiel geblieben. Hier stehe ich nun –: ganz allein. Sie sind alle fortgegangen. Ich bin allein geblieben mit der Tat, die ich nicht tat.

Was habe ich noch zu tun? Wohin könnte ich etwa noch gehen?

Nichts!

Ach, hätte ich mir von Anders eben eins vor den Schädel knallen lassen, statt Pübe zu verraten! Ich wäre doch sozusagen wie ein Held gestorben. Aber auch dazu war ich zu feige.

Ich könnte auf die nächste Polizeiwache gehen und mich stellen. Ah! Das ist eine Idee! Bewegung. Leben. Wie sie zusammenlaufen! Sie rücken mir einen Stuhl hin und nehmen ein Protokoll auf.

Nein, die Erna Habermann habe ich nicht ermordet.

Nein, die beiden Schecke sind mir gestohlen worden.

Nein, das andere Geld habe ich ordnungsgemäß von meinem Bruder.

Nein, so direkt habe ich ihn nicht dazu gezwungen. Hintenrum ja, milder Zwang, der nicht strafbar ist.

Bleibt, daß ich ein Kind geschlagen und ein Plakat abgerissen habe. Sie verzichten auf die Untersuchungshaft? Ich bin frei? Ich kann gehen? Aber sagen Sie mir doch nur, wohin soll ich gehen?

Das ist auch nichts. Das ist alles nichts. Was soll ich nur tun?

Es gibt immer noch Menschen, die um diese Nachtzeit auf der Straße sind. Schließlich könnte man einen anfallen und ihm sein Geld abnehmen. Vielleicht wird man erwischt, und man wäre wie versorgt. Oder man wird nicht erwischt und wäre auch wie versorgt.

Es gibt eine dritte Möglichkeit: man bekommt Prügel. Ich lasse es lieber.

Endlich! Dies ist die Straße. Dies ist das Haus. Ich muß dreimal daran vorbeigelaufen sein. Aber jetzt erkenne ich es an dem gelben Schmiedeschild. Hier war ich gestern nacht, hier war ich heute nacht. Es mußte in diesem Block liegen, er konnte mich nicht irreführen. An das gelbe Schild hat er nicht gedacht.

So werde ich hier auf und ab gehen. Ich werde auf Pübe warten. Dies ist das einzige, was ich noch tun kann: auf Pübe warten. Mag sie nach mir schlagen, mag sie mich fortjagen. Dies bleibt allein: auf Pübe warten.

Denn sie kommt. Ich weiß mit absoluter Gewißheit: sie wird kommen. Die Polizei? Anders? Das ist nicht das Ende.

Das Ende bleibt: die Verratene wird mich retten. Die Mörderin wird den Weg zeigen, den wir gemeinsam zu gehen haben.

Das bleibt.

33

Auf einmal war es hell geworden. Die Häuser traten aus dem Grau heraus und wurden farbig, über ihnen schwang sich das zarte Blau eines ganz neuen Himmels. Von hier und da kamen Geräusche, bestimmte, klare Geräusche des Erwachtseins: Spatzen tschilpten, ein weißer Arm stieß das Fenster auf.

Ich fühlte ihren Blick und drehte mich nach ihr um. Sie stand dort im Torgang, so bleich, das Gesicht wie zerstört. Täuschte das Licht, was war dies halbkreisförmig Verfärbte unter dem Auge? Schatten? Spur einer Hand?

Ich ging langsam auf sie zu, indes ich mich bemühte, die Maske eines Lächelns über mein Gesicht zu ziehen. Sie stand dort, sah mich an. Mein Schritt zögerte noch mehr. Nun begannen, o mein Gott, ihre Lippen zu zittern, zu zucken, sie kämpfte, aber schon rannen die ersten Tränen über die zerstörte Schönheit des Gesichts.

Sie tat nichts, sie zu verbergen. Durch sie hindurch, zwischen ihrem feuchten und trüben Schimmer sah sie mich an.

Ich war stehengeblieben, ohne ein Wort, mein Auge erfaßte die Zerfetztheit ihres Kleides, dieses nur notdürftig Zugezogene. Und immer ihr Blick ...

Sie hob die Hand. Sie machte eine hilflose Gebärde mit ihr, ich dachte an Stammeln.

Da wandte ich mich ganz langsam und ging von ihr fort. Am Ende der Straße tauchte das tiefe Grün eines Haines auf, dorthin wandte ich mich. Ich hörte hinter mir keinen Laut, kein Schritt klang, ich ging von ihr fort ...

Wie lange soll ich so gehen? Ich soll mein Leben lang wohl so weitergehen? Finde ich eine Bank, so setze ich mich. Sie kann doch dort nicht stehenbleiben, im Torweg? Oder in diesem Aufzug den weiten Weg nach Haus gehen? Der nächste Schutzmann hält sie an. Man müßte ein Auto nehmen. Aber wir haben kein Geld mehr. Meine Uhr! O meine Uhr! Ich kann noch etwas tun ...

Ich rannte durch die Straßen. Am Alexanderplatz hielten ein paar Wagen. Mit dem Chauffeur wurde ich einig. Nur so zum Pfand ... Und immer dachte ich, treffe ich sie noch? Wo ist der nächste Kanal? O zerstörte Schönheit! O über alle Zerstörung schmerzvoll triumphierende Schönheit!

Sie stand, wo sie gestanden. Sie weinte noch, still, lautlos wie ein Kind. Noch sah sie mich an. Hatte sie all die Zeit, die ich fort war, mir den Blick nicht abgenommen? Waren wir beisammen gewesen?

„Da ist ein Auto, Pübe“, sagte ich stockend. „Darf ich dich nach Haus fahren?“

Sie hob ihren Arm und legte ihn um meinen Nacken. Ich faßte sie, trug sie in den Wagen, setzte sie in eine Ecke. Doch ihre Hand ließ mich nicht. Sie zog mich zu sich herab. Sie hielt mich fest. Ihre Tränen flossen stärker, ich fühlte das Zittern ihres armen Leibes. Mit meinem Taschentuch trocknete ich immer neu die Tränen von ihrem schönen verwüsteten Gesicht.

„Weine doch nicht, Pübe“, flüsterte ich. „Weine doch nicht so. O weine nicht, ich bitte dich . . .“

War es dies, das einem Kinde einst versprochen war? Früh wie keine hatte sie die namenlose Einsamkeit alles dessen, was liebt und leidet, begriffen. Sie hatte sich keine Illusionen gemacht. Mutig und allein war sie ihren Weg gegangen, an dessen Seiten grauenvoll die Nachahmungen nur ihrer Gebärden, die Spiegelbilder nur ihres Lächelns gewartet hatten. Sie war ihn gegangen in der stillen Hoffnung, äußerste Ergebung werde ihr einmal, einmal in einer hohen Stunde den Rastplatz einer Gemeinsamkeit schaffen. Hielt sie hier nun? War dies die versprochene Gemeinsamkeit?

Ein Feiger, der sie verriet, hält sie in seinen Armen. Er flüstert: „So weine doch nicht.“

Heute, nun, jetzt begreife ich vielleicht ein wenig von der unsäglichen Zerrissenheit ihres Herzens. Ihr muß schauernd klargeworden sein, daß tiefste Demut zu nichts nütze war. Daß es dem Leben gar nicht darauf ankam, *wie* sie es trug. Es machte darum die Kette nicht leichter. Man war allein, man blieb allein, in alle Ewigkeit.

Und ich verstehe, welche Mühe sie die Worte gekostet haben müssen, die sie flüsterte, welche letzte Anstrengung das Lächeln, das vielleicht nur in der Schwingung ihres Mundes lag.

„Ich weine ja schon nicht mehr. Sieh, ich weine nicht mehr“, flüsterte sie.

Ich zog sie fester an mich. Die Bäume des Tiergartens hingen das Blattgrün ihrer Äste über unsern Weg. Die Sonne wurde noch strahlender, noch heller. „Es wird ja wieder“, sagte ich, „alles wird noch einmal.“

Sie lächelte. Wie schön solch Antlitz im Lächeln ist! Die Zartheit dieses Mundes haben sie nicht zu zerstören vermocht, nicht wegzuwischen war der Zauber, den die Beschattung einer langen seidigen Wimper übt. Wohin sah der Blick? Er verengte sich. Eben noch der Allgemeinheit eines jungen Sommertages - eines von tausenden! - hingegeben, sah er nur noch ein Bestimmtes. Ihre Arme lösten sich von mir, ich spürte das schlimme Erschrecken ihres Leibes.

Sie ist wieder zurückgekehrt, fühlte ich, in jenes Zimmer. Sie sitzen dort noch. Ich kann ihn sehen, den steifen Hut in den Nacken geschoben, die erloschene Zigarre im Munde. Die andern hocken herum. Sie steht zwischen ihnen - und die schwerste Aufgabe fiel ihr zu, ihr Menschtum nicht verleugnen zu können vor solchen.

Ich sah sie noch einmal, Mädelkind, durch einen Park laufen, die grünen Zweige schlugen rauschend hinter ihr zu, kleine Blätter verweilten ein kurzes in ihrem Haar, dann taumelten sie auf ihren Zickzackweg hinab. Sie erreichte den Saum, und nun lag das weite Land vor ihr mit den Hebungen und Tiefen seiner Felder, die grün sind oder golden oder ganz gelb. Sie beugt sich vor. Sie sieht dies alles und den Fluß und die Weidengebüsche und die Tannen drüben. Sie sieht die Spuren der kleinen Tiere. Über ihr ziehen Vögel, und hinter ihrem Fuß baut das Insekt geduldig und zäh den zerstörten Trichter neu auf.

Sie ist sie. Päbe ist Püte. Sie hat dies alles in sich. Es ist unverlierbar. Jene dort - o wende den Blick, du! Sie sind so fremd. Wie können so Fremde so zerstören?

Sie schüttelte leise den Kopf. „Es war ein Irrtum", sprach sie. „Ich selbst habe ihnen Macht über mich gegeben, als ich aus ihrer Ebene mit ihnen sprach. Sie haben sie gebraucht - gegen mich. Ich glaubte, Leiden des Leibes sei Lust. Aber es kann Qual sein, schlimmste

Qual, wenn man erkennt, wie der andere ihn braucht ganz allein für sich, ganz fern von dir. Mein Leib – o so gerne! Aber irgendein Leib sein, ein beliebiger ...“

Das Schluchzen kam wieder. Sie lehnte sich zurück. Ich fing einen Zweig, streifte die Blätter von ihm, strich das Grüne über ihren Schoß. Sie legte, leise dankend, ihre Hand über die meine.

„Es war ja alles Lüge“, sagte sie, „da war gar keine Polizei. Es waren Genossen von ihm. Er muß geahnt haben, daß wir Geld vor ihm verbargen. Oder war es nur die Lust am Quälen? Oder die Angst, etwas tun zu müssen, immerfort? Du gingst ihm ins Netz. Nicht, du hast es ihm gesagt?“

„Verzeih! O verzeih!“

„Es ist nichts zu verzeihen. Was denn? Armer, du weißt nichts, du lernst nichts. Du möchtest immer handeln in bezug auf die andern, in bezug auf mich, auf Ria, auf Etz, auf Anders, man kann es nicht. Denke nur an dich, wenn du etwas tust. Dann wird es schon recht sein. Die andern treffen wir doch nie.“

Sie strich mit der Hand über die Augen. Sie schwieg. Der Wagen nahm eine Kurve, sie fiel sacht an meine Schulter, sie erwachte. „Ja so. Sie haben mir das Geld natürlich genommen. Die andern waren mit ihren Weibern da. Ich mußte gedemütigt werden. Es ist mir, als sähe ich immerzu Münder, verzerrte Münder, seltsame Öffnungen. Sie lachten, sie johlten, sie fluchten, sie spieen ...

Und so allein ... so allein ... Ich hätte ein Wort zu sagen brauchen, und nichts wäre geschehen. Nur eingehen in ihre Gemeinschaft. Aber solch Wort kann nicht gesprochen werden.“ Wieder lächelte sie. „Vielleicht verstehe ich nun ein wenig die Märtyrer, die ihren Glauben nicht abschwören wollten. Sie wollten nicht? Sie konnten nicht.“

Pübe schauderte. Sie strich mit einer sachten Hand

über ihren Leib, als schmerzte er sie. Dann noch einmal: „In diesen Dingen bleibt einem nichts erspart. Es ist gleich das Schwerste, womit man beginnt. Habe ich darum das Gefühl, es sei alles vorbei? Warum denn noch das Leichtere, da man das Schwerere bestand?“

Sie sann wieder. Ihre Gedanken, aufgescheucht und blutend, umkreisten nur einen Punkt. Ich nahm ihre Hand. Auf meinem Knie spreizte ich ihre Finger, ich wies sie in die Ferne.

Dort war ein Haus zu erbauen, das unverlierbare Glück einzuholen. Ich zeigte ihr die Ranken unter den Simsen und den kleinen Weg, an dessen Ende verschollen ein Bach rauscht.

„Es ist so wenig, was dazugehört: nur der Entschluß.“ Ich setzte leiser hinzu: „Und etwas Geld, natürlich.“

„Geld?“ Sie fuhr auf. „Ich habe noch Geld, zu Haus. Du meinst, man könne noch einmal beginnen? Noch einmal von vorn anfangen, aber weiser geworden durch das Erlebte?“

Ich schloß ihre Finger auf meinem Knie, sie wiesen eindeutig den Weg.

„Du glaubst es? Freilich, was hast du erlebt? Alles Geschehene ist in dich hineingegangen, kein Widerhall geschah. Noch liegt es tot. Vielleicht hast du es schwerer, du wirst es aufheben müssen aus der Erinnerung, Stück für Stück wirst du nacherleben müssen. Alles ...“

Sie schwieg wieder. Der Wagen schoß eine grade Straße hinauf, wie plötzlich frei geworden. Dann hielt er.

Sie erhob sich mühsam. „Komm“, sprach sie.

Wir gingen in das Haus.

34

Wir traten ein. Sie nahm meinen Kopf zwischen die Hände, sie sah mich an. „Du wirst warten können", fragte sie, „ja? Ich brauche nur ein Weilchen Zeit, mich zu baden, mich umzuziehen. Du wirst nicht weglaufen unterdes?"

„Habe ich nicht gewartet, unten, vor Anders' Haus?"

Sie stand am Fenster, ihre Stimme klang trübe. „Man wartet viele Male, und in der nächsten Minute wartet man nicht mehr. Man liebt, und schon ist es Haß, Gleichgültigkeit, Ekel." Ihre Stimme steigerte sich. „Was ist sicher, du?"

Ich schwieg. Ich begriff so wohl die verzweifelte Unsicherheit ihres Gefühls. War mir nicht geschehen wie ihr? Hatte ich nicht am Morgen einen ganz kleinen, spielerischen Schritt aus der Konvention heraus gemacht, und schon brach alles zusammen? Ich sah die Kette, von der die andern aneinandergehängt waren und die ihnen Sicherheit verlieh. Du meinst, nur ein kleines, unwichtiges Glied an ihr zu lösen, aber nun bist du ganz frei, die vereinzelte Kreatur, und deine ganze Welt bleibt dir neu zu schaffen.

Wenn du noch den Mut dafür hast ...

Fehlte er ihr? Warum fragte sie fort? „Man glaubt etwas, aber dann zweifelt man. Und wieder glaubt man an etwas anderes. Eben warst du froh, dann siehst du einen Baum oder ein weinendes Kind, und du fragst dich, ob du je fröhlich warst in deinem Leben. Du siehst ein Gesicht, und du findest es schön, du meinst, ein langes Dasein genüge nicht, seine Schönheit zu erschöpfen, und ein anderes Gesicht schiebt sich lächelnd davor, und du verstößt alles Erworbene und eilst dem neuen Phantom nach. Ist denn nichts gewiß? Nichts, darauf zu bauen wäre? Spielen wir hin wie der Ast im Wasser, hier eine Strömung, dort ein Strudel, und vorbei und Gleiten und vorbei?“

Ich murmelte: „Nein, ich weiß nicht, was sicher wäre.“

Sie blieb dort, ans Fenster gelehnt, sie verharrte im Schatten des dunklen Vorhangs, aber die dunklen Schatten zogen wohl an ihr vorbei. Glitt ihr Leben noch einmal dahin? Beschwor sie die Freunde, die Verwandten, die ganze nahe Jugend, ihr die Bitterkeit solch letzter Erfahrung abzunehmen? Sie senkte den Nacken tiefer. Ein neues fahles, gespenstiges Licht fiel auf alles Erlebte, und sie sah: nichts galt, nichts erwarb sich, nichts war zu eigen gegeben. Alles war Spiel, Blatt im Windstoß, so oder so, gleichviel.

So verharrte sie dort, einsam, still, alle Pläne vergessend. Die Uhr ging ihren Gang, die Zeiger rückten vor, sie rührte sich nicht. Alles war vergessen. Und ich fragte mich, ob es nicht Wahnsinn sei, mein Geschick an diese Frau zu ketten wie an irgendeinen Menschen, ob es nicht besser sei, allein zu fliehen. Was hängte ich mich an sie? Hatte sie mir nicht Unglück gebracht, den ganzen Tag? Wäre ich nicht fort schon, weit über jedes Zugriffs Hand fort, wenn sie nicht gewesen? Was verlockte mich stets von neuem?

Sie kam langsam auf mich zu. Ihre Arme um meinen Hals waren kühl und geschwisterlich. „Dies bleibt: ich und du. Du und ich. Daß wir uns so sonderten von allen andern, das schloß uns um so fester zusammen. Wir haben den Glauben der andern nicht mehr. Denk, wie könnten wir leben unter ihnen mit dem, was uns heute geschah, einsam in der Brust? Aber dein Blick – und ich weiß, dort lebt ein Bruder. Wir wollen die Flucht gemeinsam machen, wir, die unter so vielen Schicksalen nur einen nahen Menschen wissen. Du wartest?“

„Ich werde warten. Aber wird es denn gelingen? Werden wir fortkommen?“

„Wenn wir nur wollen. Wir werden nicht noch einmal am Kurfürstendamm landen?“

„Und Geld? Du hast wirklich noch Geld?“

„Geld ist genug da. Sieh hier!“ Sie schloß eine Lade. „Nimm es immer schon. Du wirst doch warten.“

„Pübe!“

„Laß ... Du weißt doch. Warte nun. Dort sind Bücher ...“ Sie ging. Ich wollte ihr nachrufen, wollte sie bitten, mit ihr gehen, in ihrer Nähe bleiben zu dürfen, und begriff, wie unmöglich diese Bitte war.

Sie war fort. Ich lauschte dem Klappen der Tür nach, alles war still um mich her. Dann trat ich nach dem Gelde hin. Nein, ich nahm es nicht. Ich wollte nur sehen, wieviel es war. Unsere Fluchtpläne mußten sich sehr nach der uns zur Verfügung stehenden Summe richten. Alles lag regellos durcheinander. Ich fing langsam und mechanisch an, es zu ordnen. Aber das Rascheln des Papiers störte mich. Ich ließ die Hände sinken und lauschte von neuem. Kein Laut von der Straße. Alles war totenstill im Haus.

Ich trat an den Bücherschrank und nahm ein Buch. Ich las ein paar Zeilen und legte es fort. Ich nahm ein neues, wieder las ich und legte es wieder fort. Alles war erlogen, kein Wort wahr. Was bedeuteten diese Geschehnisse alle, die dort aufgezeichnet waren? Sie hatten einen Zusammenhang, sie ließen sich verfolgen, da war eine Logik, alles ging zu nach den Spielregeln. Das Leben aber sprang. Es war dreißig Jahre logisch, und dann machte es einen Satz, es warf die Taten gegeneinander, ein trüber, ungewisser Nebel überzog alles.

Ich erinnerte mich einzelner Worte, ganzer Gespräche, die wir geführt. Sie schienen mir körnig und steril wie Strandsand, eine tote, zerstörerische Hitze stieg aus ihnen auf. Ich verglich Taten und Worte. Auch hier kein Zusammenhang. Nichts.

Ich schob das Buch in den Schrank. Ich lauschte wieder. Eisig überrieselte mich die Angst, daß in jeder Sekunde etwas geschehen könne, zu meiner Vernichtung: ein Klingeldrücken, ein Schritt ... War es nicht Wahnsinn, hier zu warten? Bezogen nicht vielleicht in diesem Augenblick Anders' Spione ihren Posten?

Ich schlich zum Fenster. Durch den Vorhang verborgen, spähte ich hinaus. Die Straße lag öde und leer. Kein Mensch. Schon wollte ich mich beruhigt zurückziehen, als mir einfiel, daß Anders' Helfer kaum offen auf der Straße stehen würden. Ich spähte noch einmal und diesmal sorgfältig in jeden Hauseingang. Und da war es, daß ich dem Blick eines Mannes begegnete. Er traf direkt auf mich, und erschreckt fuhr ich zurück. Im nächsten Augenblick machte ich mir klar, daß er mich nicht gesehen haben konnte, da ich durch Vorhang und Glas verborgen war. Ich beugte mich wieder vor, noch vorsichtiger.

Richtig, da stand jemand, halb im Schatten eines Torwegs, doch kenntlich. Ich rätselte an dieser Gestalt, dem im Schatten verschwimmenden Gesicht, das mir bekannt schien ... Plötzlich begann ich zu zittern. Der Mann hatte eine Bewegung gemacht mit der Hand, eine rasche Bewegung gegen den Hut, und diese Bewegung gehörte nur einem: Etz.

Ich trat ganz weit zurück und dachte nach. Was wollte er noch? Sicher hatte er uns schon kommen gesehen. Warum, wenn er noch etwas zu sagen hatte, sprach er uns dann nicht an? Oder konnte er nicht heraufkommen? Was stand er dort wie zum Überfall? Was das für ein Unsinn war wieder! Keinesfalls war es möglich, mit Pübe herunterzugehen zur Flucht, wenn er dort stand. Er konnte alles hindern, konnte uns trennen ... Ich tat einen Schritt zum Schreibtisch und verteilte das Geld in meinen Taschen.

Dann grübelte ich von neuem: ob auch Pübe ihn sah?

Ging ihr Fenster auf die Straße? Unsinn, Badezimmer gehen nicht nach vorn. Aber das Ankleidezimmer? Ungewißheit marterte mich. Wie, wenn er ihr in diesem Augenblick einen Wink gab? Ich stürzte zum Fenster.

Nichts. Er stand dort, halb verhüllt, das Gesicht im Schatten.

Ich warf mich auf das breite Lager, das, aus Kissen und Decken gehäuft, in einer Ecke des Zimmers war. Ich quälte mein Hirn um einen Ausweg, wie wir, von ihm ungesehen, fortkommen könnten. Ob man telefonisch ein Auto bestellte! Nein, er stand am Schlage, ein Blick von ihm und . . .

Wie wichtig war Pübe! Jede Flucht war sinnlos ohne sie. Hatte man je geglaubt, man würde allein in der Welt bestehen können nach diesem? Nun fror man schon jetzt vor eisigster Einsamkeit die halbe Stunde, die sie warten ließ.

War da nicht ein Geräusch? Ja, ein leiser Schritt kam näher, eine Parkettplatte knarrte, dann tat sich die Tür auf, und Pübe trat ein. Ich fuhr hoch, aber sie sagte leise, so leise, als lausche jemand, der es nicht hören sollte: „Bleib liegen. Ich wollte nur nach dir sehen. Ich bin noch nicht fertig . . .“

Sie trug einen Kimono von sattem Blau, das Haar hing offen über ihre Schultern, mit einer Hand hielt sie eine Falte, die andere lag verborgen auf ihrem Rücken. Ihr Gesicht hatte sich sehr verändert, so bleich, ich begriff, unter halbgeschlossenen Lidern nach ihr blinzelnd, sofort, daß auch sie gesehen hatte. Sie ging ganz langsam auf mich zu, als werde ihr jeder Schritt schwer.

Ich fragte: „Ist dir besser nach dem Bade?“

Sie kniete neben mir hin, ihre Haare fielen in mein Gesicht, ihr Duft verwirrte mich. Sie schlang einen Arm um meinen Hals. Da riß ich sie an mich. Meine Hand berührte etwas eisig Kaltes, aber dann fühlte ich nur dieses schwellende, frische Fleisch, sein Duft verlockte mich so . . . Dann das Glatte ihrer Arme. Und sie war so nah –.

Da berührt etwas Kaltes meine Schläfe. Ich bewege den Kopf, ihm auszuweichen, ich öffne die Augen, und ich sehe die Kontur einer Pistole neben mir. Mein Körper schnellt zusammen, reißt sich hoch, sie hält mich so fest, sie läßt mich nicht, ich greife mit der freien Hand nach der Waffe, und nun kämpfen wir um sie. Ich höre sie flehen, immer wieder, stoßweise, wie der Atem reicht: „Es tut ja nicht weh, Liebster. Es tut ja nicht weh."

Dann kracht der Schuß. Er klingt scharf, kurz, wie ein Peitschenknall. Sie wird ganz schwer an meiner Brust, meine Hand, die nach ihr greift, färbt sich rot. Ich bette sie auf dem Lager. An der Veränderung ihres Gesichtes merke ich, daß sie stirbt. Sie bewegt unruhig rollend den Kopf hin und her, ihre Lippen flüstern etwas, endlich verstehe ich: „Du auch! Du auch!"

Dann ist sie tot. Ich trete einen Schritt zurück, und mein Fuß berührt die Pistole. Ich bücke mich mechanisch und stecke sie ein.

Etz steht im Zimmer. (Hat sie, vorahnend, die Tür aufgemacht? Hatte er einen Schlüssel zu ihrer Wohnung?) Er starrt an mir vorbei nach dem Lager hin. Dann geht er mit schnellen Schritten zu ihr. Er schwankt stark, kommt nur ruckweise, mit Anläufen vorwärts. Er beugt sich zu ihr.

Plötzlich höre ich ein Aufbrüllen wie von einem Tiere. Nein, ich habe natürlich nie ein Tier so brüllen gehört. Aber es war das Schlimmste, was mein Ohr je vernommen hat.

Ich ziehe die Tür rasch hinter mir zu, eile die Treppe hinab und bin auf der Straße.

35

Ich bin natürlich geflohen. Und ebenso natürlich bin ich nicht über den Dunstkreis Berlins hinausgekommen. Ich habe mich an all seinen Ausflugsorten aufgehalten, ich bin im Grunewald gewesen, in Tegel, am Brieselang. Dort habe ich in den Wirtschaften gesessen, ich bin die Waldwege gegangen, ich habe gern die Liebespaare beobachtet. Wenn sie an mir vorbeigingen, aufgeschreckt durch mein Nahen, habe ich in die Gesichter der Mädchen gespäht, aber ich habe nie das gefunden, was ich suchte, was ich auf Püßes Gesicht gesehen.

Ich hätte manches alleingehende Mädchen ansprechen können, ich hätte sicher eines für mich gefunden, aber das kam nun alles nicht mehr in Frage. Aus dem Nebel, zwischen den Kiefernzweigen, im Schilf der Seen tauchte das Antlitz der einzigen großen Liebenden auf, die ich erlebt. Sie sieht mich an. Die Kühle des Pistolenlaufs berührt meine Stirn.

Ich weiß jetzt, daß ich mich in jener Sekunde getäuscht habe: sie wollte mich nicht aus Rache und Wut töten und dann zu Etz gehen, sie wollte mit mir sterben. Aber ändert das nun noch etwas?

Morgens las ich die Mordberichte der Zeitungen. Ich las davon, daß man Etz bei der Leiche gefunden, daß man ihn zuerst als den Mörder verhaftet. Der Pöbel, der sich angesammelt hatte, soll ihn schlimm zugerichtet haben. Es muß ein grauenvolles Gefühl für ihn gewesen sein, daß er auch dies noch für mich leiden mußte. Trotzdem hat er geschwiegen, keinerlei Aussagen gemacht.

Erst das Fehlen der Waffe, die unauffindbar blieb, hat die Polizei stutzig gemacht. In jedem Morgenblatt las ich, daß man dem Täter nun auf der Spur sei. Aber deswegen hätte ich dies Leben doch noch monatelang fortsetzen können, nur: es langweilte mich zu sehr. Es kam nichts mehr. Alles war zu Ende. Was sollte eigentlich nun noch geschehen?

Dazu quälte mich, daß ich mit niemandem von Pübe sprechen konnte. Ich stellte mir vor, wie man mich vernehmen würde. Es mußte schon eine Lust sein, ihren Namen zu nennen. Man würde mir Fotografien von ihr zeigen, vielleicht würde ich noch die Leiche sehen.

Ich entschloß mich ganz plötzlich, mich zu stellen. Ich bummelte grade durch Steglitz, als mir diese Idee kam. Sofort hielt ich einen Arbeiter an, sagte ihm, wer ich sei, und bat ihn, mich zur Wache zu führen. Erst hielt er mich für betrunken, dann meinte er, ich solle nur allein gehen. Ich machte ihn auf die kürzlich von neuem erhöhte Belohnung aufmerksam.

Ich denke nicht ungern an diesen schlichten Mann zurück. Er sprach wenig, aber er scheute sich nicht, im Gehen meinen Ärmel zu berühren. Als ich auf der Polizeiwache abgeführt wurde, gab er mir die Hand.

36

Ich habe zuerst gemeint, ich schriebe diese Blätter für Etz. Aber Etz trat zurück, und nun kam Pübe, lockend, schön, seltsam, von fremdem, umschatteterem Stern. Schrieb ich für sie?

Ich habe eingesehen, daß ich mich getäuscht habe, ich habe allein für mich geschrieben, für meine Freiheit, für mein Leben.

Hierin haben die Ärzte recht gesehen.

Im Anfang meiner Haft, als ich noch ganz unter dem Drucke des Geschehenen stand, habe ich nicht nur zugegeben, Pübe, nein, auch die Erna ermordet zu haben. Ich habe die Querfragen des Untersuchungsrichters zu parieren gewußt, es ist Anklage gegen mich erhoben wegen doppelten Lustmordes.

Ich habe dies getan aus einem falschen, verlogenen Märtyrergefühl heraus. Ich habe geglaubt, Pübe versöhnen zu müssen. Ich wollte nicht, daß ein Makel auf sie fiele. Aber was hat sie von meiner Aufopferung, die mir wahrscheinlich den Tod einträgt? Nichts. Auf sie kommt es nicht mehr an. Sie ist tot.

Ich aber muß leben. Ich weiß jetzt, daß ich unbedingt weiterleben muß. Ob in Freiheit oder in einer Irrenanstalt, das erscheint fast unwichtig dem einen Großen gegenüber: Leben!

Ich bin mir nicht ganz sicher, ob ich nach dem Tode weiter existieren werde, ob ich diese Erinnerungen mit mir nehmen kann. Ich aber darf sie nicht bald verlieren, ich muß sie noch lange behalten, ich muß uralt mit ihnen werden. Denn ich verstehe fast noch nichts von ihnen.

Was ich auf diesen Blättern niedergeschrieben habe, ist die reine Wahrheit. Man zeige mir Widersprüche, ich werde sie aufhellen. Man ergreife Anders und Franz, die mich in der Sache Erna entlasten werden. Was Pübe angeht, so müssen Schußsachverständige vernommen werden. Sie müssen aus dem Schußkanal feststellen können, daß Pübe selbst die Waffe abgedrückt hat. Übrigens würde es noch nichts ändern, wenn ich selbst den Schuß gelöst hätte, da ich mich in Notwehr befunden habe.

Ich bin an beiden Ermordeten unschuldig, die Welt muß mir das glauben.

Ich werde meine Geständnisse beim Untersuchungsrichter widerrufen, meinem Verteidiger diese Entlastungsschrift geben, mit Ria sprechen, die alle Hebel zu meiner Hilfe in Bewegung setzen muß. Auch Etz muß mir helfen. Es geht um mein Leben.

Würde ich verurteilt, wäre es das ungeheuerlichste Fehlurteil, das die Welt erlebt. Das darf nicht geschehen.

Anhang

Zu Falladas Frühwerk

Die Ditzens

Das älteste überlieferte Typoskript Hans Falladas – richtiger: Rudolf Ditzens – ist die Arbeit eines Siebzehnjährigen. Das fünfundzwanzig Seiten lange „Lustspiel in einem Acte“ des Titels „Das Kräutlein Wahrheit“ folgt den Regeln der Salonkomödie. Seine Figuren – Kommerzienrat, Fabrikbesitzer, Arzt, Husarenleutnant, lyrischer Dichter; Ehefrauen, Töchter, Dienstboten – sind weitgehend Klischees. Und doch entbehrt das Stück nicht des Witzes. Die Personen, auch der „lyrische Dichter“, werden persifliert; eine Fee Aletheia, also die Göttin Wahrheit, gibt dem Dienstmädchen Lisette das Kräutlein Veritas, das der Bowle beigemengt wird, so daß alle „die Wahrheit“ reden; ein Skandälchen folgt dem anderen, bis es zum Happy-End kommt.

Die Widmung „Seinen lieben Eltern zum Weihnachtsfeste 1910 zugeeignet“ scheint den Schluß zuzulassen, der anscheinend nicht unbegabte jugendliche Verfasser wachse in einer „heilen“ Familie auf. Vater Wilhelm Ditzen, zu dieser Zeit achtundfünfzig Jahre alt, hat Anfang des Jahres 1909 den Gipfel seiner Laufbahn erreicht: Er ist zum Reichsgerichtsrat ernannt worden. Mutter Elisabeth, knapp sechzehn Jahre jünger als ihr Mann, hat vier Kinder großgezogen: Das älteste, die zweiundzwanzigjährige Elisabeth, studiert; Margarete, zwanzig Jahre alt, teils in einem Lausanner Pensionat erzogen, ein „Hausmütterchen“, heiratet zwei Jahre später einen Juristen; Rudolf besucht das Gymnasium; der

Jüngste, Ulrich, der Liebling der Familie, zählt vierzehn.

Man bewohnt, der Stellung des Hausherrn gemäß, eine Elfzimmerwohnung, Leipzig S 3, Schenkendorfstraße 61, im Erdgeschoß und im ersten Stock gelegen, durch eine Innentreppe verbunden, zentralgeheizt, am Haus ein Garten. Man verfügt über entsprechendes Personal. Materielle Sorgen kennt man nicht, und sehr bald siedelt man nahebei in die noblere Kaiser-Wilhelm-Straße über. Auch von dort benötigt der Fußgänger eine Viertelstunde bis zum Reichsgericht.

Die Ditzens stammen aus Ostfriesland. Dort sind sie, Burggrafen und Amtmänner, auch Pfarrer, schon seit Generationen ansässig; sie ehelichen, grundsätzlich, Ostfriesinnen aus ihnen gleichstehenden Familien. 1815 fällt Ostfriesland an Hannover. Wilhelm Ditzen, der Großvater, verläßt die engere Heimat und bringt es bis zum Königlich-Hannoverschen Kronanwalt, zum Oberstaatsanwalt. Er heiratet, vierundvierzigjährig, anno 1850 eine Stürenburg, die Tochter eines Anwalts, der das Gut Stürenburgshof bei Aurich besitzt und ein „Ostfriesisches Wörterbuch" veröffentlicht. Sie zählt zweiundzwanzig Jahre, ist literarisch interessiert und musikalisch und überträgt diese Vorlieben auf ihren 1852 geborenen Sohn Wilhelm.

Wilhelm Ditzen, der Vater, fühlt sich zeit seines Lebens als Hannoveraner, obwohl das Königreich 1866 zur preußischen Provinz wird. 1867 bezieht er, nach Absolvierung des Progymnasiums, das 1543 als Fürstenschule gegründete Gymnasium zu Pforta und macht, nun Bürger des Deutschen (Kaiser-)Reiches, mit einundzwanzig Jahren das Maturum. Er leistet den Militärdienst als Einjährig-Freiwilliger, studiert Jura und geht in den Staatsdienst. Mit fünfundzwanzig legt er das Referendar-, mit dreißig das Assessor-Examen ab. 1886 wird er Amtsrichter in Uelzen, und dort, an der Lüneburger Heide, heiratet er, fünfunddreißig Jahre alt, im September 1887 die neunzehneinhalbjährige Elisabeth Lorenz.

Elisabeth Lorenz ist von der Mutter her eine Teichmann. Die Teichmanns kommen aus dem Harz. Ursprünglich Bergleute, rücken sie zu Steuer- und Justizbeamten auf und auch zu Lehrern an der Forstakademie Klausthal. Die Lorenz-Sippe stammt ebenfalls von Harzer Bergleuten ab, die sich, auch darin den Teichmanns gleich, ihre Frauen aus Handwerkerfamilien zu holen pflegen und die es zum Obersteiger und zum Oberförster, zum Berg- und zum Forstrat bringen. Vater Lorenz ist Pastor an der Strafanstalt in Lüneburg; seine schwere Krankheit und sein früher Tod haben zur Folge, daß Elisabeth im Alter von vier Jahren zu Pflegeeltern gegeben wird: zu ihrer Tante Elise, älteste, kinderlose Schwester ihrer Mutter, und zu ihrem Onkel Wilhelm Seyfarth, Justizrat und Rechtsanwalt in Uelzen, bei denen sie bis zu ihrer Heirat lebt.

Über die Eheschließung schreibt Wilhelm Ditzen in seinen Erinnerungen (einem Manuskript, das die Familie besitzt): „Alles ist gut bürgerlich hergegangen, rasch und ohne bemerkenswerte Zwischenfälle." Gut bürgerlich und ohne bemerkenswerte Zwischenfälle - von dem Ärger abgesehen, den ihm sein ältester Sohn bereitet - geht auch sein Familien-, sein weiteres Berufsleben her. In Uelzen werden, 1888 und 1890, die Töchter geboren. 1890 versetzt man ihn als Landrichter nach Beuthen und 1893 nach Greifswald. Dort kommen die Söhne zur Welt: 1893 Rudolf und drei Jahre später Ulrich. 1896 wird er zum Landgerichtsrat ernannt. Den Siebenundvierzigjährigen schließlich macht man zum Kammergerichtsrat in Berlin, und zehn Jahre danach beruft man ihn an den Obersten Gerichtshof. Als Reichsgerichtsrat „in Gnaden entlassen", beendet er im Frühjahr 1918 sein mehr als vierzigjähriges Beamtendasein.

Schon 1878, als das Reichsgericht installiert wurde und sein damaliger Vorgesetzter ihm, dem Referendar, gesagt hätte, dieses Gremium möge das hohe Ziel jedes jungen Juristen sein, habe er, so erzählt Wilhelm Ditzen, sich das Oberste Gericht des Reiches als Zielpunkt gesetzt. Deshalb sei er auch Richter geblieben, als ihn andere Angebote lockten. Als eines nennt er für das Jahr 1895 die Aussicht auf eine Professur für Staatsrecht an der Alma mater in Greifswald. Man male sich das in einem Was-wäre-wenn-Spiel aus: Rudolf Ditzen als Professorensohn in einer kleinen Universitätsstadt . . .

Können die Eltern als musisch gelten? Auch Elisabeth Ditzen verdankt ihrer Mutter die Liebe zur Musik und den Drang zum Lesen. Den „Robinson" habe sie fast auswendig gekannt; Klavierunterricht habe sie schon sehr früh erhalten, und sie sei von Onkel Seyfarth zum regelmäßigen Üben angehalten worden. Wilhelm Ditzen nennt die „übermäßige Lesesucht", unter der er immer gelitten habe, eine „Krankheit". Seit der Zeit in Pforta habe er Klavier gespielt und an erster Stelle „die drei großen B" verehrt: Bach, Beethoven, Brahms. Elisabeths Musikliebe habe allein seine Wahl bestimmt. Und Elisabeth Ditzen berichtet, ihr Mann und sie hätten zweiundvierzig Jahre lang fast täglich vierhändig gespielt.

Von den Greifswalder Jahren an, etwa seit Rudolfs Geburt, hat der Abend im Hause Ditzen seine feste Regel: Zuerst musizieren die Eltern eine Stunde, dann liest der Vater vor. An Mark Twains „Tom Sawyer" erinnert sich in ihrem Manuskript „Unsere lieben Vier" Elisabeth Ditzen; Wilhelm Ditzen nennt als bevorzugte Autoren Dickens, Raabe und Gustav Freytag; Fritz Reuter habe er plattdeutsch vorgetragen.

Der Versuch der Eltern, ihre Musizierfreudigkeit auf die Kinder zu übertragen, mißlingt jedoch. Wie so oft führt auch sanfter Zwang nicht zum Ziel. Die Mädchen wünschen sich eines Weihnachten als Geschenk den Abschluß des Klavierunterrichts, und Rudolf verschließt sich aus Protest. „Ich hatte einen Vater“, schreibt Fallada in einem Brief vom 20. Dezember 1939, „der ein leidenschaftlicher Klavierspieler war - und ein guter, wie ich heute weiß -, der aber nicht frei davon war, uns Kinder zu seiner Leidenschaft ein wenig zwingen zu wollen. Gespräche über Fugen von Bach und Sonaten von Brahms waren bei uns obligatorisch, manche Stunde habe ich als Junge neben dem Flügel sitzen müssen und zuhören, was mich immer nicht nur langweilte, sondern empörte. Als ich dann aus dem Haus kam . . ., habe ich mich gewissermaßen an meinem Vater dadurch ‚gerächt‘, daß ich alle Musik in Acht und Bann tat.“

Die väterlichen Vorlesungen können zwar Rudolfs „Leidenschaft für Bücher“ nicht dämpfen, führen ihn aber vorzeitig auf eigene Wege. Der vom Vater ungern gesehene Karl May, auch Defoe, Dumas und Stevenson genügen ihm bald nicht mehr. Schon mit elf oder zwölf Jahren, teilt Fallada mit, sei er, heimlich in der väterlichen Sammlung von Reclams Universal-Bibliothek stöbernd, auf Flaubert und Zola, Daudet und Maupassant gestoßen. Diese Altersangabe, in „Damals bei uns daheim“ gemacht, mag man anzweifeln wollen. Doch Elisabeth Ditzen erzählt bereits von dem Kleinkind eine kuriose Geschichte: „Setzte ich Rudolf in seinen Kinderstuhl, hieß es sofort: ‚Vorlesen‘ und meist: ‚Mackerohr vorlesen.‘ Das war ‚Max und Moritz‘. Bald kannte er es fast auswendig.“

Daß er sehr früh Bücher gelesen habe, die über seinen Horizont gingen, berichtet Fallada auch in einem Artikel aus dem Dezember 1945, „Meine Ahnen“. Dort nennt er Titel und gibt vor, noch etwas jünger gewesen zu sein. „Ich habe“, schreibt er, „meinen Flaubert, meinen Daudet, meinen Zola zum ersten Mal wohl schon mit zehn oder elf Jahren gelesen, die ‚Bovary' nicht anders als ‚Fromont junior und Risler senior' oder ‚Germinal'. Wenn ich damals auch vieles in diesen Büchern noch nicht verstand, so entwickelte sich doch schon der Sinn für die . . . Literatur . . ." Und in einem dritten Rückblick, dem Aufsatz „Wie ich Schriftsteller wurde" aus dem Jahre 1946, erweitert er die Liste der Autoren und nennt: „Zola und Flaubert, Dumas und Scott, Sterne und Petöfi, Manzoni und Lie . . ." Nun, wie dem auch sei, an einem besteht kein Zweifel: Rudolf Ditzen ist bereits in jungen Jahren ein Leser aus Leidenschaft, ein Bücherfresser, ein Bibliophage.

„Gedanken über den Glauben"

Die früh ausgeprägte Lesesucht hängt wohl mit der Physis des Jungen zusammen. Er entwickelt sich langsam und lernt spät gehen und sprechen. Er gilt als „reichlich zart" und als der geborene Pechvogel. Er fällt oft und verletzt sich häufig. Er macht sehr viele Kinderkrankheiten durch, erleidet mit drei Jahren den ersten Unfall und zwei weitere Malheure allein während der Greifswalder Jahre.

Als die Familie Ende März 1899 nach Berlin übersiedeln muß – man bezieht in der Luitpoldstraße der damals selbständigen Stadtgemeinde Schöneberg zwischen Viktoria-Luise-Platz und Kammergericht eine Siebenzimmerwohnung –, wird Rudolf mit der Schule noch verschont. Erst Ostern 1901 meldet Elisabeth Ditzen den fast Achtjährigen im nahe gelegenen Prinz-Heinrich-Gymnasium, Grunewaldstraße, an. Der Direktor habe als „Tyrann" gegolten, und schon die Vorstellung sei ungünstig verlaufen: Rudolf sei scheu gewesen und habe die Hände in den Hosentaschen vergraben, und der Direktor habe in bösem Ton gesagt: „Dich wollen wir schon zurechtkriegen."

Mutter Elisabeth Ditzen meint, Rudolf sei „wohl nie gern zur Schule gegangen"; am Prinz-Heinrich-Gymnasium absolviert er die Elementarklassen der Vorschule und besucht die Unterstufe. Er lernt schwer und bleibt zweimal sitzen, wenn auch „zum Glück nur ein halbes Jahr, denn es gab lauter Doppelklassen" (in denen teils zu Ostern, teils Ende September, zu Michaelis, versetzt wird). Für manche Fächer interessiert er sich nicht. Jedoch nicht das Lernen stößt ihn ab. Abstoßend sind die verständnislosen Schulmänner, unter anderen der Lateinlehrer Marcetus, den Rudolf „geradezu haßt" und an dem sich, fast dreißig Jahre später, Fallada mit der Figur des scheinheilig-öligen Pastors Marcetus „rächt" („Wer einmal aus dem Blechnapf frißt"). Als Untertertianer erreicht Rudolf es schließlich, auf das Bismarck-Gymnasium in Wilmersdorf umgeschult zu werden, und er kommt dort, allerdings mittels Nachhilfestunden, sehr viel besser voran. Zu Michaelis 1909 will er die Untersekunda beenden.

Doch die Familie hat erneut den Wohnsitz zu wechseln, als Wilhelm Ditzen zum 1. Februar 1909 an das Reichsgericht berufen wird. In Leipzig erfolgt die Versetzung zu Ostern; Rudolf soll versuchen, dieses halbe Jahr nicht zu verlieren, Ostern 1909 gleich in die Obersekunda zu kommen, und er geht mehrere Monate auf die „Presse", eine private Vorbereitungsschule. Doch alle Anstrengungen sind vergebens. Gerade nach Leipzig übergesiedelt, Mitte April 1909, erleidet er einen schweren Fahrradunfall, der ihn für etwa fünf Monate ans Bett fesselt.

Dieser Unfall trifft den knapp Sechzehnjährigen hart. Er überdenkt das Bild von der Welt, das ihm im Elternhaus und in der Schule beigebracht worden ist und zu dem jüngst die Kirche das ihre zugesteuert hat – seine Konfirmation im Berliner Dom liegt zur Zeit des Unfalls gerade drei Wochen zurück –, und macht sich „Gedanken über den Glauben". Die neun Seiten lange Niederschrift dieses Titels stammt zwar erst aus dem Jahre 1910 – Ditzen hat sie dem Leipziger Mitschüler Willi Burlage gewidmet, mit dem er sich in jenem Jahr anfreundet –, bezeugt jedoch zweifelsfrei den Gemütszustand des Unfallkranken. Überliefert worden ist das Manuskript durch einen Zufall. Es gehört als „Beweisstück" zu der Akte, die die Staatsanwaltschaft beim Landgericht Rudolstadt unter dem Zeichen J 1522/11 „in Untersuchungs-Sachen wider den Unterprimaner Rudolf Ditzen aus Greifswald wegen Tötung im Zweikampf" vom Oktober 1911 bis zum Januar 1912 führt.

Rudolf berichtet dem Freund von seinen Nöten. Ihm sei „der Christenglaube eingeimpft" worden. Erste Zweifel an den Gottesbeweisen seien ihm im Konfirmandenunterricht gekommen. Er habe Jesus nicht begreifen können – „Wie kann der ein Mensch sein, der ohne ein Wort der Klage sich töten läßt unschuldig?" –, und er habe erkannt: „Die ganze Bibel ist eine Dichtung." Für den Kinderglauben habe er jedoch keinen Ersatz zu finden vermocht. Dann fährt er fort:

„Damals traf mich jener Unfall, der so bestimmend in mein Leben eingreifen sollte, meine Anschauungen umstürzen sollte. Ich hatte, da mein Vater in eine andere Stadt versetzt war, ein halbes Jahr in angestrengtester Arbeit gelebt, jede Muße mir geschenkt, mein ganzes Leben der Arbeit gewidmet, um ein halbes Schuljahr zu gewinnen. Es war ein Sonntag, des Montags sollte ich mein Aufnahmeexamen machen, da radelte ich, um mich endlich zu erholen, hinaus mit etlichen Freunden. Erst unterwegs fiel mir ein, daß ich noch einige Arbeiten zu erledigen habe, ich kehrte um und lag am Abend rettungslos, ein aufgegebener Mensch im Krankenhause. Ich hatte es gehört, daß mir nur eine nach Stunden bemessene Lebenszeit zu Gebote stünde. Die Nacht, die diesem Sonntag folgte, ist die schlimmste meines Lebens ... Wilde Gedanken kreuzten mein Hirn, die sich schließlich alle zu der einen Frage vereinten: Warum? Warum? O du Gott, der du behauptest, der Gütige, der Gerechte zu sein, warum ich? Bin ich ein so schlimmer Sünder? Habe ich nicht gekämpft für dich, warum ich? Gibt es nicht tausend Schlechtere, denn ich bin? Warum ich? Gibt es nicht tausend, die den Tod ersehnen, Alte, Betagte? Warum ich? Stand ich nicht erst an der Schwelle meines Lebens?"

Und Ditzen beschreibt mit romantisierendem Pathos die Absage an den Glauben und eine Vision der Schönheit und schließt: „Wenn ich einmal etwas ganz Gutes und Großes getan habe, so werde ich nicht sagen wie die Christen: ‚Ich danke dir, Gott, daß du mir die Kraft gabst', sondern ich sage: ‚O du schöne, schöne Welt, ich danke dir, daß deine Schönheit so stark war, daß sie mir gab, das Schöne in mir zu entwickeln, daß mich das Schlechte auf Erden nicht auch schlecht macht, sondern daß ich innerlich schön und edel ward.' Und ich genas."

Der Niederschrift steht als „Widmung an W. Burlage" ein Gedicht voran. Es ist das früheste, das wir von Rudolf Ditzen kennen. Es macht nicht nur seine Gedanken- und Empfindungswelt deutlich, es zeigt in gewissem Maße auch die psychische Gefährdung an, die solchem jugendlich-gefühlsseligen Überschwang innewohnt. Es heißt „Dank der Schönheit" und lautet:

Geschloßnen Auges ging ich durch das Leben,
Nicht hatte ich ein edel Ziel und Streben,
Wie viele Menschen schritt ich so dahin,
Verschlossen war für Lebensschönheit mir mein Sinn.

Da tratst aus tannendunklen Pforten du hervor,
Tratst siegreich strahlend aus dem Waldestor,
Du küßtest meine Lippen - oh, ich war so wund -,
Doch sieh, von deinem Kuß ward ich gesund.
Dir, Lebensschönheit, dank ich erst das wahre Leben,
Du nahmst nichts mir, nein, immerfort hast du gegeben.
Drum soll mein Leben dir geweihet sein!
Für dich tret in den Lebenskampf ich ein.
Doch du, dem diese Blätter ich jetzt gebe,
Prüf meinen Weg, verstehe ihn und lebe
Auf deine Weise immer gläubig fort!
Wer einem edlen Gotte glaubt, hat einen Hort,
Und wie der heißen wolle, ob Schönheit, Jesus Christ,
Ist gleich, nur daß ein ewger Glaube in dir ist.

Von diesen Vorstellungen und Überlegungen weiß niemand etwas, als Ditzen, körperlich scheinbar wieder intakt, nach den Herbstferien 1909 am neuen Ort die Schule besucht. Sein Platz ist in der Untersekunda, die er zu dieser Zeit in Berlin hätte abschließen können. Doch hier in Leipzig, im Königreich Sachsen, fühlt er sich wohler. Am Königin-Carola-Gymnasium gewinnt er Interesse vor allem am Deutschunterricht und betätigt sich im „literarischen Verein" der Schule.

Ostern 1910 wird er in die Obersekunda versetzt und erhält einen neuen Ordinarius. Gleich zu zwei Klassenkameraden kommt er in näheren Kontakt: zu Willi Burlage, ebenfalls Sohn eines Reichsgerichtsrates, und zu Peter Krambach. Mit Burlage schließt er eine engere Freundschaft. Unter solchen neuen Eindrücken stehend, unternimmt er in den Sommerferien des Jahres, Juli/August, zusammen mit einigen Schulkameraden eine fünfwöchige Wandervogelfahrt in die Niederlande. Doch er ist tatsächlich ein Unglücksmensch. Als einziger infiziert er sich und muß eine Typhuserkrankung durchstehen.

Ein anderer Mitschüler – so berichtet Johannes Hartenstein, der letzte Überlebende der Ditzen-Klasse am Carola-Gymnasium, als ich ihn im Herbst 1966 in Leipzig traf –, Walter Porzig, noch ein Reichsgerichtsratssohn, später ein bekannter Sprachwissenschaftler, sei für Rudolf zu einem „Trauma" geworden, wohl weil man ihm den Primus zu oft als Vorbild hingestellt habe. Auch an Walter Porzig „rächt" Fallada sich, wenn er viele Jahre danach eine solche Verletzung schreibend zu bewältigen sucht. Er macht – im Roman „Der eiserne Gustav" – Hermann Porzig, den Kammergerichtsratssohn und Mitschüler Heinz Hackendahls, „den bekannten Hämling" mit dem „scheelen Schurkenblick", zu einem schrillstimmigen, großspurigen Angeber und Denunzianten, und er stempelt den Porzig aus der Wandervogel-Partie des Romans „Wir hatten mal ein Kind", „Klassenprimus und Wunderkind", als einen diensteifrigen „Musterknaben" ab.

Mit der Figur des Gymnasiasten Lenz zeichnet Fallada in dieser Szene freilich auch ein bissiges Selbstbildnis. Er verdeckt es so, daß der Leser es nicht zu identifizieren vermag. Und da Ditzens Lebenslauf, als „Wir hatten mal ein Kind" 1934 erscheint, dank Falladas systematischer Bemühung, die Fakten zu übertünchen, nur einer Handvoll Verwandter und guter Freunde bekannt ist, kann er gewiß sein, daß es so gut wie unentdeckt bleibt. Zu Beginn der Passage schildert er bitter-spöttelnd Lenzens äußere Erscheinung:

„Die Wandervögel . . . hatten unter sich einen Gymnasiasten, ein langes, wadenloses Tier, ungeschickt, mit einer Brille, das weder ein Instrument spielen noch eine Melodie mitbrummen konnte, das aber einen herrlichen grünen Filzhut mit einer langen Fasanenfeder hatte. Wenn dann die Holländer, erfreut über die schöne Abendmusik, klatschten, tauchte das musikalische Untier aus dem Hintergrunde auf, zog seinen Hut und sah, während die andern weitersangen und -spielten, das Publikum mit seinen großen, traurigen, bebrillten Eulenaugen und seiner großen, bleichen Nase so kläglich an, daß ganz von selbst nicht nur Fünf- und Zehn-Cent-Stücke, sondern auch Gulden in den Hut fielen."

Und zwei Seiten weiter gibt er, fast höhnisch, die Charakteristik: „Dieser Jüngling . . . war eine wunderlich unerträgliche Mischung aus Tiefsinn und Albernheit. Ein großer Schweiger und prahlerischer Schwätzer. Dumm wie ein Stück Holz und klug wie die Schlangen." Das Parodieren ist Falladas Sache nicht. Um so eher kann man das retrospektiv gegebene Autoporträt auch als eine ironisch-kritische Selbsterkenntnis werten.

Rudolf Ditzen macht nur einen Abstecher in die Wandervogelbewegung. Er gehört nicht zu den Menschen, die sich in eine Gemeinschaft einfügen. Er bleibt, was er auch vorher war: kontaktarm, ein Einzelgänger, der nur zu einem Freund in eine schwärmerische Beziehung zu treten vermag.

Sein „einziges Ideal"

Das humanistische Gymnasium jener Zeit vermittelt eine Ausbildung, die, obwohl in einigen Fächern profund, alles in allem als nicht mehr zeitgemäß gelten kann. Das läßt sich allein schon vom Stundenplan ablesen. Der Bericht des Carola-Gymnasiums über das Schuljahr 1910/11 nennt für die Obersekunda einen Wochenplan von vierunddreißig Stunden. Je sieben werden Latein und Griechisch gelehrt, vier sind der Mathematik vorbehalten, je drei den Fächern Deutsch und Geschichte und je zwei für die Unterrichtung in Religion und Hebräisch, in Französisch und Englisch und in Physik. Gesellschaftspolitisch gesehen, hat der Wilhelminismus die einst liberale Ausrichtung des Gymnasiums längst ins Reaktionäre verkehrt.

Schon Jahre zuvor haben begabte Schüler, wie Thomas Mann 1901 am Schluß von „Buddenbrooks", dem Gymnasium nur „bitteren Dank" abgestattet oder dessen Lehrer, wie Heinrich Mann 1905 in „Professor Unrat", als beschränkte Tyrannen gezeichnet. Und Thomas Mann, einst Schüler am berühmten Lübecker Katharineum, dort sitzengeblieben und mit dem Zeugnis der mittleren Reife abgegangen, legt einige Zeit später, 1917, in seiner zurückhaltend-höflichen Art dem humanistischen Gymnasium nahe, es möge sich doch besinnen, „daß Humanismus etwas mit Humanität, mit schöner Menschlichkeit also, mit Heiterkeit und Wohlwollen zu tun hat und daß die Laufbahn durch seine Klassen nicht ausschließlich als seelischer Vorbereitungskurs für die Beamtenkarriere betrachtet werden sollte".

Auch das Königin-Carola-Gymnasium kann als solch ein „Vorbereitungskurs für die Beamtenkarriere" gelten, und viel „Heiterkeit und Wohlwollen" bekommt Rudolf Ditzen dort nicht zu spüren. Schließt man von den Schulszenen aus dem Roman „Der eiserne Gustav" auf die Wirklichkeit zurück, dann hat Ditzen-Fallada fünfundzwanzig Jahre später zwar den Pennal- und Pennälerjargon noch genau im Ohr, doch sonst ist ihm nicht viel mehr geblieben als die Erinnerung, „mit dem zweiten Aorist", altgriechischer Grammatik also, geschunden worden zu sein. Geblieben ist allerdings auch das Andenken an wenigstens einen Lehrer.

Der neue Ordinarius zu Ostern 1910, Heinrich Degen, Dr. phil. und Oberlehrer, zählt vierzig Jahre; Krankheit hat schon seine Studien - klassische Philologie, Geschichte und Germanistik - verzögert; als einen „kranken Mann" hat ihn auch Ditzens ehemaliger Mitschüler Johannes Hartenstein in Erinnerung. Degen gibt in der

Obersekunda Latein und leitet den literarischen Verein, der auch mit Theateraufführungen hervortritt. Dort vor allem kommen sich Lehrer und Schüler näher.

Wenn Fallada in seinem Roman „Der eiserne Gustav" dem Heinz Hackendahl jenen Professor Degener zum Lehrer gibt, wenn er Heinz „von der alten schwärmerischen Liebe zu diesem seltenen Mann erfaßt" sein läßt, so spürt man noch nach mehr als einem Vierteljahrhundert das Gefühl des Obersekundaners Ditzen für seinen Lehrer Degen heraus. Gewiß, Professor Degener ist ein „nationaler" Mann, das Waffensammeln nach Kriegsende und der „Flaggenstreit" sind Attribute der Figur – Dr. Degen starb 1914 –, doch die Art und Weise, wie der Lehrer zum Schüler steht, wie Degener mit Hackendahl umgeht, das ist die Art und Weise, wie Degen zu Ditzen stand, wie Degen mit Ditzen umgegangen ist.

Degen spürt, daß der junge Mann Vertrauen zu ihm faßt; Ditzen lernt einen Menschen kennen, der ihm Verständnis entgegenbringt. Degen ist der erste, dem Ditzen seine literarischen Versuche zu lesen gibt. Degen ist der einzige der neun Lehrer aus Leipzig und Rudolstadt, der in der Untersuchung von 1911 versucht, seinen ehemaligen Schüler gerecht zu beurteilen. Eigene Anfälligkeit geht ja oft mit der Sensibilität für fremde Nöte einher.

Die Aussage Dr. Degens skizziert ein Bild Rudolf Ditzens im Jahre 1910, das man als stimmig ansehen kann. „Ditzen", so erklärt er, und man muß aus den Schriftbildern der per Hand geschriebenen Protokolle, die häufig korrigiert sind, auf eine sinngemäße, nicht wörtliche Wiedergabe schließen, „Ditzen war sehr begabt, nahm am Unterricht, soweit er ihn interessierte, lebhaft teil. Er zeigte große Schärfe im Denken und hatte schon damals Interessen, namentlich auf literarischem Gebiet, die über den Rahmen der Schule hinausgingen. Namentlich im literarischen Verein entwickelte er besonderen Scharfsinn. Seine Lebensauffassung war pessimistisch. Das mag an dem vielen Unglück liegen, das er in seinem Leben gehabt hat.“ Ditzen sei „stark nervös“ gewesen und habe „großes Ehrgefühl und ein gesteigertes Selbstbewußtsein“ an den Tag gelegt. Und über Ditzens Manuskripte, die er gelesen hat, urteilt Degen: „Seine literarischen Versuche bekundeten ebensoviel Talent wie überspannte Phantasie ...“

Man kann mit Sicherheit annehmen, daß Rudolf Ditzen im Herbst 1910 als Rekonvaleszent zu schreiben beginnt. Erhalten haben sich aus dieser Zeit jene „Gedanken über den Glauben“, das erwähnte Lustspiel sowie einige Gedichte. Es sind Versuche, die sich von denen anderer begabter Schüler nicht allzusehr unterscheiden, Versuche, die kaum besonderes Interesse verdienten, wenn Rudolf Ditzen nicht in ebendieser Zeit die feste Absicht geäußert hätte, Schriftsteller werden zu wollen und nichts sonst, und wenn er nicht tatsächlich Schriftsteller geworden wäre.

Während der Wanderung durch Holland, erzählt Johannes Hartenstein, habe Ditzen „dicke Berichte“ nach Hause gesandt. Ihm sei das aufgefallen, und er habe eines Abends gefragt – „ich glaube, wir saßen vor unserm Lagerzelt“ –, was Rudolf denn einmal werden wolle. Der habe geantwortet: „Ja, weißt du, am liebsten möchte ich Schriftsteller werden. Aber wer Romane schreiben will, der muß eigentlich selbst etwas erlebt haben.“

Die Absicht bezeugen für das Jahr 1910 außerdem, so die Rudolstädter Untersuchungsprotokolle, sowohl die Mutter und Tante Ada, Wilhelm Ditzens jüngere Schwester Adelaide, als auch Willi Burlage und Käthe Matzdorf. Zu ihr, der sechzehnjährigen Tochter eines Rechnungsrates am Reichsgericht, hat Rudolf offensichtlich eine Zuneigung gefaßt. Sie berichtet von einer „ziemlich vertrauten Freundschaft"; Ditzen habe ihr allerlei Manuskripte geschenkt, „ein kleines Theaterstück, eine Reihe Gedichte und ein Märchen". Zu ihr spricht er nicht nur von seinen Ängsten: Sein Vater wünsche, er solle Jura studieren; ihr sagt er auch, Schriftsteller zu werden sei sein „einziges Ideal".

Käthe Matzdorf wird zum Anlaß eines Eklats. Im Februar 1911 schreibt Ditzen – wie er später aussagen wird: unter Zwangsvorstellungen – an die Frau Rätin Matzdorf anonyme Briefe, daß ihre Tochter „in ganz intimem Verkehr" mit – Rudolf Ditzen stehe. Als die Sache auffliegt, äußert er zu Willi Burlage den Vorsatz, sich umzubringen, und Burlage unterrichtet die Eltern. Wilhelm Ditzen konsultiert den Hausarzt der Familie, Dr. Eggebrecht, und folgt dessen Empfehlungen: Gleich am folgenden Tag, dem 10. März, nimmt er den Sohn vom Gymnasium, läßt ihn am 11. zu entfernten Verwandten, den Kettlers, nach Mariensee bei Hannover bringen und schließlich am 10. April – ebenfalls auf Veranlassung des Arztes, der Rudolf für „schwer hysterisch" und „psychisch erkrankt" hält – nach Bad Berka in Dr. Starckes Sanatorium für Nerven- und innere Kranke „Schloß Harth" überführen.

Ob dem Reichsgerichtsrat, als er die Hiobspost erfährt, der Gedanke gekommen sein mag, daß seine Erziehung oder die der Schule mit dem Verhalten des Sohnes zu tun haben könnte? Ob ihn, den Lesesüchtigen, literarische Erlebnisse zu derlei Überlegungen angeregt hätten? Hätte Wilhelm Ditzen in den Berliner Kammerspielen eine Vorstellung der Ende 1906 von Max Reinhardt uraufgeführten „Kindertragödie" Frank Wedekinds, „Frühlings Erwachen", angesehen und sich gefragt, warum der vierzehnjährige Moritz Stiefel zum Selbstmörder werden mußte, hätte er Hermann Hesses 1906 erschienene Erzählung „Unterm Rad" gelesen und überdacht, wieso

„die Schule und der barbarische Ehrgeiz eines Vaters und einiger Lehrer" den fünfzehnjährigen Hans Giebenrath zerbrechen konnten, wäre er dann wohl in der Lage gewesen, Verständnis für die Probleme seines Sohnes aufzubringen?

Wilhelm Ditzen hört auf den Arzt und auf die Lehrer. Er ist vor allem deshalb beunruhigt, weil Ostern 1910 und im Januar 1911 drei Oberprimaner des Carola-Gymnasiums, darunter der Sohn eines Reichsgerichtsrates, sich umgebracht haben und weil die Schulleitung meint, so Religionslehrer Richter, jedenfalls in zwei Fällen scheine der in den Schülern „durch die Literatur moderner Schriftsteller genährte Pessimismus den Grund zum Selbstmord gegeben zu haben". Und der Sohn liest ja, ohne daraus ein Hehl zu machen, Nietzsche und Oscar Wilde, auch Hofmannsthal. Und er wird – wenig später in Rudolstadt – „ein Buch eines gewissen Mann" lesen, das dem Pensionsvater, dem Obersten a. D. Busse, „für einen jungen Menschen seines Alters nicht geeignet" erscheint. (Wahrscheinlich hat es sich um eines von Heinrich Mann gehandelt: Das Tagebuch von 1924 zeigt, daß Ditzen einige Romane des Autors gut kennt.)

In den ersten Apriltagen, kurz vor Rudolfs Einlieferung in das Sanatorium, wird am Carola-Gymnasium examiniert. Mit den letzten vier Unterrichtswochen versäumt Ditzen auch die Versetzungszeremonie, doch man verabschiedet ihn als Unterprimaner. Zu den Abiturienten dieses Jahres zählt – Ditzen mag ihn von Angesicht kennen – der knapp einundzwanzigjährige Johannes Johst. Als Hanns Johst debütiert er drei Jahre später mit einem Einakter. 1916 schreibt er das ebenfalls expressionistisch beeinflußte „ekstatische Szenarium": „Der junge Mensch", und 1917 läßt er den Roman „Der Anfang" erscheinen; beide Arbeiten beziehen sich auf die Schülerfreitode am Carola-Gymnasium.

Der Held des Romans, Hans Werner, begibt sich gleich nach der Abiturfeier an die Gräber seiner beiden freiwillig aus dem Leben geschiedenen Mitschüler; er macht Gedichte und will ans Theater und findet den Weg in die Literatur schließlich mit Hilfe seines ehemaligen Lehrers. Und diese Figur ist von Interesse: Dr. Schwert, Pädagoge aus Leidenschaft und Gründer des literarischen Vereins, ein schwerkranker Endvierziger, den ein Nervenleiden für Jahre in eine Heilanstalt zwang. Seine Kollegen schätzen ihn als „grundgescheit und gediegen" und tadeln ihn, weil er „die Schüler verlottern lasse"; seine Schüler lieben ihn: „Er belebte seine Stunden und beseelte Platon und Homer ..." Das Vorbild für Dr. Schwert ist zweifelsfrei Dr. Degen, und die Entsprechung überrascht: Degen hat nicht nur den jungen Ditzen ermuntert, sondern offenbar auch den ersten Anfängen des Hanns Johst Rückhalt gegeben.

Johst, neun Jahre lang, von der Sexta an, Schüler des humanistischen Gymnasiums, verficht bald nach Kriegsende ein „völkisch-kultisches" Theater und schlägt sich schließlich zu den Nazis. In seinem Schauspiel „Schlageter" (1933) stehen die Sätze: „Und zu allerletzt laß ich Ideen mir auf den Leib rücken! ... Nein, zehn Schritt vom Leibe mit dem ganzen Weltanschauungssalat ... Hier wird scharf geschossen! Wenn ich Kultur höre, entsichere ich meinen Browning!" Unter Hitler macht er Karriere: Dramaturg am Berliner Schauspielhaus, Präsident der Deutschen Akademie der Dichtung, preußischer Staatsrat und 1935 auch Präsident der „Reichsschrifttumskammer", ein Schreibtischtäter mit hohem Rang in der vom Nürnberger Prozeß als verbrecherisch verurteilten SS. (Die SS nennt Johst, in einem Brief an seinen „Reichsführer" Heinrich Himmler, „meine Konfession". Himmler, der Massenmörder, entstammt einer Familie des humanistisch gebildeten Bürgertums, der

Vater Rektor des Wittelsbacher Gymnasiums zu München.) Und so kommt es, fünfundzwanzig Jahre nachdem Johst und Ditzen das königliche Gymnasium verlassen haben, zu einem absonderlichen Aufeinandertreffen der beiden ehemaligen Carolaner: Am 30. April 1936 unterschreibt „Reichsschrifttumskammer"-Präsident Johst den „Reichsschrifttumskammer"-Ausweis Hans Falladas.

Doch zurück ins Jahr 1911. Anfang Juni kann Rudolf Ditzen das Sanatorium „Schloß Harth" verlassen. Später wird er Einrichtungen dieser Art „Satanorien" nennen. Dr. Starcke ist auf ihn nicht gut zu sprechen: Rudolf habe zuviel geraucht und auch gegen andere Vorschriften verstoßen, „so daß eine gewisse Disziplinlosigkeit und Nichtachtung gegenüber älteren, ihm vorgesetzten Personen, dafür aber ein krankhaftes, wohl durch falsche Lektüre noch genährtes Überzeugtsein vom Werte seiner eigenen Persönlichkeit hervortrat".

Urteile hat dieser die Sprache malträtierende Arzt rasch bei der Hand: „Hierzu gehört auch seine von ihm sehr überschätzte angebliche Begabung zum Dichten und Schriftstellern, die nach den mir zu Gesicht gekommenen Proben als minderwertig zu bezeichnen waren." Ob Dr. Starcke als guter Diagnostiker gelten darf – er konstatiert eine „durch erbliche Belastung verstärkte traumatische Neurose mit eigentümlichen pathologischen Erscheinungen" –, muß dahingestellt bleiben.

Weitere fünf Wochen verbringt Ditzen in Schnepfenthal bei Waltershausen, im Pensionat einer Cousine, Tochter des Forstmeisters Runge. Dann, Mitte Juli, wenige Tage vor seinem 18. Geburtstag, siedelt er nach Rudolstadt über. Er kommt zunächst bei Generalsuperintendent Dr. Braune unter und wird, als sein Aufenthalt in einem Pfarrhaus Verwicklungen nach sich zieht, Anfang Oktober zu Oberst a. D. Busse in Pension gegeben.

Erinnerungen an den jungen Ditzen gibt es sehr wenige. Die Eltern brechen ihre Aufzeichnungen über den Sohn mit dem Jahr 1910 ab. In Memoirenbüchern findet sich nur eine Episode; sie stammt aus der Feder von Axel Eggebrecht, Sohn des Dr. Ernst Eggebrecht, jenes Hausarztes der Ditzens in Leipzig. In seinen Lebenserinnerungen „Der halbe Weg", 1975 im Rowohlt Verlag erschienen, spricht er von seiner Familie, von der Arztpraxis des Vaters, von der Mutter, die an manischen Depressionen litt, und von sich, dem schwierigen Schüler. Um ihm „die vermeintliche Scheu abzugewöhnen", habe ihn der Vater „manchmal zu Krankenvisiten" mitgenommen, „zumal in befreundete Familien". Auf diese Weise sei es zu einem Besuch bei Reichsgerichtsrat Ditzen gekommen. Und so beginnt Eggebrecht den Bericht seiner Begegnung:

„Der angesehene Jurist war ratlos. Sein Sohn Rudolf hatte sich schon früher bedenkliche Streiche geleistet und kürzlich einen Selbstmordversuch gemacht, einer Mädchengeschichte wegen. Der Hausarzt wurde ins Vertrauen gezogen, konstatierte schwere seelische Störungen und riet dringend, den Gefährdeten in eine neue Umgebung zu bringen, am besten aufs Land. Erschrokken wehrte der Richter ab, sein guter Ruf ging ihm über alles, wie sollte er solch eine Verbannung erklären? Die Sache zog sich hin, mein Vater half fürs erste mit Beruhigungsmitteln. Täglich wurde telefoniert, er achtete nicht darauf, daß ich immer öfter wie zufällig im Zimmer war und aufmerksam horchte. Er konnte nicht ahnen, weshalb mich der Fall brennend interessierte.

Da war nun einer, ebenso bedroht wie meine Mutter, um den sorgte er sich. Die tarnende Vokabel Suicid verbarg mir nichts, längst hatte ich alles Erreichbare nachgeschlagen. Mit mühsam verhehlter Spannung begleitete ich meinen Vater, der kaum die Absicht gehabt haben kann, mich mit seinem Patienten allein zu lassen. Doch der Reichsgerichtsrat drängte auf ein entscheidendes Gespräch unter vier Augen, und so kam es, daß wir ziemlich lange in Rudolfs Zimmer ungestört blieben."

Tatsächlich aber zog sich nichts hin, wurde nicht telefoniert, konnte Axel nicht horchen ... Vater Eggebrecht hat die Sachlage anders dargelegt; er tat es neun Monate nach dem Vorfall, während seiner Vernehmung vor dem Rudolstädter Landgericht; an seinem Zeugnis besteht kein Zweifel. Am Donnerstag, dem 9. März 1911, abends gegen halb sieben Uhr, so sagt Dr. Eggebrecht aus, habe ihn Reichsgerichtsrat Ditzen aufgesucht mit der Mitteilung, „sein Sohn Rudolf sei heute von der Begehung eines Selbstmordes abgehalten worden". Er sei dem Rat in dessen Wohnung gefolgt und habe den jungen Ditzen zu Bett liegend angetroffen, blaß und verfallen und nicht zum Sprechen bereit. Er habe die Affäre auf Hysterie zurückgeführt, die Entfernung Rudolfs von der Schule sowie aus Leipzig angeordnet und einen Aufenthalt auf dem Lande, besser jedoch in einem Sanatorium empfohlen, und die Eltern hätten sich entschieden, den Sohn zunächst zu Verwandten zu bringen.

Belegt ist, daß Rudolf Ditzen am 11. März nach Mariensee geschafft wird. Sein Gespräch mit Axel Eggebrecht müßte also am 10. erfolgt sein. Daß man beide allein gelassen habe, wäre so unwahrscheinlich nicht, denn Rudolf hat mit Suizid nur gedroht. Zuvor könnten sich die jungen Leute durchaus getroffen haben – Dr. Eggebrecht behandelt Rudolf seit dem April 1909 –, danach jedoch nicht, denn der Arzt sieht Rudolf nach dem 10. März nicht wieder. Er wechselt mit ihm lediglich Briefe und veranlaßt, als die Kettlers mit dem Patienten nicht zu Rande kommen, die Einweisung in Dr. Starckes Sanatorium.

Nun, diese Details wären nebensächlich, wenn es nicht um das Datum ginge. Denn Eggebrecht fährt fort: „Zuerst enttäuschte mich die Begegnung. Ein durchaus nicht auffälliger, selbstbewußter junger Mensch behandelte mich, den mindestens fünf Jahre Jüngeren, von oben herab. Er befragte mich nach Schule, Liebhabereien, wollte wissen, ob ich gern läse und was wohl. Ich nannte meine Lieblingsbücher, ‚Robinson' und ‚Lederstrumpf'. Darauf er, mit großer Geste: Und den da kennst du hoffentlich auch? Er wies auf eine lange Reihe grüner Bände. Mir waren sie fremd. Im Nu ereiferte Rudolf sich: dreizehn Jahre – und will nichts von Karl May gelesen haben? Das kannst du deinem Vater vormachen, mir doch nicht!"

Axel Eggebrecht hätte, in irgendeinem Lexikon nachschlagend, leicht festzustellen vermocht, daß er fünfeinhalb Jahre jünger als Ditzen war; er hätte in wenigstens einer Publikation des Rowohlt Verlages nachlesen können, daß sich seine Begegnung mit Ditzen nur im März 1911 zugetragen haben konnte. Doch er verlegt, sicher nicht, um etwas zu verdrehen, aber aus gutem Grund, das Gespräch in das Frühjahr 1912: Er (am 10. Januar 1899 geboren) sei dreizehn gewesen; Karl May, so wird gleich danach gesagt, sei „vor kurzem" gestorben (das war am 30. März 1912). Ob zwölf oder dreizehn Jahre alt – das spielt jedoch für eine Erinnerung solcher Art schon eine Rolle.

Mag man der Schilderung, wie sich der seinerzeit fast achtzehnjährige Ditzen vor dem gerade Zwölfjährigen in Szene setzt, nun Glauben schenken oder mag man sie in Frage stellen: Auf eine „lange Reihe" von Karl-May-Bänden hat Rudolf jedenfalls nicht weisen können. Wilhelm Ditzen hatte für Karl May nicht das geringste übrig und sah es höchst ungern, daß der Sohn dessen Bücher verschlang; die Ausleihe einer größeren Anzahl, den Kauf gar hätte er nicht geduldet.

Anna Ditzen erzählt, daß ihr Mann, als er Anfang der dreißiger Jahre über genügend Geld verfügte, sich die mehr als sechzig Bände der Gesamtausgabe anschaffte, eben weil dem Jungen der Besitz verwehrt gewesen war – abermals eine „Rache“. Und Ditzen hat sich erst, als er 1945 Carwitz verließ, von seinem Karl May getrennt. Noch im Jahre 1964 sah ich, Gast Anna Ditzens im Carwitzer Haus, auf einem Regal unter den Verandafenstern die lange Reihe jener grünen Bände stehen.

Axel Eggebrecht kommt dann auf sich zu sprechen: „Die Wahrheit war, daß ich irgendwann in ‚Old Surehand‘ geschmökert hatte, ohne rechte Passion. Bei aller Aufsässigkeit hatte ich ein scharfes Ohr für kritische Urteile der Haustanten, sicher auch meines Vaters. Und eben weil ich wußte, daß fast alle Schulgenossen den gewaltigen Abenteurer verehrten, übernahm ich das Verdikt: Ein wertloser Kram, alles in Radebeul aus den Fingern gesogen! Nie war dieser sächsische Trapper in Arizona gewesen! Das gab ich jetzt achselzuckend weiter.

Rudolf lachte mich aus. Sofort sagte er mir auf den Kopf zu, das hätten mir die Großen eingeredet. Ob ich denen immer so brav auf den Leim ginge? Empört widersprach ich, und als er mir nicht glauben wollte, vergaß ich meine ganze Zurückhaltung und beschrieb den Kriegszustand zwischen mir und meiner Umwelt. Eine Schleuse war aufgezogen, es tat wohl, endlich einmal jede Verstellung aufzugeben. Rudolf staunte, dann war er überzeugt. Glücklicherweise fragte er nicht weiter nach, es genügte ihm, eine gleichgestimmte Seele zu finden. Und nun änderte sich sein Ton, wie zu einem Eingeweihten sprach er zu mir.

Ich erfuhr die Lebensgeschichte des vor kurzem verstorbenen Vielschreibers, und es kam heraus, daß Rudolf nicht so sehr den Autor bewunderte, der Kara ben Nemsi in unerhörte Abenteuer verstrickte, nicht den Schriftsteller Karl May, sondern den Mann, der jahrelang im Gefängnis saß, ein Dieb, ein Feind der biederen Bürger, ein Verbrecher. Der dann doch reich und berühmt wurde. Aber nie vergaß ihm die zahme Bande der Richter und, nun ja, der Ärzte und Beamten und Lehrer seine Vergangenheit. Er blieb für sie alle ein Verbrecher! Darum gerade müsse man ihn lieben!"

Daß Ditzen seinen Karl May kannte, steht außer Frage. Daß er über dessen Biographie Bescheid wußte, liegt im Bereich der Möglichkeit. Daß jedoch seine Bewunderung in erster Linie dem straffällig gewordenen Outsider gegolten habe, dafür gibt es kein zweites Zeugnis. Interpretiert Eggebrecht im nachhinein? Man kann es nicht ausschließen. Auf sein Bekenntnis, das gleich zitiert wird, folgt der Satz: „Jahre verbrachte Ditzen im Gefängnis, wie sein Idol Karl May."

Fragwürdig erscheint Eggebrechts Bericht über den Schluß der Ditzenschen Ansprache.

„Rudolf spürte, daß ich gebannt zuhörte, und ereiferte sich mehr und mehr. Eine wilde Lobpreisung der ewigen Opposition gegen das Bestehende war es, Namen fielen, die ich nie gehört hatte, Bakunin, Stirner, Krapotkin. Eine Flut unbekannter Wörter verwirrte mich: Rebellion, Anarchie, Nihilismus. Wenig verstand ich, eines aber mit heißer Freude: Das gibt es! So kann man denken! So will ich auch sein! Da brach er brüsk ab: Aber das ist noch nichts für dich! Und er legte den Finger auf die Lippen, die beiden Väter traten eben ein. Sie waren erfreut, uns so kameradschaftlich zusammen zu finden.

Als mein Vater auf dem Heimweg fragte, wie mir der

neue Bekannte gefiele, meinte ich wegwerfend: Er sei ganz nett, aber viel zu alt für mich. Und dann wurde er kaum mehr erwähnt.

Das Gespräch, das höchstens eine halbe Stunde dauerte, blieb haften. Ich will nicht behaupten, daß es der unmittelbare Anlaß zu verwegenen Plänen war. Aber soviel erscheint mir bei ruhiger Überlegung wahrscheinlich: Die hemmungslose Kampfansage an Ordnung und Gesetz imponierte mir. Meine bis dahin ins Leere schweifende Auflehnung bekam nun eine ganz bestimmte Richtung. Ins bewußt Kriminelle."

Können sich, so wäre zu fragen, einem Zwölfjährigen allein Namen wie Bakunin und Kropotkin so fest, so unauslöschlich einprägen? Konnte ein wohlbehüteter Bürgersohn, Obersekundaner des Königin-Carola-Gymnasiums, im Jahre 1910/11 tatsächlich Näheres über den Anarchismus gewußt, Stirner etwa gelesen haben? Es ist nicht sehr wahrscheinlich, und wir kennen auch hierfür keinen weiteren Beleg.

An Eggebrechts Ehrlichkeit, an der Integrität der Erinnerung bestehen, obwohl und weil der Autor sie erst in hohem Alter aufzeichnete, keinerlei Zweifel. Doch wie so oft in Memoiren erweist sich auch hier, daß die Atmosphäre des Erlebnisses und die Bedeutung, die der Vorfall für den Verfasser besaß, sehr viel genauer wiedergegeben werden als die Fakten, daß Mitteilungen über einen Dritten, zumal angesichts einer beiläufigen Bekanntschaft, nicht immer und unbedingt authentisch sind. Wer sich ein Bild vom jungen Ditzen machen will, sollte die Skizze, die Axel Eggebrecht entwirft, nicht ohne weiteres als Vorlage nehmen.

Rudolfs Rückkehr nach Leipzig wird von Wilhelm Ditzen nicht in Betracht gezogen. So der Sohn wieder fähig zum Schulbesuch sei, solle er den Ort selbst bestimmen. Ditzen entscheidet sich für Rudolstadt, damals ein Städtchen von etwa zehntausend Seelen und Residenz der Fürsten von Schwarzburg-Rudolstadt. Dort lebt Hanns Dietrich von Necker, mit dem ihn seit einem knappen Jahr eine Brieffreundschaft verbindet; vermittelt hat sie ein gemeinsamer Schulkamerad, Walter Simmichen, der Ditzen vom Prinz-Heinrich-Gymnasium und aus der Konfirmandenzeit kennt und Necker aus Rudolstadt.

Getroffen haben sich Rudolf und Hanns Dietrich zum ersten Mal Weihnachten 1910 bei Ditzens in Leipzig und vor kurzem für ein paar Tage in Rudolfs Schnepfenthaler Pension. Jetzt, von Mitte Juli an, sind sie nahezu unzertrennlich, obwohl sie sich oft streiten, denn von Necker, Sohn einer Majorswitwe, ein Jahr jünger und Obersekundaner, wird von Ditzen für „sehr adelsstolz" gehalten. Grundlage ihrer Freundschaft sei, so sagt Rudolf in seiner Vernehmung am 9. November, die „gemeinsame Neigung zur Schriftstellerei".

Am 8. August 1911 enden die Sommerferien; tags darauf beginnt am Fürstlichen Gymnasium der Unterricht, für Ditzen trotz des neuerlich verlorenen Vierteljahrs in der Unterprima. Während der folgenden zwei Monate versäumt er fast jede Woche zwei bis drei Tage die Schule; er leidet noch immer an Unfall- und Krankheitsfolgen, Kopfschmerzen, Schlaflosigkeit, ist nervös und leicht erregbar. Die „Literaria", der literarische Verein des Gymnasiums, und die für den 29. September vorgesehene Aufführung des Dramas „Der Menonit" von Ernst von Wildenbruch, in der er die Hauptrolle spielt, beschäftigen ihn mehr als der Unterricht.

Nach der Oscar-Wilde-Figur Lord Henry Wotton, von dem Dorian Gray sagt: „Er ist Prinz Paradox", läßt Rudolf sich „Harry" nennen. Er zitiert die provozierenden Sentenzen und boshaften Bonmots, die Lord Henry, Wildes Advocatus Diaboli, in geschliffenem Stil ständig von sich gibt, und verteidigt sie - nach dem Zeugnis seines Klassenkameraden Günter Dehn - leidenschaftlich als Wahrheiten. Er macht wieder Gedichte. Mitschüler sagen in der Untersuchung aus, Ditzen habe erzählt, daß er zusammen mit von Necker ein Lustspiel zur Darbietung in der „Literaria" schreibe und daß eine Zeitungsredaktion - nach anderer Version: eine Verlagsbuchhandlung - eine Novelle von ihm zum Druck angenommen habe.

Die vom Ordinarius formulierte Meinung, dieser Schüler sei „ein dekadenter, fast lebensmüder Mensch, der sich über Sitte und Gesetz erhaben fühlt", scheint sich im Lehrerkollegium festzusetzen. In den Fächern, die ihm liegen, muß man Ditzen jedoch Begabung bescheinigen. Professor Rübesamen meint, er übersetze „Horaz und Homer mit Geschmack und Verständnis"; Professor Haushalter findet in einem Deutschaufsatz „die durchschnittliche Fähigkeit eines Unterprimaners" überschritten; Professor Leisshose nennt Übersetzungen aus dem Französischen „klar und logisch und besser als viele andere". Den Eindruck, den Ditzen bei seinen Mitschülern erweckt, faßt der Unterprimaner Bernhard Hübner in dem Satz zusammen: „Er war ein vollständig einseitiger Mensch, mit dem man über andere Sachen als Literatur nicht sprechen konnte."

Am frühen Morgen des 17. Oktober - es ist der erste Schultag nach den Herbstferien - nimmt dann das Unheil seinen Lauf. Beide, Ditzen und von Necker, sind mit dem Gedanken an Selbstmord vertraut. Hanns Dietrich hatte in einem Brief vom 12. September an Walter Simmichen geschrieben, er habe „unter der Zeit im Sanatorium geistig gelitten“ und sei „gemütskrank“; in „einsamen Stunden“ packe ihn „die Versuchung, nach dem Revolver zu greifen“. Rudolf gibt während seines Verhörs zu Protokoll, er habe „eine Unlust zum Weiterleben“ empfunden. Und er berichtet, wie sie beide zu dem durch mehrere „Ehrenworte“ erhärteten Entschluß kamen, ein Duell zu fingieren, um gemeinsam aus dem Leben zu scheiden, und wie sie ihn wohlüberlegt ausführten. Der im Umgang mit Waffen versierte von Nekker verfehlt sein Ziel; der kurzsichtige Ditzen trifft – ihm sei es so vorgekommen, als schösse er auf sich selbst –, tötet den Freund und jagt sich, gewillt, von eigener Hand zu sterben, zwei Kugeln in die Brust.

Die „Rudolstädter Gymnasiasten-Tragödie“ gerät in die Schlagzeilen der örtlichen Zeitungen, aber auch der Berliner Presse. In ihrer Ausgabe vom 18. Oktober weist die „Rudolstädter Zeitung“, so scheint es, in die richtige Richtung: „Die blutige Tat der beiden Gymnasiasten wird aufs neue alle diejenigen Menschenfreunde erschüttern und zum Nachdenken anregen, die sich schon aus Anlaß so mancher Schülerselbstmorde der letzten Zeit mehr als bisher mit dem Seelenleben der Schüler unserer höheren Lehranstalten beschäftigt haben.“ Doch tags darauf – vom Toten hat man nur Gutes zu sagen – äußert sich die Redaktion schon parteiisch: „In jedem Falle handelt es sich um eine Tat, die eigentlich erklärbar wird dadurch, daß ein ungesunder psychologischer Einfluß die Handlungen der beiden bestimmte – daß, um es noch deutlicher zu sagen, einer der beiden den Gegner in eine geradezu unsinnige Empfindungswelt hineinversetzte.“

Schließlich übernimmt das Blatt (und mit ihm auch die „Schwarzburg-Rudolstädtische Landeszeitung“) am 20. des Monats das am 19. in Berliner Zeitungen veröffentlichte Dafürhalten des Geheimen Schulrats Dr. Alexander von Nagy, Direktor des Fürstlichen Gymnasiums. Es erinnert an die zweckbestimmte Verlautbarung des Königin-Carola-Gymnasiums über die Leipziger Schülersuizide, und es dirigiert den Sachverhalt in die von der Schule (und wohl auch von der Familie) gewünschte Bahn.

Von Ditzen spricht der Geheimrat als einem „außerordentlich begabten jungen Menschen, der es wahrscheinlich weit gebracht hätte, wenn er nicht überreizt gewesen wäre“, und er befindet: „Er las Nietzsche, Oscar Wilde und ähnliche Sachen, für die er noch nicht reif war. Er hat auch eine starke schauspielerische Begabung, auf die er sehr stolz war. Er wollte das Gymnasium gar nicht absolvieren, sondern hatte den Vorsatz, Schriftsteller zu werden, und dachte damit an eine glänzende Zukunft als Dichter.“ Auf von Necker träfe „das gleiche“ zu, „nur in einem geringeren Maße. Auch er war nervös überreizt und beschäftigte sich mit Literatur, die für seine Jahre zu hoch war; dazu kam, daß er etwas kränklich war und eine ziemlich schwache Lunge hatte.“ Und Herr von Nagy schließt mit seiner „festen Überzeugung, daß die beiden etwas überspannten Jünglinge einen Doppelselbstmord verabredet“ hätten.

Am 24. Oktober wird über Rudolf Ditzen wegen „Tötung im Zweikampf“ Untersuchungshaft verhängt. Doch der Haftbefehl bleibt uneröffnet: Der Delinquent kann, in der Fürstlichen Landesheil- und Pflegeanstalt liegend, noch nicht vernommen werden. Am selben Tag beginnt man mit den Befragungen. Fast vierzig Zeugen werden gehört. Auf mehr als zweihundert Seiten schwillt das Protokoll an. Doch „die furchtbare und zugleich für normales Empfinden im großen Ganzen unverständliche Erscheinung“, so die „Rudolstädter Zeitung“, wird nicht faßbarer, weil die Untersuchung den Schleier der sozialen Ursachen nicht lüftet.

Hinzu kommt nicht zuletzt, daß die Familie mit aller Macht eine „erbliche Belastung“ des Sohnes und Neffen hervorzukehren sucht. Wilhelm, Elisabeth und Adelaide Ditzen sagen entsprechend aus, und die Erklärung, die Rudolf abgibt, hinterläßt streckenweise den Eindruck, man habe auf ihn, sei es durch Suggestivfragen, sei es durch direkte Ratschläge – Justizrat Sommer aus Rudolstadt ist der vom Reichsgerichtsrat bevollmächtigte Anwalt –, in solchem Sinne eingewirkt. Am 12. Januar 1912 beschließt das Gericht, den Angeschuldigten außer Verfolgung zu setzen: Es billigt ihm den Paragraphen 51 des Strafgesetzbuches zu.

Die Grundlage dafür gibt das einunddreißig Seiten lange Schriftstück der Großherzoglichen Psychiatrischen Klinik Jena, in der Ditzen vom 15. November bis zum 20. Dezember 1911 beobachtet wird. Verfasser ist der Geheime Medizinalrat Otto Binswanger, eine Kapazität seiner Zeit. Binswanger zieht für die Darstellung der „Vorgeschichte“ auch Ditzens Gedichte, sein „Wandervogelfahrtenbuch“ und einige im Busseschen Garten aufgefundene Skizzen heran, darunter die „Geschichte von Einem, der vor sich selbst floh“.

Der „Befund“ bietet diese Beschreibung: „Ditzen ist ein achtzehnjähriger, gracil, fast kindlich gebauter Mensch von blasser Gesichtsfarbe und mäßigem Ernährungszustande, der bei einer Größe von 176 cm bei der Aufnahme nur 108 Pfund wog“, und konstatiert „eine starke einseitige Begabung für Literatur“. Das „Gutachten“ stellt die „ungleichmäßige Entwicklung der geistigen Fähigkeiten mit einseitiger Hervorkehrung phantastischer, gewissermaßen künstlerisch-literarischer Begabung“ heraus und zählt Ditzen „der Kategorie der degenerativen konstitutionellen Psychopathen“ zu. Die Frage, zu welcher Meinung die Psychiatrie heute gelangt wäre, muß unbeantwortet bleiben.

Rudolf Ditzen bekommt es noch häufig mit Kliniken und Psychiatern zu tun. Mitte der dreißiger Jahre behandelt ihn der Berliner Ordinarius für Psychiatrie und Neurologie Professor Karl Bonhoeffer, dann im Heidehaus Zepernick Dr. Willi Burlage, der Schulfreund, den Ditzen bei Bonhoeffer in der Charité wiedergetroffen hatte, und in den ersten vierziger Jahren in den Kuranstalten Westend ein weiterer Arzt aus Bonhoeffers Klinik, Professor Jürg Zutt. Bonhoeffer habe, so überliefert Anna Ditzen, von Fallada einmal gesagt: „Fast ein Psychopath – aber die sind das Salz der Erde."

Eine Reminiszenz

Der junge Ditzen muß mit der Tatsache leben, daß er Hanns Dietrich von Necker getötet hat. Die Zubilligung des Paragraphen 51, nach dem strafrechtlich nicht verantwortlich ist, wer sich bei Begehung der Tat „in einem Zustande von Bewußtlosigkeit oder krankhafter Störung der Geistestätigkeit befand", hilft ihm sicherlich, den Fakt soweit als möglich zu verdrängen. Die Familie macht ihm ebendies leicht. Für sie ist das Thema tabu, sie schweigt es tot.

Jahre vergehen, ehe Rudolf Ditzen zu einigen wenigen ihm nahestehenden Menschen über die Angelegenheit zu sprechen vermag. Anspielungen in einigen Briefen späterer Zeiten lassen vermuten, er habe während seines Gudderitzer Aufenthaltes, 1921/22, dem Freund Hans Kagelmacher in Umrissen von der Rudolstädter Tragödie erzählt. So erwähnt er, wenn er im Juni 1933 von einem „völligen Nervenzusammenbruch" berichtet, auch „Erscheinungen", wie er sie „im Alter von zwanzig Jahren hatte, nach einem großen Ereignis, von dem Sie wissen". Und zwei Jahre später, im April 1935, erneut von einem psychischen Kollaps sprechend, fügt Ditzen hinzu: „Manische Depressionen, Rückfall in meine Jugendkrankheit".

Verbürgt ist, daß er seiner Frau den Fall im ganzen Umfang gesteht, und ihr prägt sich sein Bericht vor allem in einer Hinsicht ein. Als ich sie, Anna Ditzen, einmal nach ihres Mannes Beziehungen zu seinen Schwestern fragte, meinte sie, sein Verhältnis zu Margarete, Dete genannt, sei immer etwas angespannt gewesen und das wohl seit Anbeginn, zugespitzt aber seit dem Herbst 1911, denn Dete habe Rudolfs Verfehlung als eine ihr angetane Unbill empfunden.

Die junge Frau, die gerade darangeht, sich einem fremden Clan anzupassen, hat während dieses die reichsgerichtsrätliche Familie ohnehin tief schockierenden Skandals in der Tat besondere Ärgernisse zu meistern. Trotz des Verlöbnisses mit dem Rechtsanwalt Dr. Friedrich Bechert sieht sie sich genötigt, am 19. Oktober den Eltern nach Rudolstadt zu folgen und zur Unterstützung der Mutter dort zu bleiben, bis Anfang November Tante Ada anreist. Und im Jahr darauf, zur Trauung am 28. September 1912, die ihre Schwiegereltern als Fest für mehr als sechzig Personen ausrichten – Fritz Becherts Vater ist Professor am König-Albert-Gymnasium zu Leipzig, seine Mutter stammt aus dem Haus eines Leipziger Verlagsbuchhändlers –, muß sie sich mit der Vorstellung abfinden, der Bruder sitze nun in einer Nervenheilanstalt ein.

Kabbeleien zwischen Dete und Rudolf von Kindesbeinen an bestätigt Elisabeth Ditzen, wenn sie von ihren lieben Vier berichtet. Einesteils seien Elisabeth (Elisabeth II oder Ibeth genannt) und Rudolf, andernteils Margarete und Ulrich am meisten zusammen gewesen; ungewollt gibt sie auch eine Erklärung: „Margarete war sehr für Ordnung. Öfter revidierte sie die Sachen der Geschwister und meldete uns dann Ungehöriges. Wir nannten sie deshalb ‚Frau Inspektor' . . ." So wundert es alles in allem nicht, daß sich in Ditzens späterer Korrespondenz mit Dete nicht der geringste Fingerzeig auf diese Zeiten findet.

In seinem Briefwechsel mit Elisabeth, der Lieblingsschwester, der von 1928 an erhalten ist, wird man jedoch ebenso vergebens nach irgendeiner direkten Äußerung suchen. Einmal, im Frühjahr 1944, unterläuft Ditzen ein allgemein gehaltener Hinweis. Aus dem thüringischen Städtchen Eisfeld, wo er sich von einigen Sanatoriumswochen im bombardierten Berlin ausruht, schreibt er an Ibeth und den Schwager (und Physiker) Heinz Hörig: „Auch als Jüngling bin ich hier [in Thüringen] nach einem Unwetter untergekrochen, und lernte es, daß die Thüringer den Windschatten, die stille Ecke vor dem Sturm ‚die Geduld' nennen. Er sitzt in der Geduld . . ." Im Grunde hält er sich also an das ungeschriebene Gesetz, innerhalb der Familie Stillschweigen über Schimpf und Schande zu bewahren.

In Falladas Romanen schließlich gibt es eine Szene, die darauf verweist, daß der Autor die drei in Rudolstadt verbrachten Monate und den 17. Oktober 1911, das „Duell" auf einer Lichtung unterhalb des Uhufelsens nahe der Eichfelder Flur, nicht vollends aus seinem Gedächtnis gestrichen hat. Sie findet sich im letzten Kapitel des Romans „Wer einmal aus dem Blechnapf frißt", das, „Nord, Ost, Süd, West - to Hus best" betitelt, mit einer Rückerinnerung an den Gymnasiasten Willi beginnt und mit Kufalts neuerlicher Einlieferung ins Gefängnis schließt, in die Zelle, in der er sich „wirklich ganz zu Haus" fühlt. Sie ist ein Musterbeispiel für Falladas oft geübte Praxis, den Konflikt, in den er eine Figur verstrickt, mit „etwas Kleinem" anheben zu lassen, das sich, am Ende „riesengroß", schicksalhaft zur Katastrophe auswächst.

Die Szene, Anfang November 1933 geschrieben, setzt

mit folgender Schilderung ein, und es besteht kein Zweifel daran, daß dem Autor als Muster Rudolstadt und die Rudolstädter Umgebung vorschweben:

„Das Haus lag am obersten Punkt einer Berggasse, gleich unterhalb des Burgbergs. Die Stube des Schülers lag vier immer enger und steiler werdende Treppen hoch, in der obersten Spitze des Hausgiebels.

Trat der Schüler an sein Fenster und der Tag war klar, so sah er über die Dächer der kleinen Stadt fort, über das mäßig weite Flußtal fort, über die sanften Laubhügel, die die andere Seite des Tals begrenzten, fort bis zu jenen schroffen Basaltfelsen mit ihren dunklen Tannen und Fichten, die ‚der Uhu' hießen.

Er sah oft dahin, denn unterhalb des Uhus, eine schwache Stunde nur zu gehen, lag seine Heimat, Rittergut Triebkendorf.

Der Schüler steht am Fenster, er geht in Gedanken den steilen Fußpfad den Uhu abwärts."

Und dieser Pfad vom Uhufelsen bergab, den der Autor in Gedanken mitgeht und aus der Erinnerung schildert, ist der – gewöhnlich eine knappe halbe Stunde beanspruchende – Abstieg, den sich Rudolf Ditzen am frühen Morgen jenes Oktobertages, erschöpft, blutend, zwei Geschosse im Leib, mühselig hinabschleppt, bis er gegen halb neun Uhr kurz vor dem Dorf Eichfeld auf einen Mann stößt, der dort Dornbüsche rodet. Zweiundzwanzig Jahre danach beschreibt Fallada jenen Weg so:

„Abfließender Regen hat den Lehm vom Wege gewaschen, er klettert vorsichtig über Felsblock auf Felsblock. Manche Steine sind fest eingesponnen von den zähen Stricken losgespülter Wurzeln, andere schwanken leise, als wollten sie unter seinem Fuß abstürzen.

Allmählich wird der Pfad weniger steil, die Bäume treten dichter an ihn heran, er geht nun wie in einer kühlen grünen Halle. Dann wird es heller vor ihm, er tritt hinaus aus dem Wald, der Bergzug ist über Hügel in eine fruchtbare Ebene ausgelaufen.

Noch ein paar Schritte, der Fahrweg geht um eine Heckenecke, und vor dem Jungen liegt das Dorf. Kaum Dorf, mehr Gut, mit den langen, öden Leutehäusern der Deputanten . . ."

Dieses Dorf, das Inspektorenhaus des Ritterguts ist des Jungen Zuhause. Er besucht das Gymnasium der kleinen Stadt und wohnt zur Schulzeit dort als Pensionsgast im Haus des Pastors. Der Widerstreit, in den Willi Kufalt geraten soll, beginnt mit einer Nichtigkeit:

„Der Schüler seufzt. Er sieht nicht mehr den Uhu, er sieht über das Städtchen hin, drüben am Fluß liegt das Gymnasium, um dessentwillen er hier sein muß. Dann sieht er näher, in die Berggasse, in das Haus schräg gegenüber, in dem eine Schneiderstube ist. Dort packen sie auch zusammen, es ist ja Feierabend. Ein Geschwirr von jungen Mädchen ist beim Aufräumen. Es sind die höheren Bürgertöchter, die Nähstunde gehabt haben.

Wie schon oft fällt ihm wieder eine lustige schlanke Blonde auf, und als sie hersieht, nickt er hin.

Sie nickt wieder. So stehen sie eine Weile sich gegenüber an den Fenstern. Der Fünfzehnjährige und die kleine Blondine. Sie nicken einander zu und lachen."

Für ein paar Augenblicke begegnen sich die beiden dann auf der Kopfsteingasse, und es sieht so aus, als übergebe der Junge dem Mädchen einen Brief, und schon Minuten später kommt es zum Desaster: Die Schneidermeisterin beschwert sich beim Pastor, der Junge bekommt seine Strafpredigt – „leichtfertige Liebschaft, Entweihung des geistlichen Heims, unerlaubte Korrespondenz" – und wird aus dem Haus gewiesen; der Vater ist bereits auf dem Wege.

Ein schwaches, ein schlecht erfundenes Motiv? Nein, Fallada entsinnt sich bloß seiner Trennung von der Familie des Superintendenten. „Sein Weggang von uns“, berichtet Dr. Braune in seiner Vernehmung, „hatte eine ganz harmlose Veranlassung. Ditzen hatte mit einem Flaschenkork an ein Nachbarfenster geworfen. In dem Hause befindet sich eine Nähschule. Weil darüber Beschwerde bei uns geführt worden war, stellten meine Frau und ich ihn zur Rede unter dem Hinweis, daß er auf den Charakter unseres Hauses als Pfarrhaus und auf meine Stellung Rücksicht nehmen müsse.“

Dieser Zwischenfall, der zur Folge hat, daß Ditzen sich als Dissident zu erkennen gibt, eingesteht, bei den Tischgebeten nur Theater gespielt zu haben, und den Stuhl vor die Pfarrhaustür gesetzt bekommt, erscheint - heute - nicht weniger nichtig. Rudolf zählt bei dem Versuch, mit den Bürgerstöchtern in der Nähschule anzubändeln, achtzehn Jahre, nicht fünfzehn wie Kufalt, er stammt aus gleichen oder besseren Kreisen, kein Inspektorensohn. Und wahrscheinlich handelte es sich ohnehin bloß um einen Possen, denn die Gymnasiasten haben ihren eigenen „Bummel“, und Rudolf „geht“ seit dem 20. September mit der sechzehnjährigen Erna Simon.

Nun, die Kontroverse mit Dr. Braune läßt sich leicht beilegen; Wilhelm Ditzen reist am 5. und 6. Oktober nach Rudolstadt und findet für den Sohn den ehemaligen Obersten als neuen Pensionsvater. Den erstarrten Konventionen, den längst überlebten Sitten und Gebräuchen der wilhelminischen Zeit entgeht der junge Ditzen damit nicht. Sie zerbröckeln erst, als das Kaiserreich den Krieg vom Zaun bricht und den eigenen Untergang anzubahnen beginnt.

Inspektor Kufalt übrigens ist ein guter Vater, für Sohn Willi „immer herrlich“. Vater Kufalt kapituliert nicht nur, weil der Pastor und der Direktor des Gymnasiums „zu gut Freund“ sind, nicht nur, weil es ihm überhaupt schwerfällt, das Schulgeld aufzubringen, er nimmt den

Sohn von der Schule, damit der die Lehren aus seiner Dummheit ziehen kann. „Wenn man was auf den Deckel gekriegt hat, soll man nicht lange brummen, man überlegt sich den Fall, erkennt, was falsch war, und macht's nun richtig." Die Sentenz klingt nicht schlecht, doch Fallada zeigt, daß jedenfalls Willi Kufalt ihr nicht zu folgen vermag.

„. . . wir Künstler . . ."

Das Gutachten der Jenenser Klinik, am 31. Dezember 1911 von Binswanger unterschrieben, hat weitere ärztliche Behandlung in einer Anstalt für erforderlich erachtet, und so sieht sich Wilhelm Ditzen nach einer angemessenen Unterkunft um. Am 11. Januar 1912 trifft er sich mit seiner Schwester Adelaide in Tannenfeld bei Nöbdenitz / Herzogtum Sachsen-Altenburg – das erst nach 1918 dem Freistaat Thüringen zugeschlagen wird –, und das Kurhaus dort, eine Heil- und Pflegeanstalt für Gemüts- und Nervenkranke, im Besitz des Psychiaters Dr. med. A. Tecklenburg, sagt beiden zu.

Das Anwesen umfaßt ein Areal von zwanzig Hektar. Das Schlößchen und die vier Logis-Häuser stehen in einem großen Park; außerdem verfügt man über eine Gärtnerei für therapeutische Zwecke. Das Unternehmen wird gut bürgerlich geführt und stellt sich nicht eben billig: Die Pension, ohne Nebenkosten, beträgt zwischen 210 und 450 (Gold)Mark monatlich. Den verlorenen Sohn standesgemäß unterzubringen versteht sich für den Reichsgerichtsrat von selbst.

Die Familie betrachtet zusätzliche Bedeckung als notwendig und quartiert auch Tante Ada im Sanatorium ein. Rudolf wird am 3. Februar aufgenommen, und Dr. Tecklenburgs Diagnose lautet: „degenerative psychopath. Minderwertigkeit". Folgt man dem Krankenblatt, so versucht Ditzen, dem Alpdruck, der auf ihm lastet, schreibend beizukommen. Am 5. März heißt es: „Hat wieder eine Novelle geschrieben, die mit Selbstmord endet“, und am 20. des Monats: „Schriftstellert viel.“ Näheres erfährt der Arzt augenscheinlich nicht, und in dem Wunsch, den Patienten vom Schreiben abzubringen, trifft er sich mit Adelaide Ditzen. Tecklenburg möchte Rudolf auf einen praktischen Beruf lenken; Tante Ada, die ihren Neffen besser zu kennen scheint, versucht es auf andere Weise.

Schon in Jena hat sie ihn fast täglich besucht und mit ihm – sie ist polyglott – französische und englische Sprachstudien getrieben. Nun, im Sommer dieses Jahres, verweist sie ihren Schützling auf Romain Rolland, mit dem sie gemeinsame Bekannte hat, und regt den Versuch an, dessen 1906 erschienene Biographie „La vie de Michel Ange“ (Das Leben Michelangelos) zu übersetzen. Ditzen, inzwischen neunzehn Jahre alt, findet an der Sache Gefallen und macht sich an die Arbeit. Im September schickt er eine Übersetzungsprobe an den Eugen Diederichs Verlag in Jena und wendet sich gleichzeitig – noch ist er Laie und weiß nicht, daß er damit gegen gute (Verlags)Sitten verstößt – nach Leipzig an den Xenien- und an den Insel-Verlag sowie an Albert Langen in München. Er schreibt auch an Rolland.

Eugen Diederichs bestätigt die Probe am 1. Oktober und teilt am 26. des Monats mit, er sei nicht abgeneigt, den „Michelangelo“ in Ditzens Übersetzung herauszubringen. Auch Rolland antwortet, und Ditzen bedankt sich am 28. überschwenglich für den „so freundlichen, . . . so schönen Brief“. (Rollands Schreiben sind nicht erhalten; die von Ditzen fand Jean Full in Rollands Nachlaß und veröffentlichte sie mit seinem Aufsatz „Hans Fallada et Romain Rolland“ in Heft 3/1973 der „Recherches Germaniques“, Strasbourg.)

Doch Ditzens Freude hält nicht lange an. Nur wenige Tage später bekommt er von Rolland – „Ihr lieber Brief, der mich so trösten sollte“ – die „schlimme, schlimme Nachricht“, daß ein professioneller Übersetzer bereits autorisiert sei. Er antwortet umgehend, am 3. November, und der naive und großspurige Ton, in dem er dem fast drei Jahrzehnte Älteren, Berühmten seinen Zustand expliziert, dieses Gemisch aus übersteigertem Selbstgefühl und zaghafter Selbsterkenntnis, kennzeichnet wohl seine Verfassung in jener Phase; er schreibt:

„Ihr Jean-Christophe mag schöner, bedeutender sein, Sie mögen mehr von Ihrem Innersten, Eigenen darin gegeben haben, Ihr Michel-Ange ist mir lieber. So wie Ihr Michelange ringt und kämpft und unterliegt und wieder ringt und kämpft und unterliegt, so haben auch ich und Sie und wir alle, die wir Künstler sind oder werden wollen, gerungen, gekämpft und sind unterlegen.“ Vorläufig sei er besiegt, und er trauere über seine Niederlage. „Durch die Übersetzung Ihres Buches hätte ich mir einen Namen gemacht, ich wäre nicht mehr der unbekannte Schreibling gewesen, ich wäre der Übersetzer R. Rollands gewesen!“ Manchmal geschähen Wunder. „Mir geschehen sie sicher nicht. Und ich will sie auch nicht. Ich will durch mich weiter und nicht durch Zufälle.“

Kurz darauf, am 14. und 15. November des Jahres, liest Ditzen in der „Täglichen Rundschau“, einem Berliner Blatt „für nationale Politik“, einen dubiosen Artikel zum Thema „Deutschland in der heutigen französischen Literatur“, setzt sich sogleich hin und schreibt eine kurze Entgegnung (die er nach einem Vierteljahr zurückbekommen wird mit der Floskel, daß seine „freundliche Einsendung in der Hitze der vorweihnachtlichen Arbeiten versehentlich liegengeblieben ist“). Er verweist auf den – dort natürlich nicht erwähnten – Roman, „der von einem der Ersten drüben geschrieben wurde, der eine große Verbreitung fand, trotzdem er Deutschland und Deutsche schilderte oder vielleicht gerade, weil er sie schilderte ohne jede Gehässigkeit, mit ruhigen Augen und gleichmäßig wägend: Jean-Christophe von Romain Rolland". Er spricht etwas pauschal von „den ersten Bänden", skizziert das Geschehen grob in wenigen Zeilen und kann, abermals großtuerisch, nicht umhin, sich als Eingeweihter aufzuspielen: „Wie ich dieses Buch las, mußte ich immer an ein Wort denken, das er [Rolland] mir einmal schrieb: ‚Voyez-vous: les braves gens de tous les pays se ressemblent. Je me trouve chez moi partout en Europe.'"

Auf diese Weise jedoch überliefert Ditzen einen Satz aus einem der Briefe Rollands – „Sehen Sie: Die einfachen Leute aller Länder ähneln sich. Ich fühle mich überall in Europa zu Haus" –, und seine Schlußfolgerung erscheint durchaus beachtenswert in einer Zeit, da, Nachwirkungen der Marokko-Krise, der Chauvinismus wieder einmal hochschlägt: „Wer das Buch gelesen hat, wird anders von unsern Nachbarn jenseits des Rheines denken und ihnen über alle Streitigkeiten unserer Tage hinweg die Hand schütteln, als tüchtiger Mann, der den andern ebenso tüchtigen grüßt." (Daß Rolland just den zehnten und letzten Teil veröffentlicht und der Verlag Rütten & Loening, Frankfurt am Main, zu Beginn des Jahres Vertrag über eine deutsche Ausgabe geschlossen hat, kann Ditzen nicht wissen, und es ist fraglich, ob er Stefan Zweigs „Offenen Brief an Romain Rolland" aus dem „Berliner Tageblatt" vom 22. Dezember, Glückwunsch zur Beendigung des „Jean Christophe" und erste deutsche Würdigung des ganzen Werks, in die Hände bekommt.)

Rollands Übersetzer wird Ditzen nicht. Der Fehlschlag schreckt ihn indes nicht ab. Er gibt so schnell nicht auf, er will durch sich weiter. Noch im November bietet er Diederichs die Übersetzung des Romans „Monsieur des Lourdines“ an, 1911 bei Bernard Grasset in Paris erschienen und im selben Jahr mit dem Goncourt-Preis ausgezeichnet; auch diese Empfehlung wird von Tante Ada kommen: Der Autor, Alphonse de Chateaubriant (1877–1951), und Romain Rolland sind Freunde. Doch Diederichs sagt ab. Die Verlage Erich Reiß, Albert Langen, S. Fischer, Axel Juncker, die Verlagsbuchhandlung Boll und Pickardt in Berlin NW 7 und der J. C. C. Bruns' Verlag in Minden/Westfalen zeigen sich ebenfalls nicht interessiert, und als schließlich im Februar 1913 der Xenien-Verlag die Übersetzungsprobe zurückgibt, weil der Originalverleger illusorische Bedingungen stelle, läßt Ditzen den Plan fallen. (Chateaubriant bekennt sich in den dreißiger Jahren zu Hitler und kollaboriert während der Okkupation mit den Deutschen, so daß „Herr von Lourdines / Die Geschichte eines Landedelmannes um 1840“ im Jahre 1942 übersetzt erscheint. Einen Beleg, daß Fallada davon Kenntnis nimmt, gibt es nicht.)

Geschrieben haben mag er in Tannenfeld noch manches andere. Einen Hinweis gibt er im Greifswalder Gefängnistagebuch. „Ich erinnere mich“, notiert er am 6. Juli 1924, als er den Roman „Der Wetterwart“ von J. C. Heer aus der Anstaltsbibliothek zugeteilt bekommt, „daß ich vor zwölf Jahren in Tannenfeld eine Kritik auf Heers ‚Laubgewind‘ in der Alfred-Kerr-Weis schrieb, eine beißende Verhöhnung Heers und eine parodistische Nachäfferei damals unverstandener Stileigentümlichkeiten Kerrs. Seitdem ist Kerr einer meiner Götter geworden ...“ Manuskripte aus dieser Zeit sind, einige Gedichte ausgenommen, jedoch nicht überliefert.

Gedichte hat Ditzen selbst in der Jenenser Klinik verfaßt; Binswanger vermerkt, sie verrieten „eine etwas phantastische, melancholische Stimmung“. Gedichte macht er auch jetzt und in den folgenden drei, vier Jahren. Sie abstrahieren stark, erscheinen nachempfunden und tönen manchmal expressionistisch; sie haben fast durchweg dasselbe Vers- und Reimschema, aber kaum originäre Bilder; kurz: Sie bieten wenig Eigenes.

Erhalten hat sich ein Konvolut von neunundsechzig Gedichten in einer Abschrift, die aus dem Nachlaß des 1960 gestorbenen Rudolf Kurtz an mich gelangte. Einst Dramaturg bei Max Reinhardt, 1919/20 Direktor des Kabaretts „Schall und Rauch", Journalist und Schriftsteller, seit 1916 mit Johannes R. Becher befreundet, schließt Kurtz sich dem im Sommer 1945 gegründeten „Kulturbund zur demokratischen Erneuerung Deutschlands" an und fungiert - so Heinz Willmann - als „eine Art Geschäftsführer". Dann erhält er eine Herausgeberlizenz, leitet das seit dem 7. Dezember 1945 erscheinende Berliner Abendblatt „Nacht-Express", dessen Feuilleton Paul Wiegler betreut, und bringt dort, durch Becher oder Wiegler mit Ditzen und dessen zweiter Frau Ursula bekannt gemacht, auch eine Geschichte von Fallada.

Als Ursula Ditzen anno 1948 versucht, das einzige zu dieser Zeit in ihrem Besitz befindliche Fallada-Manuskript zu veröffentlichen, läßt Rudolf Kurtz, der ihr dabei wohl behilflich sein will, die wahrscheinlich handschriftlichen Originale auf Blättern mit dem Aufdruck „Express-Verlag" abschreiben. Dazugetan wird eine „Vorerinnerung", die von der helfenden Hand eines Sachkenners zeugt, „Berlin, Juli 1948" und „Ursula Fallada" (!) unterzeichnet ist und in der die Witwe berichtet, noch vor der Eheschließung habe ihr verstorbener Mann ihr das Manuskript mit der Bemerkung geschenkt: „Es sind die einzigen Gedichte, die ich in meinem Leben geschrieben habe. Vor langer, langer Zeit, ich war noch sehr jung." Eine Edition kommt jedoch nicht zustande, und so veröffentlicht Kurtz im „Nacht-Express" vom 24. Dezember 1948 die nun „Herbst 1948" datierte Vorbemerkung und mit „Gesang zu zweien" und „Trennung" zum ersten Mal Verse von Fallada.

Einige Stücke dieses titellosen Typoskripts, etwa „An W. B." (Willi Burlage) oder „Tannenfeld", lassen auf eine Entstehung um 1912 schließen; andere verweisen auf spätere Jahre. „An Jagusch" zum Beispiel betrifft eine Frau, die Ditzen im Greifswalder Tagebuch seine „Braut" nennt, von der er sich „entlobt" habe, und die Unterzeile „Auf eine Statuette von Frau F." des Gedichts „Junges Mädchen" deutet auf Lotte Fröhlich hin, dilettierende Bildhauerin, Frau eines Malers und Inhaberin eines Berliner Antiquitätengeschäfts, die er im Winter 1916/17 kennenlernt.

Eines der Gedichte, eben „Tannenfeld", sei hier mitgeteilt; es vermittelt etwas von der Stimmung, die Ditzens „Satanoriums"-Zeit dort prägt.

Vielleicht ist Park hier nichts so sehr wie Leid,
Vielleicht ist Baum ein hingeschluchztes Wort,
Und jedes Blatt ist einer Schwermut Kleid,
Darinnen Lust wie Leid erstickt verdorrt.

Vielleicht führt jeder Weg zum Irrsinn hin,
Vielleicht ist Teich ein tief erweinter Schmerz,
Und jedes Haus steht stets im Dunkel drin,
In seinen Mauern klopft erstorbnes Herz.

Dies alles mag wohl sein – und doch – der Tod
Sitzt nicht so dumm und stumm in dieser Welt,
Da ist Geschrei und Schmerzen und viel Rot,
Und nichts ist stumm, eh's nicht zu Boden fällt.

Nur Ding ist tot und dies vielleicht auch nicht,
Es wehrt sich auch und schreit sein tiefstes Leid,
So schreit auch Mensch in Schmerzen jederzeit,
Bis man ihm schließlich dunkle Kränze flicht.

Achtzehn Monate bringt Rudolf Ditzen in Tannenfeld zu. Er zählt nun zwanzig Jahre, besitzt jedoch nur das „Einjährige“, das Zeugnis der Obersekunda; an ein Studium ist nicht zu denken. Vater Ditzen folgt abermals dem Rat des Arztes und entscheidet sich für die Landwirtschaft, und der Sohn, noch nicht mündig, streckt sich nach der Decke. Am 1. August 1913 – die ersten sechs Wochen hat er nach wie vor im Sanatorium zu wohnen – tritt Rudolf die Lehre auf Rittergut Schloß Posterstein und Vollmershain an, Bahnstation Nöbdenitz, nur wenige Kilometer von Tannenfeld entfernt, und wird „in allen Zweigen der Landwirtschaft, im Getreide- und Samenbau, in der Viehzucht, Branntweinbrennerei und Buchführung (System Howard) gründlich“ ausgebildet.

Obwohl die Lehrzeit bei Rittergutsbesitzer Herrmann, der eine Herdbuchwirtschaft führt und Saatgetreide anbaut, gewiß kein Zuckerlecken ist, beginnt Ditzen, nebenher literarisch zu arbeiten, und er versucht erneut, eine Verlagsverbindung anzuknüpfen. Im Januar 1914 bietet er dem Xenien-Verlag eine Rossetti-Übersetzung an samt Vorlagen für Illustrationen sowie eigene Manuskripte: Skizzen und einen Roman. (Seine Briefe sind nur zum Teil bekannt; die Fakten lassen sich den Antworten entnehmen.) Offensichtlich bezeichnet er sich jetzt als Schriftsteller: Der Verlag adressiert ausdrücklich „Herrn Rudolf Ditzen, Schriftsteller, derz. Rittergut Schloß Posterstein“. Man erwarte, heißt es in einem Schreiben vom 20. des Monats, Ende der Woche die Rossetti-Übertragung, im Februar den Skizzenband und im Mai/Juni den Roman.

Kenntnis bekommen von Dante Gabriel Rossetti, der als Maler zur Gruppe der Präraffaeliten zählt, hat Ditzen vermutlich durch seine Oscar-Wilde-Lektüre und durch

Stefan Georges Nachdichtungen der Sonette (1905). Er muß nun nicht mehr Tante Adas Empfehlungen folgen, er sucht sich seine Vorlagen selbst. Die Versvision „The Blessed Damozel“ (1844), meist als „Die selige Jungfrau“ verdeutscht, eine der bedeutenden Dichtungen des Autors, einhundertvierundvierzig Verse umfassend, hat er bereits übersetzt; er schickt seine Fassung, „Das selige Fräulein“, am 25. Januar ab. Im März erhält er einen Zwischenbescheid, doch dann hüllt sich der Verlag in Schweigen. (Ditzen bittet mehrmals um Rückgabe seiner Arbeit; noch im Dezember 1916 mahnt er sie, offenbar vergeblich, an; auch sie muß als verschollen gelten.)

Der Ausbruch des Krieges Anfang August scheint ihn nicht näher zu berühren. Erst vier Wochen nach des Kaisers Kriegserklärung meldet er sich – der Vater kommt, obwohl der Sohn nunmehr volljährig ist, eigens deshalb nach Posterstein – in Altenburg als Freiwilliger. Beim Train in Leipzig wird er schließlich angenommen, jedoch schon nach wenigen Tagen als „dauernd untauglich“ wieder entlassen. Blickt er, wie im Tagebuch von 1924, auf seine „ruhmreichen neun Tage Militärzeit“ zurück, so erinnert er sich allein daran, wie er ob seiner „Ungeschicklichkeit abgekanzelt und schikaniert wurde“. Das Grauen des Krieges, das in vielen seiner überlebenden Altersgenossen eine entschiedene geistig-weltanschauliche Wendung auslöst, bleibt Rudolf Ditzen erspart.

Er profitiert sehr bald erst einmal davon, daß in der „Heimat“ arbeitsfähige Männer mehr und mehr fehlen, und das Lehrzeugnis ist ihm dabei eine gute Stütze. Datiert „Posterstein, den 19. August 1915“, unterschrieben von „Herrmann, Rittergutsbesitzer u. Rittmeister d. Res. a. D., z. Zt. im Felde“, bescheinigt es ihm, daß er „nicht nur die Wirtschaftskasse und die Bücher ein Jahr allein geführt, sondern auch in Amtsvorsteher- und Schiedsmanngeschäften . . . gearbeitet“, ja, die „intensive Wirtschaft während der Kriegszeit mehrere Wochen allein geleitet" habe.

Zum 1. Oktober tritt er seine erste Beamtenstelle an, ist im Büro der Gräflich von Bismarck-Ostenschen Güterverwaltung in Heydebreck bei Plathe/Pommern tätig und amtiert eine Zeitlang als Güterdirektor. Bereits nach fünf Monaten, zum 1. März 1916, gelingt ihm der Sprung nach Stettin, in die Landwirtschaftskammer der Provinz Pommern; dort überträgt man ihm, einem „wissenschaftlichen Hilfsarbeiter", „die der Kammer im Jahre 1916 obliegende Vermittlung von Saatkartoffeln".

Nach einem weiteren Dreivierteljahr erklimmt Ditzen die nächste Sprosse. In Berlin hat man – die Lebensmittel sind bereits katastrophal knapp, der „Kohlrübenwinter" steht vor der Tür – einen Kartoffelbauverein in eine Kartoffelbaugesellschaft m. b. H. umgewandelt, eine Vereinigung von Wissenschaftlern und Praktikern, die wirtschaftliche Maßnahmen im Kartoffelanbau durchsetzen soll. Dort bewirbt er sich und leitet, Berlin SW 11, Bernburger Straße 15/16, vom 15. November 1916 an die Abteilung für Vermittlung von Pflanzkartoffeln, bis er, so das Zeugnis, „aus Gesundheitsrücksichten gezwungen ist, seine Stellung zum 1. August 1918 aufzugeben". Hier wächst er zu einem „Spezialisten in Kartoffelzüchtung" heran; „in meinen besten Zeiten", erinnert er sich 1946, „habe ich rund 1200 [sic!] Kartoffelsorten nicht nur dem Namen nach gekannt, sondern auch nach dem Aussehen, den Augen, der Form und Farbe der Knolle zu bestimmen gewußt".

Kann man Zeugnissen trauen? Güterdirektor Friedel in Heydebreck versichert, Ditzen, „seinen Jahren weit voraus", sei „ein durchaus vornehmer Charakter" und als „Hausgenosse bescheiden und solide". Die Kammer lobt „ausgezeichnete Kenntnisse, große Gewandtheit und eine seltene Arbeitsfreudigkeit". Und die Geschäftsführung der Gesellschaft verliert in dem „gewandten und sehr gewissenhaften Arbeiter“, der „auf landwirtschaftlichem Gebiete sehr gute praktische und theoretische Kenntnisse besitzt“, eine „sehr große Hilfe“. Dennoch trügt der Anschein, Ditzen sei im Begriff, in der Landwirtschaft Karriere zu machen und eine bürgerliche Existenz zu gründen. In Berlin ist er wiederum bemüht, sich als Schriftsteller durchzusetzen.

Er bietet – aus Berlin-Schöneberg, Akazienstraße 19, zweiter Stock, wo er zur Untermiete wohnt – im Frühjahr 1917 mehreren Verlagen seine Gedichte an. Herwarth Walden, Monatsschrift und Verlag „Der Sturm“, antwortet am 13. April und verweist auf seine Sprechstunden; Ditzen möge seine Manuskripte einsenden, vielleicht eigne er sich zum ständigen Mitarbeiter. Erich Reiß, Erich Reiß Verlag, stellt dem Autor ebenfalls am 13. April anheim, das Manuskript zu schicken; eine Vorlesung anzuhören sei ihm prinzipiell nicht möglich. Die Verlagsbuchhandlung Bruno Cassirer bedauert am 17. April; Cassirer sei einberufen. Georg Müller läßt sich die Gedichte Ende April senden und lehnt sie am 4. September ab.

Ein anderer Weg führt ebensowenig zum Ziel. Der Kurt Wolff Verlag dankt am 31. Mai Herrn Wilhelm Burlage, Leipzig, Lessingstraße 1, für Rudolf Ditzens Gedichtsammlung „Gestalten und Bilder“, muß jedoch der „gegenwärtigen Schwierigkeiten“ wegen von neuen Verlagsverbindungen absehen. Es liegt durchaus im Bereich des Möglichen, daß diese Sammlung und das oben beschriebene Typoskript im Inhalt identisch sind.

Die Absagen aus fünf renommierten Häusern machen Ditzen wohl klar, daß niemand seine Gedichte drucken will. Er bietet sie nicht mehr an, er gibt auch das Gedichteverfassen bald ganz auf. Statt dessen versucht er es zum vierten Male mit einer – bereits angefertigten –

Übersetzung. Er höre, schreibt er am 29. August 1917 an den Insel-Verlag, man plane eine „Neuausgabe der Rubayat des Omar Khayyam“; seine Übertragung, die er dem Verlag zu überlassen bereit sei, schließe sich als einzige der ihm bekannten deutschen Versionen „vollständig genau an das persische Versmaß“ an. Welche mag er kennen? Seit Adolf Friedrich Schacks Nachdichtung von 1878 liegen, einschließlich der in diesem Jahr 1917 erscheinenden von Klabund, immerhin sechzehn deutschsprachige Ausgaben vor.

Auf Omar Chajjâm ist Ditzen gewiß durch seine Beschäftigung mit Rossetti gestoßen. In der Bruderschaft der Präraffaeliten galten die Rubâ'ijjât – in sich geschlossene, gereimte, vierzeilige Gedichte des iranischen Klassikers, genauer: deren englische Fassung von Edward Fitzgerald – als Losungswort, als Erkennungszeichen, als Schibboleth. Ditzen bedient sich der Arbeit Fitzgeralds und benutzt dessen dritte, endgültige Ausgabe von 1872, die einhundertundeinen Vierzeiler enthält.

Der Verlag läßt sich das Manuskript kommen und prüft es genauer. „Wir haben“, antwortet ihm nach einem halben Jahr, am 8. März 1918, Katharina Kippenberg, „viel Schönes an der Übersetzung gefunden“; dennoch könne sich der Verlag „alles in allem“ nicht zur Übernahme entschließen. Doch dieses Lob scheint Ditzen nicht zu ermuntern. Es gibt keinen Hinweis darauf, daß er die Übertragung anderen Verlagen einreicht.

Das Manuskript muß man ebenfalls als verloren ansehen. Chajjâms Vierzeiler jedoch begleiten Ditzen noch mehrere Jahre, und so hat eine Probe überdauert, an Hand deren man sich eine Vorstellung von seinen Übersetzungskünsten machen kann. Im Greifswalder Tagebuch, unter dem 13. Juli 1924, erinnert er sich an den Gudderitzer Bauerngarten, beschreibt eine sommerliche Stimmung und fährt fort:

„Dies ist der Fleck, von dem Omar, der Zeltmacher, diesen Rubay sang:

A Book of Verses underneath the Bough,
A Jug of Wine, a Loaf of Bread - and Thou
Beside me singing in the Wilderness -
Oh, Wilderness were Paradise enow!

Und ich verdeutsche wieder einmal neu den alten, ewig schönen Vierzeiler:

Ein Buch mit Versen unter einem Baum,
Ein Krug mit Wein, ein Brotlaib und - o Traum! -
Du mir zur Seite an der Wildnis Saum -
Das Paradies gleicht dieser Wildnis kaum.

Wie schlecht das übersetzt ist! Noch einmal und besser:

Und Verse las ich, unterm Blütenflug,
Brot neben mir, voll roten Weins ein Krug,
Du Liebste bei mir, in der Wildnis Trug -
Oh! Wildnis ist mir Paradies genug.

Nein, das ist alles nichts! Man müßte draußen liegen, in der Sonne. Aber, läge man draußen, träumte man nur sachte in das Blau hinein seine Schlösser . . ."

Ditzen bietet nicht nur seine Chajjâm-Übertragung kein zweites Mal an, er unternimmt auch keinen neuen Versuch, sich durch Übersetzungen einen Namen zu machen. Seit dem August 1917 ist er mit anderem beschäftigt. Er arbeitet an einem Roman.

Verführung zum Morphium

Im ersten Winter, den er als Erwachsener in Berlin verbringt, lernt Rudolf Ditzen zwei Frauen kennen, die den weiteren Lauf seines Lebens beeinflussen: Anne Marie

Seyerlen und die bereits erwähnte Lotte Fröhlich. Dieser Winter 1916/17 ist sehr streng; die Kriegswirtschaft hat Mangel an allem geschaffen; das Gros der Menschen hungert. Die City indes, mit ihrem lebhaften Treiben in den Restaurants, Hotels, Theatern - Eldorado der oberen Zehntausend, der „Kriegsgewinnler“ und „Schieber“ -, wirkt auf zeitgenössische Beobachter wie eine Stadt in tiefstem Frieden.

Anne Marie Seyerlen gehört zur gutbürgerlichen Gesellschaft. Ihr Mann Egmont hat verschiedene Fächer studiert und 1913, vierundzwanzig Jahre alt, im S. Fischer Verlag ein aufsehenerregendes Buch erscheinen lassen, den Pubertätsroman „Die schmerzliche Scham / Geschichte eines Knaben um das Jahr 1900“. Er ist - das berichtet Paul Mayer, der, notabene, Egmont von Seyerlen schreibt - mit Ernst Rowohlt befreundet; zusammen haben sie sich, Seyerlen 1889, Rowohlt 1887 geboren, 1914 als Freiwillige gemeldet. In der Nachkriegszeit betreibt Seyerlen irgendwelche nicht näher bezeichnete Geschäfte.

Viele Jahre später, 1951, in seiner Autobiographie „Der Fragebogen“, nennt Ernst von Salomon den Seyerlen des Jahres 1931 - der ihm ein in St. Jean de Luz am Golf von Biscaya gemietetes Haus überläßt - einen „merkwürdigen Mann“, der „in der ganzen Welt zu Hause“ sei, und deutet an, Seyerlens vieles Geld stamme aus dem Schmuggel mit Waffen. Und 1954, in seiner Lebensbeichte „Arnolt Bronnen gibt zu Protokoll“, erzählt Bronnen, er und sein Freund Egmont Seyerlen seien während einer Frankreich-Reise anno 1930 bei Verdun „die alten Stellungen“ abgegangen und „weiter die Schlacht-Felder entlang“ gefahren. Eine solche Affinität zu Rechtsextremisten wie Bronnen und Ernst von Salomon läßt sicherlich Rückschlüsse zu auf Seyerlens eigene Stellung und Haltung.

Von Anne Marie Seyerlen ist nur wenig bekannt; offensichtlich geht sie, einsam im Krieg, mit Ditzen ein Verhältnis ein. Er wird ihr von sich erzählen, von seinem Traum, Schriftsteller zu werden; Seyerlens Buch wird ins Gespräch kommen; kurz: Ein Einfluß Annia Seyerlens muß als möglich und als wahrscheinlich gelten. An der Spitze des „Aktenvermerks", in dem er mit der Akribie eines Buchhalters die Umstände der Entstehung zu Papier bringt, hält Ditzen jedenfalls fest: „24. 8. 1917. Begonnen mit den ‚Leiden eines jungen Mannes in der Pubertät', auf Veranlassung von Frau Anne Marie Seyerlen."

Vielleicht gibt Annia Seyerlen aber auch nur den letzten Anstoß. Unter Umständen haben die Manuskripte existiert, von denen Ditzen spricht, wenn er zwei Jahre später, am 19. Mai 1919, an Ernst Rowohlt schreibt: „Ich sagte Ihnen bereits, daß dieses Buch Zusammendrängung zweier Vorgänger sei." Schließlich mögen die Ablehnungen seiner Gedichte ein übriges dazutun, daß er sich an einem Roman versucht, und letztendlich trägt er ein paar schwere Jugenderlebnisse unbewältigt mit sich herum.

Den Stoff entlehnt Ditzen seiner Biographie, vornehmlich den beiden Leipziger Jahren. Auch Kai Goedeschal, sechzehn Jahre alt, mitten in der Pubertät steckend, Obersekundaner, Brillenträger, Raucher, verehrt Oscar Wilde, kennt seinen Hofmannsthal, schreibt gelegentlich Gedichte, bleibt ein Fremder auf dem Tanzstundenball seiner Klassenkameraden, gibt nur ein Gastspiel beim Wandervogel, hat seine Probleme mit der Schule und den Mitschülern; auch der alte Goedeschal, hoher Beamter, Strafrechtler, Klavierspieler, ist ein strenger Vater; das Quartier der Familie ähnelt der Wohnung der Ditzens in der Schenkendorfstraße, und in dem von Kai durchstreiften Stadtteil läßt sich das Viertel um den

Bayerschen Bahnhof erkennen. Doch trotz aller Ähnlichkeiten und obwohl selbst der „Fall“ Käthe Matzdorf eine Entsprechung in Kai Goedeschals Affäre mit Ilse Lorenz findet, vermeidet der Autor eine verdeckte Autobiographie und schreibt eine fiktive Geschichte.

Am 10. März 1918 liegt die erste Fassung vor, und Ditzen beginnt sofort die zweite, jetzt bereits unter dem Titel „Der junge Goedeschal“. Ende des Monats, als ihm klar wird, daß er das Buch nicht neben seiner Tätigkeit in der Kartoffelbaugesellschaft werde bewältigen können, bittet er seinen Vater um Hilfe: wissend, daß das, was er schreibt, den Eltern nicht gefallen wird. Und Wilhelm Ditzen verspricht, wohl zu Rudolfs Überraschung, eine Unterstützung, und Ditzen kündigt zum 1. August.

Der förmliche Vertrag, den der Vater - seit dem 1. März Pensionär mit Ruhegehalt - bei allerlei Klauseln und selbstverständlich nicht ohne Vorbehalte am 7. August 1918 aufsetzt, sagt dem Sohn neben den hundert Mark monatlich, die er ohnehin als Zuschuß erhält, für sein „schriftstellerisches Versuchsjahr“, das rückwirkend mit dem 1. Juli einsetzt, pro Monat weitere dreihundert Mark als „Vorempfang“ auf sein Erbteil zu. Damit ist Rudolf materiell gesichert, und er sucht sich in Berlin-Wilmersdorf, Mainzer Straße 11, eine neue Bleibe. Doch in Ruhe zu arbeiten gelingt ihm nur bis zum Herbst.

Das geht auf die zweite Frauenbekanntschaft zurück. Auch mit Lotte Fröhlich verbindet ihn in dieser letzten Phase des Krieges eine Liaison; sie reißt ab, als der Ehemann „aus dem Felde“ zurückkommt und Ditzen „weichen mußte“, wie er Jahre darauf, am 2. Februar 1931, seiner Frau in einem Brief berichtet. Doch nicht diese Beziehung hat üble Nachwirkungen. Mit Lotte Fröhlich bleibt er in freundschaftlichem Kontakt; Lotte und Max Fröhlich besuchen Ditzens zum Beispiel 1936 in Carwitz und emigrieren wenig später, wie Anna Ditzen erzählt, in die USA. Folgen zeitigt seine Freundschaft mit Wolfgang Parsenow, Lotte Fröhlichs Sohn aus erster Ehe. An ihn schließt er sich – so in ebenjenem Brief – enger an: „. . . und der brachte mir dann aus dem Feld frisch gekommen das Morphiumspritzen bei. Er ist also gewissermaßen der Vater alles Übels . . . Wir haben dann wie Pech und Schwefel zusammengehalten, er hat mir immer Morphium besorgt und ich ihm Geld." Das Kriegsende beschert Ditzen den Umgang mit dem Rauschgift; im Winter 1918/19 wird er süchtig und bleibt es etwa zwei Jahre.

Er verfällt einer Zeiterscheinung, die man als ein Nachspiel der Schlachten verstehen kann. Die Bekanntschaft mit dem Morphium, so meint Karl Bonhoeffer in seinen 1969 postum herausgegebenen „Lebenserinnerungen", sei durch den immensen Kreis der Verwundeten stark angewachsen, und „mit dem militärischen Zusammenbruch" seien dann „durch Diebstahl und Verschleuderung aus den Heeresbeständen große Mengen Morphium und Kokain im Schleichhandel ins Publikum" gelangt, und er vertritt die Ansicht, die Morphinisten jener Jahre seien fast ausnahmslos Psychopathen gewesen.

Wolfgang Parsenow – Prototyp des Wolfgang Pagel aus „Wolf unter Wölfen" – kommt aus dem Krieg; auf ihn mag Bonhoeffers Kennzeichnung zutreffen. Rudolf Ditzen, durch seine Sanatoriumsaufenthalte mit Beruhigungsmitteln vertraut, ohnehin labil und exzessiv, läßt sich leicht verführen. Fallada hat von dieser Periode, dem ersten Halbjahr 1919 also, in einem nachgelassenen Manuskript erzählt; es trägt den Titel „Sachlicher Bericht über das Glück, ein Morphinist zu sein" und beginnt mit dem Satz: „Das war in jener schlimmen Berliner Zeit, als ich ganz im Morphium verkam."

Der Ich-Erzähler Hans und sein Freund Wolf, der „Gefährte langer Morphium-Monate", jagen mit gefälschten

Rezepten nach dem „Stoff", bis sie ihn bekommen und wieder „satt" sind, und jagen erneut, wenn die Wirkung verfliegt und die Abstinenzsymptome sie martern. Der Teufelskreis schließt sich erst im Sanatorium; der Bericht endet mit dem lakonischen Hinweis: „Und die lange Qual der Entwöhnung beginnt." Konzipiert hat Fallada die Skizze höchstwahrscheinlich schon im Jahre 1920, begonnen wohl 1925 und zu Ende gebracht offenbar um 1930. Die Kölner „Neue Illustrierte" allerdings verkaufte ihren eigenmächtig veränderten und gekürzten Abdruck vom 19. November 1955 unter dem reißerischen Titel „Der tödliche Rausch" als Falladas „letztes Manuskript".

Ein zweiter Versuch des Autors, über die Zeit seiner Sucht zu schreiben, ist, so scheint es, als Typoskript vernichtet worden. Es handelt sich um die - etwa neun, zehn Druckseiten umfassende - Episode „Verführung zum Morphium", die im Fünften Kapitel des Romans „Der eiserne Gustav" der elften Szene, „Verführung zur Wollust", ursprünglich vorausging. Sie zu eliminieren, empfiehlt der Rowohlt Verlag, denn Rauschgift zählt zu den Dingen, die in der Zeit des Hitlerfaschismus tabu sind, und Fallada folgt dem Rat. „Ganz weggefallen", schreibt er in seinem Brief vom 30. Mai 1938, mit dem er dem Verlag die Überarbeitung sendet, „ist die Verführung zum Morphium, wesentlich gekürzt und gemildert wurde die Tanzszene." Doch Kürzung und Milderung belassen einige Wendungen, von denen, wenn auch rudimentär, Bezüge auf die Reise in den Giftrausch abzulesen sind.

Beide Szenen spielen im Winter 1918/19. Zum Morphium verlockt wird der siebzehnjährige Heinz Hackendahl, auch Bubi genannt, von Tinette, der Freundin seines zwielichtigen Bruders Erich. Zuvor hat sie ihm das Berliner Nachtleben vorgeführt, die Bars der Spekulanten und „Schieber“; danach steht, der Höhepunkt, ein Nackttanz in Erichs Villa auf dem Programm. „Die schönste, die begabteste, die gefeiertste Tänzerin von Berlin“ wird dem jungen Mann angekündigt – „. . . sie tanzt Chopin, Bubi!“

Als ihr Modell hat Fallada Anita Berber (1899–1928) vor Augen, wohl nicht die begabteste, sicher aber die gefeiertste Tänzerin im Berlin der Nachkriegszeit. Während der Niederschrift, im Dezember 1937, erkundigt er sich, um seinem Gedächtnis aufzuhelfen, bei Ernst Rowohlt nach einigen Details, und der Verleger hört sich um, und der Kabarettist Willy Schaeffers entsinnt sich eines Abends 1918 im Beethoven-Saal: Damals noch klassische Musik bevorzugend, habe die Berber auch nach Chopin getanzt. (Ein Programmzettel belegt Darbietungen am 23. und 29. Januar 1919 im Blüthner-Saal und führt Tänze an nach Kompositionen von Liszt, Chopin, Debussy, Delibes, Saint-Saëns, Brahms und Sibelius.) Berühmt wird sie, selbst süchtig, zwanzigjährig, durch ihren „Morphium“-Tanz, der Fallada vorgeschwebt und den er in der ersten Fassung vermutlich auch geschildert hat, und danach tritt sie häufig fasernackt auf, seinerzeit eine Attraktion sondergleichen, und zieht die Hautevolee in die Amüsierkabaretts.

Wie weit Rudolf Ditzen – während die Novemberrevolution der bürgerlichen Republik unterliegt – in das „süße Leben“ der Metropole eingedrungen sein mag, läßt sich schwer abschätzen. Doch es ist möglich, Analogieschlüsse zu ziehen, denn Fallada erlegt der Figur des jungen Hackendahl mehrmals Erlebnisse auf, die er der eigenen Biographie entleiht. So bringt er zum Beispiel seine Leipziger Schulzeit nicht nur mit der Gestalt des Professors Degener ins Spiel, sondern auch mit der der Witwe Quaas, die jenes Papierwarengeschäft führt und deren Tochter Irma Heinz Hackendahl schließlich heiratet. Eine Witwe Anna Quaas betrieb - die Information verdanke ich Johannes Hartenstein - in der Nähe des Carola-Gymnasiums einen Schreibwarenladen, den die älteren Carolaner der bildhübschen Tochter wegen gern und oft besuchten; und sie, Ilse Quaas, spielte an Willi Burlages Seite in jener Aufführung des „Prinz Friedrich von Homburg“, die der Literarische Verein - ohne Ditzens, des Genesenden, Mittun - im Herbst 1910 auf die Bühne brachte.

Daß der Autor Heinz Hackendahls „Verführung zum Morphium“ in den Winter 1918/19 verlegt, gestattet die Annahme, er habe die seine durch Wolfgang Parsenow im Sinn gehabt. Die Vermutung, Rudolf Ditzen sei zu jener Zeit ebenfalls „Begleitherr einer Dame“ gewesen, und seine Tinette habe Anne Marie Seyerlen geheißen, ist gleichermaßen nicht von der Hand zu weisen. Frau Annia mag ihn in die Bars ausgeführt haben, zu einem Tanzabend der Berber und sonstwohin, und die Mode des Morphiumspritzens wird auch in der Umgebung der Seyerlens nicht so ganz unbekannt gewesen sein.

Ein Pubertätsroman

Daß Rudolf Ditzen Resultate der Novemberrevolution bejaht, läßt sich einer Äußerung entnehmen, mit der Vater Ditzen auf ein - leider nicht erhaltenes - Schreiben des Sohnes eingeht. „Dein Brief“, antwortet er am 2. April 1919, und die Verbitterung übertönt die kühle Sachlichkeit des sechsundsechzigjährigen Reichsgerichtsrates a. D., der am 12. August 1918 Ulrich, seinen Jüngsten, knapp zweiundzwanzig Jahre alt, an den Krieg verloren hat und am 10. November mit dem in die Niederlande geflohenen Kaiser seine höchste Autorität, „Dein Brief enthält ein politisches Glaubensbekenntnis, und Du meinst dann, wir würden ‚in diesen Dingen wohl nicht mehr zusammenpassen'. Unrichtig ist daran nur das zweifelnde Wort ‚wohl', statt dessen Du hättest schreiben müssen ‚durchaus'. – Die Zeit ist schon schwer genug. Wir beklagen tief, daß Du so ganz anderer Ansicht bist als wir." Mit diesem „politischen Glaubensbekenntnis" korrespondiert gewiß, daß Ditzen – so weiß Hans Joachim Geyer zu berichten, der ihn 1923 auf Gut Radach kennenlernt – „von der kaiserlichen Regierung ... gar nichts" gehalten und eine „abgrundtiefe Verachtung für den Hochadel" empfunden habe.

Dennoch geht Wilhelm Ditzen ein übriges Mal auf die Belange des Sohnes ein. Das „Versuchsjahr" sei, heißt es im selben Brief, „voll von Krankheitszeiten" gewesen, und so biete er, obwohl er nicht glaube, daß Rudolf sich den Lebensunterhalt „durch Schriftstellern" verdienen könne, eine Verlängerung des Vertrages bis zum 1. Januar des folgenden Jahres an; er wolle des Sohnes „Entschlüssen nicht hindernd im Wege stehen". Mag Ditzen von diesem Angebot nun Gebrauch gemacht haben oder nicht – am 19. April schließt er die zweite Fassung seines Manuskripts ab und übergibt am folgenden Tag je ein Exemplar an Anne Marie und Egmont Seyerlen, und Seyerlen empfiehlt den Roman seinem Freund Ernst Rowohlt zur Prüfung.

Rowohlt kommen Manuskripte zupaß. Seinen 1909 in Leipzig etablierten Verlag hatte er 1913 aufgeben müssen. Nun, Februar 1919, gründet er in Berlin den zweiten Ernst Rowohlt Verlag. Da ihm „die Idee eines neuen Zentralverlages für die neue junge Literatur" (Kurt Pinthus) vorschwebt, ist er auf Manuskripte neuer Autoren aus und scheut auch vor Anfängern nicht zurück. Zehn Titel erscheinen noch 1919. Rowohlt und sein Lektor Paul Mayer beginnen, einer Anregung von Pinthus folgend, mit der Flugschriften-Reihe „Umsturz und Aufbau“, deren Umschlagzeichnungen teils von Ludwig Meidner stammen. Neben klassischen Texten von Büchner, Marx und Herwegh stehen „Der Hochverräter Ernst Toller“ von Stefan Großmann, „Der politische Dichter“ von Walter Hasenclever, „Kampf gegen die Waffe!“ von Rudolf Leonhard und „Ewig im Aufruhr“ von Johannes R. Becher - ein Nachkriegs-, ein Antikriegsprogramm mit revolutionärem Anstrich. 1920 bringt der Verlag fast fünfzig Bücher heraus, darunter zwei, die viel von sich reden machen: Alfons Goldschmidts Tagebuchblätter „Moskau 1920“ und die von Kurt Pinthus besorgte Anthologie „Menschheitsdämmerung / Symphonie jüngster Dichtung“.

Wie jeder Neuling ist Rudolf Ditzen höchst ungeduldig. Er fragt, obwohl Rowohlt das Manuskript erst ein paar Tage in den Händen hat, bereits am 5. Mai nach. Es ist dies der erste Brief, den er an den Seniorchef des Verlages richtet, der bis zum Jahre 1943 alle seine Bücher veröffentlicht, und auch der erste, den er mit „Hans Fallada“ unterzeichnet. Gleichfalls am 5. Mai bittet Ditzen das Polizeipräsidium um Auskunft, ob die Führung eines Künstlernamens der Genehmigung bedürfe. Die Antwort, durch das zuständige Polizeirevier erteilt, lautet nein; nur sei ein Künstlername nicht zulässig im Verkehr mit Behörden und Amtspersonen. Das wird Fallada, wenn er 1934 im „Berliner Tageblatt“ über sein Pseudonym plaudert - „dem treuen Schimmelpferd, das da hanget, legte ich noch ein ‚l‘ zu“ –, allerdings nicht daran hindern, die dubiose Anekdote zu erzählen, Ditzens Antrag auf den Künstlernamen Fallada sei in einem „amtlichen Mitteilungsblatt“ veröffentlicht worden.

Am 14. Mai 1919 trifft Ditzen zum erstenmal mit Rowohlt und Paul Mayer zusammen, vormittags, ein Viertel vor elf - auch dieses Gespräch fixiert er in einem „Aktenvermerk“. Man wird sich rasch einig. Der Empfehlung des Verlages, das Manuskript um fünfzig Seiten zu kürzen, glaubt Ditzen jedoch nicht nachkommen zu können, wie er in seinem Brief vom 19. des Monats lang und breit begründet. Am 19. Juni wird dann der Vertrag geschlossen, der vorsieht, Hans Falladas Roman „Der junge Goedeschal" in zweitausend Exemplaren aufzulegen. Die Tantieme wird zehn Prozent des Broschurpreises betragen; alles in allem hat der Autor ein Honorar von etwa tausend Mark zu erwarten.

Gleich danach verläßt Ditzen Berlin und fährt zu seinem Freund Hans Kagelmacher, der zu dieser Zeit die Domäne Baumgarten bei Dramburg/Pommern bewirtschaftet. Von dort informiert er am 25. Juni Paul Mayer, daß er den vertraglich vereinbarten Termin, den 1. Juli, nicht werde einhalten können, und von dort geht am 10. Juli das noch einmal durchgesehene Manuskript an den Verlag ab. „Am 1. August", teilt Ditzen in seinem Begleitbrief mit, „siedele ich ganz und gar aufs Land über. Von dann an ist meine Adresse: Stadtförsterei Schweinhausen bei Dramburg/Pommern."

Vielleicht zielen Rowohlt und Mayer mit ihrem Kürzungsvorschlag auf die hochgespannten, überspannten, „dunklen" Passagen des Romans hin, auf jene Passagen, die sich mit voranschreitender Handlung mehren und die in steigendem Maße den Eindruck des Verschwommenen oder des Abstrusen oder des Sibyllinischen erwecken. Womöglich billigen sie diese Abschnitte aber auch als zeitgemäße Stilmittel. Erst Jahre später erfahren sie, was hier des Autors Feder geführt hat. Dem Arzt, den er um Hilfe bittet, muß Ditzen wenigstens die halbe Wahrheit sagen. Am 15. August fragt er per Telegramm in Tannenfeld an, ob man ihn aufnehmen könne, und schreibt an Dr. Tecklenburg einen Brief - Kopfbogen: Krafts Hotel Dramburg in Pommern, handschriftlicher Zusatz: Stadtförsterei Schweinhausen –, in dem er zu begründen versucht, wie er ans Morphium gekommen sei. Er schützt den Tod des Bruders als belastend vor, er bringt ärztliche Morphiumgaben bei „zwei schweren, äußerst schmerzhaften Erkrankungen - Magenbluten -" ins Spiel, er begründet eine „starke Arbeitsnotwendigkeit" damit, daß er seinen ersten Roman „bis zu einem bestimmten nahen Termin druckfertig" habe vorlegen müssen, und er summiert: „All das verlangte höchste seelische und physische Leistungsfähigkeit, die M. allein vermitteln konnte."

Am 17. August läßt Ditzen den Verlag eine neue Adresse wissen, die „ab heute" gelte: die Tannenfelder; am 20. wird er in die Anstalt aufgenommen. Dieses Mal hat Dr. Tecklenburg keine Mühe mit seiner Diagnose, sie lautet schlicht „Morphinismus". Wenige Tage später treffen die Korrekturfahnen des Romans in Tannenfeld ein. „Ist fleißig", vermerkt das Krankenjournal am 25. des Monats, und am 1. September: „Die Arbeit ist beendet." An ebendiesem Tag schickt Ditzen die gelesenen Fahnen zurück: Die „Sanatoriumskur", so entschuldigt er sich, habe die Korrektur verzögert, und er verschweigt den späteren Freunden Ernst Rowohlt und Paul Mayer auch weiterhin den Entziehungsversuch und spricht abermals von „Magenblutungen".

Einen knappen Monat hält Ditzen es bei Dr. Tecklenburg aus, dann gerät er mit dem Arzt aneinander. Am 18. September verläßt er - so die Eintragung im Krankenblatt - „unter Protest die Anstalt"; am 25. meldet er sich, bettlägerig, aus dem Sanatorium Carolsfeld bei Brehna und bittet den Verlag, ihm die Bogenkorrektur dorthin zu senden, und aus Carolsfeld schickt er Mitte Oktober den Umbruch zurück. Zwei Wochen später, in einer Phase besonderer Depression, will er das Buch „künstlerischer Unzulänglichkeit" halber zurückziehen; doch Paul Mayer stimmt ihn um.

Anfang Februar 1920 treffen die ersten zwei Exemplare des Buches in Carolsfeld ein - mit dem Untertitel „Ein Pubertätsroman“ und der Widmung „Frau Anne Marie Seyerlen zu eigen“, das Jahr 1920 auf der Titelseite und der Vermerk „copyright 1919“ im Impressum, ein Pappband, in Fraktur gesetzt, von der Spamerschen Buchdruckerei in Leipzig hergestellt -, und der Autor dediziert sie, wie eine Notiz von fremder Hand festhält, Annia Seyerlen und dem Leiter des Sanatoriums, Sanitätsrat Schmidt. Rund zehn Jahre sind vergangen, seit Rudolf Ditzen zum erstenmal davon gesprochen hat, daß er Schriftsteller werden wolle und nichts sonst, und fast auf den Tag genau sechs, seit er sich für einen ausgegeben. Nun, in Hans Fallada verwandelt, das Buch in der Hand, kann er sich zu Recht als Schriftsteller verstehen.

Zu den Rezensenten seines Erstlings zählt Oskar Walzel, Professor in Dresden, Literaturhistoriker, Verfasser auch einer Arbeit „Deutsche Dichtung seit Goethes Tod“. Er schreibt in der Wochenschrift „Das Tage-Buch“, die Stefan Großmann seit Jahresanfang im Rowohlt Verlag herausgibt, am 11. Dezember 1920 unter anderem: „Neben den Vorstößen Edschmids oder Sternheims erscheint Franz Werfels Roman ‚Nicht der Mörder, der Ermordete ist schuldig‘ heute nur wie Wiederholung altbekannter Melodien. Hans Falladas stoffverwandter ‚Junger Goedeschal‘ hat neben Werfels Buch immer noch den Vorzug, nach einer bewegteren seelischen Haltung zu streben . . .“ Man kann sich ausmalen, mit welcher Genugtuung, mit welchem Stolz der Autor diese hohe - wohl zu hohe - Meinung zur Kenntnis nimmt.

Fallada schreibt auch im Sanatorium. Gleich zu Beginn des Jahres 1920, am 2. Januar, kündigt er dem Verlag in Zweimonatsfrist zwei Novellen an; Ende Januar heißt es, eine davon sei fertig. Im Frühsommer - ein Dreivierteljahr hat er unter ärztlicher Aufsicht zubringen müssen - wird er entlassen. Auf dem Weg nach Baumgarten, aus Krafts Hotel in Dramburg meldet er sich am 16. Juni bei Paul Mayer. Für den Novellenband brauche er ein weiteres halbes Jahr, und sein neuer Roman sei „leider noch ganz Entwurf", denn er arbeite „unendlich langsam" und erstrebe „immer neue und kürzere Fassungen"; in den Novellen untersuche er „auf psychoanalytischer Grundlage die Wirkungen der Reizstoffe Morphium, Kokain, Bilsenkraut etc. auf heutige Menschen". Doch zunächst scheint er selbst erneut dem „Reizstoff" zu verfallen: Es gibt Anzeichen dafür, daß er eine weitere Entziehungskur in Rinteln an der Weser unternimmt.

„Auf psychoanalytischer Grundlage"? Dieser Hinweis lädt zu einer Abschweifung ein. Ist er bloß so dahingesagt? Oder hat Fallada, hat Rudolf Ditzen sich zu jener Zeit mit Sigmund Freud beschäftigt? Man muß letzteres annehmen.

Ein Vierteljahrhundert später, 1946, erzählt Fallada im Kapitel „Robinson" des Romans „Der Alpdruck", wie sich der Dr. Doll in die „Einschlafphantasie" rettet, „der er von seinen frühesten Knabentagen an sich immer dann hingegeben hatte, wenn ihm seine Lebensumstände besonders bedroht erschienen waren": in die Wunschvorstellung, ein Robinson ohne Freitag zu sein, der sich auf seiner ohnehin wüsten Insel noch in „einen tiefen Talkessel" flüchtet, zu dem „nur ein langer dunkler Felsentunnel" führt. Gleich darauf folgt die Auslegung: „Im Grunde aber - und das wußte Doll seit der Lektüre

Freudscher Schriften recht gut – bedeutete diese Felsenhöhle oder der geschützte Talkessel nichts anderes als den Schoß der Mutter, in den sich der Bedrohte zurückwünschte."

Nun trägt der Dr. Doll, obschon keine direkt autobiographische Figur, diese und jene Züge seines Schöpfers. Die Freud-Lektüre muß also auch dem Autor zugestanden werden, zumal die „Robinsonphantasie" keine Erfindung erst des Jahres 1946 ist: Sie kommt bereits in einer nicht zum Druck gelangten Passage von „Kleiner Mann – was nun?" vor. Pinneberg malt sich, wenn er durch den Kleinen Tiergarten geht, Angst hat und sich nicht freuen kann, so einen Felsenkessel aus und dazu einen Schacht und einen in die Erde gegrabenen Gang und am Ende „eine beutelartige Höhle", und Fallada kommentiert: „In seinen Wunschträumen kriecht er [Pinneberg] in die Erde zurück . . ., in den Mutterschoß . . ."

Und solche Vorstellungen lassen sich in der Tat auf die „Lektüre Freudscher Schriften" zurückführen. (Ich stütze mich im folgenden, mit Dank an den Herausgeber Dietrich Simon, auf die dreibändige Auswahl von Freuds „Essays", Berlin 1988.) Fallada bezieht sich zwar nicht auf die komplizierte Theorie der „Mutterleibsphantasie", wohl aber auf eine Formulierung in der Falldarstellung „Aus der Geschichte einer infantilen Neurose"; sie lautet: „Seine Klage ist eigentlich eine erfüllte Wunschphantasie, sie zeigt ihn wieder in den Mutterleib zurückgekehrt, allerdings die Wunschphantasie der Weltflucht. Sie ist zu übersetzen: Ich bin so unglücklich im Leben, ich muß wieder in den Mutterleib zurück."

Die Vermutung, daß Rudolf Ditzen, mehrfach Patient des Psychiaters und Insasse von Sanatorien, von der Psychoanalyse gehört und sich dafür interessiert haben könnte, liegt nahe. Die Möglichkeit, daß er jene Studie gelesen hat – allein schon ihr Titel kann ein Anreiz gewesen sein –, ist gegeben: Sie erschien erstmals in der „Sammlung kleiner Schriften zur Neurosenlehre (IV. Folge)" bei Hugo Heller, Leipzig und Wien 1918, in dem Verlag, der bereits 1916 und 1917 die populären „Vorlesungen zur Einführung in die Psychoanalyse" publiziert hatte: allesamt Buchveröffentlichungen, keine Abhandlungen in den für Laien schwerer zugänglichen Fachzeitschriften. – Die Fragen, ob Ditzen seine Freud-Lektüre ernsthaft betrieb und wie Fallada diese „psychoanalytische Grundlage" verstand, werden allerdings noch zu stellen sein.

Zum Jahresende 1920 macht er sich, wohl direkt von seiner letzten Kur kommend, abermals auf den Weg zu Kagelmacher. 1916, als Ditzen für die Stettiner Kammer Saatkartoffeln des von Kagelmacher bewirtschafteten Gutes Strellin / Kreis Greifswald zu begutachten hatte, haben sie sich kennengelernt; nach und nach freunden sie sich an. Kagelmacher ist ein guter Landwirt, aber auch ein Spökenkieker und Astrologe, von dem sich Ditzen immer wieder – bis in die ersten vierziger Jahre! – Horoskope stellen läßt. Jetzt hat er ein Anwesen auf Rügen übernommen, in Gudderitz bei Altenkirchen, gelegen in der reizvollen Landschaft der Halbinsel Wittow, die Fallada sehr ans Herz wächst und die er mehrfach in seine Bücher einbringt.

Später verklärt sich ihm die Zeit in Gudderitz. Im November 1933, als er „Wir hatten mal ein Kind" zu schreiben beginnt, den Roman, der auf Wittow spielt und in dessen Hauptfigur er Merkmale und Eigenschaften Kagelmachers abspiegelt, gerät er ins Schwärmen: „. . . und es ist, als käme ich in meine Heimat. Trotz allem – die Jahre in Gudderitz sind vielleicht meine reichsten gewesen." Und fünf Jahre später – der Film nach dem Roman „Der eiserne Gustav" hat sich zerschlagen, und Fallada steckt wieder einmal in einer depressiven

Periode - scheint es fast so, als habe er ein Paradies verloren. „Ach, wo sind die schönen Gudderitzer Zeiten hin, da wir zwar nicht besonders glücklich waren, aber einen unbändigen Appetit auf alle guten Dinge der Erde hatten! Wissen Sie noch, wie wir mal in der Inflation nach München fuhren, und ohne Smokings, ohne goldene Uhr, ohne einen Pfennig Geld vierter Klasse zurückfuhren?" Jetzt sei er, so heißt es in diesem ebenfalls an Kagelmacher gerichteten Brief vom 24. November 1938, „auch innerlich verfettet", und viele Illusionen seien „so beiweglang flötengegangen".

Kagelmacher ist ein sehr unkonventioneller Mensch. Man kann sich ein Bild von ihm machen, wenn man Falladas Geschichte „Wie Herr Tiedemann einem das Mausen abgewöhnte" als eine Kagelmacher-Anekdote liest. Ein guter Kumpan, hilft er Ditzen auf seine Weise. Er gibt ihm Arbeit und Ruhe auf Gudderitz; er macht dem mühevoll Entwöhnten den Alkohol als Surrogat für das Rauschgift schmackhaft; er hilft mit Zeugnissen aus, die über zeugnislose Zeiten hinwegtäuschen sollen. In einem bestätigt er, Ditzen habe vom Dezember 1920 bis zum 31. Dezember 1922 bei ihm als Buchhalter und Hofbeamter gearbeitet; das andere nennt gar die sechs Jahre vom Dezember 1918 bis zum Januar 1925.

Während der Jahre 1921 und 1922 lebt und arbeitet Ditzen nicht ausschließlich in Gudderitz. An ihn gerichtete Briefe zeigen auch andere Stellungen an: so vom September 1921 das Lehrgut Bollhagen bei Doberan/Mecklenburg, vom September 1922 das Dominium Neuschönfeld bei Bunzlau/Schlesien und vom November/Dezember 1922 das Rittergut Merzdorf, Kreis Deutsch-Krone/Westpreußen. Gudderitz ist jedoch so etwas wie sein Zuhause, das er verläßt und zu dem er zurückkehrt. Daß er von hier aus zum Beispiel die Stelle in Neuschönfeld antritt, geht aus dem Greifswalder Tagebuch hervor;

dort notiert er am 2. Juli 1924: „Ob wohl der Jasmin nun blüht in Gudderitz? Als ich vor zwei Jahren von dort fort fuhr nach Neuschönfeld - wehe! wehe! -, blühte er schon."

Wahrscheinlich hält Ditzen es nirgendwo lange aus; vermutlich hat er noch weitere Arbeitsplätze. Wenn er 1932 in einem Brief an Walther von Hollander erzählt, er sei viele Jahre Inspektor auf großen Gütern gewesen, fügt er hinzu: „Grade in Hinterpommern, Regenwalde, Labes, Rummelsburg, Stolp, Schivelbein." Vielleicht wechselt er die Stellen so häufig, daß es manchmal nicht lohnt, die Absenderadresse zu nennen; in den ersten vier Wochen des Jahres 1923 läßt er sich zum Beispiel die Post an die Anschrift seiner Eltern senden, Leipzig, Kaiser-Wilhelm-Straße 33.

In Gudderitz, 1921/22, entsteht Falladas zweiter Roman. Daß „Der junge Goedeschal" nur wenige Leser gefunden hat - am 22. März 1921 meldet der Rowohlt Verlag den Verkauf von 1283 Exemplaren -, schreckt ihn nicht ab. Die Zeit hat begonnen, in der er nur lebt, wenn er schreibt. Er fängt im Januar 1921 mit der Arbeit an, und der Gudderitzer Bauerngarten - „zwischen Gemüsebeeten hindurch den überrasten Gang abwärts, bis dahin, wo er sich im Gewucher von Haseln, Schneeballstrauch, Holunder und anderm Wildgewächs verlor" - gibt den Hintergrund für den Auftakt ab. Doch nur die ersten Zeilen des Buches mit der Kennzeichnung: „Der mittellose, etwa dreißigjährige Dichter Anton Färber, der bei Freunden auf dem Lande lebte", und die eine oder andere Anspielung in dem Traum, den der Titelheld unter jenem Wacholder hat, können als autobiographisch gelten. Die Geschichte selbst beruht weitgehend auf Fiktion.

Natürlich nutzt der Autor seine Erfahrungen, wenn er die Sachverhalte schildert, und er zeigt, daß er sich in der

Landwirtschaft auskennt, in Rostock und Leipzig wie auf der Insel Rügen, im Kreis der mittelständischen Familie, auf dem Pennal und in der geschlossenen Abteilung einer psychiatrischen Klinik. Mittels der Liaison zwischen dem Bürgersohn Anton und der Kokotte Gerda deckt er soziale Zusammenhänge auf. Deutlicher als in seinem Erstling legt er den Generationskonflikt bloß. Er prangert erneut die fatalen Folgen einer pharisäischen Erziehung an, und er attackiert mit Vehemenz „die Lüge der Moral". Mit der Figur der Gerda, Liebende und Hure zugleich, führt er, der Manier der Expressionisten folgend, Dirnenromantik vor, und er wertet die Gestalt beträchtlich auf, wenn er von ihr, die gewitzt ist dank Herkunft und Beruf, die Doppelzüngelei der Spezies Bürger durchschauen läßt.

Ende Februar 1921 schickt Fallada dem Verlag erst einmal die in Carolsfeld entstandene Erzählung „Die Kuh, der Schuh, dann du" und muß ungewohnt lange auf Antwort warten. Bis Anfang September läßt Paul Mayer sich Zeit, denn er lehnt diese Arbeit ab, fragt jedoch nach dem Roman. Ihn beendet Fallada ein Jahr später, im Herbst 1922, und ihm stimmt Mayer zu. Auch Franz Hessel, Rowohlts zweiter Lektor und mit „Pariser Romanze" (1920) und „Von den Irrtümern der Liebenden" (1922) Autor des Verlages, befürwortet den Druck. Und so schließt Ernst Rowohlt am 18. Dezember 1922 mit Rudolf Ditzen über den Roman „Anton und Gerda" nunmehr den zweiten Vertrag.

Fallada findet es jetzt an der Zeit, sich einem Berufsverband anzuschließen. Anfang 1923 tritt er, wie die Mitgliedskarte für „Rudolf Ditzen-Falada [!], Gudderitz" ausweist, dem Schutzverband Deutscher Schriftsteller (SDS) bei. Längst schon sitzt er über einem neuen Manuskript - „Ria / Ein kleiner Roman", nach dem Hessel wie Mayer in diesem Frühjahr fragen –, und er schreibt bis zum Sommer 1925 jedenfalls noch zwei größere Erzählungen, „Die große Liebe“ und „Der Apparat der Liebe“ genannt.

Als Gutsbeamter führt Ditzen ein bürgerliches Leben; seine Schreiblust entspringt einer Haltung, die gegen den Bourgeois opponiert. Einem bürgerlichen Bohemien angemessen sind seine Entgleisungen: Die Alkoholsucht hat ihre Folgen. Für seine Eskapaden reicht das Geld nicht mehr hin und nicht mehr her. Die Mark stürzt Tag für Tag tiefer, der Dollar steht bereits auf zweitausend, vor allem Naturalien haben ihren Wert. Und so verschiebt er, was während der Inflation keiner besonderen Fingerfertigkeit bedarf, im Spätherbst 1922 auf dem Dominium Neuschönfeld eine größere Menge Getreide. Bürgersohn, der er nun einmal ist (und bleibt), Richtersohn obendrein, stellt er sich, so berichtet er im Greifswalder Tagebuch, dann aber selbst den Behörden. Wegen Unterschlagung macht ihm das Schöffengericht in Bunzlau am 13. Juli 1923 den Prozeß und verurteilt ihn zu einer Gefängnisstrafe von sechs Monaten; abzusitzen hat er die Haft erst fast ein Jahr später in seiner Geburtsstadt Greifswald.

Dank Kagelmachers inkorrektem Zeugnis bekommt Ditzen zum 1. Mai 1923 eine neue Stellung. Ein halbes Jahr lang arbeitet er als Rechnungsführer auf Rittergut Radach, Kreis Westernberg/Neumark (das zum Muster für das Rittergut Neulohe in „Wolf unter Wölfen“ wird). Hier liest er im Juni die Korrektur des neuen Romans. Von hier aus fährt er nach Bunzlau zum Gericht. Hier läuft Ende Juli Franz Hessels Bitte ein, an der geplanten Zeitschrift „Vers und Prosa“ mitzuarbeiten. Von hier geht an Hessel unter anderem das Manuskript des kleinen Romans „Ria“ ab.

Hier erreicht ihn Mitte August ein Brief von Hessel mit einem Lob, an dem er seine Freude hat: „„Die Kuh, der Schuh, dann du' . . . ist vielleicht Ihr Bestes", und mit einem Urteil, an dem er wenig Gefallen findet: „,Ria' interessiert mich sehr als Problem und als Fabel, aber Sie hätten, glaube ich, eine andere Erzähle-Art erfinden müssen. Sie sind in dem Stil von ‚Anton und Gerda' geblieben, für die sich dies Monologische und Traumdialogische sehr eignet. Hier müßten Sie vielleicht ganz objektiv erzählen." Und hier erlebt er den Höhepunkt der Inflation.

Am 1. November geht Ditzen als Buchhalter zu Georg Kippferling, dem Getreide-, Kartoffel- und Futtermittelgroßhändler im nahe gelegenen Städtchen Drossen (dem Vorbild von „Emil Kleinholz. Getreide, Futter- und Düngemittel. Kartoffeln en gros und en détail" im Ducherow des Romans „Kleiner Mann – was nun?"). Hier bleibt er knapp ein halbes Jahr. Hier erhält er Mitte Dezember eine Zahlung des Verlages von hundert Reichsmark, das erste Nachinflationsgeld. Hier, in der Poststraße 16, erreichen ihn ein paar Tage später die Belegexemplare von „Anton und Gerda".

„Unvergeßlich bleibt an Hans Falladas Roman", schreibt Alfons Steiniger, zwanzig Jahre alt, Student, der spätere Völkerrechtler, am 10. Juli des folgenden Jahres in der „Weltbühne", „der, aus bitterer Qual erschaffen, dumpfes Leidgefühl aus den dämmernden Tiefen unsrer Seele heraufbeschwört, die stachelscharfe, bohrende Psychologie." Vieles sei nicht gekonnt; „manche Vokabel der expressionistischen Sprache wirkt sinnlos, unangemessen, geradezu komisch". Das „tragische Epos der Verschwisterung von Oberlehrersohn und Bar-Dirne" ließe sich auch nicht „in der abgekürzten Sprache einer Buchanzeige enträtseln": „Man wird nur jeder von Bürgerlichkeit und Sexualität gequälten Seele aufgeben müssen, die Wege des Romans selber nachzuschreiten und die lösende oder klärende Kraft des Werkes zu erproben."

Steiniger erteilt dem Buch beileibe kein „uneingeschränktes Lob“, empfiehlt es aber dem Leserkreis, „der die Dankbarkeit vor werdender Kraft nicht verloren hat“. Doch Falladas zweiter Roman erscheint zu einer Zeit, da sich Bücher nur schwer verkaufen: Die Mark ist wieder ihre hundert Pfennige wert. Der Rowohlt Verlag kann von „Anton und Gerda“ keine fünfhundert Exemplare absetzen.

Gefängnis-Memorial

Bei Kippferling kündigt Ditzen zum 15. April 1924 und kehrt nach Gudderitz zurück. Hier muß er abermals, nahezu zwei Monate, auf den Haftbefehl warten. Am Abend des 19. Juni geht er mit Kagelmacher „noch nach Juliusruh zur Reunion“, schläft zwei Stunden, fährt mit dem Wieker Dampfer nach Stralsund, mit der Bahn weiter nach Greifswald und meldet sich dort, am Freitag, dem 20., drei Uhr nachmittags, zum Strafantritt.

Das Greifswalder Gerichtsgefängnis, mit siebzig bis achtzig Untersuchungshäftlingen und Strafgefangenen belegt, wird preußisch-patriarchalisch verwaltet. Ditzen äußert zwei Bitten, und beiden kommt man nach. Der Vorsteher nimmt Rücksicht auf den Vater - der nahezu zweiundsiebzigjährige Reichsgerichtsrat a. D. erfährt Rudolfs Aufenthaltsort nicht -, und er übt Nachsicht mit dem Sohn. Bereits am Sonntag erhält der Delinquent die Erlaubnis, in seiner freien Zeit „für sich zu arbeiten“, und er reagiert darauf, wie nur ein Schreibbesessener, ein Schreibsüchtiger reagieren kann: „Meine Seele jauchzt. Ich darf schreiben! . . . Ich suche aus meinem Koffer Papier und Federn, ich erhalte Tinte. Nun sitze ich auf meiner Zelle. Das Leben ist wieder linde geworden. So leicht. So leicht.“

Fallada schreibt auch hinter Gittern. Vom 22. Juni an

führt er ein Tagebuch, obwohl Ditzen täglich neun Stunden ungewohnte, körperlich-schwere Arbeit zu leisten hat, hauptsächlich auf dem Holzhof. Er sägt Holz, er hackt Holz, und er ist auch, gelegentlich aus „reiner Trinkgeldlüsternheit", mit von der Partie, wenn es in die Stadt gefahren wird: Die Greifswalder Bürger beziehen ihr Kleinholz aus dem Gefängnis. Und nur ganz zu Anfang schämt er sich, in der Sträflingskluft durch die Straßen seines Geburtsortes zu ziehen.

Ditzen nimmt sich vor, das Tagebuch „vollkommen wahrheitsgetreu" zu führen, und schreibt sich alles von der Seele. Er beobachtet sich selbst, beurteilt sein Verhalten und verurteilt zweifelhafte Handlungen. Er erstattet Bericht über sein psychisches und sein physisches Befinden. Er notiert Träume und ab und an eine Erinnerung. Den Alltag in der Zelle, auf dem Holzhof oder anderswo beschreibt er in allen Einzelheiten. Er schildert das Gefängnismilieu, die Gesetze, die Bräuche, den Argot, und konterfeit Wachtmeister und Häftlinge. Biographische Auskünfte - in der Art der bereits erwähnten - gibt es nur wenige. Hochinteressant werden die Aufzeichnungen, wenn Ditzen seinen Umgang mit Literatur einbringt; handelt es sich doch um unmittelbare Zeugnisse, nicht um retrospektive Bekundungen, wie es jene aus den vierziger Jahren sind.

Mag er ein großer Verehrer Oscar Wildes gewesen sein, einem Theorem des Meisters folgt er offensichtlich nicht: dem vielzitierten Schlußsatz der Vorrede zu „Das Bildnis des Dorian Gray": „All art is quite useless", übersetzt: „Alle Kunst ist ganz und gar nutzlos" oder auch: „Alle Kunst ist vollkommen zweckfrei." Ditzen sieht, im Gegenteil, in der Literatur Nutzen und Zweckbestimmung; er wendet sie an: direkt, ja naiv; sie ist ihm Richtschnur, Rückhalt, Lebenshilfe.

Literatur dient ihm dazu, sich auf das Gefängnisleben

regelrecht vorzubereiten. Er habe vorher, vermerkt er, rückblickend, am 22. Juni, „zwei schon ehemals geliebte Gedichte von Rilke, ‚Der Gefangene', auswendig gelernt, in Wildes Zuchthausballade geblättert und einen kurzen Artikel von ihm über ‚Kinder im Zuchthause' gelesen". Daß er auf diesen Artikel stößt – es ist ein Brief an „The Daily Chronicle", veröffentlicht am 24. März 1898 unter dem Titel „Don't read this if you want to be happy to-day" –, zeugt von Vertrautheit mit dem Werk Oscar Wildes, und in der „Ballade vom Zuchthaus zu Reading" muß Ditzen nur blättern; er kennt sie gut und hat sie parat: Wenn er am ersten Montag versehentlich mit den Untersuchungshäftlingen auf den Spazierhof geschickt wird, erscheint ihm der Rundgang als „der richtige Ringelreihen aus der Reading-Ballade".

Rilkes „Der Gefangene", zweiteilig, aus den „Neuen Gedichten" von 1907, bekommt für den schon erfahreneren Insassen Gewicht. In der Niederschrift vom 8. Juli spricht er den Autor an: „Du hast doch recht, Rilke, es ist das Eintönige, das nie sich Ändernde. Ob dein Herz froh ist oder schwer, dies Rad dreht sich, stemme dich dagegen, nur schwerer machst du es dir, Strafgefangener, Zelle 32, das Rad dreht sich doch. Ist es nicht wie Tropfenfall? Ja, dieses Gedicht ist das Aroma, das Destillat hiesigen Seins; schreib hin seine Zeilen, die in deinem Gedächtnis blieben, so:", und er schreibt drei Strophen nahezu wortgetreu auf.

Literatur verhilft ihm auch dazu, das Gefängnisleben zu ertragen. Während des eintönigen Sägens sagt er sich ein paar Gedichte auf und fühlt sich „erfrischt von dem Hauch einer andern Welt". Einen seiner Schicksalsgefährten am Sägebock traktiert er „aus Verzweiflung", weil des üblichen Geschwätzes überdrüssig, mit Versen von Morgenstern. Und da ihn die andern „als Fremden empfinden" und er „ein Fremder unter den andern" ist, tröstet er sich mit dem Gedanken an Raskolnikow: „Den mögen sie ähnlich verspottet und gehaßt haben, nur - ich habe keine Sonja, die sie versöhnt."

Literatur zitiert er in allen Lebenslagen herbei, auch in Situationen, in denen an Belletristik nur denken kann, wer mit ihr, in ihr lebt. Und die Vergleiche oder Parallelen, die er zieht, geben eine Vorstellung von der Intensität, mit der er liest und Gelesenes speichert. Ihn plagt ein Heer von Wanzen, und einen ganzen Tag lang verfolgt ihn die fixe Idee, daß auf ihn, auf seine Situation „wahrhaftig nicht die Zeile aus Rilkes schönem Gedicht ‚Der Gefangene' paßt: ‚Käme doch wieder ein Tier.'" Nachts, in der nichtbeleuchtbaren Zelle, jagt er die Quälgeister und prüft am Geruch, ob er sich nicht getäuscht habe. „Wanzen", so meint er, „riechen unverkennbar, es ist ein süßlicher (der Farbe nach grüner) Geruch, der an Gans erinnert", und er denkt an Flaubert, „der den süßlichen Geruch der Wanzen bei Rustschuk Hanem besonders erregend findet".

Flaubert zählt zu Ditzens „Göttern". Einzelne Bücher hat er offenbar ja schon sehr früh gelesen und nach und nach, so scheint es, das ganze Werk: vermutlich in der zehnbändigen ersten deutschen Gesamtausgabe, besorgt von E. W. Fischer und, 1907 bis 1909, verlegt von J. C. C. Bruns. Den postum erschienenen Reisebericht „Ägypten" lernt er wohl im Original kennen; nur so lassen sich seine Schreibweise des Namens - Rustschuk Hanem - und eine falsche Übertragung erklären. Fischer, Übersetzer der ersten deutschen Fassung, 1918 bei Gustav Kiepenheuer, macht nämlich auf einen Lesefehler der französischen Edition aufmerksam (der in den „Œuvres complètes", Paris 1973, bestätigt wird): Die berühmte Kurtisane und Tänzerin, die Flaubert 1850 im oberägyptischen Esneh besucht, heiße Kutschuk - nicht: Ruschuk - Hanem. Und der Satz, auf den sich Ditzen bezieht, lautet tatsächlich: „Sie [Kutschuk Hanem] kam gerade aus dem Bade; ihr fester Busen duftete frisch, es war ein Duft wie von süßlichem Terpentin.“ („Elle venait de sortir du bain, sa gorge dure sentait frais, quelque chose comme une odeur de térébenthine sucrée.“) Doch weder das „st“, das Ditzen dem Namen hinzufügt – Rustschuk heißt der „Hausjud“ der Herzogin von Assy: Figuren aus Heinrich Manns Roman „Die Göttinnen“, die ihm, wie gleich zu zeigen sein wird, durchaus vertraut sind –, noch der Lapsus in der Übersetzung oder auch nur in der Erinnerung schmälern sein erstaunliches Vermögen, das weitentlegene Detail eines Buches aus dem Gedächtnis abrufen zu können, um es zum Kronzeugen einer Beobachtung zu erheben.

Einmal gibt es Streit, und Ditzen wird eine „Wucht“ angedroht. Er hat vor Schlägen Angst, weil er wehrlos sei in seiner Körperschwäche, und fragt sich: „Soll ich es machen wie der kleine verzogene Liebhaber Hypatias in Shaws ‚Mesalliance‘, mich einfach auf die Erde werfen, wenn er sich mir nähert, und schreien, schreien, schreien!“ Er kennt also nicht nur seinen Shaw, er kennt auch ein selten gespieltes Stück – der Vorrede „Eltern und Kinder“ wegen? –, er erinnert sich nicht nur an die Figur des Bentley, Lord Summerhays' Sohn, er hat auch die Regieanweisung im Kopf, die dem „verzogenen jungen Hund“ vorschreibt, in wütendes Weinen auszubrechen, sich auf den Boden zu werfen und markerschütternde Schreie auszustoßen. Genieren würde Ditzen sich nicht, es Hypatias Bräutigam gleichzutun; „aber“, so merkt er an, „es steht mir nicht, es hilft alles nichts, es paßt nicht zu meiner Brille und meinem Gesicht“.

Gedichtzitate hat Ditzen in jeder Situation parat. Am 4. Juli, mit seinen Aufzeichnungen „einen vollen Tag in Rückstand gekommen“, klagt er: „Ich bin so beschäftigt, daß mir nur eines fehlt: Zeit, Zeit, Zeit“, und fügt hinzu:

„Wie sagt Dehmel in einem übrigens schönen Gedicht vom Arbeiter: ‚Und uns fehlt nur eine Kleinigkeit, um so frei zu sein, wie die Vögel sind: nur Zeit.'" Es ist Richard Dehmels „Der Arbeitsmann", und hier wie anderswo zitiert Ditzen so genau, daß Korrektionen nur im Detail notwendig waren.

Einige Tage später wacht er nachts auf. „In der Stadt ist Schützenfest, von der Vogelwiese kommen manchmal Musikklänge. Oder jemand geht eilig nach Hause, sein Schritt klappt auf dem Pflaster, er pfeift sich eins. Das Haus ist totenstill, nichts rührt sich in ihm. Draußen die Welt ist voll von Tönen, Bewegungen, Geschehnissen, dies ist der enge Sarg, in dem man friert. Eichendorff. ‚Da draußen, stets betrogen, / Saust die geschäftge Welt . . .' Dächte man doch auch so!" Das indes gelingt ihm nicht; zwei Seiten weiter wiederholt er die Verse aus „Abschied" („O Täler weit . . .") und kommentiert: „Ja, aber sie saust . . ."

Großen Kummer machen ihm seine wundgeriebenen Füße, und er jammert oft ob des stundenlangen Stehens in Lederpantoffeln hinter dem Sägebock und ob der weiten Wege in Pantoffeln oder in halbhohen, zu großen Militärstiefeln auf den holprigen Kopfsteinen der Stadt. „Keine Blasen, sondern einfach so die Haut weg, und ein bissel Blut. Den Heimweg fühlte ich jeden Pflasterstein. Und ein paar Verse Eichendorffs hakten in den Marschrhythmus ein: ‚Weh, meine wunden Füße! / Das Vöglein singt so süße, / Ich wandre immerfort.'" Hier allerdings täuscht er sich; er zitiert aus Theodor Storms Gedicht „Verirrt".

Daß Ditzen sich in Werken von Dostojewski, Flaubert, Wilde und Shaw, von Eichendorff, Storm, Dehmel, Morgenstern und Rilke auskennt, überrascht gewiß nicht. Eher fällt da schon auf, daß er einige Romane Heinrich Manns nicht nur gelesen, sondern auch in fester Erinnerung hat; hier sind es „Die Göttinnen“, „Professor Unrat“ und „Die Armen“. Kurios und komisch mutet es an, wie er auf „Professor Unrat“ zu sprechen kommt. Er hört – das Gefängnis wird ihm zur Schule für alle möglichen Jargons – „dies hamburgische Verslein: ‚Der Köhm und die Kott, die machen den Menschen kapott‘“, und ihm geht ein Licht auf: „Nun weiß ich doch endlich den Reim auf das Lied der Künstlerin Rosa Fröhlich: ‚Mein Mann, der is ’n Schiffskaptän woll auf die deutsche Flott’, un wenn er dun nach Hause kommt, dann haut er mir die . . .‘ Also Kott.“

Berührend dagegen ist, was für Überlegungen er anstellt, nachdem er in der Bibel – davon wird noch die Rede sein – die Geschichte Susannas gelesen hat: „Wie schön das ist! Da niemand mehr den Knoten zu lösen vermag, da erhebt sich aus dem Volk ein Unbekannter, ein Jüngling, ein Knabe fast noch, dessen Herz allein für die Unschuld spricht. Ich denke, daß hierher so manche betörende Knabengestalt H. Manns stammt: Das Bürschlein aus den ‚Armen‘ und der Nino der Violante von Assy. Mancher noch.“ Das Bürschlein ist Hans Buck, „der junge Reiche“, von dem Balrich am Ende sagt: „Ist siebenzehnjährig, ist reich, und geht mit uns Armen . . .“

Aufschlüsse über Ditzens Beziehungen zur Literatur geben neben solchen Hinweisen auf Werke, die er gelesen hat, auch einige Bemerkungen über Bücher, die er in der Zelle liest. Sie darf er sich natürlich nicht aussuchen; jeden Sonntag wird auch ihm – nach welchem Verfahren wohl? – ein Bibliotheksbuch zugeteilt. Von den neun Titeln, die er in den Notizen erwähnt, zählen sieben zu den Romanen der Gattung „Gartenlaube“ und haben, zwischen 1890 und 1917 zuerst erschienen, der jüngste selbstredend das Erzeugnis eines „nationalen“ Autors über den Weltkrieg, gehörig Staub angesetzt. Sie lassen durchaus Rückschlüsse zu auf das ganze Angebot einer

Gefängnisbücherei im sechsten Jahr der Weimarer Republik.

Im „Vormarsch" von Walter Bloem (1868-1951) - unfeiner Hinweis des Lesenden: „Vorm Arsch wäre die beste Verwendung dieses Opus" - geht Ditzen „Kalauer", Stilblüten, suchen, und er findet prächtige, die er herausschreibt, zum Beispiel diese: „Rosse - in euch wie in uns ist eine Kriegerseele." Der Roman „Robert Leichtfuß" von Hans von Hopfen (1835-1904) provoziert ihn zu der Bemerkung: „So was schrieb man zu derselben Zeit in Deutschland, als ein gewisser Flaubert in Croisset bei Rouen seine Lebensbücher nicht schrieb, sondern meißelte." Der Roman „Der Wetterwart" von J. C. Heer (1859-1925) bringt ihm jene Glosse in Erinnerung, die er in Tannenfeld über „Laubgewind" verfaßt hatte.

Ein Buch von Anny Wothe (1858-1919) empfängt er mit dem Ausruf: „Schweigt jetzt alle rein still!" und „Die letzte Wahl" von Rudolf Stratz (1864-1948) mit dem Stoßseufzer: „Es geht kein Kelch an mir vorüber." Den Roman „Ein königlicher Kaufmann" von Ida Boy-Ed (1852-1928) bezeichnet er schlicht als „Schmarren" und „Ein Ritt nach Marokko" eines ungenannten Verfassers als „eine jämmerliche Nachahmung Karl Mays". Ein Werk von Gustav Frenssen dagegen begrüßt er mit einem „Wohlan!" und „Die drei Musketiere" von Dumas, die einzige Übersetzung, die man ihm anbietet, als „den richtigen Schmöker", den „auf einen Zug durchzulesen" ihm „noch immer nicht schwer"falle, obwohl er den Roman „doch nun wirklich zur Genüge" kenne.

Bald schon kommt ihm auch der Gedanke, daß er vom Recht des Häftlings, sich eine Bibel auszubedingen, Gebrauch machen könne, und obwohl er die Einladung zum sonntäglichen Kirchenbesuch mit der Begründung, er sei nicht „kirchengläubig", ausgeschlagen hat und somit die Gefahr bestehe, „für einen sich anschmierenden

Frömmler“ gehalten zu werden, bittet er um ein Exemplar, denn: „Interessante Geschichten stehen da sicher drin.“ Zuerst liest er das Buch Ruth, dann die Geschichte von Susanna und Daniel, schließlich das erste Buch Mose, und sein Kommentar hierzu läßt an die Erkenntnis des Siebzehnjährigen denken, daß die ganze Bibel eine Dichtung sei: „Kinder, Kinder, was sind das für Geschichten! . . . Alles, alles sehr interessant, manches sehr amüsant, vieles auch einfach schön, aber heilig?“ Und er schreibt ins Tagebuch ab, was ihm – Kapitel 29, Vers 31, bis Kapitel 30, Vers 24 – „am gossenhaftesten“ erscheint: „das Wettgebären zwischen den beiden Frauen Jakobs“.

Ein paar Tage später zieht er eine Summe: „In der Bibel habe ich die ersten vier Bücher Mose hinter mir. Die Geschichte Josephs in Ägypten teilweise fabelhaft schön und bunt; die Gesetzsammlung und die Volkszählung zu monoton. Und – man schüttelt doch den Kopf, daß dies heute noch die Grundlage für den Glauben eines Volkes ist. Dieser Judengott ist in seiner Engherzigkeit und Eifersucht, in seiner Habgier und Grausamkeit ein Greuel!!“ Kirchengläubig ist Ditzen in der Tat nicht.

Mit dieser Eintragung vom 19. Juli beendet er den ersten, den ausführlichen Teil seiner Notizen; einen Monat lang hat er täglich etwa fünf Seiten geschrieben. Am Sonntag, dem 20. Juli – Vorabend seines einunddreißigsten Geburtstags –, beginnt er mit der Arbeit an einem „kleinen Roman“, genannt „Mörder, Liebe und die Einsamkeit“; die Aufzeichnungen werden entsprechend kürzer und knapper, ganze vierzig Seiten sind es in den kommenden sechs Wochen.

Mitte August überträgt man Ditzen das Amt des Ersten Kalfaktors, und er findet nun weder Zeit noch Ruhe zum Schreiben: Von morgens fünf bis abends halb neun hat er dienstbereit zu sein, und obendrein liegt er in der Kalfaktorzelle, einem Gemeinschaftsraum. Den Roman muß er sofort abbrechen und kurz darauf auch das Tagebuch. Am 3. November wird er, sechs Wochen vor der Zeit, entlassen, fährt wieder zu Kagelmacher und bringt in Gudderitz, jetzt unter dem Titel „Im Blinzeln der Großen Katze", den kleinen Roman zu Ende.

Im literarischen Betrieb

Sehr bald nach seiner Entlassung meldet Fallada sich im Verlag. (Auch aus diesen Monaten sind seine Briefe nicht erhalten.) Am 20. November antwortet ihm Franz Hessel: „Das ist schön, daß Sie wieder ‚da' sind, gesund, mitteilsam, froh." Am 12. Dezember bestätigt er Falladas „neues Buch" - also „Im Blinzeln der Großen Katze" - und teilt mit, daß er den „Gefängnis-Essay" an Stefan Großmann gegeben habe.

Hessels Empfehlung hat Gewicht; Falladas Arbeit entspricht den Intentionen der Herausgeber, und so erscheint sein Artikel „Stimme aus den Gefängnissen", der, aus soeben Erlebtem und Erfahrenem gespeist, Methoden und Prozeduren des Strafvollzugs bemängelt und „das System, die Gesamtheit des Strafvollstreckungsdienstes", als „ein versteinertes Gerippe" kennzeichnet, am 3. Januar 1925 in der renommierten Wochenschrift „Das Tage-Buch". Eine Verbindung knüpft sich an: Das Blatt, 1920 von Ernst Rowohlt gegründet, von Großmann und Leopold Schwarzschild herausgegeben, zu dieser Zeit von Carl v. Ossietzky redigiert, wird im April und August zwei weitere Aufsätze Falladas veröffentlichen, die von einer freisinnigen Haltung zeugen.

Bis zum Jahresende 1924 bleibt Ditzen in Gudderitz. Ende Januar 1925 spricht er in einer finanziellen Angelegenheit bei Rowohlt vor - er braucht Geld, denn er hat die (sehr schnell wieder aufgegebene) Absicht, mit Kagelmacher über dessen Anwesen einen Pacht- und Kaufvertrag zu schließen – und trifft auch Paul Mayer. Besorgt er sich eine neue Arbeitsstelle? In den ersten drei Monaten des Jahres 1925 läßt er seine Post abermals nach Leipzig kommen; jedenfalls im März besucht er seine Eltern und nimmt an Verhandlungen des sogenannten Tscheka-Prozesses teil.

Dieses Verfahren, vom 10. Februar bis zum 22. April 1925 in Leipzig vor dem „Staatsgerichtshof zum Schutze der Republik" verhandelt, sollte, wie die „Weltbühne" vom 21. Juni formuliert, „den Beweis liefern, daß die KPD Terror-Truppen unterhalte und Mordaufträge gegen Exponenten der kapitalistischen Republik erteile. Er sollte die Parteizentrale auf den Schafott bringen. ... Nichts konnte bewiesen werden." Fallada geht auf den politischen Inhalt nicht ein; ihn interessiert, wie solch ein Prozeß „gemacht" wird, und so schreibt er Marginalien zur Voruntersuchung, zur Verhandlungsführung und zur Berichterstattung, die unter dem Titel „Tscheka-Impressionen" im „Tage-Buch" vom 11. April erscheinen.

Durch Zeugnis ausgewiesen ist, daß Ditzen am 26. März in der v. Rohrschen Gutsverwaltung in Lübgust, Kreis Neustettin/Pommern, Rechnungsführer wird, nach drei Monaten die Stelle aufgibt und auch den ostelbischen Gütern den Rücken kehrt. Am 1. Juli siedelt er nach Holstein über und nimmt die Arbeit in der Gräflich Hahnschen Gutsverwaltung auf, in Neuhaus, Post Lütjenburg, direkt am Selenter See. Beide Male schützt ihn Kagelmachers zweites Zertifikat.

Nach wie vor lebt Ditzen-Fallada doppelgleisig: Er führt die Bücher der Großagrarier, und er schreibt. Anfang Januar 1925 legen Franz Hessel und Paul Mayer dem Chef des Hauses Falladas neuen Roman „warm ans

Herz“, und Hessel freut sich auf die avisierten „Tiernovellen“. Ende des Monats verlautbart Rowohlt, er werde nach deren Eingang sofort entscheiden, „ob wir erst den Roman oder erst den Novellen-Band veröffentlichen“. Ende März bestätigt Mayer letzteres Manuskript, doch die Entscheidung bleibt aus. Der Verlag rührt sich eine Zeitlang nicht - am 17. Juni wird Rowohlt klagen, die „junge Literatur“ sei schwer verkäuflich -, versucht jedoch, seinem Autor andere Wege zu öffnen. Vermittler scheint wiederum vor allem Franz Hessel zu sein.

Am 14. April fordert Max Krell („Die drei ersten deutschen Magazine: Die große Welt / Das Leben / Der Die Das“, Leipzig) eine Novelle an, und gleichfalls am 14. bittet die von Ernst Rowohlt gerade gegründete Wochenschrift „Die literarische Welt“ um einen Beitrag. Fallada reagiert umgehend und schreibt gezielt für beide Blätter. Am 5. Mai bestätigt die „Literarische Welt“ den Artikel „Was liest man eigentlich in Hinterpommern?“ und druckt ihn in der ersten Nummer des ersten Jahrgangs (9. Oktober 1925). Am 15. akzeptiert Krell die Erzählung „Der Trauring“ und nimmt sie in das August-Heft des Magazins „Die große Welt“ auf. Und „Die Neue Rundschau“ des S. Fischer Verlages lehnt zwar die „Kuh-Schuh-du“-Geschichte ab, erwartet aber mit ihrem Brief vom 18. Mai des Autors Mitarbeit.

Aus dem reichen Schatz an Erfahrungen, die ihm das Leben auf dem platten Lande beschert hat, vermag Fallada beide Male leicht zu schöpfen. Von den „lesenden Agrariern“ in Hinterpommern gibt er ironischen Tons ein desolates Bild: Sie bevorzugten die Damen Courths-Mahler, Wothe und Eschstruth, aber auch Arthur Dinters „Die Sünde wider das Blut“ - kraß antisemitischer Roman eines Autors, der als Anhänger Hitlers seit 1924 im thüringischen Landtag sitzt -; ansonsten fänden sich in ihren Bücherschränken Werke über den Weltkrieg,

Feldherrnmemoiren und Regimentsgeschichten. „Friedlich daneben steht die ‚Schweinezucht‘ und Kellners ‚Fütterungslehre‘.“

„Der Trauring“ ist die erste seiner Erzählungen, die der Autor gedruckt sieht. 1934 wird er sie verleugnen und selbst Übersetzungen untersagen. Dabei gehört dieser Feldunterinspektor Wrede durchaus in Falladas Figurengalerie. Auf der untersten Stufe der Gutshierarchie stehend, sich nach oben träumend, fieser Antreiber, mieser Dieb, ist er ein Vorläufer des Negermeier aus „Wolf unter Wölfen“. Und die stickige Atmosphäre aus Aberglaube und Klatsch trifft der Erzähler hier nicht schlechter als später anderswo, wenn auch der Vorfall an die Schauerdramatik eines Zacharias Werner erinnert.

Artikel im „Tage-Buch“ und in der „Literarischen Welt“, die erste Erzählung in einem Magazin - allem Anschein nach faßt Fallada Fuß im literarischen Betrieb. Ende März hat er auch eine Verbindung zu Heinz Stroh aufgenommen, der im Verlag J. M. Spaeth, Berlin, als Lektor arbeitet. Den Anknüpfungspunkt gibt die Anthologie „Die Einsamen“, die Stroh 1921 im Gustav Kiepenheuer Verlag veranstaltet hat und die der Verlag Spaeth jetzt übernimmt: als „Kindheitsnovellen“ bezeichnete Auszüge aus Werken von Hermann Hesse, Robert Musil, Stefan Zweig, Adolf von Hatzfeld, der Russen Ossip Dymow und Fjodor Sologub sowie aus dem „Jungen Goedeschal“. Bereits in seinem zweiten Brief fühlt Fallada vor, ob Spaeth wohl ein Buch von ihm bringen würde – er hat dem Rowohlt Verlag ja nun jedenfalls zwei seiner Meinung nach druckfertige Manuskripte vorgelegt: den kleinen Roman „Im Blinzeln der Großen Katze“ sowie die „Liebesgeschichten mit Tieren“ –, und Stroh antwortet am 2. Juni, Spaeth sei nicht abgeneigt; er, Stroh, wolle auch gern helfen, Falladas „kleinere Arbeiten unterzubringen“.

Am 7. Juli, er ist noch keine Woche beim Grafen Hahn in Neuhaus, schreibt Fallada - per Schreibmaschine, die im Büro der Gutsverwaltung steht, und mit Kopie - an alle seine derzeitigen Partner. Er erkundigt sich bei Heinrich Fischer von der „Literarischen Welt", bei Krell und Großmann nach dem laufenden. Er fragt Rowohlt und Mayer, wie es mit seinem „Tierbuch" stehe, und bittet, seinen „letzten Roman" freizugeben, da er ein anderes Angebot habe; er arbeite bereits an einem neuen Buch. Hessel bekommt dessen Titel zu erfahren: „Robinson im Gefängnis". Bei Stroh kündigt er eine Novelle an und schickt sie am 14. des Monats ab; er habe „Geld bitter nötig".

Alle antworten postwendend, nur die Rowohlt-Leute nicht. Sein Brief vom 20. Juli, in dem er dem Verlag mitteilt, er wolle mit dem einen Roman zu Spaeth, bleibt ebenfalls ohne Erwiderung. Ist man verschnupft? Hat es mit der allgemein schlechten Geschäftslage zu tun, von der in Rowohlts Brief vom 17. Juni gleichermaßen die Rede war? Fischer, Krell, Großmann wünschen sich neue Beiträge, und der Rendant Ditzen alias Fallada verfügt, so scheint es, über ausreichend freie Zeit. Für die „Literarische Welt" will er die beiden soeben bei Spaeth erschienenen Novellenbände von Arnold Zweig besprechen, für Krell - das läßt er am 20. Juli Heinz Stroh wissen - „eine Morphium-Novelle anfangen", und an Großmann schickt er den Artikel „Stahlhelm-Nachtübung", den das „Tage-Buch" am 15. August druckt.

Daß sich, wie er dort erzählt, gerade im Umkreis der Krautjunker aus landwirtschaftlichen Beamten und „nationalen Bauernsöhnen" mühelos örtliche Gruppen des Stahlhelm-Bundes rekrutieren lassen, hat er selbst beobachten können. Den Küstriner Putsch der „Schwarzen Reichswehr" unter Major Buchrucker, den er, Oktober 1923, in Radach aus der Nähe verfolgt hat, erwähnt er en passant. Was aus dem nächtlichen Kriegsspiel folgt, faßt er, hellhörig, in dem Satz zusammen: „Sie marschieren streng national in jedes Debakel."

Die Geschichte „Länge der Leidenschaft" bestätigt Heinz Stroh bereits am 17. Juli und moniert den Namen Ria als zu modern, filmmäßig. Fallada antwortet: „Also, Ria mögen Sie nicht? Jene junge Dame aber, die mir zu meiner Heldin Modell stand, hieß zufällig wirklich Ria, und so habe ich beim Schreiben mir gar keinen anderen Namen ausdenken können." Von diesem Modell, Ria Schildt, ist nur weniges bekannt. Im Greifswalder Tagebuch erscheint sie bisweilen in den Träumen, die Ditzen nacherzählt. Einmal sieht er Rias Vater, und ihn „kitzelt das Gefühl, daß er", Schildt, „nicht weiß, ich bin ihr Liebhaber gewesen, daß ich in seinem Hause gewohnt habe manchen Tag". Eine unverhüllte Erinnerung an Ria lautet: „Sie ist entschieden in rein körperlicher Erotik das fröhlichste, befreiteste meiner Erlebnisse." Ob der alte Schildt Gutsbesitzer war oder Administrator und welchen Anwesens, das wird kaum mehr zu eruieren sein.

Die Ria in „Länge der Leidenschaft" ist eine Gutsbesitzerstochter. Sie wird von Martens, dem Rendanten, verführt und verliebt sich in ihn über die Maßen und läßt ihn ein in ihr „Mädelzimmer": „vierzehn Tage lang, jede Nacht". Und sie liebt ihn, der plötzlich - ein Hochstapler?, ein Defraudant? - verschwindet, heimlich zurückkommt, erneut untertaucht und den sie schließlich während einer Reise inmitten einer Sträflingskolonne entdeckt. Daß jenes Rittergut ursprünglich „Neuhof" heißt und danach in „Baumgarten" korrigiert wird, verweist unter Umständen darauf, daß Fallada das Gut Neuschönfeld vor Augen hat und sein Vergehen dort.

Andere autobiographische Elemente lassen sich belegen. Im Gefängnistagebuch erzählt Ditzen zum Beispiel, wie er, einer von vier oder sechs Häftlingen, in Gurten vor einen Kastenwagen gespannt, von einem Wachtmeister eskortiert, „Kippen stukend“ – „im Nu habe ich den Tabak zwischen Zahnfleisch und Oberlippe geschoben“ –, mit der Holzfuhre durch die Stadt zieht. In der Geschichte kehrt dieser Sträflingszug bis ins Detail wieder – Martens „beugte sich nach einem Zigarettenstummel, faßte ihn im Vorwärtsgehen, schob ihn in den Mund“ –, und auch die „kleine Hafenstadt“, in der Ria sich aufhält, ist sicher als Greifswald zu erkennen. Getreue Momentaufnahmen aus dem Leben eines Gutsbeamten und dem Dasein eines Sträflings, die Erlebnissen des Autors ähneln, werden verbunden mit der unwirklichen, schicksalhaft bestimmten Romanze einer alle Schranken überspringenden langen Leidenschaft.

Den Einwand von Heinz Stroh, der das Manuskript an Rudolf Kayser, den Redakteur der „Neuen Rundschau“, geben will, greift Fallada auf; er bittet den neuen Bekannten darum, „Ria“ in „Irma“ umzubenennen, und Stroh nimmt – „ich, der Jude, in Vertretung eines Pastors“ – die „feierliche Taufe“ vor. Damit endet dieser Briefwechsel; die Erzählung wird nicht gedruckt. Jahre später, im Juni 1932, findet Fallada unter den Leserzuschriften, die die „Vossische Zeitung“ zu „Kleiner Mann – was nun?“ veröffentlicht, auch eine von Heinz Stroh. Ob er darauf reagiert, ob er erfährt, daß der sechs Jahre Jüngere gleich 1933 emigriert, das ist nicht bekannt.

Aus der Bahn geworfen

Die Annahme, Fallada sei in diesem Sommer 1925 auf dem Wege, professioneller Literat zu werden, erweist sich jedoch als Trugschluß. Das Konvolut der Korrespondenz, dem hier gefolgt wurde, bricht am 6. August abrupt ab. Abgebrochen werden alle Verbindungen zu

Redaktionen und Verlagen, unterbrochen wird Falladas Schriftstellerlaufbahn. Ditzen ist noch immer süchtig, alkoholsüchtig, er begeht erneut eine Unterschlagung. Am Montag, dem 14. September, wartet man in der Gräflich Hahnschen Gutsverwaltung vergeblich auf den Rendanten, der viertausend Mark in bar und einen Wechsel über zehntausend in der Tasche hat. Später, im Januar 1928, wird er beteuern, daß er „nur unter dem Einfluß von Rauschgiften unehrlich geworden" sei, weil „mit dem steigenden Bedarf an Narcoticis, mit dem Wechsel vom Morphium zum Alkohol mein Geldbedarf ständig wuchs".

Am 18. September, in Gramenz/Pommern, der Stadt, in deren Nähe seine vorletzte Arbeitsstelle Lübgust liegt, überantwortet Ditzen sich der Polizei. Er bezichtigt sich höherer als der begangenen Verfehlungen und legt seinem Besucher Paul Mayer, der ihn im Untersuchungsgefängnis Berlin-Moabit sprechen darf, die Gründe dar: Er wünsche sich eine längere Haft als „die endgültige Alkohol-Entziehungskur". Er erfindet Delikte, die er in weiter zurückliegenden Zeiten begangen haben will, um den Zusammenhang von Sucht und Straftat zu verwischen, denn Angst hat er nur davor, wieder in eine Heilanstalt gesteckt zu werden, und er zieht mit solcher Geständnisfreudigkeit die Vernehmungen und Verhandlungen gewaltig in die Länge. Erst am 26. März 1926 wird das Urteil gefällt: Das Kieler Schöffengericht schickt Ditzen wegen Unterschlagung in vier Fällen für zwei Jahre, sechs Monate ins Gefängnis.

Hoffmann, der Administrator des Hahnschen Gutes, nimmt die Hinterlassenschaft, die „amtlich eingepackten Sachen des Rendanten Ditzen in Neuhaus", auf das genaueste zu Protokoll. In einem Kabinen- und in zwei Handkoffern sowie in diversen Kartons findet er 341 Gegenstände, die er zu 93 Positionen ordnet. So ist aktenkundig, daß Ditzen zum Beispiel noch über 6 Anzüge verfügt, 8 Paar Schuhe, 2 Wintermäntel, 5 Paar Handschuhe, 1 Hut, 17 Schlipse, 47 weiche, Papier-, Umlege- und Stehkragen, 4 Nagelscheren, 2 Pudernäpfchen, 1 Rasierklingenschleifer, 2 Taschenlampen, 1 Bügeleisen, 1 Photoapparat, 1 Amulett und so weiter und so fort und daß 82 Bücher in Neuhaus liegen und „2 Mappen mit schriftstellerischen Arbeiten". Die beiden letzten, die wirklich interessanten Posten schlüsselt der penible Hoffmann leider nicht weiter auf.

Die sechs Monate Untersuchungshaft werden angerechnet, zwei Jahre hat Ditzen noch abzusitzen. Das Zentralgefängnis in Neumünster, wohin man ihn übergeführt hat, ist mit der kleinen, duldsam geleiteten Greifswalder Haftanstalt nicht zu vergleichen. Hier geht es zu wie in dem festen Haus, in dem Willi Kufalt einsitzt. Ein paar Briefe auf den vorgedruckten Formularen, Absender: „Ditzen, Rudolf, Gefangenenbuch-Nummer 91, Abteilung C 4, Zelle 284, die Absendung wird genehmigt. Der Direktor" - das ist alles, was Fallada in diesen zwei Gefängnisjahren zu schreiben vermag.

Im Oktober 1926 versucht er zwar, den Rowohlt Verlag über seinen Schwager, den Rechtsanwalt Dr. Fritz Bechert, zu einer Äußerung zu bewegen, was denn nun mit seinen beiden letzten Manuskripten geschehen werde; dann aber sieht er ein, daß er auf solchem Wege nichts erreicht. „Die Sache Rowohlt", schreibt er am 31. August 1927, „lassen wir vorderhand besser ruhen; übrigens komme ich hier auch nicht zu schriftstellerischer Arbeit."

Zu dieser Zeit denkt Ditzen bereits an seine Entlassung. Er bittet Fritz Bechert um Zusendung seiner Zeugnisse und teilt ihm mit: „Ich habe meine seit Jahren eingeschlafene Stenographieübung wieder aufgenommen, da es mir am aussichtsreichsten erscheint, als Stenotypist (ev. auch als Buchhalter) unterzukommen. Ich brauche hierfür liniierte Stenographiehefte und Bremer Börsenfedern EF - willst Du sie mir senden?“

Im März 1928 wird er auf freien Fuß gesetzt. Dreißig Monate lang hat er das Geschehen in Deutschland und in der Welt nur begrenzt wahrnehmen können; dem bürgerlichen Dasein, dem Alltag ist er entfremdet; und die nahezu drei Jahre normalen Lebens, die er seit dem Sommer 1924 eingebüßt hat, wiegen schwer, fallen sie doch in die kurze Periode relativer wirtschaftlicher Stabilität, die Ende des Jahres 1923 mit der Sanierung der Mark ihren Anfang genommen hatte. Jetzt steht die nächste Krise vor der Tür.

Ditzen geht nach Hamburg; er macht alle Nöte des Sich-wieder-Einlebens durch und findet keine Anstellung. Im August verhilft ihm ein Darlehen der Verwandten zu einer gebrauchten Schreibmaschine; mit gelegentlichem Adressentippen für Geschäftshäuser hält er sich mühselig über Wasser. Am 8. August wendet er sich, deprimiert und kleinlaut, an seinen alten Verleger: Er suche „irgendeine Stellung, und sei es die subalternste, sei es als Packer“; Antwort kommt erst nach zwei Monaten, aber Rowohlt verspricht Hilfe.

Selbst in so einer vertrackten Situation macht Fallada sich daran, dies und das zu schreiben. „Solange ich die Maschine nicht habe“, läßt er am 17. Juli 1928 seine Schwester Margarete Bechert wissen, „bin ich auf eine Schreibstube angewiesen, wo mich die Stunde Diktat zwei Mark fünfzig kostet, bei meinen Finanzen eine schwer tragbare Ausgabe.“ Und in seinem Brief vom 8. August an Rowohlt ist davon die Rede, daß man ihm die Ergebnisse seiner „Tagesschriftstellerei“ regelmäßig zurückschicke. Offensichtlich versucht er, journalistische Arbeiten bei Hamburger Zeitungen unterzubringen. Einige kurze Manuskripte, die im Hochsommer 1928 entstanden sind, befinden sich im Nachlaß. Zwei Feuilletons von je zwei Seiten Länge – „Ich rate Preisrätsel" und „Snapshots vom Sievekingplatze" – haben Vorkommnisse in der Stadt zum Gegenstand. Ein paar Skizzen erzählen Geschichten über Ganoven; sie sind nicht datiert, jedoch auf Grund der Handschrift datierbar.

Fallada verfügt in den zwanziger Jahren über zwei Handschriften. Die gewöhnliche, die Schreibschrift, wirkt wie eilig hingeworfen, etwas krakelig; gelegentlich läßt sie sich schwer entziffern. Die andere, die Schönschrift, ähnelt der Schreibschrift zum Beispiel in den Großbuchstaben und in den Ober- und Unterlängen, ist aber stark nach rechts geneigt und viel leserlicher; ursprünglich die (Arbeits-)Handschrift des Rendanten Ditzen, eine Buchhalterhandschrift, findet sie auch Verwendung für die zwischen 1920 und 1925 geschriebenen Manuskripte. Daß Fallada beide Schreibformen noch im Jahre 1928 gleichzeitig benutzt, zeigen zwei Ende Januar im Gefängnis entstandene Schriftstücke: ein Brief in der Schreibschrift an den Rechtsanwalt-Schwager und in der Schönschrift ein juristischer Antrag. Fallada gibt die Schönschrift auf, als ihm eine Schreibmaschine zur Verfügung steht: Von nun verfaßt er auch Manuskripte in seiner Schreibschrift und tippt sie danach ab. Von den „Gauner-Geschichten" – unter diesem Obertitel erstmals in der Sammlung „Märchen und Geschichten", Berlin und Weimar 1985, gedruckt – steht „Mein Freund, der Ganove" noch in der Schönschrift, „Besuch bei Tändel-Maxe" und „Liebe Lotte Zielesch" schon in der Schreibschrift; übertragen hat der Autor sie auf derselben Maschine; das läßt die Zeitbestimmung als sicher erscheinen.

Während seiner Haft in der Position des Beobachters, des Zuhörers, schlüpft er nun in die Rolle des Berichterstatters. Die vorgegebene Sachlage – der Erzähler wird

„auch so ein Seidener", ein „Schreiber", ein „Dokter" genannt - bringt er geschickt ins Spiel, und die Wendungen aus der Ganovensprache erhöhen den Eindruck der Authentizität. Von Interesse sind diese Skizzen - die krumme Sache mit der „linken Marie" wird später, in einer Szene zwischen Kufalt und Batzke, ein zweites Mal eingesetzt -, weil sie zeigen, daß Fallada bereits im August/September 1928 Geschichten aus dem im Gefängnis Neumünster gründlich erkundeten Milieu aufschreibt, daß es also Arbeiten gibt, die man als einen direkten „Übergang" von den frühen Werken zu den realistisch erzählten, sozialkritisch bestimmten Romanen der dreißiger Jahre verstehen kann.

Der Herbst dieses Jahres 1928 bringt eine Wende. Im Guttemplerorden hat Ditzen, der es ernst meint mit der Abstinenz, einen jungen Mann namens Issel kennengelernt und bezieht für eine Zeit ein Zimmer in der Wohnung der Familie, Stadtteil Borgfelde. Die Tochter Anna, Lageristin bei einem Putzmachereigrossisten, trifft er, als sie von einer Kur heimkehrt. Und obwohl er sie, ein - so Fallada in „Heute bei uns zu Haus" - „großes, helles, blondes Mädchen", an diesem 13. Oktober kaum kennenlernt, denn er verläßt Hamburg am selben Tag, weil ihm ein Gefängnisbeamter Arbeit in Neumünster vermittelt hat, zieht es ihn an den Wochenenden zurück in die Eiffestraße. „War es nun Liebe auf den ersten Blick, oder war sonst was Rätselhaftes dabei" - Weihnachten verlobt er sich, fünfunddreißig Jahre alt, mit der siebenundzwanzigjährigen Anna Issel.

Neumünster, vierzigtausend Einwohner, bedeutende Textil- und Lederindustrie, aber auch Landwirtschaftszentrum mit einem ausgedehnten Freigelände für Ausstellungen und Reit- und Fahrturniere samt einer großen Auktionshalle, die Stadt seiner Haft lernt Ditzen erst jetzt Schritt für Schritt kennen. Mit seiner Arbeit indes ist anfangs wenig Staat zu machen. Er wirbt dem „General-Anzeiger für Neumünster“ auf einer mageren Provisionsbasis Abonnenten und Inserenten und darf für das deutschnationale Provinzblättchen gegen ein ebenso mageres Zeilenhonorar Vortrags-, Kino-, ja Konzertberichte und gelegentlich ein Feuilleton schreiben. Da er von Rowohlt nichts Neues hört, richtet er sich notgedrungen in der kleinen Stadt ein.

Zum 1. Januar 1929 übernimmt er gegen eine Kaution von zweitausend Mark, die seine Eltern hinterlegen, im „Wirtschafts- und Verkehrsverein Neumünster e. V.“ die Stelle des Sekretärs und redigiert die „Schleswig-Holsteinische Verkehrszeitung“, ein städtisches Bulletin mit dem Untertitel „Nachrichten des Kraftwerkes Neumünster“. Halb ernsthaft, halb ironisch schildert er dem Freund Hans Kagelmacher dieses Geschäft so: „Ich erteile Verkehrsauskünfte, verkaufe Omnibusfahrscheine, vermiete möblierte Zimmer, berate Vereine bei Festveranstaltungen, betreibe einen Hotelzimmernachweis, gebe Taschenfahrpläne heraus und vertreibe Prospekte von ca. vierhundert Kurorten und Sommerfrischen.“ Nebenher, das berichtet er am 8. Februar seiner Schwester Elisabeth Hörig, ist er auch noch „Kassierer und Schriftführer der Reichswirtschaftspartei, Kassierer der Leipziger Fürsorge (einer Krankenkasse), Korrespondenzler und Tarifler der Gastwirtsinnung ... und z. Z. Mitglied des Großen Rats der Großen Karnevalsgesellschaft“.

Drei Monate später steigt Ditzen abermals ein bißchen auf und wird mit netto zweihundert Mark im Monat als „Mädchen für alles“ vom „General-Anzeiger“ fest angestellt. Auf dieser schmalen Grundlage kann er eine Familie gründen. Sein Vorleben hat er Anna Issel gestanden; sie nimmt keinen Anstoß daran. Am 5. April lassen sie sich trauen, und die junge Frau, von Ditzen Suse genannt, siedelt nach Neumünster über. Fünfzehn Jahre lang steht sie, von ihrem Vater, einem langjährigen SPD-Mitglied, politisch beeinflußt, ein gerader und starker Charakter und ein moralischer Halt, mit Engelsgeduld und Festigkeit an seiner Seite und sorgt für die äußeren Bedingungen und Umstände, die Fallada zum Schreiben braucht.

Die Hochzeitsreise des Paars fällt bescheiden aus: Für ein paar Tage fahren sie nach Berlin. Offensichtlich treffen sie mit Ernst Rowohlt zusammen. Ihn jedenfalls läßt Fallada gleich nach der Rückkehr, am 16. April, wissen, daß er die Arbeit an den „Liebesgeschichten mit Tieren" wiederaufgenommen habe. Am 29. des Monats meldet er der im Krankenhaus liegenden Suse, daß er täglich zwei Stunden an „Kuh-Schuh-du" arbeite, und am 6. Mai teilt er Rowohlt mit, er schreibe „aus Beharrung" an „Kuh-Schuh-du" weiter, obwohl er wisse, daß es für das Manuskript, „so gut es ist", kein Publikum gebe. Bald danach freilich steckt er den Versuch auf, noch einmal an die alten Arbeiten anzuknüpfen, und legt sie endgültig beiseite. Nach wie vor fühlt er sich als Schriftsteller. Von „Kürschners Deutschem Literatur-Kalender", dem einschlägigen Autorenverzeichnis, aufgefordert, die entsprechenden Daten vorzulegen, läßt er in die Ausgabe des Jahres 1930 diese Fakten einrücken: „Ditzen, Rudolf (Ps. Hans Fallada). Roman, Geschäftsführer. Neumünster (Holstein), Johannisstr. 4 / Der junge Goedeschal, Anton und Gerda."

Ein Brief aus jenem Sommer sei zitiert, der, wie kein anderer, Einblick gibt in die Art seiner Arbeit am „General-Anzeiger", in das Innere eines solchen Provinzblättchens und auch in den Zustand einer Kleinstadt jener Jahre. „Ich hab", schreibt Ditzen am 17. Juli 1929 an Elisabeth Hörig, „in letzter Zeit mein Gutes vom Urlaub gehabt, vom Urlaub der andern nämlich. Ich hatte unsern ‚Chefredakteur' vierzehn Tage zu vertreten, habe alles selber machen müssen, den Umbruch des politischen Teils, der in Platten, also druckfertig, geliefert wird und nur mit Überschriften versehen und gruppiert wird. Ferner die sog. ‚Neuesten', das sind die letzten Draht- und Radionachrichten, die man sich aber mangels Zeit nicht aus dem Lautsprecher holt, sondern aus sog. Depeschenbriefen der Nachrichtenagenturen und aus besser unterrichteten Zeitungen zusammenschneidet und zusammenklebt. Ferner, und das ist erstens wie letztens, den lokalen Teil, einschl. Kinokritiken, Konzertbesprechungen und tiefsinnigen Wetterbetrachtungen. Du ahnst es nicht, Ibeth, was für einen Spaß mir dieser Rummel gemacht hat, wie ich mir meine Nachrichten in diesem Bierdorf, in dem ja beileibe nicht immer etwas passiert, was das liebe Vieh lesen möchte, zusammengestohlen habe, wie ich aus Mücken Elefanten gemacht habe und frech gewesen bin. Frech muß man schon sein, das hilft nichts. Ich bin ja nur *ein* Mensch, und wenn ich dann wie gestern abend beispielsweise . . . warte mal, also da waren drei Kinos mit ihren neuesten Filmprogrammen zu kritisieren, im Wiener Café trat ein Vortragskünstler auf, der Reuter interpretierte, im Café Reimers war eine neue Tanzdiele gelegt, die eingeweiht wurde, und zu der Einweihung gab's auch noch Kabarettprogramm, die Nationalsozialisten hatten einen Sprechabend im Hofbräu, und in der Tonhalle hielt ein Dr. Kipke aus Berlin einen Vortrag über Gesundheit und Hochfrequenzgeräte. All dies *muß* unbedingt am nächsten Tage besprochen werden, da die Leute bei uns inserieren und die Besprechung sozusagen die Quittung für das Inserat ist. Ich aber bin nur ein Mensch, die andern, die etwa in Frage kämen, hatten bei dem herrlichen Sommerwetter nicht die geringste Lust, in irgendeinen gedeckten Raum zu gehen, und dann heißt es eben: Frechheit sieg! Die beiden Vorträge und das Kabarett habe ich schon am

Abend vorher besprochen, am Programm errät man meistens, was da kommt, und als die lieben Leutchen ansetzten und begannen, lag der Bericht über das, was sie redeten, schon gesetzt in der Maschine. Die Nationalsozialisten waren auch sehr einfach, die reden doch meistens dasselbe, und sicherheitshalber fragt man dann den nächsten Morgen auf der Polizeiwache an, ob es etwa Schlägereien gegeben hat. Bleiben die drei Kinos. Zwei konnte ich nach den Anzeigen verarzten, jedes mit zweiunddreißig Druckzeilen, im dritten, wo ich nichts erraten konnte (und das mich, ehrlich gestanden, am meisten lockte), bin ich dann gewesen."

Das alles sei „sicher nicht sehr schön", doch „bei größeren Zeitungen" gehe es „nicht viel anders" zu, „wenn auch natürlich nicht so grob". An einem habe er Freude gehabt: „eine Kleinigkeit hübsch aufziehen, ein Nichts, mit dem die liebe Konkurrenz nichts anzufangen weiß, groß aufziehen, darüber plaudern usw.". Nun sei der Chef zurück, und er werde jetzt wieder „für das Laufmädchen einspringen".

Fallada, nicht gerade prädestiniert, Kleinbürger in einer Kleinstadt zu bleiben, weder Lokalredakteur noch Laufmädchen, will und muß die Station Neumünster hinter sich bringen. Kagelmacher hatte er mitgeteilt, Lore Soldin, eine gute alte Bekannte, bemühe sich für ihn um eine Anstellung an einer Berliner Zeitung. Dem letzten Brief an Rowohlt war der Wink mit dem Zaunpfahl beigefügt, daß er dem nächsten Kündigungstermin voller Sorge entgegensehe.

Mit Macht zieht es ihn nach Berlin. „Großstadt ist gut, Land ist gut, aber Kleinstadt . . . ist einfach schlimm." Von der Metropole verspricht er sich „befriedigende Arbeit, anregenden Umgang, Aussicht auf Weiterkommen". Das allerdings klingt eher wie der Wunsch eines beliebigen „kleinen Mannes", kaum wie die Zielsetzung eines Autors, der zwei Bücher veröffentlicht hat und den Wunsch hegt, ein berühmter Schriftsteller zu werden.

Kuh-Schuh-du

Nicht alles, was Fallada neben „Anton und Gerda“ in den ersten zwanziger Jahren an erzählender Prosa geschrieben hat, kann man näher bestimmen. Der Manuskript-Nachlaß ist unvollständig überliefert. Die einzige aus dieser Zeit erhaltene Korrespondenz erweist sich als lückenhaft: Von den Briefen, die der Autor zwischen Januar 1920 und Juli 1925 an den Rowohlt Verlag richtete, liegen nur einige wenige in der Form des Entwurfs vor; ob die Antworten komplett vorhanden sind, läßt sich nicht feststellen.

Die Ende Januar 1920 als abgeschlossen gemeldete (und in einer Typoskriptkopie überkommene) Erzählung „Die Kuh, der Schuh, dann du“ muß wohl jenem thematisch bestimmten Band zugerechnet werden, von dem dann am 16. Juni im Brief an Paul Mayer die Rede ist; dahingestellt bleibt, ob dieses nur einmal erwähnte Vorhaben als loses Projekt zu gelten hat oder als fester Plan. Weitere Entwürfe können durchaus vorgelegen haben, möglicherweise etwa ein Konzept der „Morphium-Novelle“, die Fallada dann im Juli 1925 für Max Krells Magazin schreiben will (und die er, meiner Meinung nach, seinerzeit auch zu schreiben begann: das schon erwähnte nachgelassene Manuskript „Sachlicher Bericht über das Glück, ein Morphinist zu sein“).

Während zwei Geschichten, die im Briefwechsel überhaupt nicht berührt werden, „Die große Liebe“ und „Der Apparat der Liebe“, als Handschriften existieren, ist das Manuskript von „Ria“, das jedenfalls Franz Hessel im Sommer 1923 gelesen hat, offenbar verschollen. Allem

Anschein nach nahm Fallada sich Hessels Kritik zu Herzen und legte die Arbeit ganz beiseite; er kommt, soweit übersehbar, nicht mehr darauf zu sprechen. Meine Vermutung, er habe in „Länge der Leidenschaft" Stoff und Thema von „Ria" erneut aufgegriffen, ist zwar hypothetisch, jedoch nicht ohne weiteres in Abrede zu stellen.

Über die Entstehung des kleinen Romans „Mörder, Liebe und die Einsamkeit" unterrichtet das Greifswalder Tagebuch; daß die endgültige Form, „Im Blinzeln der Großen Katze", dem Verlag vorgelegen hat, steht außer Frage; beide Fassungen sind überliefert. Dagegen läßt sich über den Band der „Tiernovellen", dessen Manuskript Paul Mayer im März 1925 bestätigt, nichts anderes in Erfahrung bringen als die diversen Titel. Diese Arbeiten, die Fallada im Oktober 1926 mit Hilfe Fritz Becherts anmahnen will, erhält er nach seiner Entlassung, offenbar während der Hochzeitsreise nach Berlin, vom Verlag zurück. Wenn er dann, April 1929, berichtet, er schreibe erneut an den „Liebesgeschichten mit Tieren", zählt er – erstmals in der erhaltenen Korrespondenz – „Kuh-Schuh-du" ausdrücklich dazu.

„Die Kuh, der Schuh, dann du", als Novelle bezeichnet, etwas mehr als hundert Typoskriptseiten umfassend, in vierzig Kapitel gegliedert, wird in der Ichform erzählt. Dieses Ich, Pippe Pinthus, knapp fünfzig Jahre, einst Bankangestellter, jetzt Insasse einer Nervenklinik, schreibt allerlei Erinnerungen auf und reflektiert über sein Dasein im Sanatorium. Nur einige Passagen werden sachlich-dinglich berichtet. Meist ist die Sprache verschlüsselt, gelegentlich gar hieroglyphisch. Der expressiv-verstiegene Stil soll wohl die ausschweifende Phantasie des Kranken kennzeichnen.

Die Erzählebenen werden ineinander verschachtelt; schält man die nackten Fakten heraus, dann lassen sich drei Hergänge skizzieren. Eine Erinnerung des Ichs betrifft die Zeit, in der es, eine „Muh", noch „in Muhtsche lag", in der Kuh-Mutter, und rapportiert, wie es/„Muh" geboren wird und aufwächst zur tragenden Färse, die selbst kalbt. Diese Rückschau, ein „Wandern in frühestem Kindtiertum", läßt sich auch als animistische Vorstellung interpretieren, von „Seelenwanderung" etwa, erweist sich aber genaugenommen als gedankliches Spiel, in dem sich eine Fluchthaltung des Berichter-Ichs ausdrückt. (Der Hergang des Kalbens hat einst den Eleven Ditzen angerührt; Fallada wird ihn in späteren Jahren wirklichkeitsgetreu erzählen.)

Der zweite Kreis von Pippes Erinnerungen, anfangs eher flüchtige an Eltern und Schwestern, an Kindheitserlebnisse, an ein Mädchen, konzentriert sich auf einen Vorfall, der sich gegen Ende des Krieges zugetragen hat und nun etwa zwei oder drei Jahre zurückliegt. In der weitläufigen Schilderung eines Abends in einem Berliner Café und der folgenden Nacht in seiner Wohnung entpuppt sich Pinthus als Schuhfetischist, und die Hure, die er mitnahm, verlangt, daß er sie töte, und sagt, nachdem er ihr den Leib aufgeschlitzt hat, „ersterbend": „Komm in meinen Bauch zurück . . . mein Geliebter . . . mein Kind . . . das ich gebar . . . krauch hinein in die Wärme."

Damit motiviert der Autor, wie Pinthus in die „Klapsmühle" kam, und er macht Anleihen bei Freud. Die Anspielung auf die „Mutterleibsphantasie" ist hier zwar verdreht, pervertiert; Pippes Verirrung geht jedoch offenkundig direkt auf eine Formulierung Freuds zurück – „Der Fuß ist ein uraltes sexuelles Symbol, schon im Mythus, dementsprechend der Schuh oder Pantoffel Symbol des weiblichen Genitales" –, die Fallada in den „Drei Abhandlungen zur Sexualtheorie" gelesen haben kann, einem Buch aus dem Verlag Franz Deuticke, Leipzig und Wien, 1915 in der 3. Auflage erschienen und

1920 in der vierten. (Jahre danach, in „Wer einmal aus dem Blechnapf frißt", sagt er einer anderen Figur eine andere „ans Pathologische streifende Variation des Sexualtriebes" nach: Willi Kufalt, dem Handtaschenräuber, habe das stark nach Parfüm riechende ärmliche Ding aus Stoff „die Träume und Begierden eingegeben, die das Mädchen nicht hatte hervorrufen können".)

In der dritten Handlungsebene kommt die Anstalt, die Gegenwart, ins Spiel, teilt Pinthus Bruchstücke aus seinem Patientenalltag mit. Er berichtet von „Anfällen" samt „Beruhigungsspritze" und „Dauerbad von 40° Celsius zur Entregung". Er erwähnt die festversperrten Fenster, den Spaziergang in Begleitung des Pflegers, die Gespräche mit dem Arzt. Er spricht von seinen Ängsten und von einem Phantom, das ihn lockt, so daß er ins Glas schlägt und sich die Adern zerschneidet. Er denkt an Selbstmord, probiert das Sich-Aufhängen und vergißt schließlich seine Sprache: Der vorletzte Abschnitt besteht aus Gedankenstrichen.

Pinthus meditiert auch über sein „Hin- und Her-Geschreibe", mit dem er „eine erblindende Seele etwas aufheitern will". Hier nun werden die Übergänge fließend. Ditzen, in Carolsfeld, unter ärztlicher Aufsicht, hat ja ein verwandtes Schreibmotiv. Er will die Entwöhnung bewältigen, von der er 1924 im Tagebuch sagt, er habe sie „unter Geheul, Geschrei und mit schrecklicher Anstellerei ertragen". Und so erfindet er, da ihm Selbstdarstellung nicht möglich erscheint, eine Figur, in der er sich – wie am Ende seines Lebens in Erwin Sommer und Dr. Doll – gleichsam spiegeln kann.

Schreibantriebe wie „das Hinbringen endloser Stunden" oder „die Lust, an Lustiges zu denken" lassen sich Pinthus wie Fallada zuordnen. Andere gehören eher Fallada als Pinthus an: so, wenn das abschweifende „Geschwirr" begründet wird als „Spaß, berechneter, zu verwirren ... euch, Leser ...“, oder wenn, gegen den Schluß zu, mit dem Aufschreiben, den Abschnittsziffern, dem Papiervorrat, der verlorenen Sprache ein Bedeutungsspiel getrieben wird.

Im letzten Kapitel hebt Fallada die bislang vorgeführte Fabelwelt auf. Das Erzähler-Ich „will jetzt die ganze Wahrheit sagen“ und stellt sich vor als Student aus guter Familie, der dem Rauschgift verfallen war und entwöhnt wurde und während eines Ausgangs „rein per Zufall“ zu einer Flasche Kokain samt Injektionsspritze kommt. Nach der abendlichen Revision injiziert er und schildert die Wirkung und schildert, wie er wieder und wieder spritzt und zu schreiben beginnt und in einer Nacht das vorliegende Manuskript zu Papier bringt. Als ihm der „Stoff“ ausgeht, will er dadurch eine weitere Dosis erzwingen, daß er sich aufhängt - hoffend, man werde ihn rechtzeitig finden.

Wahrscheinlich endete „Kuh-Schuh-du“ ursprünglich in der „Sprachlosigkeit“. Das Schlußkapitel erweckt den Anschein, als sei es nachgetragen, um die Absonderlichkeiten zu erklären und als Ausfluß des Kokainrausches zu rechtfertigen. Ihm schließt Fallada die „Außerhalb“ überschriebene kurze Mitteilung an, daß der Student sich erhängt und einen „Haufen Geschriebenes“ hinterlassen habe, und ihr wiederum fügt er zwei Zeilen der Beteuerung hinzu, daß das Ganze eben doch eine erfundene Geschichte sei: „Kinder, so ein Rummel! Kinder!! / (Der Dichter.)“

„Kuh-Schuh-du“, zweifelsohne mit dem Vorsatz verfaßt, eine erblindende Seele aufzuheitern, abzulenken von der Misere der eigenen Entziehungskur, stellt sich dem Autor als eine Arbeit von Belang dar, mit der er sich in einem Zeitraum von fast zehn Jahren beschäftigt. Hessels Lob - „vielleicht Ihr Bestes“ - mag dazu nicht wenig beigetragen haben. Erst im Jahre 1929 gibt Fallada die Geschichte auf. Am 2. Mai, vier Tage vor jenem schon zitierten Brief an Ernst Rowohlt, schreibt er, selbstsicher und selbstgefällig auftrumpfend, an Kagelmacher: „Es gibt ja kaum ein paar Menschen, die so etwas wirklich lesen können, und die haben auch andere Wege zu derartigen Dingen. Und dem lieben Vieh die Arbeit zu geben, die das Beste ist, was ich je geschrieben habe und je schreiben werde, daß sie das sabblerisch durch den Mund ziehen, danke, nein."

Die Erzählungen „Die große Liebe" und „Der Apparat der Liebe" müssen vor dem Sommer 1925 entstanden sein: Sie liegen in der Schönschrift vor. „Die große Liebe", in einem gehobenen Stil, doch konzentriert und weitgehend wirklichkeitsnah auf etwa sechzig Typoskriptseiten erzählt, beruht vermutlich auf Begebenheiten, die Fallada, mehr oder minder mittelbar, der Biographie Kagelmachers entnommen hat. Er wird sie in seiner Gudderitzer Zeit erfahren, ja teils sogar beobachtet haben. Wenn er in „Wir hatten mal ein Kind" den Lebenslauf Johannes Gäntschows und dessen Ehe mit Elise und somit auch Züge des Urbildes Kagelmacher schildert, verwendet er mehrfach die gleichen entlegenen Details und ungewöhnlichen Konstellationen.

Er und sie, Fritz und Thilde, lernen sich kennen, als beide siebzehn sind, und heiraten sieben Jahre später. Für sie, die Lehrerin, ist es die große Liebe. Er, der Gutsinspektor, erweist sich als einer, den keine Kette binden kann. Sie, weich und anschmiegsam, sieht in ihm ihr ein und alles. Er, „stahlhart", muß für sich allein leben können. So kommt es sehr bald zu Konflikten und im Hin und Her der Handlung zu Hader und Streit um die Kinder und den oft zu Gast weilenden Freund, zu Eifersucht und Grobheit, zu Feindschaft und Haß und schließlich zu Klage und Gegenklage, zur Trennung. Am Ende sitzt sie alt und einsam da, aber – so der Schlußsatz –: „Noch im Sterben würde sie ihn allein lieben." Darin, in der „langen, langen Länge ihrer Leidenschaft", gleicht sie der Figur der Ria.

Mit der Geschichte „Der Apparat der Liebe", etwa gleichen Umfangs wie „Kuh-Schuh-du" und ebenfalls in der Ichform, unternimmt Fallada ein Experiment: Er schlüpft in die Rolle einer Frau und läßt die Figur – Marie Lauterbach, Anfang Vierzig, Gattin eines Gymnasialprofessors, Mutter dreier Kinder zwischen sechzehn und zwölf, Besorgerin eines Fünfzimmerhaushaltes im gutbürgerlichen Berliner Stadtteil Steglitz – aus Kindertagen, aus ihrem Eheleben, von ihren Seitensprüngen erzählen.

Als Schulmädchen sieht sie mit an, wie die genotzüchtigte ältere Schwester abzutreiben versucht. Das verschüttet für Jahre ihre Sinnlichkeit; lange Zeit erscheint ihr die Liebe als „ein grauenhafter Apparat". Mit einundzwanzig legt sie ihr Examen ab, wird Hauslehrerin und lernt einen Kollegen kennen, der sich, fünf Jahre älter, empfindsam und schüchtern, in sie verliebt und ihr später, mittlerweile im Staatsdienst und Oberlehrer, einen Heiratsantrag macht. Trotz ihrer Ängste geht sie die Ehe ein, muß aber ihren Mann verführen und fragt sich danach: „Ist das alles?"

Er verehrt sie. Sie hat ihn nur gern. Ein Tag ist wie der andere. Nach etwa zehn Jahren Ehe bricht sie aus. Ein Maler wird zu ihrer großen Leidenschaft; er nimmt ihr die Hemmungen; beim Auseinandergehen kann sie sagen: „Ich war eine andere geworden, ich war frei." Ihren zweiten Seitensprung begeht sie mit einem reichen Mittzwanziger; jetzt führt sie ihr verborgenes Leben auf großem Fuß; von ihm löst sie sich dadurch, daß sie seine dunklen Geschäfte denunziert. Mit einundvierzig verliebt sie sich in einen jungen Dichter, den sie vor der Verzweiflung bewahren will; nun weiß sie, „wie entscheidend für jede Jugend ist, wer sie die Liebe lehrt"; aber auch seiner wird sie bald müde; sie will sich nicht mehr narren lassen vom „Apparat der Liebe".

Gelockt hat den Autor sicherlich der Versuch, das Liebesleben einer Frau zu skizzieren. Das Gefühl, hier spräche sich ein weibliches Wesen aus, stellt sich jedoch kaum ein. Obzwar Punkt für Punkt motiviert, erwecken die Vorgänge den Eindruck des Konstruierten, Ausgeklügelten. Andeutungen verweisen die Kindheit, das Hauslehrerdasein sowie den Eheauftakt in die Vorkriegszeit und die Seitensprünge in die frühen zwanziger Jahre; der Weltkrieg indessen bleibt ausgespart. Fallada verzichtet auf eine präzise zeitliche Ansiedlung und vergibt, ungeachtet aller Einzelheiten, die Chance, das Milieu prägnant zu beschreiben.

Nur partiell gerät ihm die Heldin zu einer Gestalt, an der man Anteil nehmen kann. Der Mann, der angesichts all ihrer Lügengeschichten keinerlei Argwohn hegt, wirkt wie ein Einfaltspinsel. Die Kinder bleiben schemenhaft, die Bettpartner blaßgesichtig. Allein Maries, der Hauslehrerin, Brotgeber, der die Pfaffen bekriegende Oberförster, das lachhaft vornehme, grotesk adelsstolze Grafenpaar, der voller Sparren steckende hinterpommersche Gutsbesitzer, allein sie prägen sich dem Leser ein.

Ein Motiv stellt sich als bestimmend heraus: die Vorstellung, daß der Mensch getrieben sei, daß sein Leben schicksalhaft verlaufe, jene nahezu fatalistische Sicht also, die sich wie ein roter Faden durch Falladas Werk zieht. Gleich zu Beginn kommt es der fünfzehnjährigen Marie so vor – und sie, von der Schwester zu einer Engelmacherin geschickt, ahnt nicht einmal, daß sich währenddem die Vergewaltigte auf grausige Weise ums Leben bringt –, als sähe sie plötzlich „diesen Webeteppich Leben ganz von nahem, wo sich die klaren, bunten Farben, die man aus der Ferne schaut, in einzelne Fäden zerlegen", und alles wäre „viel verwirrter und geheimnisvoller" denn je, und ihr und der Schwester und allen bliebe nichts anderes, „als nur die Hände in den Schoß zu legen und sich blind treiben zu lassen, weil wir eben doch nichts verstehen konnten und ganz anders gewebt würden, als wir hofften, meinten und dächten".

Die Metapher vom „Webeteppich Leben" verwendet schon der achtzehnjährige Rudolf Ditzen. Den Lebenslauf, den man ihm in der Jenenser Klinik abverlangt hat, schließt er mit ebendiesem, allerdings umgestülptem Bild: „Hatte ich bis jetzt nur die Rückseite des gewobenen Lebens gesehen, auf der alle Fäden wirr und unenträtselbar durcheinanderschossen, so sah ich jetzt die rechte Seite und sah, daß alles sinngemäß war und alles kam, wie es kommen *mußte.*"

Auch in der Erzählung läßt Fallada alles kommen, wie es kommen muß. Er beteuert auf der ersten Seite, Marie, die Vierzigerin, sei grenzenlos pessimistisch, daß ihr das Leben noch Neues zu bieten habe, und er bekräftigt auf der letzten: „Immer das gleiche. Nichts Neues unter der Sonne." Zwischendrein legt er der Figur mehrmals die Frage in den Mund, ob das denn alles sei: dieses Einerlei von Eheleben, Liebesrausch und Ernüchterung, von Alltag, neuer Leidenschaft und Enttäuschung. Daß Fallada, der die Geschichte allem Anschein nach in Radach schreibt, Sommer 1923, dreißig Jahre alt, auch sich selbst fragt, ob das bisher gelebte und das gerade geführte Leben wohl das ganze sei, kann man getrost unterstellen.

Die Niederschrift des kleinen Romans „Mörder, Liebe und die Einsamkeit" alias „Im Blinzeln der Großen Katze" läßt sich dagegen präzise datieren. Am 19. Juli 1924 notiert der Insasse der Zelle 32 das Vorhaben, „irgendein Opus zu beginnen, das man veröffentlichen kann", und fängt tags darauf, genau vier Wochen nach Antritt der Haft, mit der Arbeit an. Seltsam sei, vermerkt er an diesem ersten Schreibtag, daß Kagelmachers Garten ihm so sehr Heimat wurde: Der Auftakt von „Anton und Gerda" handele dort, nun der des neuen Manuskripts, und ebenda spiele ja auch der Ria-Roman. Neben den jetzt kürzer ausfallenden Notizen schreibt er bis zum 12. August - am 13. macht man ihn zum Kalfaktor - nach der aufreibenden alltäglichen Plackerei ein bis vier, sonntags zwölf bis vierzehn Seiten, und das an dem fünfunddreißig mal siebzig Zentimeter messenden, starr mit der Wand verbundenen Zellentisch, hockend auf der davor festgeschraubten Bank: allein schon physisch eine phänomenale Leistung.

Zudem besitzt Fallada weder Unterlagen noch Aufzeichnungen; er legt sein Pensum im Kopf zurecht und verläßt sich - wie Jahre später in Domjüch bei der Abfassung des Romans „Der Trinker" - auf seine Erfindungsgabe und auf sein Gedächtnis. Und er pausiert nur dann, wenn er am Abend eines besonders harten Neunstundentages zu müde und zu erschöpft ist und ihm „die Ideen fehlen". Auf diese Weise entsteht mehr als die Hälfte des Manuskripts, das er dann, Anfang November wieder in Gudderitz, binnen vier Wochen überarbeitet und zu Ende bringt: umgerechnet etwa hundertfünfundvierzig Schreibmaschinenseiten.

Abermals wählt Fallada die Form der Ich-Erzählung. Dieses Ich, Friedrich Lütt, sitzt, des zweifachen Lustmordes angeklagt, in Untersuchungshaft und zeichnet, mit Papier und Feder versehen, seinen Fall auf. Drei der sechsunddreißig Kapitel handeln im Gefängnis, und die Umstände dort formt der Autor den seinen in der Greifswalder Zelle nach. Der Vorgang selbst spielt sich innerhalb von vierundzwanzig Stunden im Berlin der ersten zwanziger Jahre ab, überwiegend im Tiergartenviertel.

Lütt, etwa dreißig, Bankbeamter in gehobener Position, wird von einem „bösen Trieb" geplagt: Selbst nach seiner Heirat mit einer sehr jungen Frau, die ein Kind von ihm erwartet, setzt er seine heimlichen Gänge zu den Huren fort. Auch in der Nacht vor einer Geschäftsreise, ausgefertigte Schecks über große Summen im Koffer, war er bei einer und mit ihr, einer alten, zerstörten Morphinistin, bis drei Uhr früh im Wartesaal des Bahnhofs Zoo. Schon am Morgen aber hängen überall Fahndungsplakate aus, daß ebendiese Prostituierte noch in der Nacht ermordet worden ist. Und Lütt gerät in Panik: Wird er in die Sache verwickelt, dann zerbricht sein Leben. Die „große Katze" hat ihn angesprungen.

Der Kellner im Wartesaal, bei dem er überdies seinen Koffer gelassen hat, könnte ihm ein Alibi geben; doch der, Anders mit Namen, macht sich die Situation zunutze, erpreßt ihn und stiehlt ihm alle Wertsachen. Lütt fühlt sich ausgeliefert und folgt der „Schicksalsfügung". Er will ins Ausland fliehen, fälscht eine Anweisung über einen hohen Betrag und lügt Etz, seinen älteren Bruder, an, daß er der Mörder sei, und Etz hilft ihm schließlich und macht sich auf den Weg, den Scheck einzulösen. Jetzt tritt Pübe auf, Etzens Verlobte. Sie hat keine Furcht vor Lütt und tröstet ihn, und Lütt begreift, daß sie ihn liebt, und Etz, zurückgekehrt, erfaßt, was er wohl geahnt hat, und legt das „Reisegeld" auf den Tisch: „Für euch beide."

Lütt erzählt Pübe nun von Anders, vor dem er eine „mystische Angst" habe und von dem er förmlich „angesaugt" werde. Und Anders, den beiden tatsächlich auf der Spur, lockt sie in das Mordzimmer: Er ist der Zuhälter der Getöteten, und sein Kumpan war Zeuge, daß Pübe die alte Hure umgebracht hat; denn Pübe liebt Lütt abgöttisch und haßt die Frauen, zu denen er ging. Anders jagt ihnen auch dieses Geld ab und verlangt, Lütt solle den Mord auf sich nehmen. Pübe hinwieder will mit Lütt sterben. Sie ringen um die Pistole, ein Schuß löst sich, Pübe kommt um. Lütt flüchtet, stellt sich dann aber, als man Etz verdächtigt und weil er nicht will, daß ein Makel auf Pübe fällt: „die einzige große Liebende", die er je gekannt.

Aus dieser knappen und auch verknappten Inhaltsangabe auf einen inferioren Kriminalroman zu schließen wäre verfehlt. Gewiß, Fallada versteht sich bereits darauf, äußerliche Spannung zu erzeugen. Elemente der Kolportage verwendet er nicht eben sparsam. Sämtliche Vorgänge, selbst jene, die unzureichend erfunden oder zweifelhaft sind, begründet er akkurat. Die psychischen Impulse und Motive der Gestalten zu erkunden schält sich als sein eigentliches Anliegen heraus. Doch dem wird er schwerlich gerecht. Er kann ihre Triebe und Antriebe nicht eindeutig und einleuchtend bloßlegen, weil er von blanken Fiktionen ausgeht und die Figuren in der Retorte verfertigt.

Lütts „böser Trieb" beschränkt sich, so scheint es, nicht auf die Besuche der Huren. Zu Pübe sagt er: „Ich habe mit dem Gedanken gespielt, dann war er geschehen." Wenn er sich vor Etz zu der Bluttat bekennt, fügt er hinzu, er sei danach „sehr glücklich" gewesen, und in ihm ist eine Freude, so lügen zu können: „Ich leugnete die ganze Welt, ich schuf eine andere, und ich zwang sie, wahr zu sein." Später meditiert er: „Vielleicht schwärte es an diesem Morgen in meinem Hirn, meine Arbeit langweilte mich, meine Lieben langweilten mich, ich las ein Plakat: spielen wir doch den Mörder." Dann wieder kokettiert er mit dem Gedanken, daß es besser sei, „wegen eines großen Verbrechens angeklagt zu sein als um einer kleinen Dieberei willen".

In noch höherem Maße ist Pübe eine künstliche Figur. Sie erzählt Lütt vier Episoden aus der Zeit, als sie noch die Puppi auf dem Gut ihres Vaters war, und sie tut das zu einem ganz bestimmten Zweck. Als Kind Ohrenzeuge des Beischlafs ihrer Eltern, glaubte sie, der Mutter würden Schmerzen zugefügt. Dann machte sie andere leiden, quälte und tötete Fliegen und sah es mit Lust. Später, als das Leidenmachen ihr selbst Wunden zufügte, wuchs diese Gier. In Wut und Kummer erschoß sie Hella, ihre Hündin, die von einem Straßenköter nicht loskam. Während eines strengen Winters am Futterplatz schlug sie auf ein geschwächtes Reh ein: zornig und weinend, das Tier „entwürdigt" und am Verenden zu sehen. Den Sinn dieser Geschichten muß sie, obwohl Lütt inzwischen von ihrer Tat weiß, indes erst interpretieren: „Ich habe dir doch alles gesagt. Denke an das Schlafzimmer der Eltern, an Hella, an das Reh, die Fliegen! So viele Morde, aber sie meinten nur den einen."

Nachvollziehbar wird diese Vorstellungskette erst, wenn man auf die Quelle stößt: des Autors Freud-Lektüre. Seinem Gedächtnis haben sich beim Lesen jener Studie „Aus der Geschichte einer infantilen Neurose", in der Freud auf fast hundertdreißig Druckseiten die psychische Störung eines jungen Mannes auf ihre „libidinösen Triebkräfte" hin analysiert, auch Fakten eingeprägt wie die: Der Patient, Sohn eines Gutsbesitzers, war als Kind Augenzeuge des Koitus seiner Eltern gewesen, und er hatte eine Phase sadistischer Regungen durchlaufen: „Er begann Grausamkeit gegen kleine Tiere zu üben, Fliegen zu fangen, um ihnen die Flügel auszureißen, Käfer zu zertreten; in seiner Phantasie liebte er es, auch große Tiere, Pferde, zu schlagen." Und diese Fakten, aus einem komplexen Zusammenhang gerissene Details, setzt Fallada nun als Material ein und deutet sie nach seinem Verständnis und nach eigener Erfindung zu Pübes Leid-und-Lust-Zwang um.

Trotz alledem gibt die Geschichte eine Reihe von Aufschlüssen. Schon hier bildet Fallada das Muster aus, nach dem er später viele seiner Figuren – von Tredup über Eva Hackendahl bis zu Erwin Sommer - in ihre Geschicke verstrickt: Ein kurzer Fall, ein Fehltritt, ein Stolpern wächst sich aus zur Katastrophe. Lütt hatte „am Morgen einen ganz kleinen, spielerischen Schritt aus der Konvention heraus gemacht, und schon brach alles zusammen“. Sein Leben „war dreißig Jahre logisch, und dann machte es einen Satz“. Bisher habe Lütt sich „stets ängstlich behütet“, nun wisse er, „daß es gar nichts schadet, wenn man sich verliert“, nein, daß man sich nicht verlieren könne, „nur die Beziehungen zur Umwelt ändern sich“. Nicht zuletzt geht der Autor also, bewußt oder unbewußt, von seinen jüngsten Erlebnissen aus. Auch Ditzens Leben hat - in Neuschönfeld - einen Satz gemacht; auch ihn hat, als er veruntreute, die „große Katze“ angeblinzelt. Seinen bürgerlich-guten Ruf hat er eingebüßt; nun, im Gefängnis die Folgen tragend, muß er feststellen, wieviel Ungemach eine derart veränderte Beziehung zur Umwelt mit sich bringt.

Die Einsamkeit, das Alleinsein ist das zweite Thema, das Fallada in dieser Erzählung anschlägt und das sich danach wie ein Leitmotiv durch seine Romane zieht: von „Wer einmal aus dem Blechnapf frißt“ über „Wir hatten mal ein Kind“ bis hin zu „Der Alpdruck“. Während der Haft stellt Lütt fest: „Ich aber bin für mich allein.“ Doch nicht nur unter so extremen Umständen empfindet er „die grenzenlose Einsamkeit, in der jeder lebt“. Er formuliert sein Credo: „Man war allein, man blieb allein, in alle Ewigkeit.“ Diese Einsamkeitspsychose läßt sich gleichermaßen auf Ditzens Situation zurückführen, in erster Linie auf sein Dasein in der Gefängniszelle. Vieles spricht aber auch für die Annahme, daß er sich zu jener Zeit überhaupt allein gelassen, vereinsamt fühlt. Hätte er sonst das Sujet der „großen Liebenden“ mehrmals gewählt und mehrere Bilder eines solchen Idols entworfen?!

Der Schluß überrascht. Am Ende versucht Lütt dennoch, gegen die „Schicksalsfügung“ anzugehen. Er schließt die Aufzeichnungen ab und nimmt sich vor, seine Geständnisse zu widerrufen und die Entlastungsschrift dem Verteidiger zu geben. Es geht um sein Leben, und er will leben. Ein übriges Mal zeichnet sich Falladas Stimmung ab: Den Ausklang schreibt er ja in Gudderitz, und die Freude, die Haft überstanden zu haben, und fraglos auch der Vorsatz, sich künftig besser in acht zu nehmen, führen ihm die Feder.

Alles in allem bleibt er mit diesen vier Arbeiten, das dürfte der Bericht deutlich machen, unter der Leistung, die er mit den Romanen „Der junge Goedeschal“ und „Anton und Gerda“ schon geboten hat. Er spürt es offenbar selbst und vergräbt die Handschriften in die unterste Schublade. Er ahnt wohl auch, daß er mehr erklügelt denn erzählt und das zu abstrakt abgehandelte Thema der „großen Liebe“ weniger variiert als wiederholt hat. Und vermutlich ist ihm dabei klarer geworden, welchen eigenen inneren Gesetzen das Schreiben zu folgen und auf welche Weise der Schriftsteller all das, was er erlebt, erfährt und erfindet, zu verketten hat.

Neugeburt eines Autors

Nur die alten Manuskripte legt Fallada beiseite. Von der Schreibsucht ist er nicht entwöhnt. Er sucht neue Wege, und das Gemeinwesen Neumünster liefert ihm den Stoff. Im Sommer 1929, nach einem Dreivierteljahr Kleinstadtleben, äußert er den Gedanken, die Erlebnisse und Erfahrungen, die er jüngst am „General-Anzeiger“ gesammelt hat, als Material zu verwenden. Er wolle, das läßt er Rowohlt am 14. August wissen, im Winter einen Roman beginnen des Titels „Ein kleiner Zirkus namens

Belli", „und die Geschichte einer verkrachten Kleinstadtzeitung wird's". Vier Tage später, während eines Sonntagsausflugs mit Frau Suse auf die Insel Sylt, läuft er, so schildert er es am 19. des Monats seiner Schwester Elisabeth, „in der letzten halben Stunde" zufällig dem Verleger in die Arme, und Ernst Rowohlt, der von dem Projekt offenbar angetan ist, macht ihm Hoffnung auf eine Arbeit in Berlin: Möglicherweise könne er eine Anstellung bei Ullstein, am „Tempo" vermitteln.

In jenem Brief an den Verlag erstattet Fallada auch Bericht über die Vorfälle, die Neumünster seit Monatsanfang in helle Aufregung versetzen (und die dem Roman über die Kleinstadtzeitung schließlich eine neue Komponente hinzufügen). Die schleswig-holsteinische Landvolkbewegung, von der Verkehrsvereinssekretär und Lokalreporter Ditzen bisher kaum Notiz genommen hat, ist zum Stadtgespräch geworden: Nachdem es am 1. August während einer Kundgebung für ihren Anführer Wilhelm Hamkens zu blutigen Zwischenfällen mit der Polizei gekommen war, haben die Bauern einen Boykott über die Stadt verhängt, der vor allem ihre Geschäftspartner, die Gastwirte, Kaufleute, Handwerker, wirtschaftlich hart trifft.

Am Ende steht ein politischer Prozeß, der vom 28. Oktober bis zum 12. November verhandelt wird und dem Ditzen als Berichterstatter des „General-Anzeigers" auf der Pressebank beiwohnt. Fallada nutzt diese Chance: Über den Boykott schreibt er den Artikel „Bauernkrieg wider Neumünster", den „Das Tage-Buch" – Stefan Großmann wird sich des gelegentlichen Mitarbeiters aus dem Jahr 1925 erinnern – in der Nummer vom 14. September bringt, und er schickt, derweil das konservative Provinzblatt Ditzens Verhandlungsberichte abdruckt, zwei Rapporte zum Thema „Landvolkprozeß" nach Berlin, von denen der eine am 23. November im „Tage-Buch" veröffentlicht wird und der andere am 3. Dezember 1929 in der „Weltbühne".

Noch während des Verfahrens wird Ditzen gekündigt. Am 5. November berichtet er dem Verleger, daß er zum 1. Januar stellungslos werde und daß seine Frau ein Kind erwarte. Jetzt antwortet Rowohlt postwendend. Er bietet dem vormaligen Autor Arbeit in seinem Verlag mit einer Dienstzeit von neun Uhr morgens bis zwei Uhr mittags, damit der „nachmittags evtl. für sich schriftstellerisch tätig sein" könne, und fragt nach dem Existenzminimum. Am 19. Dezember gibt er endgültigen Bescheid: Bei einem Monatsgehalt von zweihundertfünfzig Mark – das ist nicht kleinlich für eine Fünfundzwanzigstundenwoche, denn auch der Samstag bleibt frei – wird es Ditzen obliegen, den Versand der Rezensionsexemplare zu regeln und das Sichten und Ordnen der Besprechungen zu übernehmen.

Ernst Rowohlt erweist sich nicht nur als großzügig, er hat ja keine Gewähr, daß Rudolf Ditzen sich wieder in Hans Fallada verwandeln und Bücher schreiben werde, die in sein jetziges Programm passen, er entpuppt sich auch als ausgesprochener Optimist. Vor zwei Monaten, am 25. Oktober, hat der „schwarze Freitag", der große New-Yorker Börsenkrach, die Weltwirtschaftskrise eingeläutet, die auch Deutschland mit voller Gewalt trifft. Die Arbeitslosenquote steht zur Jahreswende bereits bei zehn Prozent. Ditzen hat, das ist ihm bislang selten widerfahren, ein unwahrscheinliches Glück.

Bei Nothmann, Berlin NW 40, Calvinstraße 15 a, findet das Ehepaar für die allerdings horrende Miete von einhundertzwanzig Mark im Monat zwei möblierte Zimmer samt Küchenbenutzung, und so beansprucht der Weg zur Arbeit, von Moabit in die Passauer Straße 8/9, nahe Wittenbergplatz, an Berliner Verhältnissen gemessen, nur eine kurze Zeit. Am 16. Januar 1930, einem

Donnerstag, fährt der neue Angestellte des Hauses Rowohlt ihn zum ersten Male, wahrscheinlich zwei Stationen mit der Stadtbahn, von Bahnhof Bellevue zum Bahnhof Zoologischer Garten.

Wären zwei alte „Rowohltianer" im Recht, dann hätte sich Ditzen auf einen sehr viel umständlicheren Weg machen müssen: nämlich in die Potsdamer Straße nahe Potsdamer Brücke. Sowohl Paul Mayer („Ernst Rowohlt") als auch Walther Kiaulehn („Mein Freund der Verleger / Ernst Rowohlt und seine Zeit", beide Reinbek bei Hamburg 1967) berichten, erst die Finanzkrise des Sommers 1931 habe den Verlag veranlaßt, „sich räumlich zu verkleinern". Kiaulehn sieht darin, daß Rowohlt „sein schönes, großes Quartier in der Potsdamer Straße" verläßt und „in eine Mietswohnung in der Passauer Straße" umsiedelt, sogar „einen Zug der Zeit", denn damals seien viele Geschäftsleute in den Neuen Westen gegangen. Die Korrespondenz zwischen Ditzen und Rowohlt gibt andere Auskunft: Anno 1928 kommen die Briefe des Verlegers aus Berlin W 35, Potsdamer Straße 123 b, bereits seit dem 18. April 1929 aber aus W 50, Passauer Straße 8/9. Der Verlag hat sein Domizil zwei Jahre vor dem „Bankenkrach" und Monate vor dem „schwarzen Freitag" gewechselt.

Auch für Hans Fallada beginnt ein neues Kapitel. Bereits am 4. Februar bringt er die ersten Seiten des Romans zu Papier, dessen Stoff und Thema er in einem Brief aus diesen Tagen so umschreibt: „innere Politik, Agrarfrage, Parteiengezänk, Bonzentum aller Richtungen, Vetternwirtschaft, Schmus, Schiebung, die ganze duftige Blüte, die botanisch Kommunalpolitik heißt". Vom 13. März an legt er vierzehn Tage Pause ein: Am 14. wird Sohn Uli geboren. Anfang Juli unterbricht er für den Umzug: Ditzens haben am östlichen Stadtrand, in Neuenhagen, Siedlung Grüner Winkel, ein einstöckiges

Reihenhaus, die Nr. 23 (später: Nr. 10), mit zweieinhalb Zimmern und einem kleinen Garten für nur fünfundsechzig Mark monatlich mieten können. Hat der Hausherr jetzt auch einen weiten Weg in die Stadt, fünfzig Minuten S-Bahnfahrt, so freut er sich mit Frau Suse über den „Blick ins Grüne, herrliche, verschollene Grasstraßen".

Nach sieben Monaten, am 2. September, beendet Fallada die Niederschrift, eine staunenswerte Leistung neben der Halbtagsarbeit im Verlag. Er ist neue Wege gegangen. Das Material, das er zusammengetragen hat über die Kleinstadtpresse und das Kleinstadtbürgertum, die Behördenbürokratie und die widersetzliche Landvolkbewegung, verwendet er streckenweise wie ein Reporter. Scharfsinniger Beobachter, der er ist, blickt er aber auch hinter die nackte Wirklichkeit, geht, ein talentierter Schilderer vor allem menschlicher Deformationen, einigen Seiten des Lebens in Altholm / Neumünster auf den Grund und schreibt, wie Kurt Tucholsky sagt, „den besten deutschen Kleinstadtroman".

Hatte Fallada vor kurzem noch „unendlich langsam" gearbeitet und „immer neue Fassungen" angestrebt, so läßt er jetzt, da er aus dem vollen schöpfen kann – schon der Siebzehnjährige meinte ja, wer Romane verfassen wolle, müsse selbst etwas erlebt haben –, die Feder frischweg laufen. Erstmals schlägt er das hohe Schreibtempo an, das seine künftige Arbeitsweise kennzeichnet und damit Eigenheiten der Erzählart und des Stils. Das Buch, so äußert er sich am 8. August, sei „spannend wie ein Kriminalroman"; aber: „Ehrlich gesagt: Es ist geschludert." Und, auf den Mißerfolg von „Anton und Gerda" anspielend, verkündet er, übertrieben forsch, wie er sich gelegentlich in seinen Briefen an Hans Kagelmacher gibt: „Arbeiten, Neese, jetzt will ich erst einmal Geld verdienen ..."

Einer Sache ist er sich gewiß: Mit diesem Werk tritt er als ein ganz anderer Autor auf, fängt er zum zweiten Male an: kein Comeback, eher ein Debüt. „Jeder Mensch", heißt es in einem Brief an die Schwester Elisabeth, „der einmal ein Buch von mir gelesen, fällt auf den Rücken, wenn er dies liest und beschwört: Fallada? Fallada? Ausgeschlossen!" Und der Roman erweist sich überdies als eine Arbeit, deren Vorabdrucksrechte der Verlag an eine Wochenschrift, an eines der damaligen Massenmedien, verkaufen kann.

Am 15. November 1930 beginnt die „Kölnische Illustrierte Zeitung" mit der Fortsetzungspublikation. Zum Schaden des Werkes verkehrt die Redaktion den moderaten Titel „Ein kleiner Zirkus namens Monte" in einen, der als Lockmittel dienen, die Auflage des Blattes steigern soll: „Bauern, Bonzen und Bomben", und wirbt mit dem ebenso grellen wie falschen Slogan: „Der Roman deutscher Bauernot von 1930", der den Autor zu der Feststellung bestimmt: „Ich habe nie einen Roman der deutschen Bauernnot schreiben wollen." Am 20. März 1931 liefert der Rowohlt Verlag, den Vorabdrucktitel übernehmend, das 1. bis 6. Tausend des Romans aus. Es ist das dritte Buch des Autors, aber das erste des Hans Fallada, der zwar kein weltberühmter Schriftsteller wird, jedoch in vieler Herren Länder ein breites Publikum zu erreichen, eine große Zahl von Lesern anzusprechen und die Gemeinde seiner Anhänger zu faszinieren vermag. Von Stund an schreibt er auch, um zu existieren, aber er lebt nur, um zu schreiben, und mehr und mehr will es ihm so scheinen, als lebe er allein dann, wenn er schreibt.

Berlin, im Juni 1992 Günter Caspar

Zu dieser Ausgabe

Falladas Frühwerk ist weitgehend unbekannt geblieben. Die beiden im ersten Band unserer Edition vereinten Romane kamen Anfang der zwanziger Jahre in sehr kleinen Auflagen heraus und wurden seither nicht wieder gedruckt. Die vier Prosaarbeiten, die der zweite Band zusammenfaßt, werden hier zum ersten Mal veröffentlicht: kurz vor dem Zentenarium von Falladas Geburtstag.

„Der junge Goedeschal" erschien im Ernst Rowohlt Verlag, Berlin, zu Beginn des Jahres 1920 in 2 000 Exemplaren, von denen man innerhalb der nächsten zwölf Monate 1 283 absetzen konnte. (Teile der Erstauflage, sogenannte Bindequoten, tragen auf den Titelseiten den Vermerk „Dritte Auflage" oder „Vierte Auflage"; Werbezwecken diente auch der Hinweis „3. bis 4. Auflage" zum Beispiel in einer Annonce, die man in „Anton und Gerda" einrückte; den Autor ließ man in einem Brief vom 22. März 1921 wissen: „Das ‚3. und 4. Tausend' ist nur eine Titelauflage.")

„Anton und Gerda" kam kurz vor Weihnachten 1923 ebenfalls im Ernst Rowohlt Verlag, Berlin, in einer entsprechend verringerten Auflage von nur 1 000 Exemplaren heraus; in den folgenden Jahren konnte der Verlag, das teilt Fallada einem seiner Korrespondenzpartner am 8. August 1930 mit, keine 500 Stück verkaufen.

Die Restbestände sind offensichtlich makuliert worden. Antiquarisch wird die Erstausgabe von „Der junge Goedeschal“ selten angeboten, die von „Anton und Gerda“ fast nie; letzteren Titel findet man auch in Bibliotheken nur gelegentlich und nicht einmal in allen öffentlich-wissenschaftlichen.

Unser Text folgt dem der Erstdrucke und wendet prinzipiell die Regeln des Duden an. Eigenwilligkeiten des Autors in Orthographie und Interpunktion blieben dann erhalten, wenn sie als Ausdrucksmittel anzusehen sind.

Seinerzeit noch übliche Schreibweisen etwa von Fremdwörtern, die der Duden heute als „veraltend“ kennzeichnet, wurden ebensowenig angetastet wie fragliche Schreibungen neugebildeter Wörter. Ungewöhnliche Verwendungen von Satzzeichen, zum Beispiel des Gedankenstrichs, wurden bewahrt. (Zeilen, die aus Folgen von Gedankenstrichen bestehen, wurden in beiden Romanen und in „Die Kuh, der Schuh, dann du“ durch Leerzeilen ersetzt.)

In „Der junge Goedeschal“ stellt Fallada wörtlich wiedergegebene Gedanken teils in einfache, teils in doppelte Anführungszeichen: in einfache, wenn sie innerhalb eines Gesprächs vorkommen; in doppelte, wenn die Figur für sich ist. In letzterem Fall lassen sich gedachte und vor sich hin gesprochene Rede nicht immer unterscheiden; stille Monologe führt der Autor Absatz für Absatz an und ab, wenn sie dialogischen Charakter haben oder wenn ein Selbstgespräch als mehrfach unterbrochen gekennzeichnet werden soll. In „Anton und Gerda“ verfährt er gleichermaßen. Hier gibt er anfangs, in der siebenten bis neunten Szene des Ersten Buches, den Dialogen auch die Form des Dramensatzes.

Die Prosa des zweiten Bandes stammt aus Falladas Nachlaß, über den die Akademie der Künste zu Berlin verfügt. „Die Kuh, der Schuh, dann du“ liegt in einer

Typoskriptkopie von 122 Seiten vor; das Durchschlagpapier mit dem Format 20,5 mal 32,5 Zentimeter ist in einem „Stolzenberger Schnellhefter" abgelegt, der, bei Bärwolff in Greifswald gekauft, ursprünglich von Kagelmacher benutzt worden war. Die Aufschrift von Falladas Hand lautet: „Die Kuh, der Schuh, dann du / Eine Novelle von / Hans Fallada / (Ohne letzte Korrekturen)"; ein Deckblatt trägt ebenfalls in der „Schreibschrift" die Widmung: „Sie, Hans Kagelmacher, haben dieses Buch geliebt, als noch niemand es kannte. Keinen besseren Schutzpatron als Sie kann ich anrufen, da es nun auf seine Reise geht. Bleiben Sie ihm und seinem Verfasser, was Sie waren: treuester Freund."

Der Autor verwendet in dieser Arbeit Wortfindungen und -erfindungen, Brocken aus fremden oder erdachten Sprachen, regionale Formen, Lautmalerei und dergleichen mehr und setzt abermals Spezifika seiner Rechtschreibung und Zeichensetzung als Stilmittel ein. Eine Wiedergabe streng nach den Richtlinien des Duden wäre ebenso verfehlt wie ein kongruenter Abdruck. Wir folgen dem Duden im Grundsatz; Übertreibungen in der Interpunktion, zum Beispiel die Anhäufung von Satzzeichen, wurden zugunsten der Lesbarkeit eingeschränkt.

Die anderen drei Werke liegen in Falladas Handschrift vor, und zwar in der „Schönschrift". (Schreib- und Schönschrift werden in der Studie des Herausgebers näher erläutert.) Fallada verwendet Tinte und liniertes Schreibpapier des Formats 21 mal 33 Zentimeter, das ihm in vierseitigen Bogen zur Verfügung steht. Zumeist legt er fünf dieser Viertelbogen zu einer Lage ineinander, und pro Seite bringt er gewöhnlich 36 Zeilen à 60 bis 70 Zeichen unter. Die Titel finden sich jeweils auf der Seite 1; der Text beginnt überwiegend auf Seite 2.

„Die große Liebe / Eine Erzählung" umfaßt 42 handschriftliche Seiten, „Im Blinzeln der Großen Katze / Ein

Roman“ 118. Von „Der Apparat der Liebe / Eine Erzählung“ liegt der Schluß in zwei Versionen vor: Die vierte Lage (Seite 61 bis 79) wurde noch einmal überarbeitet und abgeschrieben; auf diese Fassung (eine Lage Viertelbogen im Format 21,5 mal 35 Zentimeter, Seite 61 bis 77) geht unser Text zurück.

Versehentlich ausgelassene Wörter wurden ergänzt, offensichtliche Schreibfehler verbessert. Verstöße gegen grammatische Normen wurden hingenommen oder, wenn merkliche Eingriffe in den Text nicht notwendig waren, korrigiert. Erhalten blieben wiederum Regelwidrigkeiten, die als stilistische Merkmale zu bewerten sind.

In Kapitel 17 des Romans „Im Blinzeln der Großen Katze“ sagt die Figur der Pübe, sie sei nicht „eulenäugig“; in der Handschrift steht das Wort „glaukopis“, als hell- oder eulenäugig übersetzter Beiname der Göttin Athene, in griechischen Buchstaben.

G. C.

Inhalt

Die Kuh, der Schuh, dann du 5
Die große Liebe 113
Der Apparat der Liebe 175
Im Blinzeln der Großen Katze 281

Anhang

Zu Falladas Frühwerk 423
Zu dieser Ausgabe 537

Falladas Frühwerk 1–2
ISBN 3-351-02235-2
Fallada, Die Kuh, der Schuh, dann du
ISBN 3-351-02237-9

1. Auflage 1993

Schutzumschlag und Einbandgestaltung Ute Henkel
Typographie Peter Friederici
Satz Dörlemann-Satz GmbH, Lemförde
Schrift 10/12p Times roman
Druck und Binden Clausen & Bosse, Leck
Printed in Germany